CON
BOOK.

www.conbook-verlag.de
www.instagram.com/conbook_verlag
www.facebook.com/conbook

Lektorat: Britta Fietzke
Korrektorat: Jan Smejkal
Einbandgestaltung: Favoritbuero, München
Layout: David Janik
Bildnachweis: Alle eingesetzten Bilder stammen von Claudio Sieber, www.claudiosieberphotography.com
Druck und Verarbeitung: Florjančič tisk d.o.o., Slowenien

ISBN 978-3-95889-433-4
894334 01 22 9

CLAUDIO SIEBER

Gestrandet im Paradies

Wie ich sechs Jahre als Nomade durch Asien zog und meine Heimat auf einer Tropeninsel fand

CON BOOK.

Einleitung

Worin liegt die Motivation des Typus »Ausbrecher«? Ist es der Wunsch, Vertrautes gegen Exotisches zu tauschen? Drückt das gesellschaftliche Korsett oder streben wir danach, endlich über die vermaledeite Zeit zu bestimmen? Ist es FOMO *(»fear of missing out«)* oder droht der Burnout? Für die Beweggründe eines Abschieds gibt es keine Uniform, homogen ist lediglich das Entfachen eines Gedankens – ein Impuls, der irgendwann in chronisches Verlangen übergeht. Wer sich diesem Ansporn hingibt, findet sich eher früher als später anderswo wieder – auf einem schroffen Bergpfad in Patagonien, in Bangkoks verruchten Sois oder in der Hängematte unter einer Tropenpalme.

Jahrelang behelligte mich ein wiederkehrender Traum, in dem ich unermüdlich versuchte, vom Boden abzuspringen und zu fliegen. Gelang es mir, fuhr wilde Ekstase ins Unterbewusstsein. Lange genug war ich aber nie in der Luft, um die Schwerelosigkeit vollends genießen zu können, die Erdgravitation zerrte mich immer wieder auf den Boden der Tatsachen zurück. Dank der Scheidung von meinem alten Ich, darf ich nun fortan »fliegen«. Leichtfüßig fröne ich dem süßen Leben und realisiere dabei instinktiv meine mannigfaltigen Träume. Mein *»well-being«*, so hat mich die Befreiung vom Vortex einer rigorosen Leistungsgesellschaft belehrt, ist die Flexibilität zu entscheiden, wann ich was wie tun möchte, wann aufstehen, wann die Dinge unerledigt lassen, kurzum: das Verpfuschen vom prominenten Konzept »Pflicht und Kür«. Was man nicht hat, will man. Ich wollte mehr Muße, und als Quittung für meinen Anspruch wurde mir die märchenfremde Welt mit all ihren Mysterien präsentiert.

Die Memoiren aus dem Morgenland appellieren ungeschönt an die bewährte Denkhaltung, bestenfalls helfen sie aber dabei, endlich Schluss zu machen; mit der Angst vor Fremdem, mit eingeredeten Grenzen, mit der Komfortzone, mit der Fristung von Glückseligkeit.

Für dich, meine neue Heimat.

»Wenn man sich erst einmal auf den Weg gemacht hat, entwickelt die Reise ein Eigenleben und liefert uns je nach unserer Neugierde, unserem Staunen oder unserem Aufbegehren genügend Gründe, um sich anderswo umzusehen. Was ganz besonders für die Reise in Asien gilt.«

Nicolas Bouvier

Eine der vielen Stupas in Kathmandu, die Buddha selbst und seine Lehre, den Dharma, symbolisiert.

Nepal

Juni bis August 2015

Wie eine gescheiterte Liebesbeziehung einer Wiedergeburt gleichkommen kann. Ein Rückblick auf den Ausstieg sowie ein Einblick in eines der faszinierendsten Reiseländer Asiens, und das zu einer Zeit, in der sich Nepal neu erfindet, aber von medialer Sensationslust abermals zurückgeworfen wird.

Kathmandu

Drei Zentimeter ist der Mount Everest verrückt. Ein medialer Hammerschlag! Selbst der größte Stein der Welt wackelt. Postwendend hat Indien die Ereignisse im Nachbarland zur sensationsgierigen TV-Satire umgekrempelt. Untermalt mit dem landestypischen Kopfwippen werde ich ermahnt: »Sir, Nepal ist kaputt«, schlimmer, *»finished!«* Besser sei es doch für mich, in Nordindiens Abenteuerdorado Ladakh zu verweilen oder lieber an einen Ort zu reisen, wo das Risiko, von fallenden Felsen erschlagen zu werden, geringer sei. Ich buche meinen Flug wenige Wochen nach den heftigen Erdbeben im Himalaya zwischen April und Mai 2015, das Nepal abermals in eine Krise stürzt.

Kathmandu. Ich gewöhne mich schnell an die reizüberflutende Innenstadt Thamel mit ihren sichtversperrenden Reklameschildern, die entweder auf Bergsteigerutensilien *»faked in China«* oder interkontinentales Vielerlei deuten. Gewöhne mich gezwungenermaßen ebenso an das Abschotten aller Atemwege, sobald wieder eine dunkelschwarze Abgaswolke die Straße flutet. Auch an das abendliche Jaulkonzert der Straßenhunde. Das Umherhetzen im Zickzack, um nicht Opfer einer Handrikscha, eines klapprigen Kleinwagentaxis oder eines aufdringlichen Drogendealers zu werden. Kathmandu schwappt schamlos in alle

Das traditionelle Septum-Piercing hat den Wandel der Zeit überlebt, es ist nach wie vor ein beliebtes Schmuckstück bei Frauen.

Ein Mönch huscht durch Kathmandus Gassen.

Richtungen, allerhöchstens dirigiert vom unverwechselbar charmanten Chaos orientalischer Metropolen. Korrekt: Wer hier strandet, will eigentlich nur noch raus – raus in Nepals atemberaubende Natur, auf Tuchfühlung mit den sagenumwobenen Gebirgszügen des Himalaya. Als einziger Gast spuke ich durch Saputs Hotel. Seine rechte Hand wühlt im abendlichen Dal Bhat, dem nahrhaften Nationalgericht aus Reis, Linsen und gedämpftem Gemüse. Mit der anderen zitiert er mich zu sich. Saput und seine Hotelierkumpane sind betrübt. Touristen würden ausbleiben, alle Buchungen für die nächsten Monate seien storniert worden. Zwei Mitarbeiter habe er bereits abbauen müssen. »Eine Reiseagentur, die Baracken und traurige Gesichter bewirbt, muss erst noch erfunden werden«, tadelt Saput die Auswirkungen der journalistischen Dramatisierung. Seit dem desaströsen Beben präsentieren die Massenmedien beherzt und konsequent Nepals angeschlagene Seite: die zerfallenen Dreck-Stein-Kompositionen der Armen, das angeknackste Weltkulturerbe *Kathmandu Valley* und natürlich die vielen Verwundeten. Humanitäre Katastrophen haben schon immer Quoten gemacht. Den Trotzigen wundert's: die Berge stehen, Kathmandu steht, Nepal steht. Was nicht steht, sind ein paar Häuser fernab vom wohltuenden Tourismus, der dem nepalesischen Volk nun für das restliche Jahr verwehrt bleibt. Auch wankt das Vertrauen in die eigene Regierung. Spätestens heute ist man sich einig: solche Katastrophen werden regelmäßig zur Bereicherung korrupter Politiker genutzt.

Wie üblich plane ich die nächsten Schritte in einem Kaffeehaus, will allein, aber in Gesellschaft sein. Das Lokal ist bestens frequentiert mit Entwicklungshelfern, freiberuflichen Hubschrauberpiloten und Botschaftern aller möglichen Ideologien. Mir gegenüber sitzen zwei in Rotgelb gekleidete Mönche. Mit Eifer fingern sie über die Tastaturen ihrer Laptops.

Ja, selbst der Buddhismus ist im 21. Jahrhundert angekommen – Mönche vloggen durch den Tag, bevorzugen 100-prozentige Arabica-Bohnen für ihren Americano und fahren auf dem Motorrad zurück zum Kloster. Früher schien mir der Gedanke an ausgebrannte Bürohengste, untergetauchte Ex-Verbrecher oder faule Teenager unter der Mönchsrobe zu verwegen. Die PR-Abteilung der Sangha hat ganze Arbeit geleistet. Von rechts predigt mir ein Michael von den Zeugen Jehovas etwas ins Ohr. Als Religionsmuffel fühle ich mich etwas eingeengt und verziehe mich an einen frisch frei gewordenen Tisch am Fenster. Ein doppelter Espresso hilft oft dabei, dem Auswahlparadox ein Schnippchen zu schlagen und sich auf das Wesentliche zu konzentrieren. Psychologisch betrachtet bin ich weder reif für die Monsunzeit in einem erschütterten Nepal noch für die nächste Etappe meiner Weltreise. Immerhin fühle ich mich am richtigen Ort, getreu dem Motto »kaputte Liebe, kaputtes Land«. Just vor ein paar Wochen verwelkte meine sechsjährige Beziehung endgültig. Der Wegzug aus der heimatlichen Wohlfühloase war zunächst ein Gemeinschaftsprojekt, bis mein befristetes Sabbatical zusehends mit der Suche nach neuer Lebensessenz kollidierte. Je länger die Odyssee andauerte, desto mehr sehnte *sie* sich nach der berechenbaren Schweiz und *ich* mich nach mehr unberechenbarem Asien. Rückblickend betrachtet hatte es so kommen müssen, denn es ist das vermaledeite Los etlicher Reisepaare: entweder schweißt die Entdeckungstour auf ewig zusammen, oder es passiert das krasse Gegenteil, denn man hat schlicht zu viel voneinander entdeckt. Dank dem angeborenen Temperament eines stoischen Sanguinikers macht sich bei mir trotz aller Trennungsmelancholie Optimismus breit. Keine Kompromisse mehr, ab jetzt gehört die Welt mir allein!

Annapurna

Nach Pokhara im bewährten Sammeltaxi. Das bevorzugte Transportmittel der Einheimischen. Wir fahren sieben Runden um den Block – gehen »sammeln«. Hinten gibts noch Platz für einen halben Hintern, ergo ist die Fahrt noch unprofitabel. Die Snackverkäufer haben irgendwann Erbarmen mit uns Suchenden und lassen unser Gefährt nach der achten Runde in Ruhe. Ein Musikantenduo steigt zu und quietscht nepalesische Volkslieder – rund vier Oktaven über der westlichen Schmerzgrenze. Wie lobenswert, dass es Asien vielerorts geschafft hat, seine traditionelle Musik gegen die Moderne zu verteidigen, doch nach einer von insgesamt sieben Fahrtstunden wünsche ich mir, die Batterien meines iPods hätten etwas länger durchgehalten.

Einchecken bei Suman, meinem Gastgeber für die Nacht. Immerhin zwei bis drei Reisende schauen täglich bei ihm vorbei, um sich nach seinen Bettpreisen zu erkundigen. Suman ist bei Weitem nicht der Einzige, der sich mit lautem Seufzer auf magere Zeiten einstellt. Ein kurzer Streifzug durch die Gassen Pokharas lässt Schlimmes erahnen. Angestellte lümmeln vor leeren Geschäften, durchkämmen veraltete Beiträge ihrer Facebook-Freunde, knabbern an den Fingernägeln oder starren einfach nur ins Leere. Hunderte Reiseagenten mit imaginären Spinnennetzen zwischen Gesicht und Telefon warten auf ihre Chance – ein Verkaufsgespräch meistern, den Kugelschreiber wieder einmal benutzen, ein Dokument unterschreiben, Geld verdienen. Jetzt wäre ich gern ein williger Kunde, doch wandern in fachkundiger Begleitung ist für Schweizer pure Blasphemie. Morgen geht es los: 250 Kilometer Fußmarsch rund ums Annapurna-Bergmassiv, von 800 Metern hinauf zum 5.413 Meter hohen »Donnerpass« Thorong La und hinab.

Ich bin null vorbereitet. Meine letzte ernst zu nehmende Bergtour zur Spitze des etwas höher gelegenen Cotopaxi-Vulkans in Ecuador liegt über ein Jahr zurück und war dank der beinahe vertikalen Besteigung in zwei Tagen abgehakt. Damals gelangte ich zu einer Einsicht, die mir bis heute hilft, den Zweifler in mir verstummen zu lassen. Trotz aller mentalen Blockaden, den blutenden Blasen nach wenigen Stunden alpiner Kraxelei und Atemnot ab der Hälfte der Besteigung aufgrund mangelnder Akklimatisierung strebte ich nach dem Gipfel. Über den nicht weniger langen Abstieg (und eventuelle körperliche Schäden) wollte ich jedoch nichts hören. Alles für diesen einen magischen Moment auf der Bergspitze. Von dort waren weit unten im Tal die Lichter von Zumbahua zu erkennen, wie Glühwürmchen flimmerten sie durch die Wolkendecke, gelegentlich blendeten Gewitterblitze das Spiel, hernach der Rundblick gen Horizont, der allmählich von einem Ozean aus Sternen in einen epischen Sonnenaufgang überging. Mit diesem poetischen Bildern in Gedanken humpelte ich schmerzgeprüft wie einsichtig eine Woche durch Quito: »Wer Honig essen will, der ertrage das Stechen der Bienen«, so sagen sie in den arabischen Ländern.

Der Busfahrer lässt die Türe neben ihm offen – er will im Notfall rechtzeitig das Fahrzeug verlassen können. Mein Sitznachbar erwähnt gleichmütig, dass viele Ortskundige eine Fahrt auf dem Busdach bevorzugten. Die Überlebenschancen seien statistisch gesehen besser. Ab Besisahar fahren nur noch Jeeps auf dem Stolz Nepals: den buckligen und von Erdrutschen gemarterten Steinstraßen, welche zumindest gefühlt wirklich alle Drei-Seelen-Dörfer in den Bergen erschließen. »*Buddha was born in Nepal*«, verdeutlicht ein Aufkleber auf der Windschutzscheibe von Kumars Geländewagen. Nach wie vor debattieren die beiden Nachbarländer, wer dem Buddha denn nun näher stehe, Nepal mit Siddhartha Gautamas Geburtsort in Lumbini, oder Indien mit der Pappelfeige in Bihar, unter der der Prinz zur Erleuchtung meditierte. Mittlerweile sind alle außer mir bereits eingestiegen, somit bleibt mir nur noch der Frachtbereich mit Hühnern, Werkzeug und Ersatzreifen. Dann stechen wir in See, denn wie ein in einen Taifun geratenes Schiff schaukelt der Jeep von einer Seite zur anderen. Ich konzentriere mich derweilen auf die Öffnung über der Ladefläche, wo dichtes Dschungelgewächs, das anderem dichtem Dschungelgewächs den Weg versperrt, ruckelnd mit dem Horizont verschmilzt. Häuser werden zunehmend pragmatischer. Der Nepalese vis-à-vis rückt sein traditionelles Dhaka-Topi-Hütchen zurecht und zündet sich eine Zigarette mit dem Bunsenbrenner an. Erneut einer dieser ausschlaggebenden Minimomente im Reiseleben, in dem mir das Herz überläuft und ich mit niemandem in der Welt tauschen möchte.

Der nächste Morgen beginnt in Chamje, mit dem feinen Duft von Masala-Chai. Im Häuschen nebenan darf ich den Tröten und Tara-Mantras zum Geburtstag des Dalai Lama einiger Mönche lauschen. Wo sonst während der Hochsaison wegen Platzmangel auf oder unter den Tischen der Gastfamilien und Berghütten entlang

Die Bergspitzen des Annapurne-Gebirges bei Sonnenaufgang, bald werden sie vom Nebel im Tal verschlungen.

dem Annapurna Circuit geschlafen wird, herrscht seit Wochen gähnende Lehre. Ausländer zwinkern sich gegenseitig zu – wir haben kaum Verbündete. Zakk aus Indianapolis setzt sich zu mir. Er ist auch solo unterwegs und beherrscht eine perfekte Mischung aus »nicht zu viel reden« und »nicht zu wenig schweigen«; zudem sei er, und das ist wichtig, schnell. Wir nehmen den Trip gemeinsam in Angriff, teilen die täglichen zehn Marschstunden, das Ein-Euro-Zweibettzimmer und kübelweise trüben Reiswein. Drei Tage, 3.000 Höhenmeter und 300.000 abgestorbene Hirnzellen später wird uns nur noch die Hälfte an Atemluft gegönnt. Das naturnahe Manang hingegen zeigt sich verschwenderisch: farbenprächtige Blumen markieren das Ende des Winters. Darüber glimmen schroffe Bergnasen durch den mystischen Wolkenschleier. Ausgetrocknete Flussbetten inmitten zerfurchter Täler schmiegen sich an die Bergfüße und verschwinden in schier endlosen Weiten – ein Schmaus für die Augen und ein Schlaraffenland für das »Himalaya-Viagra«. »Dort oben sind sie zu finden, vor allem jetzt im Frühling« – um seine Aussage zu untermalen, zeigt unser heutiger Gastgeber, Sonom Topke, auf eine karge Anhöhe, wo er und seine Landsleute jahrein, jahraus über den Boden robben, um den seltenen Raupenpilz *Yarchagumba* aufzuspüren. Die Ernte landet zu exorbitanten Preisen auf Chinas Märkten, gleich neben dem eingelegten Ginseng, getrockneten Seepferdchen und Nashornpulver. »Einfach in den Tee tunken«, schlägt der etwas kurz geratene Sonom vor. Umgebung und Gastgeber erinnern mich an die idyllische Alpenlandschaft im schweizerischen Appenzellerland, wo ich die letzten Jahre vor meiner Abreise verbracht habe. Lachend streckt uns dann der Nepalese seine Hand mit dem raren Potenzmittel entgegen. Als angehender Mediziner zeigt Zakk Bedenken ob der Nebenwirkungen. Verständlich, er stammt aus einem Land, das jegliche Alternativmedizin für Scharlatanerie hält. Da ich eigentlich alles gern wenigstens einmal ausprobiere, fällt die Absage schwer. Soll lieber jemand anderes mit einer sechsstündigen Erektion durch das Provinznest tigern. Einmal, so Sonom,

Eine von mehr als 8.000 Hängebrücken in Nepal. Sie sind ein Exempel der Schweizer Entwicklungsarbeit in Nepal.

hätten sie ein Rudel Affen beobachtet, das zu einer äußerst ungewöhnlichen Jahreszeit in die Berge geschlendert sei und später im Tal eine flotte Orgie gefeiert habe. Prompt sei ein Spionagetrupp zusammengestellt worden, der die Affen oben in flagranti beim Lecken von Steinen erwischte. Die folgenden Untersuchungen hätten ergeben, dass die verschiedenen Gesteinsschichten über Jahrmillionen eine Art mineralische Zauberpaste an die Oberfläche trügen – ein Aphrodisiakum mit mehr Power als Aladins Wunderlampe.

Wir lassen unser Testosteron anderweitig ab. Zeit für wahre Männer, Männer mit naivem Gemüt, Männer, die fünf Stunden Trekking auf sich nehmen, nur um im weltweit höchsten Bergsee einige Sekunden nackt baden zu können: dem Tilichosee, 4.919 Meter über dem Meeresspiegel. Neben uns knirschen majestätische Gletscherzungen, Eiskristalle bilden einen Regenbogenkreis um die Sonne, Eisschollen trödeln vorbei. Ich tauche ab in ein Wasser, das so beißend kalt ist, dass es sich wie eine Ganzkörperakupunktur mit Tausenden Nadeln anfühlt.

Posieren am Ufer des Tilico-Sees nach einer Runde *skinny-dipping.*

Auch diese Euphorie weicht – nicht ungewöhnlich bei Fernwanderwegen – bald der nächsten Herausforderung: Nach zehn Tagen Fußquälerei droht der Aufstieg zum Thorong-La, dem Donnerpass, wo ein Schneesturm im vorigen Jahr innerhalb weniger Stunden 43 Menschen das Leben kostete. Der Hochgebirgspass ist uns heute friedlich gesinnt und lässt uns gewähren, schenkt uns obendrein eine von Nebelwolken umzingelte Sicht auf das Gratulationsschild *»Thorong-La Pass – 5.416 Meter – Congratulation for the success«*. Ein historischer Moment für alle mit Wanderschuhen im Keller.

Apropos Keller, der vorgesehene Raum für alles, was nicht mehr in die

Wohnung passt: Obgleich mein ganzes Hab und Gut derzeit in einem 80-Liter-Rucksack Platz findet und ich nichts mehr genieße, als genügsam durch exotische Orte zu bummeln, war das nicht immer der Fall. Eine volle Dekade lang hatte ich mich einem mondänen Lebensstil verschrieben, hatte als Key Account Manager industrielle Digitaldruckanwendungen bis hin zu komplexen Dialogmarketingprozessen vermarktet, war kreuz und quer durch die Schweiz gespurtet, um ein Stück der Marketingbudgets aus den Teppichetagen abzugreifen. Die daraus resultierende Verantwortung, der Erfolg, das Ansehen und ordentlich Zaster hielten das Ego auf Trab – so habe ich gar nicht mitbekommen, wie die Jahre ins Land zogen. Maslow hätte mir auf die Schulter geklopft: Ich hatte die oberste Stufe seiner Pyramide erreicht, war fein raus und trotzdem gedanklich aus dem Gleichgewicht. Dank dem Buch *Die 4-Stunden-Woche* von Timothy Ferriss lernte ich bereits frühzeitig, dass der eigentliche Luxus, nämlich Freizeit, nur in wenigen Fällen mit einer steilen Karriere einhergeht. Seien wir mal ehrlich: Meistens führt Fleiß lediglich zu noch mehr Arbeit und noch weniger *pura vida,* um etwaige Lohnsteigerungen auszugeben. Je mehr Angst wir vor der Ungewissheit haben, desto lieber kuscheln wir mit den Privilegien einer modernen Gesellschaft. Dabei vergessen wir gern, dass dies nur einer von unzähligen Irrwegen unserer begrenzten Spieldauer hier auf Erden ist. Jeder, der sein optimiertes Leben von außen betrachtet, fühlt sich schlimmstenfalls bestätigt und lernt bestenfalls dazu. Zu diesen Gedanken gesellte sich mein plötzlich aufblühendes Interesse für Philosophien aus dem Buddhismus – und vermehrt auch der Groll auf Rückflugtickets. Egal, welche Ecke der Welt ich zuvor bereist hatte, da war immer der Durst nach mehr. Und das zu einer Zeit, als Social Media Feeds noch nicht gnaden- und endlos Inspirationen lieferten. Um mich herum starben außerdem konstant Mitmenschen, viele davon vor dem Pensionsalter, weit vor der vom Sozialsystem angepriesenen Freiheit. Eile war geboten, die Tretmühle, das bequeme Ledersofa und das Sockenabo hinter mir zu lassen, um es endlich mit mir selbst aufzunehmen. Und um bestenfalls ein reicheres »Weltbewusstsein« – als solches bezeichnete es Alexander von Humboldt – zu entwickeln. Binsenweisheit: Nomadentum befreit, bildet und erfüllt. Digitales Nomadentum lässt einen gegebenenfalls auch anderswo überleben.

Das Planen ist uns Schweizern in die Wiege gelegt, Unsicherheiten somit überhaupt nicht. Ich war diesbezüglich ein Urschweizer, dem »Jetzt« voraus in Gedanken. Mit der Geburt von »Projekt Weltreise« entwarf ich einen radikalen Siebenjahres-Sparplan und veranlasste nebenher alles Nötige für einen schwerelosen Aufbruch. Geld ist zweifellos sexy, aber nur wenn es als Schlüssel dient, um die Türen zum Unbekannten aufzustoßen – das geht aber auch mit weitaus weniger Mitteln. Denn wer in die Haut des Weltenbummlers schlüpfen will, sollte berücksichtigen, dass ausufernde Biersafaris oder Betten über fünf Euro pro Nacht die Reise erheblich verkürzen und weitgehend ad acta gelegt werden sollten. Seit meinem Reisebeginn in Argentiniens Patagonien knausere ich daher unermüdlich mit meinem Ersparten, mache einen großen Bogen um die illustren Wohlfühloasen mit Wonnepools: ein Balanceakt aus Jubelschreien und Klagelauten. Dabei sind die Opfer oft unscheinbar leise. *»Don't think you're smarter just because you left home«* – Zakks Satz wird noch lange nachhallen. Langzeitreisende können tatsächlich ab und an etwas arrogant auf andere wirken – sie haben nun mal genügend Le-

Unvergleichbares Panorama bei Jomson nach dem Abstieg vom Thorong-La-Pass

bensstunden standgehalten, um alles fein säuberlich von außen zu betrachten. Ein gemachtes Nest aufzugeben, altbewährte Muster zu durchbrechen, die Liebsten zurückzulassen, um endlich die aufgestauten Sehnsüchte zu verwirklichen, braucht zwar eine große Portion Mut, ist aber ebenso rücksichtslos gegenüber Staat und Familie. Trotz aller Bescheidenheit: Wenn Lebenserfahrung einen Preis hat – und sei er noch so hoch –, bin ich bereit, auf alles andere zu verzichten.

Gokyo

Warten in der Cafeteria von Kathmandus Inlandflughafen. Ein Äffchen durchforstet gemächlich den Mülleimer neben mir. Nichts scheint ihm angemessen. Zugegeben, es war eine äußerst spontane Entscheidung gewesen, in die Region des Achttausenders Cho Oyu zu reisen. Ich habe mich schlicht noch nicht satt gesehen an der Aussicht vom Dach der Welt. Der Pilot tuckert höchstpersönlich mit mir zur Rollbahn. »Dein Privatflugzeug«, scherzt er: Außer mir und der Flugbegleiterin kommt heute niemand mit. Die Buddhistin führt ihre gefalteten Hände erst zur Stirn, dann zum Herz. Betet, wie vor jedem Flug nach Lukla nahe dem Eingang des Sagarmatha-Nationalparks. Die rasant wechselnde Wettersituation Luklas krönt die Piste zu einem der gefährlichsten Flughäfen überhaupt. Acht Flugzeuge haben ihr Ziel seit dem Bau durch den neuseeländischen Bergsteiger Sir Edmund Hillary gar nicht oder nicht in vollem Umfang erreicht. Gebannt klebe ich am Flugzeugfenster, verliere mich in den Falten aus Schnee, Eis und Stein – es ist, als hätte man die Schweizer Berge aufeinandergestapelt.

Auf dem Weg nach Namche Bazar begleite ich Kami Sherpa zu seinem Dorf und helfe ihm unbedeutend beim Tragen (die losen Kleinigkeiten, die sich nicht optimal auf den 80 Kilo schweren Zementsack stapeln lassen). Kami hat es gut, denn sein Haus ist gleich um die Ecke; andere marschieren sechs Stunden lang mit 150 (!) Kilo Material auf dem Rücken. Ungefähr ein halbes Millennium ist es her, seit sich die osttibetische Minderheit für ein Leben in Nepals Bergwelt entschieden hat. *»It is not the mountain we conquer, but ourselves«* (»Es ist nicht der Berg, den wir bezwingen, sondern uns selbst«), philosophierte Hillary, kurz nachdem ihm und seinem Partner Tenzing Norgay Sherpa die Besteigung des Mount Everest gelungen war. Seit 1953 gelten Sherpas daher als Synonym für eine unermüdliche Gebirgskutsche. Geballte Manneskraft mit einer Lunge aus Stahl und Ventil. Für viele hat sich seither alles verändert: Sie besitzen Hotels, studieren in Europa oder spielen Baseball in der amerikanischen MLB. Für rund ein Zehntel aller Sherpas allerdings bleibt es beim Alten. Etliche Male treffe ich auf im 90-Grad-Winkel zusammengestauchte Teenager, die ganze Betten inklusive Matratzen, Wellbleche, Trägerelemente, Bierkästen und Baumaterial in die Dörfer wuchten. Das Volk der Sherpa nimmt die Renovierung nach dem Erdbeben wortwörtlich selbst in die Hand.

Gerade in diesen Tagen hat das Volk der Sherpa sichtlich alle Hände voll zu tun.

Rast in einem Gasthaus in Phakding. »Geld oder Unterstützung hat die Regierung noch nicht geliefert«, faucht Barhat Sherpa vom anderen Ende des Tisches. Sein Haus hat einige Risse abbekommen. Zement besorgen sie nun selbst aus Kathmandu. Er und die anderen Bewohner von Phakding gehören zu den »Priorität-B-Menschen«, denjenigen, welche nicht bluten, sondern nur angeknackste Häuser haben. Viele von ihnen leben vom Geld der Touristen. Touristen, die nicht mehr so schnell eintrudeln. Zu viele Bilder von zusammengefalteten Häusern und katastrophalen Zuständen wurden ausgestrahlt. Der Aufstieg führt mich via Namche Bazar über imposante Hängebrücken und ausgezeichnete Wanderpfade zur verträumten Ansiedlung von Gokyo. Während des nepalesischen Frühlings sollten die einzelnen Teilabschnitte gut geplant werden, der berechenbare Südwind bläst die Monsunwolken frühmorgens von den Tälern in die höheren Gefilde. Gegen elf Uhr ist die Sicht bereits so trüb wie der abendliche Reiswein. Es bietet sich an, das Bett vor Tagesanbruch zu verlassen. Im Morgengrauen quäle ich mich auf den 5.357 Meter hohen Gokyo-Ri. Ein Rennen gegen die Witterung, doch oben werde ich belohnt. Wolkenlos der Himmel, frei der Blick zum 8.201 Meter mächtigen Cho Oyu, der den größten Eisstrom Nepals speist. Unten verschlingt der Dunst in gespenstischer Anmut den türkisblauen Bergsee samt aller Flora und wolligen Yaks, die ihn säumen.

Am nächsten Tag fühle mich akklimatisiert und bereit. Der Mount Everest liegt gemäß meinen vagen Informationen gleich hinter ein paar anderen Bergen. Ein Geheimnis vorweg: Ich war zu geizig für eine topografische Karte – geschweige denn einen Bergführer –, hatte aber beim Tourismusverband kos-

Blick vom Gokyo Ri auf den 8.201 Meter hohen Cho Oyu

tenlos eine an der Wand hängende Karte abfotografiert. Auf dieser waren Gokyo und das Mount-Everest-Basislager über den Pass Cho La mit einer gestrichelten Linie verbunden, darunter der Vermerk »*icy crossing*«. Und falls mir Fortuna beistünde, so ließ ich mir später versichern, würden auf dem Weg einige Sherpas siedeln. Annapurna war ein Klacks gewesen, was sollte hier schon schiefgehen?! Meine Gastgeberin gestikuliert, wie mir Steine auf den Kopf fallen werden, und geht zum Hausaltar beten. Es wandert sich auch schon besser – zumindest leichter. Seit meiner Ankunft in Nepal habe ich zehn Kilogramm Körpergewicht verloren, dafür eine bis jetzt unerreichte mentale Stärke gewonnen. Das ist zwar erstrebenswert, kann aber auch verblenden. Nach einer sechsstündigen Alpinwanderung mit spärlichster Ausrüstung stehe ich auf einem wackelnden Felsklotz in geschätzten 6.000 Metern Höhe und vor einer schwierigen Entscheidung. Cho La scheint nahe zu sein, nur hätte ich Vollidiot berücksichtigen sollen, dass Gletscher wandern und es daher mit größter Wahrscheinlichkeit keine markierte Route hinüber zum Gebirgspass gibt. Inzwischen sind auch die Monsunwolken angekommen. Es regnet erst, schneit dann und hagelt schlussendlich. Die Sicht ist auf wenige Meter geschrumpft. Ich muss mich entscheiden: Entweder breche ich ab, klettere über die rutschigen Steine hinunter ins graue Nichts, oder ich versuche, einen schonungslosen Gletscher zu passieren und dabei rechtzeitig auf ein paar Siedler zu treffen, die mich über die Nacht retten. Während ich die Entscheidung scheue, kommt mir ein kürzlich verschwundener Amerikaner in den Sinn – seit über zwei Monaten wird er vermisst. Auch er war ohne Führer unterwegs gewesen, auch er war zweifelsohne zu sehr von sich überzeugt gewesen. Wehmütig stampfe ich bergab, bis es dunkel wird und mich meine Füße nicht mehr tragen wollen. Der nächste Weiler liegt kilometerweit entfernt. Sei es, wie es ist – ich breche in eine leerstehende Hütte ein, falle wie ein steifes Brett auf die marode Matratze und in den tiefsten Schlaf seit Monaten.

Zurück nach Lukla. Einfach nur laufen, dabei Erinnerungen und Emotionen Revue passieren lassen. Das Atmen genießen. Einige Kurven nach Namche Bazar reitet mir ein Mönchskind mit einem Gefolge von Sherpas in traditioneller Tracht entgegen: der neue Lama des Thame-Klosters. Jahrelang hatten sie nach der Reinkarnation des verstorbenen Oberhaupts gesucht. Hier reitet er, der auserkorene Vierjährige, von einem fernen Ort fantasierend, den er noch nie besucht hat. Er wird seinen Platz in dieser Welt einnehmen, so wie alle, die unbeirrt nach Lebenssinn fahnden.

Der zukünftige Lama vom Thame-Kloster

Fantastische Landschaften säumen die Wanderroute von Gokyo zurück nach Lukla.

Bagans Tempelstadt kurz vor
Aufnahme ins UNESCO-Welterbe

Myanmar

**Oktober 2015
bis Januar 2016**

Myanmars kulturelle Wunderwelt entweicht einem halben Jahrhundert Diktatur. Der ideale Moment, um sich außerhalb prominenter Reiserouten umzuschauen und, falls noch Zeit bleibt, Piratenträumen nachzugehen.

Yangon

Welcome to Myanmar«, so der Aufruf des allgegenwärtigen amerikanischen Brauseherstellers, der erst vor wenigen Jahren die Erlaubnis für eine Werkseröffnung erhielt, just als das Land mit leisem Knattern die Zugbrücke herunterließ und kurz darauf anfing, nach ausländischen Devisen zu lechzen.

»This is Burma and it will be quite unlike any land you know about.«
Rudyard Kipling – Letters from the East, 1898

Es ist Sonntag. Wahltag. Um mich herum huschen die Wähler, erkennbar am kleinen schwarzen Finger. Man lernt aus Fehlern: Beim letzten Versuch vor fünf Jahren wurde mittels Stempel gern mehrfach gewählt, aber der Fingerabdruck entlarvt Doppelwähler mehrere Wochen lang. Im Rennen sind diverse Parteien, darunter die *NLD National League of Democracy* mit Friedensnobelpreisträgerin Aung San Suu Kyi. »The Lady«, wie sie von Freund und Feind respektvoll genannt wird, ist unterdessen so populär wie Che Guevara, Mandela oder Evita Perón. Ihre Partei wird die Wahl gewinnen, das steht außer Frage. 25 Jahre haben alle auf diesen Moment gewartet. Bei den letzten Wahlen 2010 war die NLD noch verboten, und Protagonistin Aung San Suu Kyi stand unter Hausarrest. Volle 16 Jahre war die Tochter eines Unabhängigkeitskämpfers an ihr Anwesen am Inya-See gefesselt, wo sie malte und Bücher schrieb. Richtig populär wurde die charismatische Suu Kyi während der Aufstände in den späten 80er-Jahren. Zu dieser Zeit schöpften die Herrscher aus einem Reservoir irrer Überraschungen: Geldscheine mit abstrusen Nominalwerten wurden eingeführt, wie die 75-Kyat-Note zu Ehren des 75. Geburtstags von Diktator Ne Win. Darauf folgten 15- und 35-Kyat-Scheine. Dann kam dem abergläubigen Ne Win in den Sinn, dass die Banknoten durch seine Glückszahl neun teilbar sein sollten. Also wurden 45- und 90-Kyat-Scheine gedruckt, wobei niemand die alten Noten umtauschen durfte; viele verloren ihr gesamtes Vermögen. Die kuriose Geldpolitik war letztlich der Auslöser für landesweite Aufstände mit Ikone Suu Kyi an der Spitze. Ne Win rettete sich in einen luxuriösen Ruhestand, und ominöse Wahlen fanden statt. Die NLD gewann zwar, die Militärjunta erkannte den Sieg aber nicht an und schröpfte das Land weitere 20 Jahre lang, bis 2010 mittels orchestrierter Wahlen Thein Sein als ziviler Präsident ins Amt gestellt wurde.

Zurück in der Gegenwart. Rund zwei Wochen lang werden nun Stimmen gezählt. Ein Repräsentant der NLD tritt mit 99-prozentiger Sicherheit im März 2016 das Amt an. Aung San Suu Kyi selbst darf gemäß Regelwerk nicht als Präsidentin kandidieren, da ihre Kinder allesamt britische Staatsbürger sind. Wie auch immer das Resultat ausfällt, das Militär operiert weiterhin autonom und behält die wichtigen Fäden in der Hand. Volk und ausländische Investoren blicken einer interessanten Zukunft entgegen. 30 Jahre lang hatte sich der notorische Schurkenstaat isoliert, Marken kamen nur geschmuggelt

Es wird gewählt, die Partei NLD von Aung San Suu Kyi wird das Rennen machen. So hoffen alle.

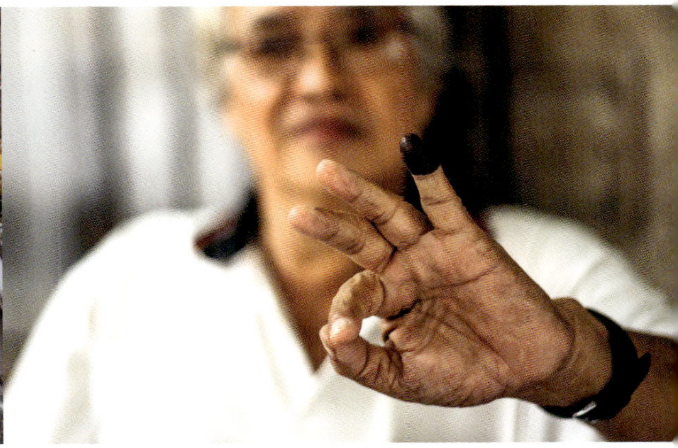

ins Land, die wenigen Individualtouristen nur mit Mut und viel Geduld. Aber plötzlich geht alles ganz schnell: Meinungsfreiheit, Parteienvielfalt, freie Wahlen, Bewegungsfreiheit. Ein ökonomischer Weckruf wie ein Peitschenknall.

Gemütliches Herumstreifen in Yangons Gassen. Im Schatten verrotteter Kolonialbauten wuchern die Feldküchen. Burmesinnen mit pastellgelber Thanaka-Paste im Gesicht schielen nach Käufern für ihre Pyramiden aus weich gekochten Innereien oder totfrittierten Monsterheuschrecken. Aus schiefen Holzverhauen kontern ihre Nachbarn: sie bestreichen reihenweise Blättlein mit gelöschtem Kalk, die natürliche Verpackung für Betelnuss-Klumpen. Hier wird nichts kaschiert – jeder Kunde, der sich an Myanmars verbreitetstem Rauschmittel versucht, hat seine Zukunft wortwörtlich vor Augen: ein zerfressenes, schwarzrotes Gebiss, ein Leben mit einem freudigen Zombiemaul. An der geselligen Gassenszene holpern rustikale Busse mit Parkettboden vorbei. Ein Arbeiter mit Schirmhut zerschweißt gemächlich ein Autowrack in einer belebten Seitenstraße. Yangon besticht kaum durch hübsche Flaniermeilen, dafür mit abstrusen Alltagszenen und einem für Asien eher abenteuerlichen Architekturmix – ein Tohuwabohu aus viktorianischer Schönheit und südostasiatischem Plattenbau. Das Juwel des britischen Empire, früher bekannt unter dem Namen Rangun, war einer der meistfrequentierten Häfen der Welt, eine wichtige Station der Handelsstrecke zwischen Indiens Kalkutta und Chinas Schanghai. Myanmars Militärregierung verlegte 2005 die damalige Hauptstadt Yangon aus Angst vor neuen Volksaufständen und ausländischen Invasionen vom Andamanensee in eine künstlich geschaffene Stadt 320 Kilometer weiter nördlich: die Planstadt Naypyidaw war geboren. Dutzende von hundertjährigen Regierungsgebäuden wurden ausgehöhlt und anschließend zugekleistert, der Inhalt wurde per Lastwagen nach Norden verfrachtet. Seither wetteifern Rußpartikel und Pflanzen entlang ihrer Fassaden.

Myo Myo nimmt mein gedankenversunkenes Flanieren wahr. *»Mingalaba! Where do you go?«* Darauf kenne ich keine Antwort, ich habe weder Karte noch Ziel. Zehn Jahre früher hätte ich in ihm einen Spion im Männerrock vermutet, der meine nächsten Schritte aushorcht. Hingegen will mir der 45-jährige Lehrer lediglich Gesellschaft leisten. Während ich mich hinter einem Baum verstecke, verhandelt er die Taxipreise für uns. »Je bleicher das Gesicht, desto teurer die Fahrt«, meint er abgeklärt. Wir flitzen über eine brandneue, von Nippon finanzierte Straße und kommen pünktlich zum täglichen Ver-

Yangon besticht vor allem durch seine reizüberflutenden Straßenszenen.

kehrsinfarkt. Myo Myo deutet resigniert auf die vielen Ausstellungsräume der Autohersteller aus China und Japan. Autos waren vor fünf Jahren noch eine Rarität auf Yagons Straßen. Aber heute erkennt der aufmerksame Beobachter schnell, dass viele Autofahrer weder Führerschein noch Fahrpraxis besitzen, dafür aber ein ausgeprägtes Chaosgen. Sie sitzen auf der rechten Seite ihrer japanischen Autos und fahren zudem auf der rechten Straßenseite – dank des ehemaligen Militärdiktators Ne Win. Ein Astrologe hatte dem Regierungschef den Tod im Linksverkehr vorhergesagt, daher wurde einen Tag später der Rechtsverkehr eingeführt.

Nach einem gemeinsamen Milchtee muss Myo Myo weiter, es bleibt etwas Tageslicht für das buddhistische Las Vegas. Schon von Weitem funkelt sie mir entgegen, die ikonische Pagode Shwedagon-Paya. Allein die Spitze der Kuppe mit den knapp 80.000 Diamanten und anderen zierenden Edelsteinen soll 50 Millionen Euro wert sein. Rund um die spitze Pagode reiht sich außerdem ein gutes Dutzend Geldautomaten. Denn Seelenheil darf jederzeit in einem Tempel oder bei der Almosenrunde der Mönchszunft gegen Kyat getauscht werden. Wer etwas gibt, verabschiedet sich mit einem behaglichen Gefühl. Wer es aber richtig angehen will, meditiert sich zu einem besseren Menschen. Ungelogen, ich hatte mir vorab in Bangkok ein sogenanntes Meditationsvisum für Myanmar gesichert, da mir die Erkenntnisse aus der bevorstehenden Vipassana-Einsichtsmeditation durchaus am Herzen lagen, mir allerdings auch bewusst war, dass ich es maximal zehn Tage lang mit mir allein aushalte, mir dieses Visum aber trotz allem 90 statt der üblichen 28 Tage im Land garantierte.

Die famose Shwedagon-Paya beim Sonnenuntergang

Naypyidaw

Es scheint, als gäbe es keine Vergangenheit, keine Zukunft, nur das Jetzt. Im Einklang mit mir selbst reise ich nach Naypyidaw, dem »Sitz der Könige«, auf einem Sitz für Knechte. Dafür entspricht der Preis für das Busticket etwa der Knautschzone. Selbst Jockeys würden hier vorsichtshalber zwei Plätze buchen. Sonst gibts nichts zu meckern: Der Bus schnurrt den glatten Teer entlang, vorbei an wucherndem Grün und brüchigen Pfahlbauten. Die dröhnende Leere bei der Ankunft ist beängstigend. Rund 80.000 Bauarbeiter hackten vor wenigen Jahren eine sechsmal so große Fläche wie New York City aus dem Dschungel, um Platz für all die Generäle, Minister, Beamten und Legionen von Gartenpflegern zu schaffen. Wer heute hier lebt, lebt für die Arbeit. Da es in der Hauptstadt weder Gehwege noch öffentlichen Transport gibt, buche ich für einen Tag den Rücksitz von Herrn San Oos Moped. Sein Englisch ist so gut wie mein Burmesisch, trotzdem verstehen wir uns prächtig, denn er besitzt eine Karte mit den hiesigen Sehenswürdigkeiten. Darunter befinden sich an die 80 Businesshotels, Golfplätze, unzählige Regierungsgebäude, mit Neonröhren beleuchtete Baggertümpel, das Parlament, ein Nachbau der Shwedagon-Paya und drei Museen. San Oo übergibt mir den nicht verschließbaren Helm und zirkelt durch das surreale Betondesaster. Das hat man davon, wenn man einer Militärjunta die Stadtplanung und eine Flotte von Planierraupen überlässt. Liebliche Gebäude in Walmart-Form säumen die bis zu 20-spurigen (!), aber nur sporadisch befahrenen Straßen, auf denen ein Airbus A380 landen könnte. So hätte sich Josef Stalin ein Wellnessresort vorgestellt.

Alltagsszene auf der 20-spurigen (!) Straße nahe dem Palast Naypyidaws: Sie ist kaum befahren.

Der Chin-Staat

Ganz anders zu geht es im wilden Westen des Landes. Hung Shwe bewaffnet sich mit ausgelatschten Flipflops, rosa Mädchenmütze, Steinschleuder, Pfeil und Bogen. Wenn mir einer den Pfad zum Gipfel weisen kann, dann er. Hung Shwes gesichtstätowierte Frau winkt ein herzliches *Goodbye,* wir wandern los. Der Jäger bevorzugt einen strikt vertikal verlaufenden Pfad ohne mühsames Auf und Ab. Nepal-geprüft halte ich mit, keuche jedoch ungestüm dank der unzähligen Cheroot-Zigarren, mit denen ich mich im vergangenen Monat bei den Shan in Myanmars Osten vergnügt habe.

In der Ferne verhallen Schüsse. Es ist ein durchaus friedliches Terrain, obschon hier alle mit einem Gewehr durch die Gegend tapsen. Selbst die wenigen Bären sind nicht mehr sicher, denn China ist scharf auf ihre Pelze und Gallenblasen. Wir kreuzen mit einer Sippe anderer Jäger. Erfolgreiche Jäger. Mein Blick fällt auf undefinierbare Krallen, die aus ihren Beuteln pendeln. Hung Shwe ist nun hoch motiviert und spannt seine Schleuder. Der Stein zischt einen Zentimeter am Schnabel vorbei. Die Vogelwelt scheint Hung Shwe gut zu kennen, die vermeintliche Beute wahrt unbeeindruckt ihre Position. Das Schauspiel wiederholt sich, bis ihm die Steine ausgehen. Ich knurre. Falls wir heute je einen Unterschlupf finden, bleibt der Festschmaus bestimmt aus. Die Sonne verschwindet allmählich dort, wo sich auch Indien vermuten lässt.

Abenddämmerung auf dem höchsten Berg vom Chin-Staat.

Wir stehen auf dem Gipfel des Mount Victoria, des höchsten Bergs der Region, und lugen rüber zum Nachbarland, anschließend zu einem weit entfernten Bergrücken, den wir nach knapp vier Stunden erreichen wollen. Ich mache mein Mobiltelefon zur Taschenlampe, und mein Begleiter hackt eine Schneise durchs Buschwerk. Mir schwant Böses. Groggy, zerkratzt und ausgehungert schlurfen wir in den kleinen Weiler Htang Shwe. Unsere greisenhaften Gastgeber sind sichtlich begeistert, Besuch kommt hier allzu selten vorbei. Auf Wunsch hebt Großväterchen den Pfannendeckel. Irgendwie hat es die Jägerbeute, also die undefinierbaren Krallen samt undefinierbarem Körper, ausgerechnet in diesen Topf geschafft. Ich gebe mich geschlagen und gönne mir eines der vier (sechs?) Beinchen, nage bestimmt und zärtlich daran, mustere dabei Hung Shwe, der bumsfidel eine der anderen Extremitäten mitsamt wulstiger Haut und Sehnen verschlingt. Mittlerweile habe ich mich an das Einwickeln in mehrere Filzdecken und den rauen Schlaf auf Bretterböden gewöhnt. Alltagstrott. Gut gelaunt latschen wir in der Morgendämmerung zurück nach Mindat – teils auf Jägerwe-

Hung Shwe packt das Mittagessen für unsere Wanderung.

Kornwein wälze ich mit meinen neuen Reisebekanntschaften und unserem ortskundigen Führer Naing Kee Shing einen Plan für die nächsten Tage – im Telegrammstil: »Selten aufgesuchte Dörfer aufsuchen.« Und es geht sofort los. Im Geleit eines Korps problemlösender Ninjas auf Motorrädern klappern wir über Stock und Stein durch die verschlafensten aller Nester. Wer sich per Motorrad auf diese Pfade wagt, ist entweder masochistisch veranlagt oder trainiert für das nächste Motocross. Dank heftigem Regen stranden wir in Hinterhausen, wo der Fortschritt um die 70 Jahre ausgesetzt hat. Schmutzige Kinder rollen jauchzend Pneus um die Wette, ihre energischen Eltern verrichten die tägliche Knochenarbeit. Bei unserer Ankunft versammelt sich auch gleich das ganze Dorf, um uns willkommen zu heißen.

gen, teils auf der Schotterstraße, die den Pauschaltouristen in naher Zukunft die Mount-Victoria-Schnellbleiche verpasst. Der Chef vom Straßenbauamt in Naypyidaw äugt misstrauisch aus seinem SUV, als uns der Busch neben ihm ausspuckt. Er war gerade damit beschäftigt, den unterbezahlten Tagelöhnern beim Steineklopfen und Teerköcheln zuzuschauen. Die Straße müsse ausgeweitet werden, damit die dicken Busse Fuhren an Kartoffeleibern bequem durch den Jägerstaat schieben können. Daraufhin bahnt sich eine rührende Szene an, in der die Gegensätze gnadenlos aufeinanderprallen: Der Städter mit Krawatte steigt aus seinem Wagen, und Hung Shwe erklärt ihm walkürenhaft das Prinzip von Pfeil und Bogen.

Mindat im südlichen Chin-Staat. Eine Marktfrau wiegt das Dörrfleisch gegen zwei XL-Batterien und nennt den Preis, ein Knirps schnappt sich Mamas Tabakpfeife und pafft zufrieden, ein Jäger hantiert mit dem Kolben seiner Flinte. Ach, ihr Märkte der Welt, dank euch wird es mir nie langweilig. Ich kaufe etwas Schnaps und schlendere zum vereinbarten Treffpunkt: einem Nasenflötenkonzert der 88-jährigen Yun Eian, der Koryphäe der Magan-Ethnie. Dann wirds ernst: Zu gehackter Vogelspeise und

Der Weg zurück ist beschwerlich: Reihenweise geht uns das Benzin aus, Räder verbiegen sich, Ölpumpen geben sich geschlagen. Wen wunderts. Nach einigen Tagen Zauderei in Mindat satteln wir wieder auf, um weitere Orte aufzuspüren, die auf keiner Karte verzeichnet sind. Naing Kee Shing, unser Führer, hat immerhin einige Symbole von Hängebrücken, Bergen und möglichen Sackgassen auf einen Fetzen Papier gezeichnet. Das sollte ausreichen. Nach ein paar Stunden Motorradrodeo rasten wir auf der typischen Bambusveranda einer Chin-Familie. Der Gastgeber hat die Holzwand seines Hauses mit einer Melange aus Ochsenschädeln verziert.

Das Heim mit Tierschädeln zu dekorieren, ist üblich bei den Chin.

Pro geopfertem Skalp erwarte ihn ein brandneuer Ochse im Nachleben, dem *Monu Mountain*. Je mehr, desto besser. So opfern einige Chin ganze Herden, und eingefleischte Animisten schaufeln sich buchstäblich ihr eigenes Grab. Die Größe der Steinanordnung im Diesseits entscheidet dabei über die Größe des zukünftigen Hauses im *Monu Mountain*. Die Chin bleiben jedoch genügsam: Ich habe noch keine fünfstöckigen Grabmale mit angrenzendem Pool entdeckt. Während die Männer um zukünftige Villen und Herden buhlen, tätowieren sich ihre Gattinnen das Gesicht. Die Tattoos sind das Markenzeichen der weiblichen Chin,

Je nach Clan ziert eine von 17 verschiedenen Tätowierungen die Gesichter der Chin-Ladies.

denn nur wer eines trägt, erhält Einlass in den *Monu Mountain*. Andere Legenden besagen, dass die Ladys mit der Gesichtstätowierung die burmesischen Prinzen und ihre Schlepper erschrecken wollten – Chin-Frauen waren begehrte Konkubinen. 1964 verbot die Regierung das Tätowieren, weshalb man kaum noch tätowierte Frauen sieht. Für die irdischen Kleinigkeiten wie eine erfolgreiche Jagd und die üppige Ernte sind weiterhin die Naturgeister, die »Nats«, zuständig. Während der sogenannten Nat-Treffen liest der lokale Schamane aus einem Ei. Die ausgegossene Flüssigkeit wird nach Linien und Formen abgesucht. Die Interpretation entscheidet über das Tieropfer, das Tieropfer wiederum über den spirituellen Beistand.

Ebensolchen könnten auch wir gerade gut gebrauchen. Bedrohliche Flammen züngeln aus dem Auspuffrohr der Maschine vor uns. Naing Kee Shing und ich lächeln verschmitzt und vergrößern den Abstand. Kurz darauf fällt unsere hintere Bremse ab. Trotz des erneut einsetzenden Regens halten wir bravourös die zehn Zentimeter breite Spur neben dem Abgrund. Theatralisch driften ein paar Jäger auf ihren Mopeds an uns vorbei, fallen, steigen auf, fallen. Nach sechsstündigem Auf und Ab zeigt sich endlich ein namenloses Dorf. Und wie sich später herausstellen wird, ist seit der japanischen Besatzung vor circa 70 Jahren kein Ausländer mehr hier aufgekreuzt. »Wo möchtest du die Nacht verbringen?«, erkundigt sich Naing Kee Shing bei mir. Wir klopfen bei Pastor Mana Buu an die Tür; dieser führt uns, die dreckigsten Auswärtigen, die er in seinem Leben gesehen hat, ohne Wenn und Aber in sein Wohnzimmer, wickelt uns in Decken, serviert alles, was sein Vorratsschrank hergibt, und singt uns in Begleitung museumsreifer Musikinstrumente in einen göttlichen Schlaf.

Auf Dorfvisite im Chin-Staat. In den meisten sind seit Jahrzehnten keine ausländischen Besucher aufgekreuzt.

Das Volk der Chin hat sich entlang des Ley-Mro-Flusses im Rakhaing-Staat ein kleines Bambusmonopol aufgebaut. Kaum geerntet, wird das Gut zum Ufer hinuntergerollt und zu riesigen Bambusflößen verschnürt. Darauf werden ambulante Schlafplätze und Zeltkombüsen installiert.

Bagan

Ein Hobbystuntman bäumt sein Motorrad auf, springt auf den Lenker und manövriert mit verrenkten Armen. Die gespreizten Beine seiner beiden (!) Mitfahrer schleifen über den Asphalt, notgedrungen und stabilisierend. Eine lottrige Pferdekutsche mit winkenden Burmesen pendelt in die entgegengesetzte Richtung. Das würde meinem australischen Kumpan Will Ladson gefallen, könnte er diese herrliche Szene miterleben, aber unser seit Langem geplantes Wiedersehen verzögert sich. Sein »Nicht-mehr-so-Express-Boot« habe sich auf dem Weg von Mandalay nach Bagan in eine Sandbank gegraben, besagt die Textnachricht. Langzeitnomaden mit abenteuerlichem Esprit und grotesker Denkweise sind rar. Finden sie trotz allem zusammen, kann sich eine magische Allianz zweier Individualisten anbahnen. Seit einem längeren Gedankenaustausch in der rauen Hochebene Ladakhs sind wir E-Mail-Freunde, tauschen Storys und Ratschläge über Routen abseits der Trampelpfade. Umso fragwürdiger scheint der erkorene Treffpunkt für einen gemeinsamen Nervenkitzel: Myanmars Touristen-Hotspot. Bagan könnte mit »Zerbrecher der Feinde« übersetzt werden. Von hier aus wurde vereint, unterjocht und besteuert. Obwohl der Theravada-Buddhismus bereits im ersten Jahrhundert ganz Myanmar überflutete, blühte er erst im ehemaligen Königreich Bagan so richtig auf. Ein Mon-Mönch überzeugte den damaligen König Anawratha davon, zum Buddhismus zu konvertieren, sodann verscheuchte der König all die Schlangenkult-Priester aus der Gegend. Über die Jahre wurden innerhalb weniger Quadratkilometer an die 6.000 Pagoden, Stupas und Gedenkstätten errichtet. Viele davon wurden zu Schutzmauern umfunktioniert, als die Mongolen das Land plünderten. Und heute: Prädikat Weltkulturerbe.

Die Töffli-Gang Bagans *in action*

Was hatte ich den Aussie aus dem abgelegenen Alice Springs vermisst: seine komödienhaften Erzählungen, den schmerzhaften Sarkasmus, seinen Drang, die Seitenstraßen zu nehmen, selbst sein fragwürdiges Hobby, kleine Seifenstücke von den Absteigen dieser Welt zu sammeln. Die erste Hälfte unseres Wiedersehens widmen wir der Bierkunde, die zweite Hälfte fruchtet bereits, ein vager Plan für den nächsten Tag steht. Mit Decken, Wein und Lautsprechern bewaffnet ziehen wir los, auf den kleinsten und verbeultesten E-Bikes, die sich finden lassen. Eine Privatruine für die kommende Nacht – eine *zu* verlockende Idee, wenn es darum geht, dem Mainstreamtourismus ein blasphemisches Schnippchen zu schlagen. Dabei sind wir äußerst vorsichtig, tapsen auf der Suche nach einer geeigneten Stupa fast schon auf Zehenspitzen durch die dörre

Viele der 6.000 Pagoden, Stupas und Gedenkstätten reichen bis in die Anfangsjahre des Baganreichs.

Gegend. Alsdann sprudeln der Rock'n'Roll und der Wein unter den Augen Buddhas. Seien wir ehrlich: Siddhartha Gautama hätte den ganzen Rummel um ihn niemals gutgeheißen, denn er galt, anders als die heutige Masse an Fans, als Verfechter von Ikonen und illustren Gebetsstätten.

Zudem muss gewarnt werden: Wer in Bagan den fleißig beworbenen Klischees nachjagt, könnte bitter enttäuscht werden. Sujets mit lichtdurchfluteten Tempeln und lächelnden Novizen unter roten Stoffsonnenschirmen schmücken weltweit die Reisekataloge und Postkarten. Ein schöner Fake! Dass aber die Schauplätze mit qualmenden Rauchkerzen aufgemotzt werden und erfinderische Fotografen für ein Mönch-Shooting 130 Euro pro Tag »Spendengeld« an die Klöster abdrücken, ahnt kaum jemand. Würden Reisebüros einen Cheroot-Zigarre paffenden oder Betelnusssaft spuckenden Mönch abbilden, der gerade seinen Status auf den Socials publiziert – kein Tourist würde buchen. Die Realität ist erschreckend unästhetisch. Gleichzeitig aber ist Vorsicht geboten, denn denjenigen, der die Weltanschauung besudelt, erwarten drakonische Strafen. Das bewies kürzlich der Fall Philip Blackwood. Der neuseeländische Barbesitzer wurde zu 30 Monaten Gefängnis verurteilt. Sein Vergehen? Rufschädigung. Bei einer Werbeaktion seiner Bar hatte er eine Illustration eines Kopfhörer tragenden Buddhas auf Facebook gepostet.

Sonnenaufgang in der Tempelstadt

Seemannsgarn
(Flussfahrt von Norden nach Süden)

Samstagnachmittag, Yangon International Airport. Die Schiebetüre des Toyota Sienna springt auf. Ein halbes Dutzend fein gekleideter Offiziere der Einwanderungsbehörde sowie einige Sicherheitsbeauftragte der Flughafenpolizei beäugen uns schief. So sehen sie also aus, die beiden ausländischen Quälgeister, die den Amtskollegen etliche schlaflose Nächte bereitet haben. Unzählige Facebook-Posts hatten sie während der letzten Wochen optisch auf das Tête-à-Tête vorbereitet (verpixelte Porträts von Will und mir beim Einzelverhör, beim Spaziergang, beim Biertrinken, beim Grillen von Brotkrusten). Der Chef der Bügelfaltentruppe reißt das Wort an sich, Augenbrauen im Sinkflug, die eiserne Stimme hat Orkanlautstärke. Seine Order komme von oben, wir seien hiermit umgehend des Landes verwiesen. Verbannt. Exiliert. Ich schaue zu Will und nicke einsichtig, es war schließlich nur eine Frage der Zeit.

30 ereignisreiche Tage zuvor. Nicht weit von der Grenze zu Indien entspringt der Chindwin. Eine bräunliche Brühe, die knapp 650 Kilometer nach Süden rinnt, in den Irrawaddy mündet und weitere 600 Kilometer weiter unten auf den Andamanensee trifft. Unser grober Plan scheint nicht verwegen, aber ambitiös: Wir wollen Myanmar einmal längs durchschiffen. Niemand soll uns nachsagen können, wir hätten uns vorbereitet, Absprachen getroffen, Bewilligungen eingeholt, Amtsleute bestochen. Ganz im Gegenteil, denn unsere jämmerlichen Vorbereitungen bestehen aus minimaler Pfadfinderkompetenz, bubenhafter Abenteuerlust und dem Willen, ohne Rücksicht auf Verluste an den Andamanensee zu gelangen. Das muss vorerst reichen.

Idyllisches Flussleben zur Abendstunde

Gut gelaunt durchforsten wir das Flussufer in Hkamti nach potenziellen Booten und Verhandlungspartnern. Die hier vor Anker liegenden Barken sind kaum vergleichbar mit dem Fiberglasprunk, der geschmeidig durch die Wasserwege Europas oder Australiens flitzt. Das Angebot passt jedoch perfekt zu unserer Anforderungsliste – einige Holzbretter, die, gesägt und zusammengenagelt, nach dem archimedischen Prinzip schwimmtauglich sind, etwas Hohlraum für Cargo und ein einfacher Motor. Wir schnappen uns einen Fischer, der gerade sein Netz entwirrt, und deuten auf sein eingemottetes Hab und Gut. »Sehr geehrte Damen und Herren, gern würden wir Ihr Boot kaufen«, liest er von meinem abgewetzten Zettelchen in burmesischer Abugida, einer Mischung aus Alphabet und Silbenschrift. Ich hatte mir den Satz vorsorglich niederschreiben lassen, um kulturelle Fehltritte zu vermeiden. Der Mann lächelt freundlich. Und alarmiert die Einwanderungsbehörde.

Die Gespräche dauern bis spät in die Nacht. Mehrmals verweisen wir auf unsere nautischen Erfahrungen als Bootskapitäne im Amazonas und im Kongo. Will war tatsächlich im Kongobecken unterwegs, wenn auch nicht als Kapitän. Ich wiederum bin drei Tage lang durch den ecuadorianischen Teil des Amazonas gegondelt, schön eingewickelt in die Schwimmweste, die man unserem Möchtegern-Expeditionstrupp aufgezwungen hatte. Wir fragen nach dem Chef, dann nach dessen Chef und so weiter, bis es keinen weiteren Chef mehr gibt. Unsere Verhandlungen scheitern kläglich. Vielleicht weil niemand in Hkamti je vom Amazonas oder vom Kongo gehört hat, vielleicht aus berechtigtem Misstrauen gegen unsere Fähigkeiten. Zu heimtückisch seien die Flussströmungen. Überall lauerten Sandbänke, bevölkert von unberechenbaren Dieben, die zu nichts weniger als allem bereit seien. »Zu unserer eigenen Sicherheit« werde unser Begehren abgelehnt. Wir versprechen somit hoch und heilig, kein Boot zu kaufen und die Fähre zur weiter südlich gelegenen Schiffslände in Homalin zu nehmen.

U Win Boo schaut verwirrt hinüber. Zwei weiße Landratten begutachten seine Schaluppe und fachsimpeln in exotischer Sprache. Ein ominöser Zettel wechselt die Hände. Ein Fächer mit Kyat-Noten wedelt im Dunst. Wie würde das in der Schweiz aussehen? – Tatort Hintertupfingen im Emmental, ein Duo zuversichtlich dreinblickender Myanmaren taucht auf dem Hof eines Bauern auf und zeigt auf den ramponierten Subaru Justy. »Muss kaufen Auto«, locken die verschmierten Buchstaben auf dem Papierfetzen. Würde er verkaufen? Sie vom Grundstück vertreiben? ... U Win Boos Interesse ist geweckt. Schwupps besorgt er einen Taschenrechner und tippt einige Zahlen ein. Das gefällt uns, einfacher könnte ein Deal nicht sein.

Als Kaufvertrag dient uns ein Beweisfoto mit der Cash-Übergabe.

Es folgen eine einminütige Schnellbleiche zur Bedienung des chinesischen Bootmotors sowie eine Testfahrt. Will steuert und erkennt zu spät, dass eine Linksbewegung des Steuergriffs das Boot nach rechts wendet. Er erkennt nun auch, dass es keine Bremse gibt. Im Zickzackkurs düsen wir ungebremst in ein geparktes Boot, ich fliege theatralisch über den Bug in eine Mischung aus Matsch und Wasser. Wortlos nicken wir uns zu und verduften.

Entspannt zeigt er sich uns, der Chindwin. Mit fünf bis zehn Knoten dümpeln wir durch das Nass, ernten zwischenzeitlich hochgezogene Mundwinkel und euphorische Zurufe. »Muss wohl an unseren typisch asiatischen Kegelhüten liegen«, rufe ich Will zu. Aber er hört mich nicht, zu laut ist das Knattern unseres Außenbordmotors, zu fanatisch blickt der

Australier auf den Flussverlauf und allfällige Hindernisse. Zu dieser Jahreszeit ist den Kapitänen Vorsicht geboten. Auf dem Bug der Lastkähne und Passagierfregatten balancieren die Bootsjungen, sie stochern den Fluss mit Bambusrohren ab, um ungewolltes Verweilen auf den Sandbänken zu verhindern. Der Flusspegel ist außerordentlich niedrig. Dorfbewohner ziehen provisorisch auf die nun ausgedehnten Ufer, um zu fischen, Gemüse anzupflanzen oder illegal Gold zu schürfen.

Wo lauern die fiesen Sandbänke?

Während der Trockenzeit ziehen die Familien temporär zu den Ufern, um Gemüse anzubauen.

Wir parken unser Gefährt für einen ersten Landgang zwischen ein paar Hausfrauen, die unbeeindruckt ihre Siebensachen und sich selbst waschen. »Was während der Trockenperiode das Lebensquell der Gemeinschaft ist, verwandelt sich während der Monsunzeit nicht selten in ein Desaster«, erklärt uns Primarschullehrer Ne Shi Win bei einer Führung durch sein Dorf. Der Wasserpegel steigt gern um bis zu zehn Meter an. Letztes Jahr sei das Wasser bis in den zweiten Stock der Häuser gestiegen, Verwandtenbesuche seien nur noch per Boot möglich gewesen. Wir sammeln alles Notwendige zusammen, schütteln Hände und drücken unser Boot zurück in die Strömung.

Die erste Sandbank fängt uns ab. Will gibt Anweisungen von der anderen Seite der Kommandobrücke. Was kaum hilft, denn die exakte Lage der Sandbänke ist selten abzusehen. Systematisch waten wir gemeinsam durch das Wasser, um knietiefe Stellen aufzuspüren. Dort werden wir das Boot hinziehen. So plätschern einige Tage dahin: fahren, stecken bleiben, aussteigen, motzen, drücken, ziehen, einsteigen, fahren, stecken bleiben etc. Eigentlich kein Grund zum Jammern, denn ohne diese Untiefen wäre unser Vorhaben zum Scheitern verurteilt. Notabene bieten sich an jeder Ecke Möglichkeiten für unseren provisorischen Biwak, bestehend aus fünf zugesägten Bambusrohren, zwei Plachen und einer ambulanten Kombüse. Die Dämmerung bricht ein. Einige Kilometer vor dem Städtchen Kalewa gehen wir vor Anker. Die Abende am Lagerfeuer sind gemütlich, die Gesprächsthemen vielseitig. Wir debattieren über die ökonomisch sinnvolle Fahrtgeschwindigkeit auf Basis unseres Benzinvorrats, tauschen

Heroisch flitzen wir in Richtung Andamanensee.

Abenteuergeschichten aus und planen die kulinarische Diversität für die kommenden Tage. Das Flussleben motiviert mich zum Fischfang, meine Technik scheint die Fischwelt jedoch eher zu amüsieren als zu ängstigen. Als ich den letzten Hühnerdarmballen an den Haken meiner selbst gebastelten Rute hänge, setzen sich zwei Fischer zu uns ans Feuer. Ein paar Ratschläge wären jetzt fein! Doch unser schleppend verlaufender Dialog besteht darin, die Namen von Orten zu stottern, in Richtungen zu zeigen, zu gestikulieren, in den Sand zu malen und skeptische Blicke auszutauschen. In der Ferne flackern plötzlich Taschenlampen auf – ungefähr zwei Dutzend Landwirte sind auf dem Weg zu uns, einige in Booten, einige zu Fuß, die meisten mit Macheten bewaffnet. Erneut die Namen von Orten stottern, in Richtungen zeigen, gestikulieren, in den Sand malen und skeptische Blicke austauschen. Darin sind wir mittlerweile Profis.

Der kleine Einlass am Flussufer ist nun überlaufen mit 50 neugierigen Landsleuten, zwei großen Lagerfeuern sowie Will und mir. Die Situation wird etwas ungemütlich, und unsere Rucksäcke werden gefilzt. Der Aussie meckert, ich weise darauf hin, dass wir leicht in der Unterzahl seien. Da die Party weder abebbt noch verpufft, gehen wir schlafen. Bis der Lichtkegel einer Taschenlampe unsere hundemüden Gesichter penetriert. Drei Herren der Einwanderungsbehörde stellen sich vor. Wills Visum ist vor einigen Tagen abgelaufen, das kommt uns nicht gerade gelegen. »Gesetzeswidriger Bootsbesitz«, nun ja. Wir befinden uns zudem in einer offiziellen Sperrzone, und gerade das gehe gar nicht. Die Liste dieser Sperrgebiete in Myanmar ist ellenlang, ich hatte sie zuvor studiert und war sogar deswegen beim zuständigen Amt in Naypyidaw gewesen. Fest steht, das Gros der Sperrzonen ist ein Überbleibsel von Myanmars harscher Vergangenheit, die man von der Liste zu streichen vergessen hatte. In anderen Tabubezirken zanken sich bis heute ethnische Minderheiten mit der burmesischen Armee (der Tatmadaw). Bleiben noch die Orte, in denen die Generäle ihre geheimen Edelsteinminen betreiben. Jegliches Verhandeln hilft nichts, und wir brechen unser Camp ab. Inmitten der Nacht steuern wir zur Polizeistation in Kalewa, eskortiert vom Boot der Offiziere. Ein paar Mitarbeiter ihres Teams sind bei uns zugestiegen, entweder um uns den Weg zu weisen oder um uns an der Flucht zu hindern.

Tags darauf dürfen wir überraschenderweise wieder ausrücken und beschließen, unsere Schlafplätze von nun an sorgfältiger zu wählen. In Marschfahrt erkunden wir die Umgebung, schiffen uns ein, streifen durch ein Dorf und stoßen sogleich auf Neugierde – der Dorfpolizei. Dankend lehnen wir das Angebot der Prüfung unserer Pässe ab und retten uns zurück auf den Fluss. Etwas weiter südlich haben wir mehr Erfolg: man begegnet uns zuerst mit blanker Skepsis, dann mit einer grenzenlosen Gastfreundschaft. Die Großmutter lädt zum Mittagessen. Alles mit Beinen kommt herbeigerannt, um zu schauen, ob die beiden Ausländer das Essen mögen und wie viel in so einen westlichen Magen passt. Ein jeder bringt ein Schälchen Gemüse, Kuchen oder was für die Weiterreise mit. Geschätzte 20 Augenpaare sind direkt auf uns gerichtet, ausgenommen das einer Hundertjährigen, versteckt hinter einer gleichschenkligen Zigarre – je älter die Dame, desto gigantischer die Zigarren, wird uns erklärt. Für diese wunderbaren Menschen fernab der städtischen Zivilisation sind wir die ersten ausländischen Gäste und gewiss für lange Zeit auch die letzten. Ich hoffe, wir bleiben ihnen in guter Erinnerung. Auf einer versteckten Sandbank schlagen wir unser Nachtlager auf. Einige Fischer setzen sich

Trotz Scham oder Geschäftigkeit schenkt man uns überall ein Lächeln.

Ochsen bei der Tränke im Chindwin

zu uns. Wir ahnen Böses, doch die Situation sieht heute anders aus. Engagiert helfen wir beim Einholen ihrer Netze: voller Flussgetier, das mittels Elektroschocks aus einer Autobatterie hingerichtet wurde. Wir tauschen Wortfetzen und Bier gegen Riesengarnelen. Was für ein fabelhafter Tag in der Provinz!

Der Morgen ist erneut kühl und neblig. Routiniert kneten wir unseren Teig für die Schlangenbrote und beobachten dabei das Flussleben – und das Flussleben beobachtet wiederum uns. Boote schwirren vorbei, Netze werden ausgeworfen, Eisvögel warten schwebend auf schuppige Beute, allzeit bereit für einen blitzschnellen Sturzflug – ein Idyll fernab vom Chaos Yangons oder Mandalays. Erneut legen wir unser durchschnittliches Tagespensum von 60 Kilometern zurück. Die für den heutigen Abend auserkorene Sandbank macht ei-

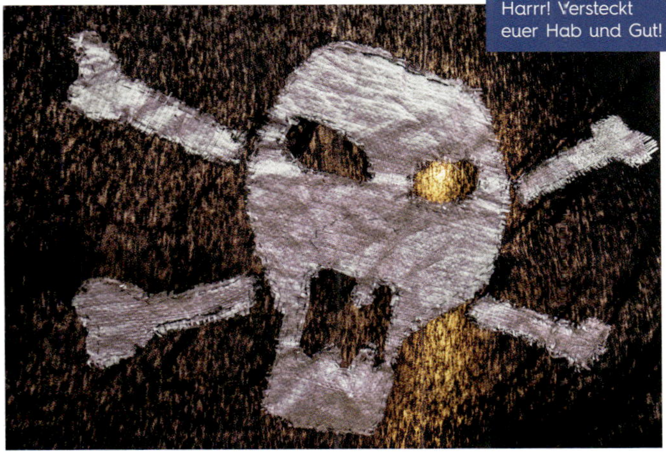

Harrr! Versteckt euer Hab und Gut!

nen friedlichen Eindruck. Denkste! Auf dem gegenüberliegenden Ufer flackern immer mehr Lichter, Bootsmotoren heulen auf. Missmutig beobachten wir das Unvermeidliche. Um die 30 Nachbarn kommen zu Besuch. Und dieses Mal bringen sie sicherheitshalber neben ihren Gartengeräten auch einige Speere mit. Man wünscht sich Jacky Chan, Chuck Norris oder Bruce Lee herbei – am besten alle drei. Vielleicht war heute der falsche Tag, um eine Piratenflagge zu basteln. Vielleicht war es aber auch einfach ein Fehler, die Piratenflagge gehisst zu lassen. Einige unserer ungeladenen Gäste mustern diese ausgiebig. Andere dagegen wärmen sich angespannt am Lagerfeuer, stechen dabei wild debattierend mit ihren Macheten in den Sand, während ein paar Avantgardisten unbekümmert die neuesten Facebook-Posts auf ihren ebenso neuen Mobiltelefonen checken. Nachdem unsere Sachen durchsucht wurden und wir für eine Serie an gestellten Porträts herhalten mussten, spuckt uns der Mob seinen Sprecher entgegen. Wir spielen »Satzpartikel raten«. Und verlieren alle. Unser Gegenüber zeichnet ein Wort in den Sand – »Gold«. Das haben wir nun davon, mit einer Piratenflagge durch Gefilde zu rauschen, wo gesetzlose Goldgräber sowie ominöse Konzerne ihr Unwesen treiben. Da wir aber weder Edelmetalle noch Schürfmaterial versteckt halten, gehen wir im Guten auseinander, ohne dass jemand über die Planke geschickt werden muss.

Ayyyeee, neuer Tag, neues Glück. Wie vermutet, treffen wir auf den Zusammenfluss von Chindwin und Irrawaddy. Wie vermutet, herrscht reger Verkehr. Wie vermutet, haben auch all die anderen Boote keine Bremsen. Im Vorfeld hatten wir unsere Sicherheitscheckliste folgendermaßen definiert:

Hilfe zur Entscheidungsfindung für Hobbypiraten, falls sich zwei oder mehr Wassergefährte mit zu hoher Geschwindigkeit nähern sollten:

- Hart auf Steuerbord abdrehen.
- Das Boot verlassen und den Fall der Versicherung überlassen.
- Auf das entgegenkommende Bootsdeck springen (sofern dieses größer ist), »Harrrrr« johlen und mit räudiger Miene die Passagiere ausrauben.
- Ausflippen und schauen, was passiert.

Als uns noch zwei Meter von dem herandüsenden Passagierschiff der Regierung trennen, entscheiden wir uns für Letzteres – was, auch wie vermutet, wenig hilft. Holz splittert, die Piratenflagge flattert zerzaust, wir verlieren ein Zehntel unseres Boots, aber entkommen dem Regierungboot. Wenn auch mit leichtem Leck im Boot – nichts, was ein talentierter Schreiner und ein Psychologe nicht in den Griff bekommen würden. Wir trinken einen auf

Rasmus, einen auf Poseidon und einen auf Neptun. Kurz vor dem historischen Bagan gibt unser Motor jedoch endgültig auf. Wir entschließen uns für Boots-Orthopädie in Myanmars Tempelstadt. In der Marina Bagans treffen wir auf einen Typ Mann, der an die Schurken aus James-Bond-Filmen erinnert. Er versteckt seine Trunkenheit hinter einer Pilotensonnenbrille und übersetzt für den Mechanikerkollegen Mae Son. Ein Schlitzohr mit jahrzehntelanger Schlitzohrerfahrung: Es sei der Vergaser, vielleicht der Kolben, oder vielleicht doch die Ringe? Aus geplanten zwei Tagen Pause werden acht. Mittlerweile haben drei verschiedene Mechaniker erfolglos »geschaut«. Nach zwei erfolglosen Testfahrten und einer dritten Reparatur entscheiden wir uns, auf Gedeih und Verderb flussabwärts zu fahren. Jetzt stockt der Motor erneut, Öl leckt aus allen Löchern. Wir befinden uns knapp zwei Fahrtstunden entfernt von Bagan in der Mitte des Irrawaddy – ohne Antrieb.

Ein Junge imponiert uns mit seinen Chinlone-Fähigkeiten.

Wir paddeln, weg vom Mechanikerdilemma, weg von falschen Versprechungen, weg von den bequemen Gasthausbetten. »Haarrrr, das Flussleben hat uns wieder!«

Die Strömung treibt uns unbeholfen nach Süden in den Schutz einiger Bambusverhaue. Wir dürfen unser Camp am Flussufer aufschlagen und arrangieren einen Abschleppservice für den nächsten Tag ins Dorf Chauck. Einige Kinder kommen vorbei, bewundern unsere Kochkünste und testen unsere Betten. Aus Geschirr und Töpfen bastle ich ihnen ein Drumkit. Während wir ein Trommelkonzert veranstalten, parkt nebenan eine Barke, gefüllt mit den vier Chefs der verschiedenen Dörfer der Umgebung und ihren Trägern. Letztere schleppen Feuerholz, einige Bambusmatten, eine Stehlampe und eine Autobatterie herbei, um damit eine gemütliche Außenstube zu zimmern. Ein lässiger Chat bahnt sich an. Das Buschtelefon habe sie informiert, dass komische Ausländer an ihren Ufern herumirrten, so seien sie vorbeigekommen, um uns willkommen zu heißen. Wer nach Lebenslust fahndet, scheint auch hin und wieder belohnt zu werden.

Die Sonne knallt: auf die goldenen Spitzen der Pagoden am Horizont, auf die zwei Dutzend Leute, die, in ein viel zu kleines Boot gezwängt, zu uns herüberschielen, auf Will und mich, während wir wieder einmal abgeschleppt werden. Für »Piraten« werden wir ziemlich häufig abgeschleppt. Das muss echt aufhören. Wir gehen in Chauck shoppen. Kein Ort zum Verweilen, sondern ein Ort, um Bootsmotoren zu kaufen. Auf dem Markt wuseln bereits die ambulanten Händlerinnen herum – eine betörende Szene für Augen und Nasen. Betelnüsse fristen, Blumen ebenso wie stinkender Dörrfisch, infolge fehlender Kühlschränke haltbar getrocknet bis in alle Ewigkeit. Mit

Ein visueller Tribut an die Märkte dieser Welt

britischer Eleganz werden die Einkäufe auf dem Kopf nach Hause befördert: ein Bund Rüben, Körbe gefüllt mit allerlei, ja sogar ein Fahrrad! Zwei Stunden später sind wir motorisiert und startklar. Unser Boot verdient einen Namen, da sind wir uns schon länger einig. Wir entscheiden uns für »River Pirate« (Flusspirat). Admiral Will hat sich erfolgreich gegen meinen Vorschlag gewehrt, das Boot »Granny« (Großmütterchen) zu taufen. »Granny« hätte doch perfekt gepasst, denn der Rumpf leckt, das Skelett knackst, der Anlasser hustet, der Gashahn hinkt, der Tank vibriert, andauernd werden wir von allen anderen Verkehrsteilnehmern überholt. Mein anderer Favorit »Mayday«, das internationale Notsignal, wurde auch abgelehnt. »Mayday« wäre ein idealer Name gewesen, denn wir kreisen ungewollt, rammen gelegentlich andere Flussfahrzeuge und stecken einen Großteil unserer Reise auf Sandbänken fest. »Flusspirat« weicht eindeutig von der Realität ab. Echte Freibeuter würden während ihrer Bootstouren kaum E-Mails checken oder ihre gemarterten Beine mit Feuchtigkeitscreme einreiben. Außerdem werden wir mehr abgeschleppt, als wir abschleppen, und das Einzige, was wir klauen, ist sprödes Feuerholz.

Ein Blitzlicht des Tagesgeschehens: Wir besuchen ein kleines Kloster in einem wahllos ausgesuchten Dorf am Irrawaddy. Drei dicke Mönche mittleren Alters sitzen im Saal und laben sich an 20 Tellern, randvoll gefüllt mit Gaben ihrer tiefgläubigen Schäflein. Will und ich tauschen verdutzte Blicke, denn das Dorf ist ziemlich heruntergekommen, niemand scheint ein üppiges Leben zu führen. Die Selbstversorger krüppeln sich krumm und laden täglich Spenden bei den ausgebeulten Roben ab. Genau jetzt, genau hier in diesem Raum zeigt sich die Schattenseite des Buddhismus, der immer mehr zum Götterkult wird. Die Selbstkompetenz wird bequem mittels Almosen ausgelagert, das Trio nimmt dankend an. Ein Bild, das sich einbrennt.

Auf einer verödeten Sandbank schlagen wir unser Camp auf. Rechtzeitig zum Abendessen gesellt sich ein unüberschaubarer Haufen an Dorfbewohnern zu uns. Übliche Bewaffnung, übliche Kommunikationshürden. Wir erhalten eine mündliche Genehmigung, eine Nacht auf »ihrem Sand« zu verbringen. Zwei Stunden später besuchen sie uns erneut, aktivieren ihre Taschenlampen jedoch erst wenige Meter vor unserem Camp. Wir schalten auf Alarmstufe »orange« (generelle Achtsamkeit) und hoffen, Alarmstufe »rot« (Camp aufgeben und flussabwärts schwimmen) vermeiden zu können. Just in diesem Moment tuckert ein Bootsmotor in unsere Richtung. Er gehört vier betrunkenen Polizisten, die ihre Autorität mittels Schwingen ihrer Handschellen untermauern – »Alarmstufe dunkelorange«, schnalzt Will beiläufig. Per Funk klären sie ab, wie sie mit zwei ausländischen Bootskapitänen umge-

Eine Paste aus Baumrinden-Thanaka schützt die Myanmarinnen vor der brennenden Sonne.

hen sollen, die (inzwischen beide) ihre Visa überzogen haben und im Garten einer aufgebrachten Meute übernachten. Anscheinend weiß niemand im Hauptquartier Rat. So entscheiden sie sich, zu bleiben, bieten uns Whiskey an und präsentieren uns einige Handyvideos ihrer zu burmesischer Volksmusik tanzenden Töchter. Ich schaue hoch zur Milchstraße und erspähe augenblicklich eine Sternschnuppe. »Impermanence« – nichts sei beständig, hat man mir während eines Vipassana-Retreats in Yangon beigebracht. Was für das Universum, Atome und die Menschheit gilt, gilt anscheinend auch für unsere biedere Situation: Drei Stunden später sind wir wieder zu zweit.

Wir lernen täglich dazu. Ab sofort suchen Will und ich früh genug nach kompetenten Ansprechpartnern zwecks Verhandlungen über das Bleiberecht. Das klappt prima. Vis-à-vis dem Städtchen Kanaung treffen wir auf Komon Le und seine Fischerbande. Bereitwillig bauen sie unseren Biwak direkt neben ihren Strohhütten auf, füttern uns mit marinierten Fischköpfen und nehmen uns liebevoll in ihr Nomadenleben auf.

Bis 2010 hatten Komon Le sowie Hunderttausende andere Myanmaren noch das Schlimmste zu befürchten. Um Chinas westliche Provinzen mit Elektrizität zu speisen und dabei ordentlich die Kassen korrupter Generäle zu füllen, wurde ein Stausee von der Größe Singapurs geplant: die Myitsone-Talsperre. Ein »schlafender Drache«, denn der Irrawaddy gilt als die Lebensader des Landes. Aufgrund heftiger Proteste sowie Attacken auf die Bauarbeiten wurde das Projekt vorerst auf Eis gelegt. Es hätte das Flussleben so vieler unserer neuen Sandkollegen komplett auf den Kopf gestellt.

Ein verzwickter Tag für unkundige Bootskapitäne. Gemäß unserem mobilen Navigationssystem sollen wir demnächst die Kreuzung zum Nebenarm des Irrawaddy erreichen, der uns über Hunderte Verstrebungen und Wasserläufe nach Pathein im Flussdelta bringen soll. Aber niemand konnte uns *mit Sicherheit* bestätigen, ob dieses Vorhaben während der Trockenzeit möglich sei. Wir gondeln vor der Mündung und fragen nach. Alle wissen etwas anderes: Simultan werden Daumen nach unten wie oben gereckt. Kurz später landen wir in einer Sackgasse, umgeben von Kornfeldern. Für heute wars das. Freundlicherweise lassen uns die hiesigen Landwirte Koaung Kyaw Oo, Ma Than Twe und Mg Nay Soe auf ihrem Ackerland nächtigen. Es sind Momente wie diese, die Will und mir so imponieren. Alles passt: heitere Stimmung, das Ambiente einer sternenklaren Nacht und Gesellschaft von wildfremden Menschen, die einem Gutes wollen. Ungefragt schaut das Trio mit frischen Maiskolben plus zwei Tagesrationen Reis vorbei. Zusammen genießen wir das Feuer und verlieren uns im Schweif eines Kometen, der durch unerreichbare Ferne ins Ungewisse reist.

So bald wollen wir unsere Wunschroute nicht aufgeben. Wir gehen Benzin kaufen. Zumindest ist das der Plan. Ein Dorf voller sensationslüsterner Augen bietet sich an. Nach einem kurzen Spaziergang haben wir unzählige neue Freunde. Obwohl wir unser eingeübtes Desinteresse vorspielen, werden wir schlussendlich abgeschleppt. In einem Nebenraum des Nebenraums in der einzigen Kneipe vor Ort servieren sie uns unverhofft wie ungewollt kannenweise Bier und Reis mit Fettklumpensauce. Normalerweise verheimlichen wir bei Landgängen unser Boot, jetzt verplappern wir uns. Swe Lin setzt sich dazu, offensichtlich hier, um zu ermitteln. Als wir erläutern, wo unser Bootsausflug angefangen hat, schlägt der studierte U-Boot-Ingenieur die Hand vors

Gesicht. Weitere Kopfschüttler folgen, als er seinen Freunden die Situation erklärt. In lupenreinem Englisch verweist er auf die Schwierigkeiten einer Reise nach Pathein. Wir geben uns geschlagen und entscheiden uns für eine direktere Route zum Andamanensee. Swe Lin bietet uns die Sandbank nebenan zum Übernachten an. Eine offizielle Einladung auf eine Sandbank exklusive einer Visite der Einwanderungsbehörde, von Polizisten oder eines entfesselten Bauernpöbels? Hört sich zu schön an, um wahr zu sein! Betrunken stolpern wir in den Armen unserer Saufkumpane zum Benzinladen, verteilen einige *High Fives,* springen ins Boot und steuern im Zickzackkurs zur kleinen Sandinsel in der Mitte des Irrawaddy. Es ist kurz vor Mittag.

Eine halbe Stunde später rücken zehn Polizisten an. Mr. Kyaw stellt sich vor, ein ehemaliger Offizier aus Myanmars Hauptstadt Naypyidaw. Aus Sicherheitsgründen würden sie uns 300 Meter in Richtung Norden eskortieren, zum Schlafprovisorium geschäftiger Bauarbeiter, die eben per Hand einen Flussarm mit Sandsäcken stauen. Mr. Kyaw will unbedingt unsere Geschichte hören. Es folgen ein Fotoshooting unserer Pässe, erstaunte Gesichter beim Anblick der abgelaufenen Visa und einige Selfies. Das reiche vorerst. Drei Stunden später blinzeln wir verkatert in die LED einiger Taschenlampen. Immigrationsabzeichen funkeln erneut. Wir stellen uns schlafend. Auch sie wollen unsere Geschichte hören; es folgen ein Fotoshooting unserer Pässe, erstaunte Gesichter beim Anblick der abgelaufenen Visa und einige Selfies. Das reiche vorerst. Am nächsten Morgen ziert ein Kettenschloss unseren Bootspropeller. Will und ich debattieren: knacken oder verhandeln? Mr. Kyaw kehrt mit fünf Polizisten und hohen Immigrationsbeamten aus der zuständigen Region zurück. Sie alle

Wie so oft werden wir aufgehalten, dieses Mal war es ganz besonders knapp.

durchlaufen mit uns das nun schon übliche Prozedere. Dieses Mal reicht dies aber nicht. Ein Papier mit dem Übertitel *The Burma Immigration Act, 1947* wechselt die Hände. Es weist darauf hin, dass Besucher mit überzogenen Visa von Myanmars Regierung jederzeit zum Teufel gejagt werden können. Alles spricht gegen uns. Wir haben weder eine Bewilligung für den Bootbesitz noch für eine Flussfahrt, außerdem ist da noch die Visa-Geschichte. Die Lösung liege auf der Hand. Sie würden uns in einem bequemen Auto nach Yangon fahren, alles auf Kosten des Staats. Will schlägt Kung-Fu vor, ich aber walze erneut zu Mr. Kyaw und appelliere an seine Nachsicht. Während wir meckernd unsere Siebensachen packen, werden wir erneut ins Zelt der Bauarbeiter beordert. Unerwartet hat sich die Situation während der letzten fünf Minuten zu unseren Gunsten geändert. Wir dürfen weiterfahren – nach einigen Selfies und einem Gruppenfoto. Wir versprechen, schnurstracks unsere Visa in Yangon verlängern zu lassen, die Behörden über unseren Aufenthaltsort der nächsten Tagen zu informieren und nicht den Umweg via Andamanensee zu nehmen.

Wir fahren den Umweg via Andamanensee. Bei Maubin wechseln wir in einen Ausläufer des Irrawaddy. Palmen

Morgengrauen im Delta des Irrawaddy

und Bananenstauden ersetzen zusehends Sträucher und Bäume. Möwen fliegen über uns hinweg. Ich tauche meinen Zeigefinger in den Fluss, probiere ein wenig vom Wasser – und siehe da, der Salzgehalt im Wasser steigt. Wir haben das Delta erreicht. Ein guter Zeitpunkt, um meine selbstgebastelten Wasserski zu testen. Notdürftig festgeschnallt auf zwei Kanisterhälften warte ich mit genügend Abstand zum Bootspropeller auf Wills Kommando. Schon länger habe ich mich auf die Blicke verblüffter Dorfbewohner gefreut, an denen ich elegant vorbeigleiten würde, winkend, bei Bedarf einfüßig. Einige Hundert Meter später treibt mein Körper immer noch unterhalb der Wasseroberfläche. Es bleibt beim verwegenen Traum. Da wir schon länger keine Sandbänke mehr erspäht haben, stellt sich uns die berechtigte Frage, wo wir heute schlafen. Wir gehen fragen. Die Bauernfamilie um Thet Aung gibt uns Unterschlupf. Noch besser: sie stellen uns ihren Nachbarn vor, führen uns mit Stolz durch ihre Reis- und Gemüsefelder und füttern uns ausgiebig.

Dreißigster Tag auf Myanmars Wasserstraßen. Der Andamanensee, unser lang ersehntes Ziel, liegt vor unseren Augen. Wir wollen den ehrwürdigen Moment etwas hinauszögern und parken in der Nähe eines Dorfes, um die Route nach Yangon zu besprechen. Als wir uns wieder dem Ozean zuwenden, versucht Ziege A hinter dem Heck unseres Boots mit Ziege B eine Ziege C zu machen. Ziege B wiederum will Ziege A davon überzeugen, dass sie nicht bereit sei für Ziege C. Bewohner von Auk Seik fühlen mit uns, vertreiben die Ziegen und helfen uns beim Zeltaufbau. Diese Nacht schlafen wir gestaffelt, aus Angst, unser gestrandetes Boot an die Flut zu verlieren. Zum Tagesanbruch hat erneut die Ebbe eingesetzt – dies wird bestätigt durch das Taxi, das gerade hinter unserem Boot am Ufer entlangdüst. Erst nach drei Uhr nachmittags steigt der Pegel wieder an. Mit erstaunlicher Geschwindigkeit schießen Fischerbötchen an uns vorbei – ein Indiz, dass wir unser Boot jetzt unbedingt zu Wasser lassen müssen! Um wertvolle Minuten zu gewinnen, hieven wir den Rumpf mithilfe einiger zusätzlicher Hände über eine Rampe aus Baumstämmen hinaus in die See. Das Boot knackst verdächtig.

Wasser spritzt uns entgegen – von allen Seiten. Auch von unten? »Beim Klabautermann, unser ›River Pirate‹ leckt!« Will steuert, ich lehne das Boot zur Seite und schöpfe kontinuierlich Wasser aus. Auf einer einsamen Insel nahe dem Festland stopfen wir die Risse im Holz und feiern unseren Triumph ausgiebig mit einem Bier, das wir uns für diesen besonderen Moment aufgespart haben. Gegenüber sind einige Ferienhäuser zu erkennen, somit sollten wir wohl besser eine temporäre Aufenthaltsbewilligung beantragen, bevor wir das Camp errichten. Hotelmanager Aung Aung sieht uns schon von Weitem kommen und riecht den Ärger. Der Mann hört uns heuchlerisch lächelnd zu, alarmiert postwendend seinen Chef, die Einwanderungsbehörde und, aufgrund neuer Zuständigkeitsgebiete, auch die Navy! Ich habe Will selten so schnell rennen sehen. Wir fliehen am Ufer entlang gen Osten und landen im Garten einer Fischerkommune. Gerade noch rechtzeitig vor der Ebbe. Der Schlick reicht uns bereits bis zu den Weichteilen. Mit unseren Habseligkeiten auf den Schultern waten wir zum nächstbesten Stelzenhaus, wo uns prompt Waschwasser, Essen und Feuerholz kredenzt wird – hier sind Gesetzlose noch willkommen.

Dunstige Andamanensee – und trotzdem ist die Fischerszunft bereits geschäftig.

So muss es im Bermudadreieck aussehen, beschließen wir unisono. Es ist gespenstisch ruhig, selbst der Ozean verharrt stoisch. Vom Nebel getarnt, glitzern verschwommene Silhouetten eini-

Endstation Kreuzung zu Yangon. Unsere Habseligkeiten werden gefilzt.

ger Fischerboote durch den Morgen. Wir gondeln im Schleichtempo voran, orientieren uns an der sporadisch auftauchenden Küste in Richtung Yangon. Bis sich urplötzlich die Gezeiten abwechseln: Brachial prallt die austretende Strömung des Yangon-Flusses auf unser Boot. Wir verlieren einen halben Tank, nur um die Position halten zu können. Während wir einen Liter nachfüllen, treibt uns der Sog eine halbe Fahrtstunde zurück. Nahe der Flussmündung gehen wir vor Anker. Und werden sogleich herzlich in Empfang genommen von Polizeihauptmann Aung Kyaw Soe, seinen mit Sturmgewehren bewaffneten Begleitern und dem Dorfchef. Auch Hotelmanager Aung Aung gesellt sich mit geknechteten Augen dazu. Das hat er nun von seinen »Rules und Regulations of Myanmar«: die ganze Nacht hindurch haben ihn Telefonate von oben gequält. Der Fall »Verdacht auf illegale Einwanderung« wurde eröffnet.

Beim Frühstück will Aung Kyaw Soe unsere Geschichte hören; es folgen ein Fotoshooting unserer Pässe, erstaunte Gesichter beim Anblick der abgelaufenen Visa und einige Selfies. Das reiche vorerst.

Als Kaufvertrag für unseren Flusspiraten dient den Verantwortlichen von Polizei und Militär ein Beweisfoto mit der Cash-Übergabe.

Ohne Worte

Verhörraum. Aung Kaung Htet wird für uns übersetzen – der junge Tausendsassa hat bereits drei Diplome und unterrichtet Englisch an einer hiesigen Universität. Die Show beginnt. Ich zähle nach, denn wir sind umzingelt von insgesamt 25 (!) Offiziellen irgendwelcher staatlicher Organe. Unzählige Handykameras hal-

Wir erläutern unseren beabsichtigten Bootsverkauf in Yangon. Eine Cashcow sondergleichen: wenige Fahrtkilometer, geringer CO2-Ausstoß, modische Farben – prädestiniert für den Fischfang. Es wäre klug, hier und jetzt zuzuschlagen, für Ordnungshüter würden wir außerdem üppige Rabatte gewähren. Aung Kyaw Soe schnappt sich den Dorfchef und versucht, ihn zu überzeugen. Erwartungsgemäß scheitern die Verhandlungen mit der Begründung, das Boot sei keinesfalls ozeantauglich. In einem Kleinlaster werden wir in das Polizeihauptquartier in Kungyangon verfrachtet. Ein formelles Treffen stehe uns bevor, vermeldet Aung Kyaw Soe und spuckt etwas Betelnusssaft durch das Gitter, welches uns von der Fahrerkabine trennt. Die Fahrzeuge der Einwanderungsbehörde und der Militärbrigade treffen ein; ich gönne mir mit ein paar anderen Polizisten eine Brunnendusche und schaue mit Argwohn auf den Tross. Im Schlepptau von vier Kollegen mit viel zu vielen Abzeichen schreitet Oberstleutnant Zaw Min Oo. Dann steigt Thaw Nyain, der regionale Einwanderungschef, aus dem Wagen und scheucht sein Gefolge von Bürohengsten, Handlangern und anderen Tagedieben in den

ten das Ereignis fest, Blöcke werden vollgekritzelt, stapelweise Dokumente ausgefüllt. Aufgrund von Informationen des Secret Service sei man achtsam. Jederzeit könnte es Anschläge geben in Myanmar. Aung Kaung Htet übersetzt für den Oberstleutnant. Es bestehe der Verdacht, wir könnten IS-Terroristen sein. Denn diese würden sich in einem unscheinbaren Boot entlang der Südwestküste einschleichen, so viel hätten wir zumindest schon mal gemeinsam. Ob die fehlende Rasur oder die Piratenflagge uns in die Situation gebracht haben? Es wurde amtshalber entschieden: Wir erhalten keine Bewilligung für den Yangon-Fluss, flüstert uns Aung Kaung Htet zu. Wir intervenieren, denn keinesfalls würden wir unser geliebtes Boot dem Schicksal überlassen. Wir hätten es ordnungsgemäß erworben! Zum Beweis legen wir ein Foto vor (es zeigt einen Fächer aus Kyat-Banknoten in den Händen des ehemaligen Besitzers aus Homalin, einen schelmisch grinsenden Australier und einen Cheroot rauchenden Schweizer). Die Autorität tauscht sich aus. Unser Dolmetscher übersetzt die Entscheidung: Polizei, Militär und der Dorfchef würden gemeinsam unser Boot kaufen, zum Einkaufspreis.

Ein Angebot, das wir schlecht ablehnen können. Ich setze handschriftlich einen Kaufvertrag auf, Oberstleutnant Zaw Min Oo marschiert zum Bankomaten. Für das Beweisfoto mit dem Geldfächer und allen Protagonisten strampelt sich Polizeichef Aung Kyaw Soe wieder von seinem Longyi zurück in die offizielle Uniform. Somit ist auch gleich klar: Myanmaren tragen keine Unterhosen unter ihrem Rock.

Kaffee und Kuchen werden serviert – die Stimmung steigt. Es wäre für uns nun opportun, zu gehen – wir hätten noch einiges zu erledigen, werfe ich in die Runde. Keine Antwort. Thaw Nyains Telefon klingelt – Order aus Yangon: Wir stehen auf unbestimmte Zeit unter »Hausarrest«, auf Kosten der örtlichen Polizei. Simultan entweicht unserem Übersetzer Aung Kaung Htet ein »that's just ridiculous«, Will und mir ein tiefer Seufzer. Eine Eskorte bringt uns zu einem abgeranzten Gasthaus ein wenig außerhalb. Neben uns steigen noch einige Kakerlaken hier ab sowie zwei Wachmänner, die zur »allgemeinen Sicherheit« positioniert werden.

Etwas mehr Protokolle können kaum schaden. In Begleitung einer Gruppe eifriger Polizisten wird Aung Kaung Htet wieder angeschleppt. Hollywoodfilme haben ganze Arbeit geleistet, denn uns erwartet nun ein Einzelverhör. Anscheinend ein Gummibegriff für die hiesige Polizei. Während ich auf einem kleinen Balkon verhört werde, sitzt Will um die Ecke neben mir auf dem Boden, sodass wir einander hören können. Der Interviewer vergleicht erstaunt unsere deckungsgleichen Aussagen. Aung Kaung Htet schüttelt berechtigterweise den Kopf. Will wird weiterhin befragt, ich erkundige mich derweil beim gelangweilten Wachmann, ob ich Bier kaufen gehen dürfe, und ernte ein hartes »*No!*«. Wie überall in Asien liegt es oft an der Fragestellung, so versuche ich es nochmals und erkundige mich bei dem gelangweilten Wachmann, ob er mich zum Bierkauf bringen könne, und ernte ein holdes »*Sure!*«.

Glücklicher Morgen. Die Zeichen stehen gut, dass wir heute nach Yangon reisen dürfen. Aber erst nachdem die Herren der Einwanderungsbehörde mithilfe des entnervten Aung Kaung Htet nochmals ein paar formelle Fragen mit uns durchgehen. Danke, Großbritannien. Danke, dass du Myanmar eine »saubere« Bürokratie geschenkt hast, die Papiere am Laufband produziert, welche kurz darauf in der Remise der Ewigkeit verschwinden. Nach einem ausgewogenen Frühstück plus Gruppenfotos mit Oberstleutnant Zaw Min Oo und einigen Militärs sind wir startklar. Aung Kaung Htet verdeutlicht den Sachverhalt: Wir dürfen nach Yangon, uns dort frei bewegen und gleich morgen eine Visumverlängerung beantragen. Ein Minivan des Typ Toyota Sienna wird vorgefahren.

»Wer an der Küste bleibt, kann keine neuen Ozeane entdecken.«
Magellan

Danke, Will Ladson. Ohne dich, mein Piratenbruder, wäre dieses wilde Abenteuer nicht möglich gewesen. Man bedenke, dass kurz vor dem Erscheinen dieses Buchs ein Militärputsch die Demokratie und somit die Hoffnung der Myanmaren auf eine aussichtsreiche Zukunft erneut ruiniert hat.

Der Rod-Fai-Markt mausert sich je länger je mehr zum Streetfood-Hauptquartier in Bangkok.

Thailand

Januar bis April 2016

In der Stadt der Engel erhole ich mich von den unvergesslichen Strapazen im Nachbarland, ja faule gar dahin vor lauter Behaglichkeit. Bis mich das unheilbare Reisefieber wieder wachrüttelt. Auf dem Weg nach Laos werde ich von einem herzerweichenden Kulturerbe in Thailands Norden überrascht: der Ordination der Juwelenkinder.

Bangkok

Das Flugzeug küsst die Landebahn Bangkoks, und Myanmar hat das Problem somit erfolgreich an die Nachbarn abgeschoben. Will und ich sind endlich wieder auf freiem Fuß, deportiert und dopaminbeflügelt. Wie denn der Name meines Hotels laute, fragt mich die thailändische Grenzerin. »Khaosan Inn«, strahle ich bestimmt. Sie durchforstet das Internet nach dem Hotelnamen und will mir für die Dreistigkeit den Einreisestempel verwehren. Will hilft mit einem echten Namen aus. Das befriedigt die Bürokratiehungrige, und ich darf passieren. Für meinen letzten Khaosan-Besuch hatte ich gute Gründe: Hier finden sich gefälschte Studenten-, Führer- und Presseausweise zum Paketpreis. Will hat es jedoch weniger auf funktionale Utensilien abgesehen, sondern will lieber nach Backpackerinnen Ausschau halten. Nach einem Monat auf Myanmars Flusssystem kann ich ihm dies kaum verübeln. Einchecken in ein Loch für 3,50 Euro die Nacht. Das einzig übrig gebliebene Flügelblatt des Deckenventilators müht sich durch die Luft, über den Flurboden kullern einige Bierflaschen, drei Punks sitzen auf dem Boden. Neben billigen Matratzen und billigem Alkohol gibt es in dieser Ecke der Metropolis aber auch etwas zu lernen: Wer von der Chakraphong Road in die Thanon Khaosan einbiegt, testet seinen Menschenliebequotienten. Männer mit rot gerösteten Bäuchen tragen ihre Bierdosen durch die Gassen, lallen und rülpsen – die erste Fremdsprache in dieser Gegend. Boxentürme feuern Schall in alle Richtungen. Restaurants sind vollgepfercht mit Orchideenhemden und Chang-Tanktops. Bangkoks Backpacker-Ghetto ist nicht meine große Liebe, denn hierher verschlägt es die »Bangkok Transit Tourists«. Nur äußerst wenige Thais irren durch dieses Land des Weißen Mannes. Und falls doch, verkaufen sie den Touristen knusprige Käfer, kneten westliche Muskeln an der frischen Luft oder servieren Alkoholkübel. Wer die Khaosan mit einem unbeschwerten Gefühl verlässt, darf als hoffnungsloser Menschenfreund bezeichnet werden. Tags darauf ziehe ich weiter und überlasse Will seiner Bestimmung. Symbolisch schneiden wir unsere Piratenflagge entzwei und schwören auf vereinte Kräfte in einem anderen Land.

Zurück in meinem Lieblingsviertel Bang Rak, dem Epizentrum der Metropolis. Die kommenden Monate verbringe ich mit Thais wie Ausgewanderten, alten und neuen Freund(inn)en. Werde Geschichten austauschen, Pläne schmieden, ausgehen – vor allem Letzteres, denn darin sind Bangkokians ziemlich gut. Dabei haben Partylöwen die Qual der Wahl: Festivals, quicklebendige Nachtmärkte, Fresstempel, Bars, Clubs und Afterhours. Es verwundert kaum, dass die Stadt jährlich von knapp 17 Millionen »Farang« besucht wird. Dazu kommen 300.000 Aussteiger aus aller Welt – Tendenz steigend. Findige Entwickler haben bereits eine *»Expat Dating App«* entwickelt, um das Massenkuppeln zu unterstützen. Was ist der Grund für den Ansturm? Reden wir nicht von denen, die hierherkommen, weil das Wetter warm ist und die Mädchen billig sind. Reden wir von den Glücksjägern. Von denen, die zu Hause unzufrieden waren mit der Lebenssituation, den Mitmenschen, dem täglichen Drill. Aber hier in Bangkok erfährt der Auswärtige hautnah, wie er mit den Kulturkollisionen und seinem Staunen fertig wird. Oder scheitert. Nicht alle finden hier, was sie suchen. Aber ausprobieren und mitmachen dürfen sie alle. Die »Stadt der Engel« entwickelt sich rasant. Bangkok will aufschließen zu Tokio und Singapur. Die ikonischen Straßenverkäufer sollen zunehmend verschwinden, das Chaos soll der Organisation weichen.

Asiatische Metropolen wie Bangkok würden die ikonischen Straßenhändler am liebsten aus der Innenstadt verbannen. Gleichzeitig steigt die Popularität schwimmender Märkte wie Tha Kha.

Es dunkelt. Ratten übernehmen, Masseusen winken, ein verstörter Truthahn jagt in meine Richtung. Wunderliches Bangkok – ich bin vernarrt in diese Stadt, sie ist nicht zu dreckig, nicht zu sauber, vibriert, schläft selten. Das passt zu meinem wirren Tagesablauf. Auf dem Weg nach Hause rollt eine Disco auf drei Rädern vorbei – Mr. Sutthi macht auf sich aufmerksam, einer der über 10.000 Tuktuk-Fahrer Bangkoks. Wir feilschen, ohne dass sich ein Sieger abzeichnet. Worauf er mich mit einer verwegenen Preispolitik überrascht. Wir einigen uns auf eine Gratisfahrt, nicht jedoch ohne einen Umweg zu seinem Sponsor zu fahren. Sutthi ist scharf auf die Benzincoupons. Das Spiel ist mir seit Indien bekannt, und ich spiele immer gern mit. Der Besitzer des Maßanzugladens durchschaut mich jedoch bereits, als ich die Glastüre öffne (liegt es an meinem eher lässigen Auftreten?). Ich erkläre, wie viele Social Events auf mich warten würden – hätte ich einen Maßanzug, würde meiner Zukunft als Geschäftsmann nichts mehr im Weg stehen. Wir durchforsten einige Stoffe und vereinbaren ein Treffen in drei Wochen. Sutthi strahlt mir entgegen, als ich wieder ins Tuktuk steige, und winkt mit seinen Coupons.

Bangkok hat auch seine brachialen Seiten. Damit meine ich weniger die verruchten Sois, wo sich der Sextourismus breitmacht, sondern die Hintergassen von Old Town, wo der Zeitgeist des letzten Jahrhunderts noch spürbar

Auf Streifzug mit Mr. Sutthi durch das nächtliche Bangkok

Ein Mönch blickt auf den Wat Phra Dhammakaya während des Māgha Pūjā, einem der wichtigsten buddhistischen Feste.

Sepak-Takraw wird fast überall in Südostasien gespielt, vor allem aber in den Hinterhöfen Bangkoks.

ist. Hier schweißt sich die Arbeiterklasse durch den Motorenschrott, hier tricksen Sepak-Takraw-Akrobaten mit dem kleinen Kunststoffknäuel, hier verstecken sich Marktfrauen hinter Blumenbergen, und hier reparieren Hobbyelektroniker vergilbte Röhrenfernseher. Noch eindrücklicher für eine ausgedehnte Schlendersafari ist das liebliche Viertel Thonburi. Hier ist Bangkok noch Bangkok. Leute lächeln mir entgegen, Spieße und Wasser werden mir geschenkt. Im Schatten eines 100-jährigen Bretterverschlags winkt mir ein Greis mit einen hölzernen Phallus zu – einmal um

Ein mit magischen Tätowierungen verzierter Buddhist betet während dem Wai-Khru-Festivals.

den Hals gehängt, täusche das Geschnitzte bösen Geistern Kraft und Reife vor. Ich lehne das Angebot dankend ab. *»Later problem«*, grinst mir der Straßenverkäufer nach. Genialer Animismus: was Buddha nicht richten kann, das organisieren die Geister. Niemand will es sich mit dem Spuk verscherzen. Wird den Erdgeistern der Platz geraubt, entflammt der Geisterzorn erst so richtig. Somit hat jedes Haus, jede Einzimmerwohnung, jeder Wolkenkratzer und jede der mittlerweile 150 (!) Shoppingmalls ein ausgelagertes Geisterhaus mit kleinen Puppen darin, ein *San Phra Phum.* Je größer der Bau, desto größer der Schrein. Täglich schauen Ehrfürchtige vorbei, um den Schattenwesen kleine Essenshappen, Schnaps oder Blumen zu opfern.

Chiang Mai

Oft überkommt mich das Gefühl, ich hätte bereits alles Mögliche gesehen, um kurz darauf mit einer abendländischen Kuriosität überrascht zu werden. Während ich auf dem Bahnhof Hua Lamphong auf meinen Zug nach Chiang Mai warte, werden auf Gleis 2 Frisuren zurechtgeschnitten. Sieben ambulante Friseure stehen auf der Plattform – bereit, denen, die die übliche Zugverspätung effizient nutzen wollen, einen Haarschnitt zu verpassen. Friedvoll stottert mein Zug gen Norden. Erwähne ich den Thais gegenüber die zweitgrößte City im Land, ernte ich gern einen sehnsüchtigen Seufzer, nicht selten ein ausgemachtes Schwärmen. Dort würden sie gern leben, umgeben von hippen Cafés, interessanter Architektur und den zahlreichen Nationalparks direkt vor der Haustür. Den Ungeübten hingegen betäuben selbst die milden Frühlingstemperaturen wie eine Keule. Wie es ein befreundeter Thai kürzlich treffend formulierte: *»In Thailand, we only have hot, damn hot, and fucking hot!«* Ich verbringe den angebrochenen Tag mit einem Kaffee und in bester Gesellschaft: derjenigen der Klimaanlage und des gutmütigen App-Entwicklers Nik, eines der 20.000 Expats in Chiang Mai. Wer dieser Welt mit so viel Gutmütigkeit und Vertrauen begegnet, hat es verstanden. Ich werde sogleich Niks Kunde, und von nun an erinnert mich sein Dienst »Recognition Meditation (RM)« zwölfmal täglich daran, für einige Sekunden innezuhalten und mein Gedankengut zu entschlacken.

Das Gros der Rucksacktouristen quartiert sich in Chiang Mais Altstadt ein, denn innerhalb der antiken Mauern erwartet sie ein wahnwitziges Angebot an Komfort. Mein Bett buche ich nahe der Nimmanhaemin Road, dort, wo mehrheitlich Thais abhängen. Heute Abend will

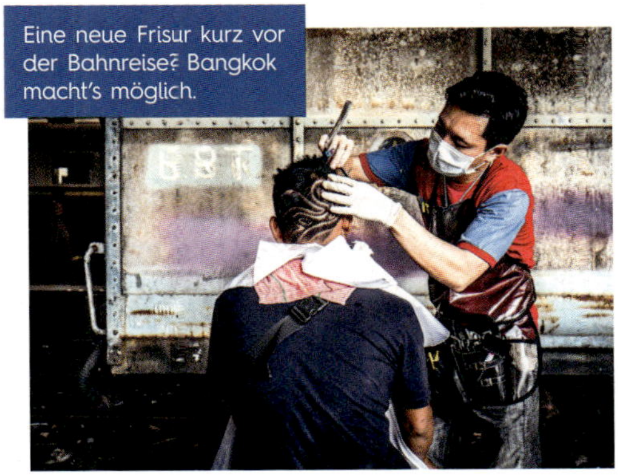

Eine neue Frisur kurz vor der Bahnreise? Bangkok macht's möglich.

ich mich im Warm-up umsehen, einem für die Thaijugend konzipierten Club fatale. Die mit Whiskeyflaschen überfüllten Stehtische wurden unlängst zu Social-Media-Zentralen umfunktioniert. Damit bloß niemandem der Dopaminrausch wegen ungeladenem Akku ausgeht, hat der Stehtischlieferant die Ladestationen direkt mitinstalliert. So lässt sich belauern, wie sich Gruppe um Gruppe von Post-Millennials direkt vor der Popband ausbreitet, sich schnurstracks verkabelt und in die digitale Außenwelt abtaucht. Hin und wieder ein Selfie vom Ausgehdress, der Whiskeyflasche oder einem scheuen Kussmund, und ab ins Netz damit. Programmierer Nik hat eine glorreiche Zukunft vor sich. Ich programmiere seine App auf den Satz: »Erinnere jemand anderen daran, den Moment zu leben.«

Noch ein Farang hat sich in den Club verirrt: Ollie, Amerikaner, auf dem Visa-Run von Chinas Provinz Yunnan. Der Sänger stellt sich mir als kultivierter Geselle vor, geistreich und ausgeglichen – quasi ganz anders als seine sonstigen Landsmänner hier. Malie setzt sich dazu, nein, sie wirft sich hin. Die junge Thai ist auf Ecstasy, in drei Stunden geht sie wieder arbeiten. Das war zumindest der Plan, denn einige Minuten später setzt ihre Atmung aus und der Harndrang ein. Ein Ladyboy stöckelt vorbei, zoomt auf mich und stöhnt mit tiefer Stimme *»I love you«*. Jetzt aber genug der Realsatire: Nachdem wir sichergestellt haben, dass Malie nicht an Ort und Stelle stirbt, ziehen wir weiter. Ollie verhandelt mit einem Tuktuk-Fahrer und einer Thai, die offenbar für die Kommunikation verantwortlich ist. Die Verhandlungen scheitern aufgrund überhöhter Preise. Während ich bei Abzockern automatisch auf Autopilot umschalte, ein sarkastisches Lächeln aufsetze und davonspaziere, entscheidet sich Ollie für einen kultivierten Mittelfinger. Die Kommunikationsverantwortliche schnappt sich den geistreichen Ami und erteilt ihm eine Lektion in Form von 20 bis 30 Thai-Kicks (ich habe irgendwann nicht mehr mitgezählt). Ausgezeichnet – sie lebt den Moment, und Ollie hat hoffentlich gelernt, beim nächsten Mal innezuhalten.

Mae Hong Son

Die thailändische Sonne glüht. Per Motorrad starte ich auf den Mae Hong Son Loop, einen Riesenslalom mit 1864 Haarnadelkurven, hinauf zum höchsten Hügel Thailands, vorbei an Mae Hong Son, Pai und zurück nach Chiang Mai. Kein angeberischer Machotrip, sondern eine Route für Easy Rider. Nach einem kurzweiligen Aufenthalt im Wasserfall-Mekka Doi Inthanon erkunde ich mich in dem Kaff Chan Maen nach dem Weg. Thaw ignoriert mich zuerst, was daran liegen könnte, dass sie blind ist. Den Weg kann sie mir zwar nicht weisen, dafür bietet sie mir ihre Dienste als Masseurin an. Ich kann schlecht nein sagen, und sie führt mich in das chaotische Innenleben ihres Elternhaus. Direkt neben der Liege strahlt der Fernseher ihren greisenhaften Eltern die neusten Seifenopern entgegen. Thaw knetet bereits seit 17 Jahren die zehn Energielinien der Körper anderer. Da helfe kein

Der Nationalpark Doi Inthanon wartet auf mit atemberaubenden Wasserfällen und üppiger Natur.

Greinen, als Einzelkind müsse sie da durch. Sie ist eine von nicht weniger als 3.000 blinden Masseurinnen im Land. Blinde haben es in der Thaigesellschaft schwer, die meisten sind gezwungen, ihren Lebensunterhalt als Bettler oder Verkäufer von Lotterielosen zu verdienen. Ich sei ihr erster Ausländer, triumphiert Thaw und schenkt mir ein bezauberndes Lächeln zum Abschied.

Trotz des übergreifenden Einflusses thailändischer Ideale haben alle Regionen ihre einzigartigen Traditionen. Vor allem die gebirgigen Grenzgebiete zu den Nachbarn in Myanmar, Laos und Kambodscha werden dabei stark von den ethnischen Minderheiten beeinflusst, an ihrer Kultur hat sich seit Jahrhunderten kaum etwas verändert. Ich schätze mich daher überglücklich, bin unversehens zur richtigen Zeit am richtigen Ort gelandet. Als ich in Mae Hong Son ankomme, wird gerade geschoren – aber keine Schafe, sondern die Köpfe der Sang Long, der »Juwelenkinder«. Das hier ansässige Volk der Shan zelebriert dieser Tage den Einzug ihrer Buben ins Mönchskloster, wobei die Kinder zuerst zu Prinzen avancieren, um kurz darauf zu Novizen degradiert zu werden.

Kirschblüten tanzen durch die Gassen von Mae Hong Son. Im Kloster Wat Pa Klang Thung duftet es nach Frühling und Sandelholz. Die ersten Clans tröpfeln ein. Viele der Anwesenden wohnen in der hiesigen Provinz, ein paar fliegen von Bangkok ein, andere wiederum bewältigen strapaziöse, halb illegale Grenzübertritte vom benachbarten Shan-Staat in Myanmar. Sie alle kommen, um diesen Moment mitzuerleben, denn ihre Söhne, Brüder, Cousins, Enkel oder Neffen treten jetzt das »befristete« Erbe eines vergessenen Prinzen an. Während der fünftägigen Ordinationszeremonie Poy Sang Long feiern die Shan sowie thailändische Familien mit Shan-Wurzeln die spirituelle Transformation ihres Nachwuchses – eine extravagante Party, die jede Familie ein kleines Vermögen kostet. Das durchschnittliche Budget von 100.000 Baht (ca. 2.600 Euro) deckt neben all den festlichen Speisen für die Sippe auch das Gehalt für das familieneigene Drei-Mann-Orchester inklusive deren exorbitanten Verbrauch an Whiskey und Zigaretten sowie die persönlichen Träger der Juwelenkinder ab. Die Theravada-Buddhisten glauben, dass Gautama Siddhartha, der mit der Erleuchtung zu Buddha wurde, einst ein Prinz war und einen Sohn namens Rahula hatte. Gemäß der *Tripitaka,* dem buddhistischen Almanach, genoss Rahula weiterhin die Vorzüge des Adels und wurde offiziell ordiniert, wohingegen sein Vater die Selbstfindung bevorzugte. Mit Poy Sang Long erleben die Kinder nun hautnah den dramatischen Kontrast zwischen Ansehen und Bescheidenheit. Nach der offiziellen Weihe zum Novizen mittels Übergabe der orangefarbenen Robe ziehen die Kinder nach Belieben für mindestens eine Woche und bis zu mehreren Monaten in das Kloster, um buddhistische Philosophien und Tugenden zu erlernen.

Als ich zur Morgenröte nach dem Ordinationstag mein Gepäck auf den Roller schnüre, sind nebst den streunenden Hunden und einer Handvoll Jogger auch die frischgebackenen Novizen bereits auf dem Weg, um Essen sowie andere Notwendigkeiten für ihr Kloster einzutreiben. Im Theravada-Buddhismus sind die Almosen der Respekt, den ein ergebener Buddhist dem Novizen, einem Mönch oder einer Nonne zollt. Nach allem, was ich die vergangenen Tage miterleben durfte, und bei allem, was noch vor mir liegt, spende ich großmütig.

Regentropfen? Nach 180 Tagen ohne Regen ein bewegender Moment und ein Appetithäppchen für das Kommende. Die Winde schleichen sich über den Andamanensee in Richtung Thailand und nehmen dabei Feuchtigkeit auf. Die Monsunzeit droht. Vorerst habe ich mich genügend im »Land des Lächelns« umgesehen. Aber wir werden eines Tages wieder zusammen lächeln – ganz bestimmt.

Als Erstes werden die Köpfe der »Sang Long« (Juwelenkinder) geschoren. Erzählungen deuten darauf hin, dass Buddha sein langes Haar kurz schnitt, als er den Königspalast zwecks Selbstfindung verließ. Die Buddhisten glauben daher, dass man sich durch das Rasieren des Kopfes von Eitelkeit, Verwirrung und Feindseligkeit befreit. Nach der Rasur werden die Kleinen in eine königliche Robe gehüllt und von ihren persönlichen Trägern durch Mae Hong Son getragen, vom Kloster zu den Tempeln, von Monumenten zu den Regierungsbüros. Nach drei bis fünf Tagen vollgepackt mit Zeremonien wird den Jungen die Novizenrobe überreicht.

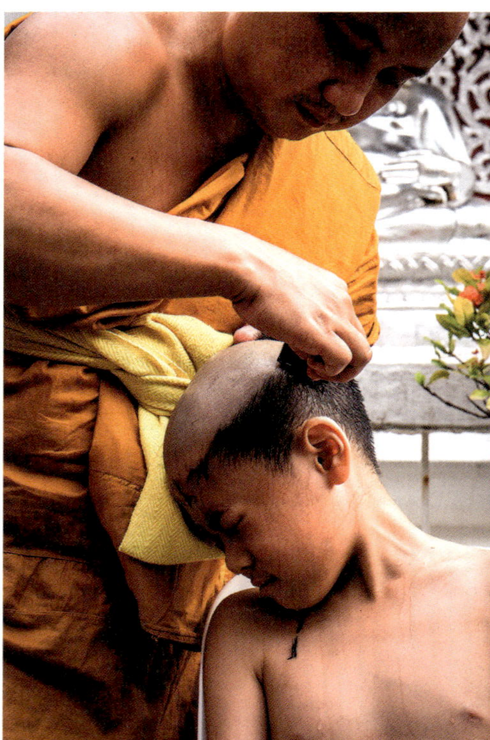

ตลาดสายหยุด เทศบาลเมืองแม่ฮ่องสอน

Zeremonie während des
Wasserfests in Luang Prabang

Laos

April bis Mai 2016

Längst werden die Schlachten im einstigen Königreich nicht mehr mit Lanzen, sondern mit Wassersalven ausgefochten. Nach dem laotischen Neujahrsfest reise ich ins nördliche Grenzgebiet in Richtung China, wo haushohe Bambusraketen abgeschossen werden, um den Regengott gnädig zu stimmen. Inkognito mische ich mich hinterher unter das Volk der Akha und darf hautnah eine Hochzeit miterleben.

Luang Prabang

Der Autor mit dem größten Super Soaker, der sich in kurzer Zeit auftrieben ließ.

Laos im Jahr 2559 nach buddhistischer Zeitrechnung. Es wird gemunkelt, das Neujahrsfest Pi Mai sei das schönste, wenn nicht das traditionellste in Asien. Und sowieso, das Zentrum des historischen Königreichs Lan Xang gehört zum Muss in Laos. Die Ruhe vor dem Sturm. Verdächtig zivilisiert fängt es an, mit Baguette und *beurre et confiture* in einem lauschigen Café, umgeben von kolonialer Architektur – alles Geschenke der ehemaligen Besatzer aus Frankreich. In unmittelbarer Entfernung dominiert Tatendrang: Kleine Kinder bewaffnen sich, große Kinder schleppen Bierkästen an, Mönche putzen die Tempelhöfe, Fässer werden mit Mekongwasser gefüllt, Boxentürme in der Größe von Stonehenge werden in Plastik gewickelt. Kurz darauf beginnt der Wasserkrieg. Niemand wird verschont, alle werden nass: Babys, Mönche, Greise, die Wachteleierverkäuferin, vorbeifahrende Tuktuk-Passagiere, Motorradfahrer, selbst der beschwipste Polizist mit Trillerpfeife. Wann genau entschieden wurde, die spirituelle Reinigung zu reformieren und zu einer landesübergreifenden Wasserschlacht zu machen, weiß heute niemand mehr. Es liegt jedoch auf der Hand, dass die Teenager den Anlass als eine Entschuldigung für maßlosen Alkoholkonsum nutzen.

Um effizienter nass zu machen, springe ich mit meinem Super-Soaker auf die Ladefläche eines zirkulierenden Lasters. Wir haben genügend Wasservorrat, gute Schützen und einen kleinen

Popkultur vs. Tradition: Längst geht es mehr um den Spaß als um das altehrwürdige Ritual.

Jungen, der jedes getroffene Auge mit einem teuflischen Lacher kommentiert. Wer auf einem Laster mitfährt, sollte sich jedoch auch der Konsequenzen bewusst sein. Neben dem Spaßfaktor multipliziert sich auch der Anspritzfaktor. Alles, was sich auf dem Asphalt bewegt, wird automatisch zur Zielscheibe Nummer eins erklärt – von Schläuchen, Wasserschalen, Pfannenfett, Farbpulver, Backpulver oder Bier.

Die Buddhastatue »Phra Bang« gilt als Namensgeber der Stadt.

Am dritten Tag bekommt das Ganze langsam Wiederholungscharakter: aufstehen, einen Meter laufen, nass werden, nass machen, trocknen, einen Meter laufen, nass werden (okay, dieses Mal mit gelbem oder rotem Wasser) etc. Da kommt das kulturelle Rahmenprogramm gerade recht. Neben der bunten Parade hiesiger Mönche, festlich gekleideter Kinder und der Anwärterinnen zur Miss Lao New Year sind bereits viele Laoten auf traditioneller Mission. In Schale geworfen, grasen sie die Tempel ab, um die Buddhastatuen zu bewässern und zu beichten. Lanai ist mit ihrem Mann seit heute Morgen unterwegs, fünf Tempel à fünf Götzen fehlen ihnen noch, vier haben sie bereits durch. Anscheinend gibt es einiges ins Reine zu bringen. Mir wurde mehrfach versichert, dass es völlig ausreiche, einen Buddha zu befeuchten. Als größte Ehre gilt es, den »Phra Bang« zu nässen: Die Buddhastatue und der Namensgeber der Stadt kam vor 650 Jahren als Krönungsgabe aus Angkor und wird nur am heutigen Tag aus dem Altar geholt.

Bei starkem Kaffee wäge ich mögliche Routen ab. Dazu eine Klammer zum Thema Soloreisen. Als Soloreisendem wird mir gerade in Asien häufig die Frage gestellt: *»Just one?«* Jawohl, nur einer! Dafür reiner Seelenfrieden. Viele von uns Reisesolisten wissen Bescheid: Weniger ist mehr, mehr ist weniger. Ein authentischer Einblick in ein andersartiges Land bedarf sowieso viel zu vieler Lebensstunden, das ist bei Gruppenreisen eine *»Mission Impossible«*. Innerhalb der letzten Nomadenjahre musste ich leider feststellen, dass die kulturell Interessierten, die Analysten des Fremden und die stillen Beobachter häufig allein unterwegs sind. Ihre Sehenswürdigkeiten sind die Delikatessen des Alltags, die Begegnungen und die unkalkulierbaren Ereignisse. Wäre ich pro Gruppenreise, wäre ich mit einigen lustigen Reisebekanntschaften von Luang Prabang in Richtung Süden nach Vian Vieng unterwegs, wo Schwimmreifen darauf warten, uns Betrunkene den Mekong entlangzutragen, wo es Pommes gibt und sich niemand Sorgen um die WLAN-Geschwindigkeit machen muss. So richtig Laos eben. Ich fahre in den Norden. Terra incognita.

Muang Sing

Dämmerstunde in Muang Sing, nahe der Grenze zu Chinas Provinz Yunnan. Windhosen wirbeln Sand auf, vereinzelt flackern chinesische Schriftzeichen im Dunst, am Wegrand fristen verkohlte Hühnchen und längs aufgespießte Nagetiere. Der wilde Westen Asiens. Hätte ich Tor doch mehr als 25 Minuten im südlich gelegenen Wanderparadies Luang Namtha verbringen sollen – dort, wo mir der Chef der Holzofenpizzeria zuwinkte oder Reiseagenturen mit einer *»satisfaction guarantee«* nach abenteuerlustigen Wanderern schielten? Ich zähle mich zwar zur Zielgruppe, aber misstraute der Fassade – reine Intuition. Zu bequem schien mir der Ort, zu schön, um wahr zu sein. Dafür wirbt hier eine traditionell gekleidete Akha-Dame mit eingefallenem Körper um meine Aufmerksamkeit. Leider dürstet sie nicht nach tiefgründiger Unterhaltung über ethnische Besonderheiten, sondern will Armbänder loswerden. Oder noch besser: Opium. Oder noch viel besser: Opium versteckt in Armbändern. Sie ist mit Abstand die älteste Laboraußendienstlerin, dir mir je begegnet ist. Wer hätte gedacht, dass es einfacher ist, Opium statt Essen als *»take-away«* aufzutreiben? Ein chinesisches Restaurant hat noch geöffnet. Spartanischer Hausrat, denkfaules Personal, laut debattierende chinesische Gesellschaft – ich murre widerwillig.

Aus der Ferne hallt verheißungsvolles Gelächter, das sich als Festgelage für den 80-jährigen Großvater und die nächsten drei Generationen entpuppt. Ich frage und darf bleiben, werde herumgereicht, verköstigt und unterhalten. Som Dy, der 50-jährige Sohn, stellt sich vor. Er sei *»teacherrrrr«*, dabei rollt er mit stolzgeschwellter Brust das R, als ob er es soeben erfunden hätte. Da der Buchstabe nicht zum phonetischen Repertoire der Laoten gehört (und sogar unlängst aus dem Alphabet gestrichen wurde!), hätte er eigentlich tosenden Applaus verdient. Interessanter als sein gerolltes Zungenspitzen-R ist jedoch seine ehemalige Arbeit als Fremdenführer für das einzige Reisebüro in Muang Sing. Dort habe er die Willigen zu den Opiumplätzen der Akha geführt, bis er deswegen seinen Job verlor. Die Ära des Opiumtourismus sei vorbei, nur zwei kleine Labore nahe des Mekong hielten erfolgreich ihre Stellung. Aber auch nur, weil sie niemand finde. Oder weil sich die Behörden da eindeckten. Den genauen Grund will mir Som Dy jedenfalls nicht nennen, wir schließen das Thema mit einem weiteren Lao-Lao ab. Ich wehre mich schon lange nicht mehr dagegen, denn der Gesichtsausdruck eines Gastgebers nach einem Nein zum selbst gebrauten Reiswhiskey ist betäubender als der Rausch.

Muang Sing galt einst als Nabel der Erkundungstouren in die umliegenden Dörfer der Akha-, Tai Lue-, Tai Neua- oder Yao-Ethnien. »Seit sich die Chinesen hier breitmachen, verirren sich nur noch wenige in die Grenzregion«, klagt der Scooterverleiher Chiofin. Er hat den Fremdenverkehr kommen und wieder verschwinden sehen. Dennoch fände ich bestimmt, was ich suche. Bedingung: ein *»motorrrrrbike«* (bei wem Chiofin in die Schule gegangen ist, ist offensichtlich) und eine selbst gekritzelte Lagekarte. Deal! Einige Stunden später lande ich in einem Dorf der Yao. Eine geschniegelte Yao-Lady freut das besonders, sie ist quasi für die Ausländer zuständig. Sogleich werde ich in ihre Hütte verwiesen, um traditionelle Kleider oder Hüte zu sichten. Als ich gestehe, dass ich der hiesigen Mode nichts abgewinnen könne, verliert mein Gegenüber schnurstracks das Interesse und zieht sich zurück. Noch besser: Ich muss zuschauen, wie die Dame ihre Tracht gegen Schlabberrock und ein Werbeshirt von Kenbo Motorcycle tauscht. Kein Handel, kein Blick auf die Tradition! Vorbei an Berghängen und Bananenplantagen führt ein unscheinbarer Holperweg nach Laokhao. Akha-Territorium. »*Hooow are you?*« Ich liebe solche unverhofften Momente: bin weitab vom Schuss und werde von jemandem abgefangen, der meine Zweitsprache teilt. Pone hat Tourismus studiert und wurde kurzzeitig zum Guide. Aufgrund der Flaute verscherbelt er nun wieder Krimskrams und wartet auf bessere Zeiten. Was er denn von der chinesischen Einflussnahme auf die Agrarwirtschaft in der Region halte? »Gute Frage«, meint Pone und liefert die Erklärung gleich mit. Yunnan wolle Bananen, das schaffe Arbeitsplätze. Seit einigen Jahren verdinge sich jeder bei den chinesischen Plantagenbesitzern, pflanze und ernte Bananen. Das Problem sei der verseuchte Boden, denn die Bananen wüchsen im Norden von Laos nur dank eines ordentlichen Mix aus Dünger, Pestiziden und Herbiziden (Made in China). Wie der Boden nach einigen Jahren aussehen werde, lasse sich bereits erahnen. Dazu komme, dass sich viele bereits um ihre Gesundheit in der toxischen Umgebung sorgten. Aber auch dafür hat China eine Lösung parat: Da man Angst hat, die Arbeiter könnten auf den Feldern sterben, wird das Arbeitsverhältnis jeweils nach drei Jahren frühzeitig beendet.

Im nördlichen Grenzgebiet dreht es sich vor allem um eines: günstige Bananen für die reichen Nachbarn.

Zurück in Muang Sing werden letzte Vorbereitungen für ein besonderes Ereignis getroffen. Die monströse Holzrampe wird nochmals auf ihre Statik geprüft, Lehrer Som Dy grrrrrinst vom Jurytisch hinüber, und die Tanztrüpplein einiger Ethnien zupfen sich gegenseitig die Tracht zurecht.

Beim Raketenfest Boun Bang Fai in Muang Sing stellen die heimischen Ethnien ihre Tanzkünste zur Schau.

Begleitet von einer Fanfare schreitet der Bürgermeister zum Podest und heißt die Gäste willkommen. Das Bun Bang Fai kann beginnen! Jedes Jahr zündet man in ganz Laos Bambusraketen und begrüßt damit die Regenzeit – die Zeit maßloser Euphorie, denn ohne den lang ersehnten Regen würde die gesamte Landbevölkerung (knapp 90 Prozent des Landes) verhungern: Kein Regen, keine üppige Reisernte. Diese Bauernschläue herrscht bereits seit Jahrhunderten vor – so sollen die Raketen den Regengott Phaya Thaen betören und zum Schütten motivieren. Tin Pong winkt mich an den Tisch seines Raketenteams: ab sofort würde ich zu ihnen gehören. Die unschöne Narbe an Tins linkem Unterarm macht mich neugierig. Tin erzählt ohne Zaudern: Wie so viele seiner Landsleute wollte er das streng kommunistische Laos in den späten Siebzigern verlassen, den Mekong überqueren und via Thailand raus aus dem politischen Desaster. Er und seine drei Freunde waren bereits kurz vor der Hauptstadt Vientiane, als der Fahrer eindöste und das Fluchtauto an einen Baum fuhr. Tin überlebte den Unfall als Einziger, musste aufgrund seiner Verletzungen jedoch in Laos bleiben. Darauf begann er ein Studium des Buddhismus und verschwand für ein paar Jahrzehnte im Kloster statt im Ausland. Heute arbeitet er auf dem Gemeindeamt und einmal jährlich als professioneller Raketenbastler. Zusammen inspizieren wir das Sortiment.

Zwei mit Sturmgewehr und Bier bewaffnete Sicherheitsleute verbreiten die Aura letzter Wichtigkeit. Mit acht Metern Länge und 90 Kilo Schwarzpulver zählt ihre Bambusrakete zu den größeren Kalibern innerhalb der Kollektion. Knapp 480 Euro (4 Millionen Kip) muss ein Gönner investieren, quasi das Quartalseinkommen eines durchschnittlichen Laoten. Die Raketen werden von der Jury beurteilt nach erreichter Höhe, Entfernung des Aufschlags und Eleganz der Rauchspur. Es gibt jedoch auch persönliche Auswirkungen für den Investor – die Reichweite ist gleichzusetzen mit dem zu erwartenden Segen im neuen Jahr. Ein Weilchen später wird das Geschoss von Tins Team gekauft. Der Käufer, Sohnemann eines chinesischen Plantagenbesitzers, wird umgehend auf einer hölzernen Sänfte zur Abschussrampe getragen. Das Team wuchtet die Rakete hoch und verbindet das Zündkabel. Angespannt rückt Muang Sing zusammen für den Countdown. Die Rakete explodiert noch am Boden.

Die Bambusraketen werden bewacht von einem Typen mit Maschinengewehr.

Es dauert eine Weile, bis die Bambusraketen auf der Abschussrampe deponiert sind. Der Auslöser wird vom Gönner betätigt.

Von Phongsali nach Boun Tai

Weiter nach Oudomxai. Ich bin zu spät. Der Bus nach Phongsali ist zwar noch da, aber kein Sitz mehr frei. Nein, halt – zählen lose Schaumstoffbrocken oder rostige Sitzrahmen ohne lose Schaumstoffbrocken, dann habe ich die Qual der Wahl. Ich gönne mir den losen Schaumstoffbrocken direkt über dem Hinterrad. Nach einigen Kilometern frage ich mich, was lebensgefährlicher ist: im Bus sitzen oder an der Fahrstrecke wohnen. Ich blute bereits an drei Stellen, denn jeder Hops katapultiert mich vorbei an spitzen Metallkanten bis knapp unter das Busdach. Erfreulicherweise sind es nur noch elf Fahrstunden. Ich habe bereits gehört, dass man sich Phongsali zuerst verdienen muss. Was mich jedoch etwas irritiert, ist das Leiden meiner laotischen Mitreisenden, die gegenwärtig reihenweise Plastiksäcklein mit Mageninhalt abfüllen. Müssen sie sich die Reise nach Phongsali immer wieder verdienen? Bei unserer Ankunft ist es bereits spät, aber immerhin hat noch ein Restaurant offen. Chinesisch. Die Fratze des Schlächters Mao Zedong ziert die Wand. Der wäre stolz gewesen auf sein Land, denn Jahrzehnte nach seinem Tod wimmelt es in Laos von chinesischen Investments und Restaurants, in denen über chinesische Investments debattiert wird. Letztes Jahr sollen es um die sechs Milliarden gewesen sein, davon kommt laut der *Vientiane Times* eine Milliarde allein aus der Ecke Yunnan. So oder so bin ich happy, habe die Fahrt ohne größere Verletzungen überstanden und bewohne endlich wieder mal ein Zimmer mit Fenster.

Um 7 Uhr morgens verfliegt das Hochgefühl. Denn ich schlafe in der Nähe des Lautsprechers, der das Dorf mit täglichen Provinz-News versorgt. Eröffnet wird die Propaganda mittels Marschmusik, dann folgen die Schlagzeilen (aktuelle Beerdigungen, der Fortschritt laufender Regierungsprojekte und Ankündigungen des Besuchs wichtiger Parteikollegen).

Ausgefuchster Kommunismus. Zeitungen, Fernseh- sowie Radiostationen und ja, auch Lautsprecherdurchsagen werden in Laos allesamt von der Partei oder parteinahen Institutionen kontrolliert. Deren PR-Abteilung hat bereits mein Zimmer infiltriert – in Form eines stilvollen Kalenders des örtlichen Wasserkraftwerks. Ein Sammelsurium ästhetischer Bilder von Strommasten, gestautem Wasser, Turbinen sowie dem Handshake von chinesischen und laotischen Politikern. Wasserkraft wäre eine feine Sache, sofern die richtigen davon profitierten. Auch Laos braucht Elektrizität, aber Yunnan braucht sie dringender. So fand folgender Deal statt: Laos leiht sich Geld von der China Development Bank. China darf dafür den Mekong sowie den Nam Ou mit Staudämmen zubetonieren und den Strom 15 Jahre lang für sich selbst behalten – die ungefähre Länge der Kreditabzahlung. Laos' Standpunkt ist offensichtlich: Der Strom soll Devisen bringen. Die ökologischen Folgen sind jedoch verheerend: Fischbestände schwinden, Bootskapitäne verlieren ihren Job, ganze Dörfer werden zwangsumgesiedelt, und aus dem einst schönsten Fluss von Laos wird bald eine braune Pfütze. Auch meine grandiose Idee, von Phongsali den Fluss Nam Ou per Kanu hinunterzutreiben – passé. Also Teefelder und Dörfer erkunden. Viele Fremde kommen anscheinend nicht vorbei, denn meine Streifzüge werden gern auf Video festgehalten.

»Sabaideeeeee!« Euphorisches Winken kleiner Kinder im südlicher gelegenen Boun Tai, wo ich die Umgebung erkunden will. Einchecken in einem heruntergekommenen Gasthaus. Neben der Tür hängen die obligatorischen Benimmregeln (offiziell signiert vom Polizeidirektor und dem Chef des Tourismusbüros). *»For a stronger society«*, heißt es in der Überschrift. Ich habe mir erlaubt den englischen Text wörtlich ins Deutsche zu übersetzen:

- Kein Relaxen nach 23 Uhr.
- Pass auf deine Gäste im Speisesaal auf. Falls du auf deine Gäste in deinem Zimmer aufpassen willst, informiere vorher Personal.
- Keine illegalen Materialien ins Gästehaus nehmen, ausgenommen die Polizei oder Personen mit Spezialbewilligung.
- Keine Videos oder Fotos in das Gästehaus machen.
- Beim Auschecken: Vergiss nicht, deine Armut nochmals zu prüfen.
- Nichts stehlen.
- Du trägst die Konsequenzen, falls du Regeln nicht befolgst.

Im Norden von Laos zeigt man sich erfinderisch und bastelt das Spielzeug selber.

Wer demzufolge nach 11 Uhr abends müde ist, muss woandershin. Keine Nutten mit aufs Zimmer. Drogen nur, wer Polizist ist oder einen gefälschten Ausweis hat. Wenn ich beim Anblick des Zimmers wieder einmal realisiere, wie arm ich bin, soll ich nicht dem Diebstahl verfallen. Diebstahl? Als ich überlege, was ich mit einer geraubten Glühbirne oder einem Kissen anfangen sollte, schaut Bounlod vorbei. Den Guide sowie seine Ortskunde und seinen Charakter zuerst persönlich zu inspizieren, ist nie falsch, schließlich verbringe ich die nächsten Tage mit ihm. Der 30-jährige Vater war ein Drittel seines Lebens Mönch, das heißt, er wird meinen Fragen stets wahrheitsgetreu Rede und Antwort stehen. Buddhistische Maxime! Das Studium in Touristik verspricht Basiswissen über Geschichte und Umwelt. Ich rücke die Moneten raus.

Ein typischer Morgen in Laos. Man schleppt sich zur Arbeit. Oder schläft bereits bei der Arbeit. Täglich überrascht mich Laos mit einer krisensicheren Gelassenheit. Nichts bringt das Laotenherz aus der Ruhe. »Die Vietnamesen pflanzen den Reis, die Khmer schauen zu, und die Laoten lauschen, wie er wächst«, so ein asiatisches Sprichwort. Mehr als nötig ist unnötig, basta! Wir brechen auf. Stundenlanges Wandern unter einer prallen Sonne und einige Dorfvisiten stehen auf dem Plan. Am Rande eines kleinen Reisfeldes werden wir von einem Reisbauer mittleren Alters zum Tee eingeladen. Er freue sich über unsere Gesellschaft, viel gebe es dieser Tage nicht zu tun. Ob er trotzdem glücklich sei, frage ich nach. »Aber selbstverständlich, die Unabhängigkeit ist sein Glück«, wird mir übersetzt. Demnach ist ein laotischer Bauer, der jeden Abend das Sternenmeer bestaunen kann und genügend Essen auf dem Teller hat, tatsächlich zufrieden? Himmel, ja, das ist er! Denn er hat alles Nötige und arbeitet nur 50 Prozent, den Rest des Jahres hat er frei. Es interessiert ihn einen feuchten Furz, wie der Sonnenuntergang in Krabi aussieht, wie viele integrierte Kameras das nächste iPhone hat oder was die Politiker der Welt gerade verbrechen. Rentenkassendefizit im kommenden Jahr? Kein Thema, denn seine zehn Kinder werden sich um ihn kümmern. Asiatische Selbstversorger sind auf eine unverschämt romantische Art glücklich. Es sind Menschen, die sich eher für mich schämen, dass ich Armer keine feste Bleibe habe, immer noch unverheiratet bin und keiner meiner Liebsten in Gehweite ist.

April ist offensichtlich der ungeeignetste Monat für eine Wanderung durch die Hügel von Laos. Einerseits, weil die Temperaturen auf über 40 Grad ansteigen, andererseits, weil den Naturliebhaber statt neongrüner Hügel verkohlte Steppen er-

Im Sommer sieht es im nördlichen Laos aus wie in Mordor. In den Dörfern der Einheimischen scheint die Zeit stehengeblieben zu sein.

warten. Es ist die Periode des Abhackens und Abbrennens. Die hier ansässigen Akha sind Spezialisten für dieses kontroverse Thema. Kurz vor der Saat und der darauffolgenden Regenzeit wird hektarweise Wald gerodet. Oktober ist Erntezeit. Da das Land nach nur einer Ernte unbrauchbar ist, ziehen sie weiter und beginnen von vorn. Nach fünf Jahren, so wird mir versichert, kommen die Landwirte zurück zum Ausgangspunkt. So lange dauert es, bis der Boden wieder Kultivierung zulässt. Da das Land faktisch seit mehreren Generationen den Ethnien gehört, es aber offenbar keine Alternativlösungen gibt, lässt die Regierung sie gewähren.

Selten besuchte Akha in abgelegenen Dörfer werden deshalb selten besucht, weil sie in abgelegenen Dörfern wohnen. Das ergibt natürlich Sinn, denke ich mir, als wir uns durch die Dornbüsche kämpfen. »Was mit so einem Pfad passieren kann, wenn man ein halbes Jahr lang nicht durchgelaufen ist«, kommentiert Bounlod sarkastisch. Am Dorfeingang spaltet eine Halbnackte gerade einen Baumstamm. Ich staune – in den vergangenen Stunden habe ich nur Akha-Frauen auf den Feldern gesehen. Dazu habe ich mehrere Theorien: entweder arbeiten die Männer ungesehen in Höhlen, oder die Männer kümmern sich hier um den Haushalt. »Ja, umgekehrt«, versichert Bounlod.

Weben ist eine populäre Kunst vom Volk der Akha.

Die Kinder der Akha verbringen die ersten Jahre auf dem Rücken ihrer Mütter.

Eine ältere Dame vom Stamm der Akha mit ihrer morgendlichen Tabakpfeife.

Immerhin wird das Essen heute von männlicher Hand serviert. Bittere Bambussprossen, Reisklumpen und Eichhörnchensuppe. *Eichhörnchensuppe?* Wie kommt es, dass ich immer wieder in solchen Situationen lande? Gut zu wissen, dass ein Glas Lao-Lao bereitsteht. »Das Hirn nicht vergessen«, wird mir mit ernster Miene empfohlen. Einverstanden, mein Geschenk an dieses Land ist der Mut, das zu essen. Der Rest des Abends ist ganz gemütlich: Männer saugen Tabak durch Bambusrohre, Babys saugen zufrieden an ihren Müttern, und ein paar Häuser weiter feuert jemand eine Gewehrsalve ab. Kein Grund zur Aufregung, nur ein Zeichen, dass jemand krank wurde. Mehr Lao-Lao macht die Runde. Von unserem Gastgeber erfahre ich von einer traditionellen Hochzeit im Nachbardorf und dränge ungestüm darauf, dass wir unseren Trip verlängern und uns augenblicklich vorstellen gehen. Nach einigen Lao-Lao im

Holzhaus Kamlas, des Bräutigams, ist die Sache bereits geritzt. Zufrieden schlurfen wir durch die kühle Nacht. Auf den Dielen angelangt, bemerke ich, gefangen in mehreren Filzdecken, meine rumorenden Därme. Toiletten gibt es hier keine, somit muss ich raus in die Waldung. Mühselig kauere ich auf dem Boden. Je länger sich der Akt hinzieht, desto näher rücken bestialische Geräusche. Eine Schnauze drängt aus dem Gebüsch hinter mir, dann noch eine, und ehe ich Blätter zum Abwischen finde, saugt ein Rudel Schweine an meinem Hinterteil.

Die Eltern von Pantit, der 16-jährigen Braut, haben entschieden: Kamla ist der Auserwählte. Eigentlich könne man auch noch etwas warten, aber wie Kamla bereits am Abend zuvor gebeichtet hat, streunte der Playboy zu oft durch andere Dörfer, das müsse aufhören. Festlich gekleidet kauern die engsten Verwandten und der Dorfschamane um den kniehohen Holztisch. Die Zeremonie ähnelt unserem Saufgelage vom Vorabend, außer dass sich die Beteiligten den Lao-Lao gegenseitig einflößen – selbst die Kinder werden nicht verschont. Unterdessen wurde das dickste Schwein der Region herbeigeschleift – für einen skandalös kurzen Moment glaube ich, die Schnauze wiederzuerkennen. Kaum ist das Schwein zerlegt, schnappt sich der Schamane die Leber. Mithilfe von Taschenlampen wird der Lappen beurteilt, bis sich der Seher ganz sicher ist: Unverschämtes Glück werde dem jungen Paar widerfahren. Die Festivitäten sind offiziell freigegeben. Als Geschenk biete ich den beiden ein gedrucktes Hochzeitsfoto an, aber Kamla lehnt entschieden ab, denn nach dem letzten Hochzeitsfoto eines Freundes sei jemand im Dorf unerwartet gestorben. Armer Wicht – unzählige Alkoholekstasen und Tonnen von Tabak hat er überlebt, um schlussendlich von einem Hochzeitsfoto dahingerafft zu werden. Ich nicke verständnisvoll und spendiere ein Huhn. Einige Stunden später platzt das Erdgeschoss fast vor Gästen. Alle kommen vorbei außer Pantit und Kamla – die beiden müssen, so besagen es die kulturellen Regeln, auf ihr Zimmer. Die Party geht steil, die männliche Fraktion schlägt sich den Wanst voll, labt sich abwechselnd an Reisschnaps und Bambusrohrpfeife, bis der Abend seinen bizarren Höhepunkt erreicht – wie aus dem Nichts flutet eine Frauenschar mit Schemeln durch den Raum und stürzt sich auf uns Männer, genauer gesagt, auf unsere Beine, die postwendend massiert werden. Während ich etwas verdutzt über das Ritual nachdenke, schweift mein Blick zum Großvater im finsteren Eck, der gerade seine Opiumpfeife anzündet, weiter zum Schamanen, der ein Liedchen schnurrt, und letztlich zu Bounlod, der sich vor lauter Lao-Lao kaum mehr auf dem Stühlchen halten kann. Ein vehementes Ja-Wort an die Welt, hier und jetzt, ich will mit niemandem tauschen.

Am nächsten Morgen ist alles wieder beim Alten. Vierjährige waschen ihre Kleider, zwei nackte Kinder schaukeln auf einem Motorrad, die Männer machen es sich in ihren Sesseln bequem, und ihre Frauen ziehen auf die Felder.

Der Schamane liest aus der Leber eines Schweins. Wird es eine glückliche Ehe?

Viel gibt es in Vientiane nicht zu bestaunen, der Xieng-Khuan-Skulpturengarten nahe der Stadt ist aber allemal einen Besuch wert.

Vientiane

Vientiane ist außergewöhnlich und unbequem. Die Bordelle sind preiswerter als die Hotels, Marihuana günstiger als Pfeifentabak und Opium ist einfacher zu finden als ein Glas kaltes Bier« – ein Fragment aus den Memoiren des amerikanischen Reiseschriftstellers Paul Theroux über die Nachwehen des Vietnamkriegs, anno 1975, wenige Monate, nachdem Vientiane Laos' Hauptstadt erkoren worden war. Seither hat sich das laotische Wirtschaftszentrum gut erholt, die Flaniermeilen sind »clean«, denn die Bordelle und Drogenumschlagplätze betreiben ihre Geschäfte fortan im Untergrund. Vientiane besticht durch Gegensätze, mutig stellt sich Altes gegen Neues: Hölzerne Nudelsuppenecken vs. Wein und Pizza. Mönche mit Sonnenschirm und Mobiltelefon schlendern am Mekongufer. Motorrad-Tuktuks mit ausgelutschten Bremsen quietschen durch Straßen mit französischen Namen und dazu passenden Kolonialbauten. Die kommunistische Pathet Lao hat sich – im Gegensatz zu den kambodschanischen und vietnamesischen Genossen – dafür entschieden, die französischen Straßennamen zu behalten, dafür mehr Monarchisches zu verbannen. Der neuen Verordnung fielen auch die Briefmarken mit der Aufschrift »Königreich Laos« zum Opfer. Da die Druckerei nicht schnell genug neues Material liefern konnte, wurden beim Postamt ab sofort nur noch Briefmarken mit durchgestrichenem »Königreich« akzeptiert. Selbst das »Royal« der Royal Lao Air wurde von den Flugzeugen gekratzt.

Pakse und die 4.000 Inseln

Per Nachtbus nach Pakse. Nachtbusse mit Doppelbetten wären eine edle Sache, könnte man den Bettgesellen neben sich bestimmen. Kann man aber nicht. Ein bärtiger Hüne springt zu mir ins Bett. Zwei Meter reine Männlichkeit. Ob ich auch ein Valium wolle, er nehme drei. Kurz darauf döst mein neuer Wikingerfreund weg und drückt mir seinen Ellbogen ins Auge. Eine lange Nacht zeichnet sich ab. Pakse taugt vor allem als Ausgangsort für eine Besichtigung der zahlreichen Wasserfälle in der Region des Bolaven-Plateaus oder umliegender Dörfer wie Champasak nahe dem gut erhaltenen Khmer-Tempel Wat Phou. Dies abgehakt, mache ich Halt in einem friedvollen Bistro am Mekong. Besitzer Jaques nimmt sich Zeit für einen Chat, der mit Floskeln beginnt und sich zur Lebensgeschichte entwickelt. Mit 1.000 Euro Erspartem rettete sich der Ex-Pariser 1980 vor der Trostlosigkeit der französischen Versicherungsbranche via Ko Samui nach Laos. Vor neun Jahren hat der nun 60-Jährige mit seiner laotischen Frau zwei Kinder gezeugt und ein stattliches Haus gebaut. Ob er zufrieden sei mit seinen Entscheidungen? Jaques nickt galant und zitiert den jüdischen Schriftsteller Ben Sira: »*La joie prolonge la vie*«, die Freude verlängert das Leben. Frankreich habe ihn zu schnell altern lassen, das habe er früh genug erkannt. Asien gebe ihm das, was dort gefehlt habe: Lebenslust. Er sei auch toleranter geworden. Mittlerweile habe ihn seine Frau sogar davon überzeugt, zum Animismus zu konvertieren – zumindest solange ihm niemand das Gegenteil beweise, bleibe das Häuschen für die Geister am Eingang stehen.

Aus einem engstirnigen Versicherungsverkäufer wurde ein duldsamer Lebemann. Jaques definiert Glück als ein limitiertes Gut, das komme und gehe. Denn nichts sei permanent – eine Theorie, von der ich selbst auch überzeugt bin. Sie lässt mich Höhenflüge genießen, aber auch die Bruchlandungen überstehen. Asien präsentiert mir abwechslungsweise verlorene Glücksjäger und zufriedene Ausbrecher. Wer hier mitmachen will, ist keineswegs weniger mutig als jemand, der sich in gewohnter Umgebung die Karriereleiter hochackert. Er ist vielleicht sogar mutiger. Denn er stellt sich täglich exotischen Herausforderungen, muss sich in einer andersartigen Gesellschaft etablieren und sich selbst beweisen, dass er, der das feste Zuhause aufgegeben hat, die richtige Entscheidung getroffen hat. Der Franzose provoziert mich zum Abschied mit einer gewagten Frage: »Wieso reist du, mein Freund?« Eine Frage wie eine Ohrfeige. Sie rüttelt wach, regt den Denkapparat an. Klassischerweise neigen Reisende dazu, sich konsequent in die gleichen verbalen

Hier spaltet der Mekong die beiden Länder Laos und Kambodscha.

Sackgassen zu begeben: zu erläutern, woher man komme, wohin man gehe, welches Land das beste und welches das günstigste sei. Ich erkläre Jaques, dass ich bei mir selbst ankommen wolle und nebenbei einen Ansporn für das nächste halbe Jahrhundert suche. Der Flaneur lächelt charmant: »*Et voilà, chacun est l'artisan de sa fortune.*« Genau: Jeder ist seines Glückes Schmied. Oder seines Unglücks.

Nahe der kambodschanischen Grenze wird mir ein Spieß mit fünf Fröschen entgegengestreckt. Lange waren für mich Froschschenkel gleichbedeutend mit Frankreich, aber heute hält man mir die gespießte Wahrheit direkt ins Gesicht. Mein Urlaubsziel ist Don Khong, eine der 4.000 Inseln hier im Binnenland. Ich beziehe ein einfaches Zimmer mit Blick auf den Mekong. Heile Welt. Einige Bötchen mit Schulkindern tuckern nach Hause, Palmenblätter rascheln im Wind. Auf dem Feldweg steuert ein Fünfjähriger sein Motorrad mit Seitenwagen durch den Schotter, ein weiser Mönch in senfgelber Robe spaziert vorbei – und rotzt in die Ecke. Nun gut, Don Khong mag vielleicht nicht gerade das Paradies sein, aber für mich und meine fünf Kilo Buchstaben reicht es. Und wer genau hinhört, vernimmt das Donnern des Mekong, der über eine Landschaft aus etlichen Wasserfällen nach Kambodscha hetzt.

Außergewöhnliche Dämmerungsfarben überfallen eine von 4.000 Inseln.

Ein wilder, ein historischer Ort: Hier zerplatzten Frankreichs Kolonialträume. Die Grande Nation wollte ihre Stellung innerhalb Indochinas stärken und suchte nach einem geeigneten Handelsweg von Tibet nach Vietnam. Gewiefte Marineoffiziere wie Francis Garnier und Ernest Doudart de Lagrée gingen auf Mekong-Erkundungstour, aber 1866 war ein für allemal klar, dass die Stromschnellen und die Mekongfälle unpassierbar waren.

Nach einer Woche des Beobachtens von Schäfchenwolken, Gewittern und Sonnenuntergängen kommt das actionreiche Boun Ban Fai ganz gelegen. Kurzerhand wurde das lokale Kloster zum Schauplatz für Schaulustige umfunktioniert, Bier und Schnaps wurden angeschafft und in esoterischer Obhut Raketen gezündet. Ich schließe mich einem Trupp an, der von Xai, einem mir vertrauten Bootskapitän, angeführt wird. Wir werden nun den restlichen Tag von Haus zu Haus ziehen und böse Geister vertreiben: der zur Primadonna geschminkte Anführer Chanh wird die mit einer finnischen Flagge verzierte Bambusrakete in Richtung der Mäzen schwingen. Indes verscheucht Xai die »*evil spirits*« mittels Blattwerk und exorzistischen Gebeten. Sofern die Säuberung erfolgreich verläuft, zeigt man sich gern generös und spendet der Clique Almosen und Schnaps. Aki, ein Japaner, der auf unsere lustige Bande aufmerksam wird, setzt während der Geisteraustreibung noch einen drauf. Mit gefalteten Händen murmelt er Fürbitten auf Japanisch, preist Nippons für Prosperität zuständigen Schutzgott Daikokuten. Laotische und japanische Mythen vereint – was soll da noch schiefgehen?

Die amerikanische Kulturanthropologin Cora Alice DuBois konfrontierte die Menschheit vor ungefähr sechzig Jahren mit einer gewagten Wortkombination: dem »Kulturschock«. Ein schockartiger

Sturz aus der Euphorie in das Gefühl, fehl am Platze zu sein – einst ein unbenanntes Privileg der Entdecker, nun ein alltagskompatibles Zauberwort für den Reisejargon. Denn Kulturschocks sind erschwinglich geworden. Asien bietet uns Suchenden erstaunlich viel Angriffsfläche. Selten liegt das Gefühl, sich verloren zu fühlen und Teil von allem zu sein, so nahe beieinander. Asien reflektiert – wer sich darauf einlässt, wird bereichert. Wer quengelt, wird ignoriert.

Während des Raketenfests »Boun Bang« Fai in Don Khon werden die bösen Geister aus den Haushalten vertrieben.

Ein Regenbogen verziert den
Bayon-Tempel in Angkor.

Kambodscha

Juni bis Juli 2016

Was hat sich seit dem Fegefeuer getan? Wo gehts zum nächsten Floßbauer? Wer wird mich heute abzocken? Und wo zum Teufel wächst eigentlich der Pfeffer? Einige Fragen werden mit einer Reise durch Kambodscha geklärt, andere bleiben offen, ganz neue tauchen auf.

Von Banlung nach Siem Reap

An der Grenze von Laos zu Kambodscha, irgendwo im Norden. Aufstellen zur Gesundheitsinspektion. Spaßeshalber setze ich auf der Checkliste ein Kreuz bei *»Vomiting«* (sporadische Magenentleerung) sowie »Fieber«. Schon schnellt die Temperatur-Messpistole hoch. Negativ. Ein Dollar ist zu entrichten. Kaum habe ich eine Zehe ins Land gesetzt, darf ich bereits einen hochklassigen Schachzug der Arbeitsbeschaffung miterleben. Die Weltbank schrieb kürzlich in einem Bericht, dass Kambodscha innerhalb von nur sieben Jahren seine Armutsrate halbiert habe. Kreativität ist ein wichtiger Teil der Überlebenskunst – und im Falle Kambodschas wird sie begünstigt von der Armada an NGOs. Trotz – oder wegen – Menschenrechtsverletzungen, einer maroden Justiz und massiver Korruption wird jährlich eine Milliarde Dollar an Spendengeldern in Kambodschas Wirtschaft gepumpt. Seit dem Umsturz von Pol Pot bewegt sich das Land auf dem schmalen Grat zwischen Demokratie und Diktatur. Die nächsten Monate werden mich in verschiedene Landesteile Kambodschas führen, zu seinen Alltagshelden und zu seiner finsteren Vergangenheit.

Verwaschener Horizont über Stung Treng. Kurz vor der Abfahrt mit dem Minibus schenkt mir der Tag einen Kambodschaner mit Zottelbart und leuchtenden Augen. Er stellt sich als Nhek vor. Ich ertappe ihn mehrmals in flagranti beim Bewundern der vorbeiziehenden Welt, einer ihm unbekannten Welt: Sein Vater, ein gutbetuchter Konsulatsangestellter, hatte Insiderwissen über den drohenden Sturz von Lon Nols korrumpierter Regierung, den Start des lange geplanten Rachefeldzugs gegen alle mit Geld, Wissen und/oder Bildung. Mitte März 1975: Täglich fährt der Vater mitsamt seiner Familie zum Flughafen Phnom Penh. Nach einer Woche wird dem dreijährigen Nhek, seinen Eltern und seinem Bruder die Ausreise gewährt. Es ist eines der letzten Flugzeuge, die die Hauptstadt verlassen. Zwei Tage später wird allen *Khmang,* also der eigenen Bevölkerung und den Feinden der Khmer Rouge, befohlen, Phnom Penh innerhalb von 24 Stunden zu verlassen.

»Das Radio sendete in voller Lautstärke: Diesmal sind wir die Sieger. Nicht wegen der Verhandlungen, sondern wegen der Waffen. An alle Marionettensoldaten: Legt eure Waffen nieder und ergebt euch mit gesenkten Köpfen. Wenn ihr euch weigert, wird Angkar euch nicht vergeben!«
Vann Nath, Überlebender

Dann machen die Khmer Rouge den Laden dicht. Niemand geht mehr raus, niemand will mehr rein. Die sich ergebenden Marionettensoldaten sowie ein Drittel der kambodschanischen Bevölkerung werden während der kommenden fünf Jahren hingerichtet – darunter Ärzte, Rechtsanwälte, Lehrer, Studenten, Musiker, Künstler, Mönche, Nonnen, Brillenträger. Pol

Pots neuer Mensch soll Bauer sein, soll ungebildet und klassenlos zu Kreuze kriechen. Die Nationalbank in Phnom Penh wird gesprengt, das Geld abgeschafft. Das Jahr null. Seither lebt Nhek als zwangsweise als Wahlkanadier in einem Vorort von Montreal. »Würdest du an deiner Vergangenheit etwas ändern, wenn du könntest?«, frage ich ihn. Er überlegt lange und antwortet letztlich, er hätte mehr Mußestunden mit seinem Sohn verbringen sollen. Aber um die Familie zu ernähren, hat der Neuankömmling die letzten drei Jahrzehnte in den Fabriken Kanadas geschuftet. Täglich vertröstete Nhek seinen Erstgeborenen: »Jetzt nicht spielen – später, morgen vielleicht.« Nun sei der Junge in der Pubertät und die Dinge liefen anders. Die Kindheit der Nachkommen zu verpassen – eine moderne westliche Sitte, auf die die meisten Kambodschaner mit vehementem Kopfschütteln reagieren würden. Denn hier sind die Kleinen stets mit dabei: auf den Rücken geschnallt, in einer Hängematte hinter der Verkaufstheke verstaut und in vielen Fällen bereits als Mitarbeiter des Familienbetriebs engagiert. Nhek verabschiedet sich mit einem herzlichen Khmer-Lächeln und zieht weiter Richtung Dschungel: *»Take care, Mr. Claudio. I like you, you're like a leave in the wind.«*

Ein Blatt, das der Wind durch Banlung weht. Ich flaniere und schaue, was die Stadt zu bieten hat. Es sind viele Glücksmomente, simpel und zeitlos: der Ruf eines Gockels von der Spitze eines Misthaufens, das ehrliche Lächeln eines Zahnlosen von links, von rechts das strahlende *»hello«* einer kleinen Schönheitsprinzessin. Ein Abenteuer zeichnet sich ab, denn ich habe erfahren, dass talentierte Floßbauer ihr Unwesen etwas nördlich von Banlung treiben. Mittels purer Manneskraft den kambodschanischen Teil des Mekong durchqueren? Hört sich fantastisch an! Ich starte »Operation Bambusfloß«. Meine Nachforschungen führen mich vorerst zu Narim. Der 36-Jährige war Übersetzer für die lokale Interessengemeinschaft und das Damm-Projektteam aus China. Ein Damm, der mein Vorhaben bereits frühzeitig zum Scheitern verurteilen könnte. Narim wohnt weitab vom Schuss, in einem selbst gebastelten Holzschuppen mit zehn Quadratmetern. Mehr könne er sich derzeit nicht leisten. Da er keinen ordentlichen Job hat, sieht er die Felle immer weiter davonschwimmen, auch wenn er Bewerbungsschreiben an alle möglichen NGOs geschrieben habe. Zuversichtlich schaut er jeden Morgen beim Geisterhäuschen vor seinem Bretterverhau vorbei und

In der Provinz Ratanakiri im Norden Kambodschas ist die Natur größtenteils noch intakt.

spendiert den Glücksgeistern was Ess- oder Trinkbares.

Bei Dörrfisch, Aalsuppe und Angkor-Bier diskutieren wir über den Damm sowie die Politik Kambodschas, denn in wenigen Monaten stehen Kommunalwahlen an. Ein Trugbild, dem niemand so richtig traut. Premierminister Hun Sen würde gern den Rest seines Lebens im Amt verbringen und kambodschanische Riel scheffeln. Das trifft auch auf seine Söhne zu, die Medien und Militär koordinieren. Zum erlauchten Kreis gehört auch der 63-jährige Samdech Preah Bâromneath Norodom Sihamoni, gegenwärtig König von Kambodscha. Unverheiratet, kinderlos und nebenbei Ballettlehrer. Unter Beobachtung eines erlesenen Medientrosses unterschreibt der Monarch alles, was Hun Sen vorlegt. Dass die Wahlen getürkt werden, ist bereits beschlossene Sache. Daran können weder die »Antikorruptionseinheit« noch die Kommunalbüros rütteln – denn auch sie sind Lohnempfänger der Pyramidenspitze.

Währenddessen formen sich via Facebook laufend neue Gruppen (Kritiker, Revolutionäre, Linke). So hat sich auch Premierminister Hun Sen einen Account erstellt. In seinem Feed gibt es Strandbilder von ihm im Tanktop oder mit Cappy und Pilotensonnenbrille auf dem Golfplatz zu sehen. Quasi ein Mann fürs Volk. »Ein Mann mit der Moral eines Mafia Don«, so Narim. Ach ja, Hun Sen war Kommandeur der Khmer Rouge. Aufgrund ideologischer Auseinandersetzungen setzte er sich 1977 nach Vietnam ab, formte eine Gegenpartei und kam mit der Unterstützung der vietnamesischen Volksarmee zurück nach Kambodscha. Vietnam vertraute ihm – er wurde fest installiert (und kontrolliert). Geschützt wird der Premier durch ein 1.500 Mann starkes Ensemble aus Bodyguards – eine Spende des kürzlich verstorbenen Gummibarons Theng Bunma (die US-Drogenvollzugsbehörde DEA hatte Theng unlängst auf die schwarze Liste gesetzt). Im Gegenzug durfte Theng Bunma seinen Gummi befreit von Exportsteuern aus dem Land schaffen – inklusive der versteckten Drogen. Diverse solcher Meldungen kamen trotz Zensur ans Tageslicht. Hun Sen erhielt übrigens den Friedenspreis – nicht zu verwechseln mit dem Friedensnobelpreis – der Institution WPC (World Peace Corps) in Südkorea, einer Unternehmung von Baron Vaea, Prime Minister of the Tonga Kingdom and Commanding General of World Mongolians. World of Mongolians? Eine Farce sondergleichen, denn das Volk kennt keinen Unterschied zwischen dem Friedensnobelpreis und einem frei erfundenen Preis, der den Möchtegern politisch stärkt. Okay, alles lange her, doch Intrigen, Korruption und tote Widersacher pflastern weiterhin den autoritären Weg Hun Sens. Die Zeit für eine echte Demokratie sei reif – »eine Demokratie, die auch unsinnige Dammprojekte verhindern könnte«, resümiert Narim, »Dammprojekte, die unter dem Druck leerer Versprechungen zu Zwangsumsiedlungen führen.« Mir wird geraten, »Operation Bambusfloß« abzublasen – die Bauarbeiten des neuen Damms seien fast abgeschlossen, und da gebe es kein Durchkommen.

Sabong und andere Freunde von Narim schauen rechtzeitig zum Trösten vorbei. Obwohl ich ahne, was mich erwartet, begleite ich die Bande zum KTV im Außengürtel Banlungs. Es gibt gute Gründe, wieso sich solche Karaoke-Etablissements fernab der Stadt befinden. Man(n) ist für sich. Keine Ehefrau vermutet einen hier. Außerdem verlieren viele ihre Unschuld für knapp 30 Dollar an ein KTV-Girl – kein Grund zur Scham, das ist Alltag bei den Khmer. Niemand käme auf die Idee, Puffbesuche zu verurteilen. Draußen wird kontrolliert: weder Handgranaten, noch Drogen oder Schmetterlingsmesser sind erlaubt. Short Girls in High Heels und mit verstecktem Funkstöpsel im Ohr weisen uns den Weg zu VIP Room 5. Das Konzept ist kinderleicht. Eine Bildschirmwächterin wählt einen von zehntausend bittersüßen Khmer-Schnulzensongs, weitere Girls betreten den Raum, dieses Mal sechs scheue Nutten. Gefällt eine, darf sie bleiben und mit jemandem im Duett singen oder sogar tanzen. Weder Hip-Hop noch Techno haben sich hierher verlaufen, es bleibt daher wunderbar authentisch, denn während Käufer und Kunden noch Arm in Arm zu Khmer-Pop tänzeln, präsentiert der überdimensionale Bildschirm eine aus dem neuasiatischen Leben gegriffene Liebesgeschichte: Junge chattet mit Mädchen, will ihre Telefonnummer speichern, sein Akku ist leer, sie bringt ihm ein Ladekabel, aufladen und singen, Freundin ruft an, er fliegt auf, Duett und Ende.

Am nächsten Tag beschließe ich, meinen Floßtraum nicht so schnell aufzugeben, und verschiebe meine Recherchen nach Siem Pang, wo auch Flöße hergestellt werden sollen. Minibus vierte Reihe, vier Reihen à fünf Personen – Kinder zählen nicht, die verstreuen sich quer im Bus. Der Weg nach Siem Pang ist ein kambodschanisches Paradebeispiel für schlechte Straßen. Alle fünf Sekunden wechseln wir die Seite, um den Minibus vor dem Zerschellen in einer badewannentiefen Furche zu schützen. Hier hat noch keiner der reichen Nachbarn eine Straße finanziert. Nach drei Stunden und gefühlten dreitausend Schlaglöchern erreichen wir das verschlafene Fischerdorf Siem Pang am Fluss Tonle Kong. Ich mache beim Aussteigen Platz, denn ein zehn Meter langer Allesladen will vorbeirollen; nebenan schwingt eine Marktfrau mittels Hängematte durch das Metzgerkabäuschen, während ein selbst gebastelter Deckenventilator Fliegen vom ausgelegten Fleisch scheucht – eine technische Revolution, denn ihre rückständigen Nachbarn wedeln immer noch mit Plastikfetzen an einem Stock. Hinter der nostalgischen Szene liegt ein geschütztes Stück Wald. Ich staune, dass es tatsächlich »geschützte« Wälder gibt in diesem Land. Das sollte insofern Erwähnung finden, als Hun Sens Regierung bereits 70 Prozent des »Holzhimmels Kambodschas« schnellem Geld aus Vietnam geopfert hat. Stattdessen wuchern nun überall Gummibäume, Ölpalmen und Sojabohnen.

Während der ausgiebigen Erkundungstour finde ich weder einen Bambushalm noch jemanden, der damit arbeiten

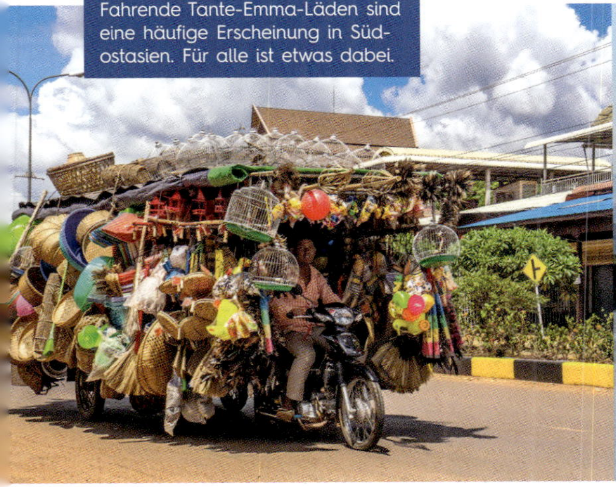

Fahrende Tante-Emma-Läden sind eine häufige Erscheinung in Südostasien. Für alle ist etwas dabei.

Diese Tage verzichtet die Fischerzunft im Norden Kambodschas auf Dynamit, das gute alte Netz ist wieder in Mode.

könnte. Ich verschiebe »Operation Bambusfloß« auf unbestimmte Zeit. Nach einer Wartestunde im Bus sind wieder alle eingesammelt; es folgt die Ehrenrunde, bei der alle mit Essen zu versorgt werden und ein Korb müffelnden Dörrfischs eingeladen wird. Vor Siem Reap gehe ich gedanklich nochmals meine Checkliste durch: zerfallene Khmer-Ruinen erforschen und ein Motorrad für die nächsten Monate in Kambodscha und Vietnam auftreiben – aber nicht irgendeines, sonder eine »Win«: ein Stück japanische Ingenieurskunst, mit Billigmaterial aus China für den vietnamesischen Markt nachgebastelt. In Siem Reap treffe ich auf die reisemüde Dominique, der ich für 250 Dollar eine dieser Metallbestien abkaufe. Noch traue ich mich nicht auf die Straße, denn die Kanadierin hat diverse Motorradteile mit einem femininen Violett überzogen. Drei leere Spraydosen mit Gemeinschwarz 212 später kann es losgehen.

Battambang

Im Anschluss an eine ausgiebige Tuchfühlung mit dem Ex-Imperium der Khmer, Angkor, geht es über staubige Pisten nach Battambang, der Vorzeigestadt Kambodschas. Landflucht ist in Asien ein brisantes Thema, kaum eine Stadt kann dem schnell wachsenden Chaos Einhalt gebieten. Hingegen wurden Battambangs moderne Infrastruktur, seine Sauberkeit und sein Umweltbewusstsein kürzlich mit dem Clean City Award sowie dem ASEAN Environmentally Sustainable City Award honoriert. Der laufenden Modernisierung fallen aber auch nostalgische Attraktionen zum Opfer. Bald wird der allseits beliebte Bambuszug Norry abgeschafft. Ein Grund mehr, die Gaudi noch mitzuerleben.

Frühmorgens flitze ich zum unscheinbaren Bahnhof. Während zweiachsige Metallgestelle, Motoren und Bambusrahmen auf die maroden Schienen gehievt werden, schaut der ehemalige Immigrationsoffizier Yim nach dem Rechten. Beim gemeinsamen Tee zitiert er in lupenreinem Englisch Phrasen aus der buddhistischen Lehre. Sein Wortarsenal imponiert, denn Bildung und auch Religion waren während seiner Jugend tabu. Unverblümt plaudert der alte Knabe über seine Vergangenheit als Mönch in einem Kloster jenseits städtischer Verblendung – das war kurz bevor Bruder Nummer eins (Pol Pot) beschloss, dass sich Religion und Steinzeitkommunismus nicht vertrügen. Mönche wie Nonnen wurden fortan systematisch von den Grobianen der Khmer Rouge exekutiert, etliche Klöster zu Gefängnissen oder Leichenhäusern umfunktioniert, der Buddhismus offiziell abgeschafft. Keinerlei esoterischer Firlefanz sollte den Geist des »neuen« Kambodschaners trüben. Yim hatte seine orangefarbene Robe gerade noch rechtzeitig abgegeben. Die folgenden Jahre verbrachte er gezwungenermaßen auf den Reisfeldern, um die utopischen Ertragsziele der Kommunisten zu erreichen. Nach dem Einmarsch der Vietnamesen war Englischunterricht weiterhin verboten – Battambangs Übergangsregierung schaute jedoch bewusst weg. In geheimen Gruppen

Das Schienentaxi »Norry« pirscht sich durch eine Allee aus Gestrüpp in Richtung Bahnhof.

wurde Englisch gepaukt. Wer erwischt wurde, den bestrafte der Fiskus nach seinem Körpergewicht: je mehr Kilos, desto mehr Riel wurden gefordert.

Wie lange Norry noch durch die Reisfelder gleiten wird, weiß niemand. Bald sollen neue Gleise nach Poipet zur Thai-Grenze führen und Norry ablösen. Dank gut ausgebauter Straßen ist die Zeit ohnehin bereits passé, in der Schulkinder, Mönche, Bauern, Reissäcke sowie Vieh allesamt auf den Bambuszug gestapelt wurden. Während der Fahrt tauchen sporadisch immer wieder Geisterschienen auf, die in Beton übergehen. Mir wird erklärt, die Schienen seien zerstört worden, um die Khmer Rouge an einer bequemen Einreise in die die Stadt hindern. Die Fahrt gleicht einer Achterbahn. Mit bis zu 50 Stundenkilometern lottern wir die eingleisige Strecke entlang. Begegnet uns ein anderes Gefährt, wird eines der beiden von den Schienen genommen, das andere vorbeigelassen und anschließend wieder aufgeladen. Ein Lächeln huscht über mein Gesicht, denn nach konstantem Drängeln überlässt mir der Zugführer den Motorhebel und lässt mich die sieben Kilometer zurückfahren. Ambrosia fürs Reiseherz.

Ein glorreicher Moment für den Autor, er darf »Norry« auf den letzten Fahrstunden begleiten.

Tonle Sap

Ein Grundpfeiler des historischen Khmerreiches und seiner Expansion in Südostasien war der Tonle Sap mit seiner Direktverbindung zum Mekongdelta. Noch heute dienen seine reichen Fischbestände dem Land als Lebensgrundlage. Nahe der Ufer des größtes Binnengewässers Südostasiens entstanden über die Jahrhunderte schwimmende Gemeinden – sie sind die Heimat der kambodschanischen Fischerzunft, aber auch vieler ethnischer Vietnamesen, per se »Staatenloser«, die damals rechtzeitig der Terrorherrschaft der Roten Khmer entwischt sind. Ein Bootsmann bringt mich nach Kompong Luong, eines der circa 170 Fischerdörfer am Tonle Sap. Um mich adäquat als neuer Siedler zu tarnen, besorge ich mir ein brüchiges Ruderboot – zur Freude der Dorfbewohner. Jeder lächelt mir entgegen, alle paar Meter soll ich ankern, einen Schnaps trinken oder einfach nur meine helle Haut zur Schau stellen. Monsunwolken, ja ganze Nachbarschaften spiegeln sich in der seichten Tunke, die sporadisch von der Spur einer paddelnden Marktfrau verwischt wird. Spielzeug, Kleider oder Vorgekochtes wechselt den Besitzer. Drüben bimmelt die Pausenglocke der Schule, worauf die Kinder begeistert in ihre Boote springen und um die Wette rudern.

Vorbeipaddeln, ohne auf das Leben anzustoßen, scheint tabu in Kompong Luong.

Doch selbst in Kompong Luong macht sich der Zeitgeist breit: Während unweit die Fischerboote tuckern, flimmern in den schiefsten Holzhütten die Flachbildschirme. Auf dem Weg zum schwimmenden Billardschuppen begegnen mir unzählige Showrooms für Handys. Selten waren sich Moderne und Nostalgie so nahe.

Ich vereinbare einen Termin mit Hung. Der Vietnamese schneidet Haare mit Aussicht auf das geschäftige Seeleben. Kürzlich las ich von Markteintritt des ersten In-Ohr-Sprachübersetzers, den der verstorbene Schriftsteller Douglas Adams bereits vor Jahrzehnten in *Per Anhalter durch die Galaxis* erwähnte. Heute will ich einen und wünsche auch Hung einen. Denn der selbst ernannte Friseur versteht weder meine Gestik noch meine Mimik und zückt ein Bambusstöcklein mit festgeklebter Rasierklinge. Schroff arbeitet er sich durch das, was einmal eine Frisur war. Etwas demoralisiert und zerrupft rudere ich an einem Pfahlhaus vorbei, in dem eine Gruppe Khmer sitzt, Lachsalven abfeuert und mich spontan zu einer Hauseinweihungsparty einlädt. Fünf Stunden und unzählige Biere später wird versucht, mich mit einer der unverheirateten Schwestern zu verkuppeln. Ich stelle mir vor, wie mein Leben in Kompong Luong aussehen würde, welche Chancen und Risiken dort lauern würden. Ich lehne

Schulschluss in Kompong Luong, auf dem Heimweg rudern die Kinder um die Wette.

Die Kirche spiegelt sich im trüben Tonle Sap.

dankend ab und gondle im Schutz einiger flackernder Glühbirnen durch das schaurig-schöne Venedig Kambodschas.

Phnom Penh

Hinter Wolken von Kohlenmonoxid und Staub ist bereits etwas von Phnom Penh erkennbar. Nach vorn schnellen, hin und wieder auf den Gehsteig ausweichen, nicht selten Vorfahrt nehmen. Wer zaudert, der wartet, bis ganz Kambodscha an einem vorbeifährt, und wer nicht alle Sinne konstant auf den Verkehr konzentriert, wird kaum heil sein Bett erreichen. Kambodschas emsige Hauptstadt ist eine Liebelei aus triebigen Straßen, kolonialem Touch und fader Fließbandarchitektur. Dennoch sieht sie jeden Tag etwas anders aus: größer, höher, austauschbarer.

Wer genau hinhört, erlebt die Skyline von Phnom Penh während ihrer Expansion.

Nach der Vertreibung der Khmer Rouge im Januar 1979 begann Phnom Penh mit dem Wiederaufbau. Die aufs Land verbannte Bevölkerung wanderte zurück und hauste jahrelang in Baracken und zerschlissenen Gebäuden, bis Kambodscha den Vereinten Nationen unterstellt wurde und stattliche Mengen an Devisen ins Land schwappten. Bis in die späten 90er-Jahre war Phnom Penh das Gotham City Asiens – nur ohne Batman. Eine Schlundstadt, bestehend aus Umschlagplätzen für Waffen und Drogen, aber vor allem aus Puffs. Wie es Amit Gilbao in seinem Buch *Guns, Gils and Ganja* beschreibt, konnten blutjunge Mädchen ab 13 Jahren für umgerechnet zwei bis vier Dollar gekauft werden. Jedoch beendeten die meisten ihre »Karriere« frühzeitig aufgrund von AIDS-Erkrankungen. Die Prostitution der eigenen Töchter war für viele verarmte Familien der einzige Weg, an Geld zu kommen (nebst dem direkten Verkauf von Kindern) – sie mussten zwischen dem sofortigen Hungertod oder dem AIDS-Tod in einem Jahrzehnt wählen. Nicht nur Auswanderer profitierten von den widrigen Zuständen, sondern auch gut verdienende UN-Hilfskräfte, die täglich durch die Bordelle bummelten. Nach diversen Eskapaden wurde jedoch angeordnet, die UN-Fahrzeuge nun nicht mehr vor den Zwei-Dollar-Kartonhütten zu parken – dem guten Ruf zuliebe. An die 20.000 Straßenkinder schwirren wohl dieser Tage durch die Hauptstadt, und nicht selten pilgern kleine Kinder an einem vorbei, bettelnd oder Kaugummi verkaufend. Wieder andere kriechen durch Phnom Penhs Müllberge auf der Jagd nach Brauchbarem. Ihr Schicksal entlarvt den Dauerpatienten Kambodscha, der nach diversen Operationen immer noch an Krücken geht.

In einem Indie-Kino, das zu einer Zeit entstand, als noch keine Cineplexes

Hollywood-Müll in die Köpfe hämmerten, treffe ich auf Lorenzo, italienischer Architekt und Aussteiger. Er hilft der kambodschanischen Elite bei der Planung all der Apartments, die in naher Zukunft Phnom Penhs Skyline prägen werden. Public Investments Fehlanzeige – schnelle Riel in Hülle und Fülle. Die Jahre, in denen ein ganzer Apartmentblock noch für umgerechnet 30.000 Dollar zu haben war, sind vorbei. Der Immobilienmarkt wurde unlängst zum Becken für elitäre chinesische, vietnamesische und kambodschanische Haie erklärt. Der letzte Kontrast zum Modernisierungs-Dorado, so erzählt Lorenzo, sei das *»White Building«*. In den 60er-Jahren engagierte der damalige König Norodom Sihanouk Vladimir Bodiansky, einen französischen Plattenbauarchitekten mit russischen Wurzeln, um Platz für einkommensschwache, urbanisierte Familien zu schaffen. Nach der Massensäuberung der Khmer Rouge besetzten Mittellose, Drogenabhängige, Nutten und Nonnen das Gebäude. Das hat sich bis heute kaum geändert. Die Einheimischen nennen die Ecke liebevoll »Struggle Street« – der letzte Slum Phnom Penhs.

Tags darauf schlendere ich durch das vermeintliche Ghetto. Ein Bauarbeiter lässt Fleisch in einem umfunktionierten Betonmischer abtropfen. Im Schuppen eines Schreiners versammeln sich ältere Herren zu einer Partie Ouk Chatrang, Khmer-Schach. Die Figuren hat der Schreiner selbst geschnitzt. Dan wird gerade matt gesetzt. Wir kommen ins Gespräch. Er fragt mich aus, ich ihn. Heutzutage seien sie happy, sie könnten die Wochenenden mit Freunden verbringen, hin und wieder eine Party schmeißen, das essen, was und wann sie wollten. Während des Genozids hatte Dan auf den Reisfeldern geknüppelt. Zum Lohn für die täglichen zwölf Arbeitsstunden gab es zwei Becher Reissuppe. Als die Vietnamesen das Zepter übernahmen, floh Dan nach Thailand, die Zeiten waren zu ungewiss. So wurde er in einem Camp fünf Jahre lang zum Doktor ausgebildet. Auch komplexe Operationen konnte er durchführen. Danach arbeitete er einige Jahre in Bangkok. Wieso er nicht in Thailand geblieben sei, frage ich ihn. Sein Herz gehöre hierher, er wolle beim Wiederaufbau dabei sein. Daraufhin schüttelt Dan meine Hand und lächelt das typische Khmer-Lächeln. Zum Abschied empfiehlt er mir, eine Kambodschanerin vom Land zu be-

Das letzte Ghetto Kambodschas: das »White Building«

zirzen, die Eltern würden lediglich 2.000 bis 3.000 Dollar Mitgift erwarten. Da draußen seien die Frauen noch loyal, die »Downtown Girls« von Phnom Penh hätten es nur aufs Geld abgesehen.

Keine Ahnung, woher die Aufmerksamkeit für mich kommt – einige Meter weiter werde ich zur nächsten Männerrunde beordert. Kim, ein ehemaliger Büroarbeiter der Khmer Rouge, führt mich durch das Gebäude, ins Innenleben einiger Wohnungen, aufs Dach. Von oben kann man zuschauen, wie Horden hipper Jugendlicher in den umliegenden Einkaufszentren shoppen, bis ihre Schultergelenke ausgekugelt sind. Die Massenwohnungen liegen direkt neben der Spaßzone für Kambodschas Chic. »Seit einigen Jahren kreisen die Geldgeier über dem White Building«, meint Kim. Bald werde der Plattenbau einem modernen Betonbuckel weichen. Ohne gründliche Renovierung würden die Fassadenrisse das Gebäude bald in mehrere kleinere Gebäude teilen. Doch Renovierung ist nicht im Sinne des hiesigen Baudepartements. 1.500 Dollar wurden jedem Bewohner für den Auszug geboten, die wenigsten haben davon Gebrauch gemacht. Kim drückt mir ein Bier in die Hand. Der langhaarige Musiker Nou spurtet und holt seine Gitarre. Man stelle sich vor: Wenige Jahrzehnte zuvor wurden Besitzer eines Instruments oder Langhaarige dem Henker übergeben, die aufblühende Musikindustrie wurde komplett ausradiert. Die Zeiten haben sich geändert: Jetzt, im Jahr 2016, umzingelt vom Chaos, sitzen ein ehemaliger Scherge, ein Kreativer sowie ein lebendes Werbebanner des Kapitalismus zusammen und singen traurige Khmer-Lieder. Wenn es eine heile Welt gibt, dann ist sie hier. Muße, Lebensfreude, Nächstenliebe, Neugierde, Ehrlichkeit – manifestiert im Lächeln der Khmer. Ich hoffe, niemand wird es ihnen jemals wieder nehmen.

Von Kampot bis Sihanoukville

Ziellosigkeit belebt die Spontaneität – diese führt zum ersehnten Freiheitsgefühl. Wenig könnte dieses Klischee besser visualisieren als ein langhaariger Dude im Sattel eines Motorrads, auf dem Weg ins Nirgendwo. Ein Ritt durch die gesamte Farbpalette. Die staubige erdrote Piste unter dem Gummi, neongrüne Reisfelder im reduzierten Blickfeld, flockige Wattewölkchen am blauen Himmel. Die schnöde Realität? Der Monsun klatscht mir mit Windstärke 8 Wasser entgegen, und erneut fällt meine Gangschaltung ab. Zum sechsten Mal innerhalb von fünf Tagen. Im ersten Gang röhre ich zum nächstgelegenen Reifenzeichen. Wie immer liegt es zwei bis drei Fahrminuten entfernt. Ein hängender Reifen – das asiatische Symbol für mechanische Nothilfe. Eine hölzerne Notfallambulanz für Motorräder und Mopeds. Darin wuseln meist drei bis fünf eifrige Autodidakten, die sich das Handwerk von älteren Autodidakten abgeschaut haben. Sie sind mit jeder Faser ihres Körpers bereit, zu biegen, zu hämmern, zu verdrahten und zu schweißen. Sobald ein neuer Patient hineinrollt, wirft jeder abrupt das Operationsbesteck hin und verlässt die Intensivstation, um zu sehen, was der Neue zu bieten hat. Ab sofort gilt Teamwork – schraubt einer in die falsche Richtung, wird er abgelöst und zur Begutachtung eines anderen Patienten geschickt. Wer der »Unternehmung Kambodscha« nicht hilft, die unzähligen Äcker zu bestellen, hilft, die Mobilität am Leben zu erhalten. Denn hier fahren drei Generationen hintereinander mit demselben Viertakter alias Volksmobilmacher, Verkaufsladen, Familienkutsche und Gütertransporter. 20 Minuten und zwei Dollar später ist mein Gangschalter wieder justiert. Ich schlüpfe wie gewohnt in den zerschlissenen Regenponcho und fahre weiter, hinein in den Sturm, dorthin, wo der Pfeffer wächst.

Wo der Pfeffer wächst

Ein *Steak au poivre* ohne importierten Pfeffer aus Kampot, das Gold Kambodschas? *Quel malheur!* Wegen des jahrzehntelangen Bürgerkriegs ging der Küstenregion die Tradition des Pfefferanbaus fast verloren, nur wenige halten die Stellung. Aber Kampot hat ohnehin mehr zu bieten als Gewürze. Ramponierte Gebäude aus der Kolonialzeit Frankreichs reihen sich am Ufer des Teuk Chhou. Dahinter drängen sich die typisch asiatischen Klötze mit Edelstahlgeländern und freiem Blick ins Wohnzimmer. Der zeitlose Charme hat sich unlängst herumgesprochen – bereits 2.000 Ausländer haben Zuflucht in Klein-Kampot gesucht. Es liegt unbestritten ein Hauch internationaler Kreativität in der Luft. Ich kaufe einen Berliner bei Patrick, dem belgischen Bäcker. Ein paar Tausend Dollar habe er in den fahrbaren Verkaufsladen investiert. Das habe sich bereits doppelt ausbezahlt, denn früher habe er auch darin geschlafen. Ein Armloser gesellt sich zu uns. Brüderlich hängt ihm Patrick ein paar Brote an einen seiner Stummel. Ich reiche Moneten nach. Patrick wirft ein, ich solle besser nicht zu viel geben. Falls seine Frau ihn nach einer Betteltour mit zu viel Geld erwischt, prügelt sie sein Gesicht blau und klaut die Beute. Der Arme habe immer noch nicht gelernt, die Banknoten sorgfältig zu verstecken.

Der Mobilfunkanbieter Metfone meldet mir via SMS, dass weder betrunkenes Fahren noch Drogen zu empfehlen seien. Kein Absender. Kein »Freundlicher

Die Fischerszunft ist frühmorgens unterwegs zur See.

Gruß, Ihre fürsorgliche Telefongesellschaft«. Nichts. Am kommenden Abend kontrollieren die Ordnungshüter. Letztens seien neue Gesetze in Kraft getreten, wird mir mitgeteilt. Neuerdings dürften nur noch drei Leute gleichzeitig auf einem Motorrad fahren. Auch die Verletzung der Helmpflicht werde nun strenger geahndet.

Ich bin zwar allein unterwegs, aber eben ohne Helm. Grundsätzlich ist jedem klar: der erste Pfiff aus einer Trillerpfeife eines Polizisten kann getrost ignoriert werden. Der zweite Pfiff – Empfindungssache. Beim dritten Pfiff sollte man vorsichtshalber anhalten und die Vier-Dollar-Pauschale abdrücken.

Nach dem üblichen Besuch beim hängenden Reifen, um meinen Gangschalter wieder anbasteln zu lassen, fahre ich die Umgebung ab. Ein Blick über den Lenker – selten gesellen sich Salz und Pfeffer in ihrer Ursprungsform so nah zueinander. Eine Handvoll türkis angemalter Fischerboote schaukelt fotogen im Wasser. Neben Kep liegt ein vielversprechendes Inselchen von überschaubarer Größe. Mit mir an Bord sind einige Khmer, unter anderem Dalan. Sie kommt das erste Mal aus ihrem Dorf raus. Die Bootsfahrt inklusive der fünf Stunden Aufenthalt auf Rabbit Island kostet zehn Dollar – ein stolzer Preis für Khmer-Verhältnisse. Rabbit Island hat aber eigentlich nichts zu bieten. Ein Grund mehr, um herzukommen? Strom gibt es nur sporadisch, und die Monsunwolken scheinen vornehmlich hier zu bersten. Reisende lassen sich derzeit selten blicken. Ab dem zweiten Tag wird meine Anwesenheit von meiner Gastfamilie ignoriert, der Generator gar nicht mehr eingeschaltet. Mist – mir bleibt nur, mittels Stirnlampe zu lesen und aus dem Fenster zu schauen. Schauen, wie sich meine fünfköpfige Gastfamilie dicht aneinandergekuschelt eine Matratze teilt. Die meisten Khmer haben notgedrungen einen ausgeprägten Familienzusammenhalt. Alle bekommen schon im jüngsten Alter einen Dienstgrad und einen Verantwortungsbereich zugewiesen. Erstgeborene trifft es am härtesten, denn sie sind für die Eltern verantwortlich. Schulbildung ist eine Zukunftsinvestition, sie soll lebenslange Rendite abwerfen – für die Jugend eine finanzielle Bürde sondergleichen, denn selten bleibt etwas übrig. Je länger ich die Kuschelszene betrachte, desto mehr rührt sie mich, ja lässt mich gar vermuten, dass sie etwas haben, was ich nicht habe. Der kleine Röhrenfernseher flirrt entspannt im Hintergrund. Modernes Opium: es wiegt selbst hier draußen die Leute in den Schlaf.

In Kep neben Kampot gibt es blaue Krabben, und ein jeder will sie.

Zurück in Kampot. Meine Selbstständigkeit fängt offiziell heute an. Mit digitaler Post, darin enthalten die Nachricht, dass eines meiner Bilder ein Magazincover zieren werde. Wenig später eine Anfrage aus Australien: eine meiner Landschaftsaufnahmen aus China soll für eine weltweite Werbekampagne eingesetzt werden.

Ab sofort nenne ich mich *»International Freelancer«*: gebildet aus *»free«*, frei, und *»lance«*, Lanze – früher die Bezeichnung für einen Söldner, der nach Beendigung der Kreuzzüge jedem, der Münzen rausrückte, seine Dienste offerierte. Als Erbe der Schweiz darf ich aus Erfahrung reden: Das können wir! Die Gefahren haben sich seither leicht verändert: schlechtes WLAN, Firewalls, Trojaner, Speichergrenzen, und der nicht zu unterschätzende Freund wie Feind: Arbeit zwischen verschiedenen Zeitzonen. So bleibt der *»International Freelancer«* mit mobilem Büro halt oft bis spät abends wach und klimpert auf dem Keyboard. In der Bar. In der Hängematte. Auf einer Insel. Oder in der Hängematte neben der Bar auf einer Insel. Asien machts möglich. Nach einigen Reisejahren krempIe ich das Konzept »Ferien« um, reise, um zu überleben, und nehme mir Ferien, um zu arbeiten.

Verloren in einem Labyrinth von Ausläufern des Mekongs.

Ein guter Tag, denke ich mir, bis die Gangschaltung bei der nächsten Fahrt wieder abfällt. Kürzlich notierte ich mir einen Satz: *»Fear a fear and it shall come upon you«* (was du fürchtest, wird über dich kommen) – so sagen sie in Thailand. Genug Billigreparaturen! Ich suche nach dem weisesten, ältesten und begabtesten Autodidakten, den Kampot zu bieten hat. In einem unscheinbaren Hinterhof finde ich ihn. Weise liest der Mechaniker Zeitung in seiner Garage oder Wohnung. Meine Gestik lässt erraten, dass ich eine nachhaltige und saubere Lösung will. Und zwar jetzt! Der Weise holt das übliche Operationsmaterial hervor: Hammer und Schraubenzieher. Analysiert und hämmert fröhlich drauflos. Ich gehe spazieren. Unweit des Schuppens liegt eine Moschee. Fein säuberlich getrennt leben die Buddhisten links von der Straße, die Muslime rechts. Es herrscht gute Stimmung für einen Moschee-Freitag. Zu gut. Ich gehe auf Inspektion. *»Salam aleikum!«* Razaki blickt mich interessiert an und bittet an den festlich gedeckten Tisch. Seine Schwester wurde soeben verheiratet. Die meisten meiner Tischfreunde sind Lehrer oder Fischer. Fischer, die jeden Tag um fünf Uhr nachmittags hinaus aufs Meer kuttern, um morgens um sechs Uhr Kampot mit frischem Fang zu versorgen. Ich werde gefragt, ob ich wegen der hübschen Khmer-Girls schon so lange in Kambodscha sei. Razaki selbst dürfe ja offiziell vier Frauen haben, aber nur, wenn er zu allen gleichermaßen großzügig sei. Ich habe bisher nur wenige getroffen, die auch nur eine Beziehung meistern können. Razaki stimmt zu, eine Frau reiche aus. Stunden nach dem Hochzeitsessen verabschieden sich die meisten zum Chutba, der Freitagsrede des Imam. Nebenan sprudeln

Das Flusstaxi bringt die Kinder zurück nach Hause.

vermummte Kinder aus der Schule, einige auf dem Weg zum Flussufer, wo sich zwei Rudertaxis um das Fahrtengeld streiten. Ich entrichte den obligaten Dollar für meine angeflickte Gangschaltung und ziehe weiter.

Die Zukunft Kambodschas

Nach Sihanoukville. Oder genauer: kurz vor Sihanoukville. Erneute Polizeikontrolle. Diese Situation ist eine Reinkarnation von Millionen polizeilichen Trinkgeldsafaris im Land. Nur gibt es dieses Mal kein leichtes Entfliehen. *»Smoke?«* Der Polizist fummelt in meinen Hosentaschen. Mit unschuldiger Eleganz gleitet ein kleines Zauberbeutelchen von Tasche zu Tasche. Es ist wie bei Trickdieben, mit drei Bechern und einer Kugel. Während ich noch überlege, wie hoch das Trinkgeld für den gesetzeswidrigen Cannabisbesitz ausfallen muss, schnappt sich der kecke Wachmann die richtige Tasche und somit den Jackpot. »Ooooh«, freut sich mein Gegenüber, als ob er just Onkel Dagoberts Safe entdeckt hätte. *»No good, this illegal in Cambodia.«* Ich werde über die Folgen eines Polizeireports instruiert. Eine Nacht auf der Pritsche ihres Postens, 1.000 Dollar Bußgeld und Schlimmeres, das würden jedoch die kambodschanische Justizbehörde und die Schweizer Botschaft untereinander ausmachen. Anscheinend besteht auch die Möglichkeit einer Zwangsausreise in Handschellen, so zumindest präsentiert es mir ein Video von einem handgeschellten und grimmig dreinschauenden Briten auf dem Handy des Polizisten. Das müsse jedoch alles nicht sein. Ich schlage vor, dass wir zum Punkt kommen. Etwas »*happy*« solle ich zahlen. Auf dem Weg zum Rest des Gefolges hatte ich bereits 40 Dollar in einer Hemdtasche verschwinden lassen. Und die zwei frisch vom ATM gezapften Hundertdollarscheine sind sicher zwischen Kreditkarten versteckt. Ich lege umgerechnet 30 Dollar auf den »Happy-Tisch«. Sie lachen. Ich lache. Wir alle lachen. Es ist wie beim Poker, nur das bei Spielbeginn die Einsätze unfair verteilt sind. Nach weiteren Bluffs und Untersuchungsrunden werden meine zwei Hunderter entdeckt. Sofort ist klar, dass diese unter dem »Happy-Tisch« verschwinden. Ich interveniere – es ist, als würden sie Geld von den eigenen Leuten nehmen. Geld, das dem Ferienbudget fehle und somit nicht mehr an Team Kambodscha ausgegeben werden könne.

Ferien in Koh Rong Samloem: Hier geht es noch gemütlicher zu als auf der Nachbarinsel Koh Rong.

Kein Täuschungsversucht, reine Logik. Es folgt eine Rücksprache mit dem Chef, einem älteren, gut genährten Polizisten, der mit hochgelagerten Beinen seinen Facebook-Feed durchstöbert, während der erfolgreiche Schatzjäger ihm ins Ohr flüstert. Kurz darauf erhalte ich einen der Hundertdollarscheine wieder zurück. »*Okay, you go. You happy, we happy.*« (Ich werde später lernen, dass 200 Dollar für einen Jackpot das absolute Minimum ist, je nach Allüren des Opfers werden bis zu 800 Dollar verlangt).

Sihanoukville hat viele Gesichter. Einst ein Hort der Entspannung für die gesellschaftliche Elite, wurden die malerischen Strände von der Khmer Rouge in menschenleeres Ödland umfunktioniert. Nach der Öffnung des Landes kamen 1997 die ersten Rucksacktouristen in die Hafenstadt, daraufhin trudelten die ersten Ausländer mit ihren geplünderten Pensionskassen ein, um Bars und Restaurants zu eröffnen. Letztendlich trafen die Chinesen ein und mit ihnen der Zementtsunami. Sören war von Anfang an dabei. Der Finne erlebte ein Kambodscha, in dem man am Strand für einige Dollar Rentengeld eine AK-47 leerballern oder in den *Shooting Ranges* mit Panzerfäusten nach Kühen schleudern durfte. »Eine unvergessliche Zeit«, sinniert er. Ich nicke verständnislos und fahre zum Otrez Beach. Steige ab, für drei Euro die Nacht. Dafür darf ich meine Privatsphäre mit einem Dutzend netter Menschen teilen. Die Hälfte unter 20, auf der Matratze neben mir liegt sogar ein Teddybär. Wieso nur tue ich mir das immer wieder an?

Während Vietnam mein Visum vorbereitet, verschanze ich mich auf Koh Rong Samloem. Auf der kleinen Insel gibt es weder Polizeikontrollen noch autodidaktische Mechaniker noch Internet, um Schreckensmeldungen zu empfangen oder zu recherchieren. Um Abstand zur Gesellschaft zu gewinnen, kann ich grundsätzlich nur Folgendes tun: sie von außen betrachten und soziale Inkompetenz vorspielen – könnte man zumindest so deuten. Pausen finden eben auch im Kopf statt. Ich liebe es geradezu, für mich zu sein. Typisches Einzelkindsyndrom. Koh Rong Samloem: ein kleines Paradies. Dass die Insel dem Militär gehört, stört anscheinend niemanden, es weiß aber auch schlicht niemand. Wie auch? Es ankern keine Flugzeugträger im kristallklaren Wasser. Nicht einmal Soldaten auf tarnfarbenen Bananenbooten flitzen vorbei. Ich bleibe fünf Nächte lang, genieße die Ruhe und lümmle im weißen Pulversand, auf versteckten Sonnendecks, Schaukeln oder Hängematten. Ab und zu streunt ein Rudel Chinesen vorbei, meist zum Massenbaden oder für ein Kussmund-Selfie auf einer Barke. Täglich zaubert der Monsun ein anderes Wolkenspektakel, aber erst nach den farbintensiven Sonnenuntergängen zeigt sich das eigentliche Highlight.

Sobald die Finsternis über das Idyll hineinbricht, gehört das Meer dem Plankton (altgriechisch für das »Umherirrende«). Die Mikroorganismen irren überall, stehen nie still, tauchen schlagartig auf und verschwinden unverhofft. Durch sanfte Bewegungen im Wasser glitzert es am ganzen Körper. Ich tauche ab und gleite mit offenen Augen durch ein verschwommenes Feuerwerk.

Zurück am Pier von Sihanoukville. Fahrer Ary gestikuliert und macht das Zeichen für motorisierte Ausflüge: Arme lässig nach vorne ausgestreckt, die rechte Hand wiederholt eine Drehbewegung. Mein Motorrad habe ich zur Sicherheit in Otrez geparkt, so sitze ich wieder einmal hinten auf. Ary übergibt mir eine Kappe, einen Helm – etwas, das schon flüchtig zehntausend andere Köpfe beschützt hat, hauptsächlich vor Happy-Gebühren. Im Rückspiegel verschwindet Kambodscha. »*You have to know the rules*«, diese doppeldeutigen Worte wurden mir vor wenigen Stunden geschenkt, zusammen mit einem Handschlag. Ich der Geächtete. Er das vermeintliche Gesetz, das einige Dollarnoten in einer schwarzen Tasche verschwinden ließ. Regeln – eine fragile Sache im Reich der Khmer. Werden sie gebrochen, freuen sich die nächsten Regelbrecher darauf, das Regeldomino weiterzuspielen. So gibt es eigentlich nur Gewinner. Alle wollen überleben, alle haben eine Strategie, niemand murrt.

Man fasst es nicht: Der Autor wird ungefragt (mit seiner eigenen Kamera!) beim Zahlen von Schmiergeld fotografiert.

Ein pubertierender Khmer meinte einst zu mir: »Weißt du, wir versuchen, nicht zu viel zu erwarten, einfach und bescheiden zu bleiben.« Seine Worte durchfuhren mich wie ein Silberbolzen. Im selben Alter wollte ich die Welt, nichts war genug. Geduld, Bescheidenheit, Empathie – Fremdwörter. So fremd wie die Welt selbst. So musste ich erst aufbrechen, um bei mir selbst anzukommen, um zu verstehen, dass das Aufwachsen in westlichen Kinderzimmern mehr als nur ein Privileg ist.

Die neuzeitigen Ikonen Hanois sind zweifelsohne die geschäftigen Blumenverkäufinnen.

Vietnam

August 2016 bis Januar 2017

Was haben eine Knoblauchinsel, ein Tanz auf glühenden Kohlen, 100 Mechaniker, »Straßenninjas«, Eierkaffee und der Kommunismus gemeinsam? Man darf sie allesamt in einem einzigen Land erleben. 4.000 Kilometer reise ich mit einem gebrechlichen Motorrad kreuz und quer durch Vietnam. Dabei wird gleich auch geklärt, was bei all der Aufbruchsstimmung heute noch übrig ist von Onkel Hos Erbe.

Von Phú Quốc via Mekongdelta nach Ho Chi Minh

Zeit für einen neuen Lehrer! Auf unabsehbare Zeit wird mich das willensstarke Vietnam unterrichten. *»Nothing is more precious than independence and liberty«* (Nguyễn Ái Quốc alias Ho Chi Minh) – das war schon immer die Devise. Niemand konnte die Vietnamesen je in die Knie zwingen, weder die reichen Thais noch Frankreich, Japan oder China. Nicht einmal die USA. Seit der Wiedervereinigung 1975 ist Vietnam offiziell eins, aber schaut man genauer hin, ist Vietnam nach wie vor zwei: der kommunistische Norden und der freisinnige Süden. Die Chiffre »Vietnam« steht für unterschiedliche Phänomene, a priori für die zwiespältige Zweisamkeit der beiden Metropolen Ho Chi Minh und Hanoi, für die fast 100 Millionen Überlebenskünstler einer kriegsgeschundenen Bevölkerung sowie ethnische Diversität. Wer Vietnam googelt, bekommt als ersten Vorschlag *»Vietnam War«* angeboten.

Meine erste Begegnung mit Vietnam fand außerhalb statt, zwei Jahre zuvor in Washington D.C., als ich vor der Gedenkstätte für die 58.220 gefallenen US-Soldaten stand. Der Reisende kommt nicht umhin, sich mit den Auswirkungen politischer Ideologien auseinanderzusetzen, vor allem, wenn er die Vereinigten Staaten oder eben Vietnam besucht. Kaum waren die französischen Kolonialisten mit chinesischer Unterstützung verdrängt, investierten die USA unter Führung von Lyndon B. Johnson in das Land – in Form von 14 Millionen Tonnen Bomben und 80 Millionen Litern Herbiziden. »Wir werden dem Land aus dem Bürgerkrieg helfen«, so wurde die amerikanische Idee der Welt verkauft. Siebzehn Jahre und fünf Millionen tote Vietnamesen später kriecht die Großmacht gemartert zurück. Zwei Drittel der vietnamesischen Opfer sind Zivilisten, Babys, Greise, Schwangere, Habenichtse, Reisbauern. Das eigentliche Ziel der USA, den von China hinunterrollenden Kommunismus zu stoppen, ist kläglich gescheitert. Dafür hinterlassen die Invasoren dem Land einen dioxinverseuchten Boden, Horden von verkrüppelten Menschen und kaputte Gebärmütter. Napalm war zwar effektiv, aber es brannte sich wohl nicht fest genug in die vietnamesische Haut ein. So wurden ganze Landstriche sowie die Hälfte der Mangrovensümpfe mit den Umweltgiften Agent Orange, Agent Green, Agent Purple etc. zerbombt. Nur langsam erholt sich die Natur von dem Inferno. Die GIs verlassen Vietnam mit einem Trauma, genötigt durch den Kriegshorror, falsche Versprechungen, konstante Desinformation und nicht zuletzt einen unberechenbaren Feind. Denn »Charly«, so der Deckname für den Vietkong, versteckte sich im Dschungel, baute primitive Fallen, verkroch sich in Tunnelsystemen, schlich sich im Schutz der Nacht unerwartet zu den Camps. Der Vietnamkrieg war die längste militärische Auseinandersetzung des 20. Jahrhunderts und somit ein Konflikt der traurigen Superlative. Der Teufel liegt im Detail. Nicht alle identifizierten sich mit der Denkweise der Politiker aus Hanoi. So kämpften etliche liberal gesinnte Südvietnamesen Seite an Seite mit den GIs gegen den Vietkong. Als Lohn wurden ihnen Unabhängigkeit und westliche Ideale versprochen oder gar ein Freiticket in die USA, mit dem Vorteil einer besseren Bildung sowie vielfältigerer Möglichkeiten für die nächste Generation.

Das Land per Motorrad einmal längs abzufahren, ist schon längst keine außergewöhnliche Idee mehr. Viele freiheitsliebende Reisende handeln zwischen Ho Chi Minh (ehemals Saigon) und Hanoi ihre Honda Wins zum Marktwert von 200 bis 300 Euro. Der Fahrtenschreiber ist jeweils eine ausgediente Dekoration – niemand weiß, wie viele Male die altehrwürdigen Maschinen die rund 3.000 Kilometer hinauf- und/oder hinuntergerollt sind.

Unspektakulärer Grenzübertritt bei Hà Tiên. Der Unterschied zwischen Vietnamesen und Khmer wird ziemlich schnell offensichtlich. Auf der Seite der Khmer: dunklere, weniger orientalische Ausprägung. Vieles in der Lebensweise wurde vom indischen Subkontinent beeinflusst. Drüben, auf der vietnamesischen Seite, ist Aussehen und Kultur stark von China geprägt. Auf der Suche nach einem Hafen, einer Anlegestelle, einem Ort, an dem Kapitäne ihre Fähre parken könnten, verliere ich mich in überfüllten Straßen. Von der anderen Kanalseite hallt ein Schiffshorn herüber. Mein Reiseseismograf schlägt aus, ich beschleunige. Die zierliche Vietnamesin am Zahlschalter schaut mich fragend an und meint bestimmt: *»Impossible. Tomorrow you go.«* Ich erkläre, dass ich seit meiner Geburt keine Sekunde vergeuden wolle – also die oder keine. Das scheint logisch zu klingen, denn jetzt spurtet sie, reißt den Hörer in die Hand, schreit das Team zusammen, fungiert selbst als persönliche Dong-Wechselstube.

Ich brettere auf die Fähre und lächle zurück, dann in die rein vietnamesische Runde. Wir drehen ab, die rote Flagge mit dem gelben Stern wedelt ungestüm im Wind – Kurs Phú Quốc. Zufrieden hockt das Gros der Passagiere auf dem Deck zwischen Lastwagen und Whiskyflaschen, andere werfen sackweise Müll über die Reling. Ich werde zum Gruppenfoto gebeten. Die Hobbyfotografen wollen nichts dem Zufall überlassen, als Hintergrund soll der neue Toyota herhalten. Luxus aus dem fortschrittlichen Japan, ein Bleichgesicht – *yes*, wie international wir doch sind! Immerhin werden mir diverse Posen zur Auswahl überlassen. Als wir endlich anlegen, ist es stockfinster, und sogleich wird mir klar, wieso der Fahrpreis so bescheiden war. Die Fähre spuckt uns auf der falschen Inselseite aus. Der unentwickelten. Eine Fahrstunde über einen Pfad voller Matsch und Furchen trennen mich vom Tohuwabohu aus Hotelkomplexen und Cocktailschirmchen. Das sorgt insofern für Schwermut, als mein Frontscheinwerfer dem Strahl eines Teelichts ähnelt. So halte ich mich dicht an die Töffli-Equipe vor mir, drehe ab und zu im ersten Gang den Gashahn auf, um maximale Teelichtstärke zu erreichen.

»Ordnung ist das halbe Leben. Die andere Hälfte ist Unordnung«. Wie wahr, lieber Alexander Saheb.

In Kambodscha redet man nicht gern über Koh Tra (alias Phú Quốc), denn es gehörte neben großen Teilen des Mekongdeltas einst zum Reich der Khmer. Ein Paragrafendilemma führte dazu, dass Vietnam schlussendlich das Sorgerecht erhielt. Nachfolgend indoktrinierte Überläufer Hun Sen hier das vietnamesische Militär und startete den Angriff auf seine ehemaligen Brüder der Khmer Rouge. Jetzt, einige Jahrzehnte später, wird in den Reisebroschüren nur noch geschwärmt: »*This peaceful tropical paradise floats in the warm turquoise waters in the Gulf of Thailand.*« Ach, wie ich die Marketingabteilungen dieser Welt liebe. Im Jahr 2020 sollen rund drei Millionen Besucher friedlich im warmen türkisen Wasser planschen – so viele, wie vor zehn Jahren ganz Vietnam bereisten. Wie so oft ist Tourismus Fluch und Segen zugleich. Casinos, luxuriöse Geschäftsräume und Apartments seien die verlockende Zukunft auf Phú Quốc, erklärt mir mein Tischnachbar Ly bei frisch gepresstem Algensaft und »*Beef Leather Ball*« (so ködert einen die Menükarte in feinstem Englisch). Der Elektroingenieur wurde von einer chinesischen Hotelkette angestellt und hilft, das Inselchen in ein Paradies für chinesische Zocker, Geschäftsleute und Schnöseltouristen zu verwandeln.

Macau, das asiatische Spieler-Mekka nahe Hongkong, hat anscheinend seinen Zenit erreicht. Ein kleiner Appetithappen folgt gleich nach Lys Einblicken: Eine Chinesin erwischt mich beim Wellengucken. Darauf folgt eine zweite. Mit je einer Spiegelreflex Nikon D810 und 400 Millimeter Superzoom »Nano Edition« werde ich rundum abgelichtet. Die Tatsache, dass die beiden Chinesinnen mit Seidenrock und Gucci-Täschlein dreimal teureres Kameraequipment besitzen als ich, lässt mich baff zurück. Wer weiß, vielleicht ziere ich ja schon bald eine Plakatwand in Hangzhou und werbe unwissend für Tsingtao-Bier.

Aber es gibt sie noch, die Normalos. Einer von ihnen schreit mich zu sich. Der junge Vietnamese stellt sich als Neil vor, sein richtiger Name sei zu kompliziert. Ich stehe ihm Rede und Antwort: woher ich komme, wohin ich gehe, was ich zum Mittagessen gegessen habe und so weiter. Neil will mir seinen Rückzugsort zeigen, fernab vom Touristenstrom. Er sitzt hinten auf. Wir nehmen die Abkürzung über die Piste eines stillgelegten Flughafens, ich beschleunige auf maximales Tempo, rund 60 Stundenkilometer. »*I'm flying*«, schreit Neil mit ausgebreiteten Armen, während wir am Geisterflughafen vorbeirasen. Hat es die Kitschszene mit Leo und Kate am Bug der Titanic gar nach Phú Quốc geschafft? Wenig später erreichen wir unser Ziel: ein Bächlein und ein paar Bäume. All seine Freunde lümmeln bereits dort und veranstalten einen ungezwungenen Grillplausch. Um die Truppe stapeln sich leere Bierdosen, Speisereste fliegen durch die Luft. Endlich bekomme ich eine genaue Anleitung, wie Gemüse, Kräuter und Fischhappen ordentlich in die Salatblätter zu wickeln sind. Der Nachmittag geht früher als erwartet in den Abend über, wir düsen zurück. Neil will als Erinnerung ein Foto. Nicht von uns beiden, eines von sich selbst auf meinem Motorrad.

Tags darauf verlasse ich die Insel für eine Visite im Mekongdelta. Hier befinden sich die »*Floating Markets*«, die schwimmenden Grossistenmärkte von My Tho, Vinh Long oder Can Tho, welche je einen der Ausläufer des Mekong säumen – alles moderne Städte, die bereits heftiger Entwicklung zum Opfer fielen. Ich verbringe einige gemütliche Tage in dieser Ecke, schweife durch Außenbezirke, erkunde Märkte, nähre mich am Lachen herzlicher Vietnamesen und besuche hin und wieder einen Mechaniker.

Nostalgie-Zauber in Vietnams Mekongdelta.

Von den zigtausend Cà Phés habe ich mir das unspektakulärste und gleichzeitig genau das richtige ausgesucht, um in den Morgen zu starten. Denn es wird geführt von Ms. Hiên. Die liebenswürdige Vietnamesin schenkt mir ihr Augenmerk, einen Sack frisch gemahlenen Kaffee, Kuchen für die Reise und eine Einladung zur Geburtstagsfeier ihrer Schwester in Ho Chi Minh. Ich mag Herausforderungen, versichere Ms. Hiên, rechtzeitig und geschniegelt am Ort des Geschehens zu sein, und rase los. Rase und überhole einen Typ, der ein Mosaik aus 26 Vogelkäfigen mit doppelt so vielen irritierten Vögeln darin auf seinem Moped arrangiert hat. Versunken in Gedanken über lokale Transportsitten, merke ich nicht, dass sich eine Schraube löst. Anscheinend eine wichtige, denn als ich sie verliere, sprudelt mein ganzes Motorenöl auf die Straße. Wunderbar, denke ich mir, ich hätte es sowieso bald wechseln müssen. Der Vogelhändler braust vorbei und zwinkert mir schelmisch zu. Eine reife Gelassenheit lullt mich ein, denn einige Minuten beim Mechaniker um die Ecke geht es ja bereits weiter.

Die achtstündige Etappe führt durch das Revier der »neun Drachen«, sie stehen sinnbildlich für die Ausläufer des Mekong. Eine abwechslungsreiche Fahrt über diverse Brücken und vorbei an endlosen Reisfeldern.

Inmitten der neongrünen Äcker liegen Gräber der verstorbenen Reisbauern. Wie bitter, nicht einmal nach dem Tod dürfen sie dem Arbeitsort entfliehen. Seit einigen Kilometern begleitet mich ein unbekanntes Geräusch. Augenblicke später fliegt mein Auspuff ab und kullert über den Asphalt. Ich kicke das heiße Teil zum nächsten Schuppen. Das nächste Problem kurz vor der Zielgeraden trifft härter: Auf einem Landweg wenige Kilometer vor Ho Chi Minh stoppt mein Motorrad urplötzlich. Mein Glück: Es stoppt neben einer Bretterbude, in der ein Vietnamese mit Hammer und Schraubenzieher haust. Mein Pech: Nachdem der Hobbymechaniker Hand angelegt hat, funktioniert der Frontscheinwerfer nicht mehr. Ergo mit »Teelichtstärke null« hinein in den nächtlichen Stoßverkehr des Zehn-Millionen-Monsters.

Finde die Vietnamesin – zu Besuch bei der Wasserlilien- und Salzernte im Süden Vietnams.

Mir wurde im Vorfeld mehrfach versichert, dass Ho Chi Minh nichts für Warmduscher sei. Denn die Henker lauern überall. Acht von zehn Menschen hier bewegen sich per Motorrad. Ein Schlamassel aus Fleisch, Blech und Gummi, der irgendwohin jagt, sporadisch wie versonnen Verkehrssignale und Straßenmarkierungen ignoriert, schlagartig überholt, um kurz darauf ohne Vorwarnung rechts abzubiegen. Selbst Fußgänger auf Gehwegen sind nicht sicher, auch da fahren

Am Arbeitsort beerdigt zu werden, hat etwas Beunruhigendes.

Motorräder. Immerhin, ihre Unberechenbarkeit macht sie berechenbar. Wenige Zentimeter neben uns Schutzlosen keuchen Lastwagenkarawanen und dauerhupende Lotterbusse, die sich alle, so scheint es, einem teuflischen Zeitplan verdingen. Weiter entfernt hebt ein Flugzeug ab – ich wünschte, ich säße darin.

Dass ich keine Ahnung habe, wohin ich eigentlich will, spielt keine Rolle, denn ich bin zu fest verkeilt im Strom, um mir darüber Gedanken zu machen – Hauptsache Zentrum. Hin und wieder drehe ich ab und dümple durch chaotische Marktgassen, wo Dampfsäulen unzählbaren Suppentöpfen entfliehen. Nicht nur das übliche Getier, sondern auch Frösche liegen aus, als zusammengeknüpftes Knäuel hüpfen sie willkürlich in diverse Richtungen. Ihre hockenden Besitzer linsen steil unter den Kegelhüten empor – gerade so, dass die Straßenlaternen ein kaltes Licht auf die halb verdeckten Gesichter werfen können. Selbst wenn die Zeit heute auf meiner Seite wäre, ich wüsste kaum, wo ich zuschlagen sollte. Die konstante Reizüberflutung lässt keinen Platz für rationale Entscheidungen. Erschöpft erreiche ich District 1, erspähe die Reklametafel eines Hostels, werfe meine Siebensachen ab und wähle die Nummer von Ms. Hiên.

Wir treffen uns in einem nahe gelegenen Bierclub. Der Kontrast zu den letzten Stunden könnte kaum diffuser sein. Ich bin umzingelt von einem Potpourri aus Saufgelage, Fingerfood und einer lasziven DJane auf einem Musikpult, das sich im Kreis dreht. Dass nur rund die Hälfte von Ms. Hiêns Gefolge der englischen Sprache mächtig ist, tut wenig zur Sache – dank des schrillen Bassgemetzels ist plaudern eh keine Option. Bleibt prosten, nachfüllen, wieder prosten und schauen. Trotzdem genieße ich die authentische Atmosphäre. Da ich das einzige westliche Gesicht in der Gegend bin, werde ich von Tisch zu Tisch gereicht, um zu prosten und zu schunkeln. In den meisten Clubs des Landes ist um Mitternacht Sense, so auch hier. Ich sehe es als Rettung vor dem Hinsiechen durch Dezibel. Zu meiner Verwunderung gehen wir nun gepflegt essen. Auch das alles auf Kosten meiner Gönner, jeglicher Einwand zwecklos.

Keine sieben Leben würden ausreichen, um all die Restaurants, Garküchen und Cà Phés auszuprobieren, welche sich in diesem manifestierten »Paradox of Choice« auf 2.095 Quadratkilometern tummeln. Ich halte mich an die Strategie »weniger ist mehr«, daher liest sich meine Aufgabenliste für die nächsten Tage staubtrocken: eine Spitalvisite wegen einer Lippenzyste, das Teelicht reparieren, ein Besuch beim Postgebäude und dem Kriegsmuseum. Ich setze je einen Tag dafür an. Das kommt hin, denn die Distanzen sind enorm. Laufend verfranze ich mich in den verstopften Straßen und in der Komplexität der jeweiligen Aufgaben. Danach freue ich mich, bereichert durch einige neue Erfahrungen, auf das Wiedersehen mit Phi. Wir haben uns auf Phú Quốc kennengelernt. Der gleichaltrige Energieingenieur ist offen, direkt, sarkastisch, smart und realistisch – um es kurz zu machen: mein Wunschgesprächspartner. »Nicht einmal, wenn du den Rest deines Lebens hier verbringst, würdest du Vietnam verstehen.« Er hatte das ausgesprochen, was die wenigsten seiner Landsleute einem Durchreisenden ins Gesicht sagen würden. Aber wie recht er damit hat. Seither ist er mein Mentor. Seine Geschichten nähren mein Verständnis für dieses verflixte Wunderland.

Wir verabreden uns in einer Suppenküche an der Pasteur Street, benannt nach dem französischen Chemiker und Mikrobiologen Louis Pasteur, dessen erforschte Impfstoffe gegen diverse Infektionskrankheiten auch im fernen Osten Anklang fanden. Phi ist bereits da, umgeben von spärlichem Plastikmobiliar, Kacheln an Wand und Boden. Sich in Vietnam zu einer Phở, einer Brühe mit Nudeln, Fleisch und Kräutern, zu treffen, ist mit einem Kaffeekränzchen vergleichbar. Unsere Gespräche dauern bis in die späte Nacht. Was mich am meisten verblüfft und hier erwähnt werden sollte, ist die Angst vor dem wachsenden Einfluss Großchinas: Sie ist allgegenwärtig, egal mit wem ich spreche, jung oder alt, ungebildet oder gebildet. »Das nächste Tibet«, stöhnt Phi – die Zeichen seien eindeutig. Hanoi fällt bereits zu viele Entscheidungen unter dem Druck der Nachbarn. Ich erhalte noch einige Tipps für meine Route und schwöre unserer virtuellen Brieffreundschaft ewige Treue.

Von Mũi Né bis Đà Lạt

Auf dem Weg nach Norden. Ich stehe mit Vietnam auf, in der Hoffnung, dem Stoßverkehr von Ho Chi Minh zu entfliehen. Was wenig bringt, denn bereits um sechs Uhr morgens möchten mich einige Hunderttausende aus der Stadt begleiten. Abkürzung via Cát Lái Port. Mein Blick huscht hinüber zu den monströsen Frachtern, zu den Laufkatzen, die mit robotischer Genauigkeit ISO-Container zwischen Kai und Schiff umschlagen. Damit der vietnamesischen Effizienz Gerechtigkeit widerfährt, wurden wir Roller- oder Motorradbesitzer von der Fährencrew fein säuberlich auf dem Deck zusammengepfercht. Umgeben vom Kokon aus Fortbewegungsmitteln gehe ich erneut meine Route durch: an der Küste entlang nach Mũi Né, hinauf nach Đà Lạt, irgendwie wieder runter, weiter nach Hội An, Đà Nẵng und Huế: knapp 1.000 Kilometer Bitumen und Gesteinskörnungen, Küstenetappen, Hügellandschaften. Ein Warengeschäft für Sehnsüchte verschiedenster Art. Nostalgie, Fremdweh und konstante Entscheidungsfreiheit: bleiben oder weiterfahren. Wenig später starten die Motoren simultan. Es geht los.

Ich bin guter Dinge, reite durch ein Dorado aus Drachenfrüchten, schaue

Die Südküste Vietnams: frisch vom Fischer in Cam Rhang

auf das azurblaue Südchinesische Meer und freue mich, dass ich während der letzten tausend Kilometer nie einen Unfall, ja nicht einmal ungewollt den Sattel verlassen hatte. Und jetzt passiert es. In einer Kurve kommt mir ein anderer Motorradfahrer entgegen. Beide sind wir zu nahe beim Mittelstreifen. Ich weiche nach rechts aus, fokussiere mich auf die Kurvenabsperrung anstatt die Flucht, quäle die Bremsen und vergesse dabei, dass diese seit Wochen nur unwesentlich entschleunigen. So schleift mein rechtes Schienbein an der Absperrung entlang, ich knicke ein und falle mit dem Knie voran auf einen Stein. Mit blutenden Beinen richte ich auf, was einmal mein Motorrad war. Ein Fahrer eines motorisierten Verkaufsladens hält neben mir, wägt seine Reaktion ab und ruft lächelnd: »Kokosnuss?« Ich blicke an mir hinunter, dann zurück zu ihm. Er lächelt immer noch und wartet ab, in der Hoffnung, der Gemarterte kauft zur mentalen Heilung eine Kokosnuss. Sollte ich ihm böse sein, ich der Hilflose, der eine Sänfte in Richtung Werkstatt oder Apotheke erwartet und stattdessen in einem Verkaufsgespräch landet? Dankend wiegle ich ab, er zieht weiter. Schon stoppt der nächste mutmaßliche Helfer. Auch er begutachtet meine geschundenen Extremitäten, grübelt und fragt: »Opium?« Das wäre eigentlich nicht die schlechteste Idee, trotzdem ignoriere ich mein Gegenüber theatralisch und überlege, wie ich ohne die Unterstützung weiterer Opiumdealer oder Kokosnussverkäufer in das nächste Dorf kommen könnte. Der Crash hat zwar den vorderen Teil meines Bikes entstellt und den Lenker um 45 Grad verkrümmt, aber der Anlasser funktioniert noch. Prüfend halte ich das zerschlissene Zündkabel an die Zündkerze und starte. Heftige Stromstöße durchschießen meinen Körper. Okay, eine Überbrückung scheint möglich. Mit angebasteltem Kabel und verdrehtem Lenker dümple ich in nach Phien Trang. Ein Mechaniker freut sich bereits über meine Ankunft. Ein neues Frontlicht inklusive Rahmen, neue Blinker, neue Fußtütze, neues Zündkabel, neue Zündkerze, Lenker ausrichten, hie und da etwas schrauben oder in die Ursprungsform hämmern – Kostenpunkt: 18 Euro. Er repariert mein Bike, ich meine zum Glück nicht allzu schlimmen Schürfwunden. Den Traum vom Beinmodel lasse ich dennoch sausen.

Ankunft in Mũi Né. Ein Ort der Zuflucht für vietnamesische Fischer, die in der Bucht Schutz vor der stürmischen See finden und dort ihre Anker setzen. Ebenso für Russland, das hier seine Rubel deponiert. Ich tendiere zu der Annahme, dass der Verkaufsleiter von Mũi Né Tourism seinen Wohnsitz in Nowosibirsk oder Moskau hat. Vorausschauend wurden bereits alle touristischen Angebote inklusive Menükarten auch auf Kyrillisch geschrieben. Russland, auch kommunistisch, prügelt seit jeher sei-

Wer hätte hier schon Dünen erwartet?

ne Propaganda ins Land. Statt mit Tom & Jerry wuchsen die vietnamesischen Kinder auf mit *»Nu pogodi«* (oder *»Ну, погоди!«*), wo ein kettenrauchender Wolf einem Hasen nachstellt. Mũi Nés letzte wahre Fundstücke liegen jenseits des Gammelorts – im westlich gelegenen Hafenareal von Phan Thiết, wo die Fischkutter pünktlich zur Morgendämmerung eintrudeln, um ihren Fang den Marktfrauen zu übergeben. Oder nordöstlich im feinsandigen Dünenmeer von Đồi Cát Trắng.

Ich bin im Flow, will keine weitere Sekunde mit Borschtsch oder maßlos überteuerten Angeboten in Klein-Russland verschwenden und ziehe weiter zum Binh Lap Village nahe Cam Ranh. Ein Glückstreffer. Das 30-Seelen-Dörflein in Strandnähe entpuppt sich als Insider unter den vietnamesischen Studenten Ho Chi Minhs. Der perfekte Ort für etwas Horizonterweiterung. Meine Zimmergenossen geben sich beim gemeinsamen Grillen weltklug und nehmen kein Blatt vor den Mund. Sie kritisieren die vietnamesische Kriegsgeschichte, in der jeder verstorbene Wurstsoldat sein Leben würdevoll dem Volk opferte und Vietnam immer als Sieger mit erhobenem Haupt das Schlachtfeld verlässt. Yen Linh reißt das Wort an sich: die junge Ökonomiestudentin prangert die Lenin-Studien an, Schriften, die aus dem Russischen in ein unlogisches Vietnamesisch übersetzt worden seien. Monatelang seien sie mit leninistischen Theorien gequält worden, bis selbst das

Vietnamesinnen *in action* auf dem Fischmarkt Phan Thiet

eifrigste Augenlid zugeklappt sei. Themen wie die Gefahr, dass Vietnam als weitere Provinz Chinas enden werde, behandelt man außerhalb der Klassenzimmer. Selbststudium mittels Internet und Social Media gaben dem erlernten Schulwissen einen ideologischen Feinschliff. Auf der positiven Seite ist Informationsvorbehalt stets ein sinnvoller Motivator für Recherchen und persönliche Gespräche zur Debatte des Recherchierten. Ich konfrontiere die Gruppe mit einer neuen Tatsache: dass kaum ein Khmer Sympathie für Vietnam empfinde. Wie erwartet, verschwendet kein Geschichtslehrer eine Silbe an die wahren Hintergründe, weshalb die vietnamesische Armee im Nachbarland einmarschierte. Vietnam wird als edler Befreier gepriesen. Basta! Dabei ist weitgehend bekannt, dass die smarten Vietnamesen (ja selbst die ungebildeten) seit eh und je die naiven Khmer (und Laoten) übertölpeln. Ich liebe Gespräche mit Studenten aus Fernost – nicht nur, weil sie stets maßlos Bier anschleppen, sondern auch, weil sie Asiens Wegweiser der Zukunft sind. Gerade in dieser Ecke, wo nach wie vor politisch experimentiert wird, wo Sinnkrisen stattfanden und stattfinden, entscheiden die wenigen Gebildeten über Gedeih oder Verderb.

Vom Meeresspiegel über verschlungene Bergstraßen hinauf in das 1.500 Meter höher gelegene Đà Lạt, das den Kolonialherren aus Frankreich einst als Kurort diente. Die Etappe präsentiert mir eine Galavorstellung vietnamesischer Nächstenliebe – ob Kleinkind, Bauarbeiter oder Kaffeefarmer, alle winken, schmunzeln oder schreien mir zu. Dazu kommen die hochgesteckten Daumen oder V-Finger von Motorradausflüglern aus den Städten, die auch zur Abkühlung nach oben wollen. Durch breite Boulevards und verwinkelte Gassen verfolge ich ein Paar auf einem fahrbaren Barbecue-Stand. Er fährt, sie hält die glühenden Kohlen in Schach. Trotz des vietnamesischen Tohuwabohus weht selbst sieben Jahrzehnte nach dem endgültigen Abzug Frankreichs ein Hauch Esprit und *savoir-vivre* durch Đà Lạt.

Von all den Wasserfällen der Region picke ich Pongour heraus. Eine weise Entscheidung. Kaum angekommen, werde ich von einer Bande junger Vietnamesen abgefangen. Ein Geburtstag wird gefeiert. Die omnipräsenten Schilder mit der Aufschrift »Nicht picknicken, nicht baden, kein Feuer, kein Alkohol usw.« werden freudig ignoriert. Trotz Sprachbarriere liefern sie mir das ganze Programm: verköstigen mich mit Grillade, Torte sowie Bier und scheuchen mich ins Wasser. Ich frage mich derweil, wie eine Gruppe Schweizer reagieren würde, wenn ein einsamer Vietnamese an ihnen vorbeischliche. Würden sie ähnlich handeln oder den Außenseiter seinem Schicksal überlassen? Ein klarer und vor allem trauriger Fall! Es sind Tage wie diese, an denen ich die Welt umarmen will. Zu oft werde ich gefragt, ob mich kein Heimweh plagt. Die Unbeschwertheit der zurückschießenden Antwort erschreckt mich auch selbst. »Nein!« – denn ich habe fair getauscht und dabei alle Risiken und Nebenwirkungen berücksichtigt – routinierte Vita gegen maßlose Leichtigkeit. Jetzt gibt es kein Zurück mehr.

»Zum schönsten Wasserfall des Landes, bitte!« – der Pongour-Wasserfall nahe Dalat

Lý Sơn

Über pompöse Hügel zurück auf Meereshöhe. Anschließend die hübsche Strandroute entlang durch Dörfer, die selbst Wikipedia nicht listen würde. Dörfer wie Chánh Lợi, die höchstens dadurch Berühmtheit erlangten, dass Onkel Ho hier einmal zum Kaffee vorbeigekam. Ich peile den Hafen Sa Kỳ an, den Fährhafen für das Inselchen Lý Sơn. Wie so oft, wenn ein Ziel nahe scheint, bleibt mein Motorrad schlagartig stehen und verweigert die Weiterfahrt. Wie so oft trifft mich Sekunden später der Monsun mit voller Härte. Klatschnass schiebe ich meinen blechernen Märtyrer in die nächste Werkstatt. Der Dialog mit dem Mechaniker harzt:

- »Kannst du es reparieren?« – *»No.«*
- »Muss ich ein neues kaufen?« – *»No.«*
- »Okay, kennst du jemanden, der es reparieren kann?« – *»No.«*
- »Hm, soll ich nach links gehen (inklusive Gestik)?« – *»Yes.«*
- »Sicher? Oder gehe ich doch nach rechts (inklusive Gestik)?« – *»Yes.«*
- »Ich gehe nach links oder rechts und jemand hilft mir (inklusive Gestik und Mimik)?« – *»No.«*

Meistens hilft abwarten mit nachdenklichem Blick. So auch heute. Nach einer Weile werde ich an Ort und Stelle zum Schnaps, dann zum Kaffee eingeladen und anschließend zu einem anderen Mechaniker mit dem richtigen Werkzeug abgeschleppt. Ich solle nach zwei Tagen wiederkommen. Wunderbar! Ein Gratisparkplatz während meines Inselaufenthalts. Die restlichen Kilometer laufe ich. Im Hafenareal bietet sich ein Loch an, in dem ich für vier Euro übernachten darf. Dafür muss ich versprechen, die Klimaanlage ausgeschaltet zu lassen.

Ich gehe davon aus, dass die westlichen Reiseführer vergessen haben, Lý Sơn zu erwähnen. Oder es gibt andere Gründe, wieso kaum ein ausländisches Auge die Insel sehen will. Vielleicht ist es schlicht die Tatsache, dass es auf Lý Sơn nichts zu sehen gibt: weder eine Strandbar noch einen dazu passenden Strand. Hier wird Sand lediglich dazu verwendet, die Knoblauch- und Zwiebeläcker zu kultivieren. Lý Sơn ist dank der einzigartigen Zuchtmethode berüchtigt als das »Knoblauch- und Zwiebelkönigreich«. Ich suche Unterschlupf bei Ming. Wir verstehen uns prächtig.

- »Hast du ein Zimmer?« – *»Yes.«*
- »Wie viel kostet es?« – *»Yes.«*
- »Okay, ich bleibe für 150.000 Dong pro Tag (7 Euro).« – *»Yes.«*
- »Kann ich ein Handtuch haben?« – Keine Reaktion.
- Geste des Abtrocknens, fragender Blick – keine Reaktion.
- Geste, die Duschwasser von oben darstellt, Geste des Abtrocknens, dann fragender Blick – keine Reaktion.
- Google-Bildersuche, dann visuelle Präsentation von zwölf Handtuchbildern, dann fragender Blick – »aaaaah«, Lächeln, keine weitere Reaktion.
- Google-Übersetzer (Deutsch–Vietnamesisch): Handtuch = *khăn tắm* – skeptischer Blick, keine weitere Reaktion.

Ming vermutet jetzt wahrscheinlich, ich sei ein europäischer Handtuchhändler mit einem fragwürdigen Verkaufsgebiet. Ich entscheide mich gegen das Abtrocknen und schlurfe ins nächstbeste Lokal zu aufgeweichten Reisblättern mit Knoblauchknollen. Kaum hat die Köchin meinen Salat angerichtet, widmet sie sich wieder ihrem Zweitjob als Frisörin.

Bevor ich weiterziehe, frage ich sie nach einem Leihmotorrad. Sie schickt mich zu Person A. Diese holt die anscheinend kompetentere Person B. Person B bringt mich zu Person C, die wiederum Person D anruft, um nach dem Motorrad von Person E zu fragen. Person D bringt das Motorrad von Person E vorbei. Ich bezahle bei Person C und verspreche, das Gefährt von Person E zwei Tage später im Topzustand zurückzubringen. Rechtzeitig schaffe ich es zur Nachmittagsmesse der Caodaisten – nicht dass ich mich selbst in das weiße Gewand werfen wollte, aber der Kult interessiert mich. Er zählt bereits drei bis sieben Millionen Mitglieder (wie viele es genau sind, weiß niemand so genau). Cao Dai, eine Glaubensrichtung, die einst in Phú Quốc das Licht der Welt erblickte, ist ein Mischmasch aus Hinduismus, Judaismus, Buddhismus, Taoismus, Konfuzianismus, Katholizismus und Islam. So kommts, dass die kunterbunten Cao-Dai-Gebetsstätten Götzen oder Symbole jeglicher Religionen unter dasselbe Dach quetschen: ein Swastika, ein Halbmond, Kreuze, eine Menora, Devas, Ikonen viet-

Cao Dai verbindet so ziemlich alle Glaubensrichtungen und ist trotzdem ganz eigensinnig.

namesischer Poeten – eigentlich alle außer dem Spaghettimonster. Hoch oben ziert ein offenes Auge den Glaubenstempel: der Röntgenblick des einzig wahren Gottes.

Ein Rezept ohne Knoblauch? Geht hier absolut gar nicht!

Cao Dai strebt danach, alle Religionen zu vereinen und ein friedliches Zusammenleben der Menschen zu erreichen. Die Ansage verdient eigentlich einen Applaus, denn das wäre das erste Mal, dass eine Religion etwas »vereinen« würde. So darf ich heute Zeuge der Predigt und des repetitiven Singsangs sein, der an buddhistische Sutren erinnert. Nach einigen Gebeten und Huldigungen schreiten die Teilnehmer gemeinsam zu mir, weniger um mich zu ihrem Glauben zu bekehren als vielmehr, um mir die Hand zu schütteln und mich zum Essen einzuladen.

Orte wie Lý Sơn sind Balsam fürs Gemüt, zumindest für alle ohne Rockstarpotenzial in der Babywiege. Bereits nach wenigen Stunden auf der Insel drohen mir Armkrämpfe vom vielen Winken. Höchste Eisenbahn, meinen Fans etwas zurückzugeben. So knie ich nieder und ernte Zwiebeln – zur Erheiterung der gesamten Sippschaft. Ein Bauer rumpelt mit dem Velo an mir vorbei, stoppt harsch, zeigt auf mich und wiehert vor Vergnügen. Anscheinend ist das Konzept neu, laufend schauen mehr Leute vorbei, um die seltene Attraktion zu betrachten. Abends im Dorfzentrum treffe ich auf den gebürtigen Rumänen Cristian, einen Helden der modernen Gesellschaft, einen, der mit einem Lächeln im Gesicht von der kollektiven Denkstruktur in London desertierte, um sich anderswo umzusehen. Vietnam offeriert ihm alles, was bis dahin fehlte. Als Englischlehrer in Đà Nẵng sowie Barbesitzer in Huế erfindet er keineswegs das Rad neu, sondern entspricht gleich zweien der typischen Klischees von einem westlichen Ausbrecher in Vietnam. Aber nun stehen das Arbeits- und Privatleben miteinander im Einklang. Menschen mit ähnlicher Vergangenheit sowie einer gemeinsamen Sprache haben allerhand Gesprächsfutter. Wir verabreden uns zum Bier in seiner neuen Wahlheimat.

Von Hội An über Đà Nẵng bis Huế

Zurück auf dem Festland. Mein Motorrad wurde operiert und erfreut sich bester Gesundheit. Nächste Station: das von UNESCO-Batzen behütete Hội An. Bereits seit 1999 wird heftig die Werbetrommel gerührt, um Altstadtfreunde im großen Stil anzulocken. Dem Niedergang als größter Handelshafen Südostasiens hat Hội An den Erhalt seines historischen Stadtbildes zu verdanken: en Mischmasch aus südchinesischer Verzierung und raffinierter französischer Linie. Dazu kommt, dass Hội Ans alter Dorfkern von Amerikas Bombern anscheinend übersehen wurde. Jedoch wurden die alten Gemäuer längst ausgeschabt, um den Papplaternen, Kitschsouvenirs und gesitteten Speisen Platz zu machen. Die Mietpreise wurden skandalös erhöht, sodass ja kein Funke vietnamesischen Flairs mehr aufkommen kann. Gewohnt wird seither woanders. Etwas, das die meisten Weltkulturerben gemeinsam haben: sie haben keine Kultur mehr. Es bleiben lediglich die angebotenen Postkarten, Bilder und Gemälde einer verblichenen Historie, eines Damals, als es weder UNESCO-Batzen noch Tourismus gab.

Aufstehen mit der obligaten Ho-Chi-Minh-Lobeshymne einiger Primarschüler und weiter zum modernen Đà Nẵng. Eine feuerspeiende Drachenbrücke, eine üppige Skyline und ein endloser Traumstrand zum Lümmeln – ich bleibe einige Tage kleben. Nicht nur weil Đà Nẵng ein mondänes Ambiente umgibt, auch weil Cristian die Stadt wie seine Westentasche kennt und mich abends zu den lokalen Schauplätzen führt. Tagsüber verstecke ich mich in einem unscheinbaren Cà Phê, um meine Erlebnisse der letzten Wochen Revue passieren zu lassen und um zu schreiben. Das hastige Tastaturgeklimper weckt das Interesse von Phu, einem Touristiker der Region. Er setzt sich ungefragt zu mir. Da Vietnam zwar Redefreiheit, aber keine Pressefreiheit toleriert, schauen sich Neugierige und Skeptiker wie Phu im Internet um – und werden fündig. Auslandsvietnamesen, vor allem aus den USA und Frankreich, machen mittels

Hindernisse wie diese nahe Hue sind Alltag auf Vietnams Landstraßen.

Blogs und Social Media auf Themen aufmerksam, welche in der vietnamesischen Medienlandschaft keine Erwähnung finden. Im Gegensatz zu Chinas »*Golden Shield*« ist Vietnams »*Bamboo Firewall*« toleranter, lässt unlautere oder ketzerische Inhalte gewähren. Der Inhalt soll offener gelassen werden, denn nur so könnten heimische Reaktionäre bei Bedarf gefasst und mundtot gemacht werden. Phu weiß, wovon er spricht: Seine Frau sei Parteimitglied, eine von fünf Millionen, die für den Staatsapparat arbeiteten. Parteimitglied zu werden, sei nur mit viel Geld, Beziehungen oder indoktrinierten Vorfahren möglich. Phu schaut auf ein spielendes Mädchen neben uns: »Arme Kleine, bald wird sie mit ihren uniformierten Klassenkameraden Lobeslieder auf Ho Chi Minh singen.« Damit zieht Phu nach Hause und überlässt mich meinen Gedanken.

Ein milder Wind weht durch die Küstenstadt. Die jährliche Gluthitze steht an, dennoch bleiben die feinen Sandstrände tagsüber fast leer. Lediglich ein paar westliche Häute trauen sich aus dem Schatten und fläzen sich hin, um Melaninpigmente zu sammeln. Von Tokio bis nach Jakarta legt sich kaum ein Asiate gern mit UV-Strahlen an, denn eine bronzene Hautfarbe zeugt weder von Klasse noch Ästhetik, sondern von Armut. Diesen Makel auszumerzen, hat in Asien eine lange Tradition, die bis in die Antike zurückreicht. Ein blasser Teint galt damals als edel und aristokratisch – nur die Reichen konnten es sich leisten, drinnen zu verweilen, während die Bauern zwangsläufig bei der körperlichen Arbeit auf den Reisfeldern rösteten. Das Privileg edler Blässe beeinflusst bis heute die Chancen auf Einheiratung in eine besser gestellte Familie. Gerade die moderne Frau in der Vorzeigestadt Đà Nẵng will unter keinen Umständen als bedürftiges Provinzmädel abgestempelt werden, verrät Thuong Nguyen, die sich mit Jacke, armlangen Handschuhen, Pilotenbrille und einem Propellerhelm gegen das feindliche Ultraviolett gewappnet hat. Ihr Kostüm ist allemal en vogue in der Region. Dass es heute 30 Grad warm ist, stört sie nicht: »Lieber schwitzen als bräunen«, so ihre Devise.

Thuong muss per Moped zum lokalen Frischmarkt, um die Einkäufe fürs Mittagessen zu erledigen, daher hat sie keine andere Wahl, als im Ninja-Style durch die schwüle Hitze zu rollern. Das Modebewusstsein, so gibt sie offen zu, stehe im Gegensatz zu den finanziellen Möglichkeiten. Die »Straßenninjas« sind innerhalb der letzten Jahren zu einer Ikone des

Landes mutiert – sie prägen mitunter ungewollt die vietnamesische Popkultur und sind dazu verdammt, sich diesem Mythos zu stellen, bis sich die Nation irgendwann aus dem Motorradzeitalter fortentwickelt hat. So hat man als Europäer tagsüber den ganzen Strand und vielfach sogar die Straßen Đà Nẵngs für sich, aber sobald gegen fünf Uhr nachmittags die Sonne sinkt, drängen die Einheimischen unisono zum Pazifik und entledigen sich ihrer Kostüme. Mit dem Schwinden der Lichtflut verglüht auch der Klassen- und Kulturunterschied, endlich scheinen wir uns alle ähnlich.

Über den Pass Hải Vân nach Huế, Vietnams Kulturperle. Die von Cristian vorgeschlagene Alternativroute führt durch die »Geisterstadt« An Bằng. Ich oute mich schon länger als Friedhofsfan, denn die Art und Weise der Bestattung verrät mehr über die Kultur des jeweiligen Volkes. Der Tod, und vor allem das Nachleben, hat in Vietnam ohnehin eine wichtige Bedeutung, doch das Sterben in An Bằng setzt neue Maßstäbe. Stundenlang schweife ich über den weißen Sand und bestaune die üppig verzierten Grabmale, einige davon größer als Apartments, andere im Wert von 50.000 Euro. Jedes einzelne ist eine Augenweide. Aber welcher Vietnamese kann sich so etwas leisten?! Ich frage einen Totengräber. Rund 90 Prozent der Dorfbewohner haben Verwandte im Ausland, den USA und Europa – solche, die nach der Kriegszeit abgehauen und jetzt im Land nicht mehr erwünscht sind. Mittels Remissen finanzieren sie nun die Totentempel ihrer Ahnen, und vielleicht verschwindet mit dem vielen Geld auch das schlechte Gewissen.

In Huế präsentiert das emporstrebende Land seine multikulturelle Seite: Französische Kolonialbauten begegnen chinesischem Schnörkel inmitten von vietnamesischem Treiben. Majestätisch thront die Palastanlage der Nguyen-Dynastie am Ufer des Parfümflusses. Die Zitadelle ist der Stolz der ehemaligen Hauptstadt und daher Hauptziel des Pauschaltourismus, der täglich durch Huế plätschert. Während der Touristenpulk die angepriesenen Sehenswürdigkeiten abhakt, bummle ich durch Huếs Chaosmärkte und chatte mit den Händlerinnen. Hätte mir jemand vor der Einreise gesagt, die Kopfbedeckung aus Palmenblättern und Bambusrahmen sei ein veraltetes Vietnamklischee, hätte ich es geschluckt. Aber ob in der Stadt oder auf dem Land: Nach wie vor zieren die Dreieckshüte »Nón Lá« junge und alte Köpfe.

Lange hatte ich es hinausgezögert, aber heute fühle ich mich mutig und gehe

Die Straßenninjas sind längst kein vietnamesisches Phänomen mehr. Doch hier ist der Modestil skurrilerweise zur Popkultur mutiert.

Andere gehen ins Museum, ich besuche Friedhöfe. Da gibt es immer etwas zu lernen.

Das herzliche Lachen der Vietnamesinnen: Balsam fürs Reiseherz

zur Zahnkontrolle. Eigentlich braucht es dafür keinen Mut, aber nachdem mir ein vietnamesischer Friseur vor wenigen Monaten per Rasierklinge die Hälfte meiner Haarpracht weggeschabt hat, bin ich etwas misstrauisch, was körperbezogene Dienstleistungen angeht. *»Your smile is our smile«*, so begrüßt mich ein Schild im Empfangsbereich. Der letzte Satz, den ich in dieser Praxis verstehen werde. Ich darf in einem Raum Platz nehmen, wo bereits fünf andere Mäuler analysiert werden. Hin und wieder schreie ich auf und nehme nonchalant zur Kenntnis, dass Schmerzlaute global verständlich sind. Die Mutprobe ist bestanden. Um das Eis zwischen mir und der Dentalhygienikerin zu brechen, zeige ich auf den geschmückten Altar mit dem kleinen *Money God* in der Ecke, deute dann auf mich und halte den Daumen hoch. Mein Gegenüber scheint die Satire zu verstehen und kichert ausgiebig. Gegenüber der Figur, die für Vermögen und finanzielle Glückseligkeit verantwortlich ist, sitzt ein etwas dickerer Geselle, nicht weniger grinsend. Ich hake nach, denn den kenne ich nicht. Sie tippt in den Google-Übersetzer ein: Vietnamesisch – *nhà thổ* = Englisch – *brothel* (deutsch – Bordell). Ich ziehe eine Augenbraue hoch. Sie versucht es nochmals und korrigiert den Akzent beim »o«: Vietnamesisch – *nhà thờ* = Englisch – *church* (deutsch – Kirche). So denn, ich werde auf gar keinen Fall wertvolle Lebensstunden damit vergeuden, Vietnamesisch zu lernen. Da frage ich nach dem Verantwortungsbereich eines Minigötzen, und die Antwort liegt irgendwo zwischen Kirche und Puff.

Der Ho-Chi-Minh-Pfad

Der Ho-Chi-Minh-Pfad (Đường mòn Hồ Chí Minh): ein Pfad der Erinnerungen für vietnamesische Großväter, für mich ein Schlupfwinkel zum Schutz vor skandalös rücksichtslosen Lastwagenfahrern und anderen Risiken des Highway 1. Einige Denkmäler und die alten Militärhelme auf den Farmersköpfen deuten heute noch auf die stockfinstere Vergangenheit der Nord-Süd-Passage hin. Über den Pfad schleuste die Nationale Front für die Befreiung Südvietnams (der Vietkong) täglich mehrere Hundert Tonnen Material, um ihren Truppen Nachschub zu garantieren. Aufgrund zunehmender Luftangriffe durch US-Kampfflugzeuge ließ Ho Chi Minh sein Gefolge durch Laos und Kambodscha marschieren. Die beiden Nachbarländer verhielten sich im Vietnamkrieg (oder Amerikakrieg, je nach Sichtweise) neutral. Das hinderte die USA nicht daran, in Laos um die zweieinhalb Millionen Tonnen Bomben abzuwerfen: der »geheime Krieg Amerikas«. Ich teile die knapp zwölf Fahrstunden auf zwei Tage auf und folge dem legendären Pfad in nördlicher Richtung. Rauf und wieder runter, entlang invasiver Gewächse, welche die weniger ambitiösen Gewächse überwuchern.

Je näher ich dem Phong-Nha-Kẻ-Bàng-Nationalpark komme, desto karstiger wird die Umgebung. Im Jahr 2009 publizierte *National Geographic* erste Einblicke in die Höhle Sơn Đoòng, welche der vietnamesische Bauer Ho Khanh als

Die Region in und um den Phong-Nha-Ke-Bàng-Nationalpark besticht mit sagenhaften Karstlandschaften.

Wer schon immer einmal eines der weltgrößten Höhlensysteme erkunden wollte, ist im Phong-Nha-Ke-Bàng-Nationalpark bestens aufgehoben.

Erster erspähte. Prädikat »größte Höhle der Welt«. Nach und nach werden neue Löcher erschlossen und dem Pöbel zugänglich gemacht. Das Erkundungsangebot kann sich sehen lassen. Ich buche eine zweitägige Expedition zum Höhlensystem Hang Thien – keine Riesennummer, dafür seltener besucht. Ich schnappe mir den letzten Platz am letzten Tag der Saison, vor der Regenzeit, die die Höhlen zu gefährlich werden lässt. Es ist großartig: wild, dreckig, nass, dunkel! Kletterpassagen, rutschige Dschungelwege und ins Auge klatschende Farnblätter warten nur darauf, sich der Abenteuerlustigen anzunehmen. Während ich mich mit geliehenen Gummischlappen über messerscharfes Karstgestein kämpfe, erwachen Erinnerungen an den Kurzaufenthalt in Chinas Guilin, dem Pendant zum gemütlichen Phong Nha auf der anderen Seite der Grenze, wo sich Naturzauber und Mystik schon längst dem Massentourismus ergeben haben.

Unzählige Höhlen verstecken sich inmitten des mit Regenwald bewachsenen Karstgebirges vom Phong-Nha-Ke-Bàng-Nationalpark.

Zurück auf dem Ho-Chi-Minh-Pfad – immerhin für eine Stunde, denn die Straße ist an einer Stelle so übel geflutet, dass ich einen zweistündigen Umweg fahren muss, um die rund 20 tückischen Meter zu umgehen. Von Weitem erkenne ich einige Backpacker, die auf ihren Hondas den Highway 1 nach Vinh hinaufbrausen. Ich verstehe immer noch nicht, wieso sich so viele in Vietnam ein Motorrad kaufen, um damit die Autobahnen zwischen den Großstädten zu erforschen.

Neil, mein vietnamesischer Freund aus Phú Quốc, hat mich damit beauftragt, in Tân Kỳ vorbeizuschauen und seine Eltern zu grüßen. Ich habe einen Familiennamen und einen Ort. Bei Zwielicht erreiche ich die Provinzstadt, werfe mein Hab und Gut in ein billiges Hotelzimmer und gehe streunen. Tuan winkt mich zu sich, weiterlaufen wird nicht toleriert. Tagsüber wirbelt er mit Hemd und Krawatte für die Sacombank, nachts trinkt er sich halbnackt durch die Verkaufsbude seiner Mutter. Mit sanftem Nachdruck wird mir das ganze Biersortiment offeriert. Vietnamesen sehen Wetttrinken mit Ausländern als soziales Ritual. Dabei scheint der größte Triumph zu sein, wenn sich der Gast wankend verabschiedet. Sporadisch schauen Eltern vorbei, um Mondkuchen für ihre Kleinen zu kaufen – eine Pflichtaktion an Vietnams Kinderfest Tết Trung Thu. Gegenüber verscherbelt ein Händler Masken und blinkendes Kitschspielzeug. Mit schreienden Kindern vollgeladene Laster rollen vorbei. Ich schaffe es gerade noch, mich anständig von meinem Gönner zu verabschieden, bevor mich zwei Mütter auf einen Truck zerren. Mein Zuständigkeitsbereich ist schnell geklärt: ich bin für fliegende Handküsse sowie den Refrain der Ho-Chi-Minh-Loblieder verantwortlich. Mein vietnamesischer Patriotismus wird unterstützt durch das sich drehende Propagandabanner hinter mir: marschierende Soldaten auf dem Weg in den Süden. Nach einigen Runden um den Dorfkern, Hunderten von Selfies und einer weiteren Lehrstunde in puncto Güte werde ich vor meinem Unterschlupf abgeladen. Mit einem Lächeln hechte ich auf mein Kissen.

Beim Tet Trung Thu werden die Kinder auf improvisierten Anhängern oder gleich direkt auf Lastwagen durch Tân Kỳ gefahren.

Neils Familie wohnt ungefähr einen Kilometer entfernt von Downtown Tân Kỳ. Es gibt nur vier mögliche Richtungen, und ich erwische auf Anhieb die richtige. Man kennt sich in der Gegend, somit ist den Selbstversorgern das Foto des Jünglings auf meinem Motorrad Indiz genug für das entsprechende Haus. Ich werde bereits erwartet. Herbe Enttäuschung macht sich breit, denn ich trinke weder 20 Bier mit dem Vater noch bleibe ich über Nacht. Die Einladung zum Mittagessen anzunehmen aber ist Ehrensache. Das Huhn scheint das drohende Unheil zu wittern und sprintet davon. Chancenlos. Während ich das Hackebeil fallen höre, tausche ich einige Brocken Englisch mit Neils kleinem Bruder aus. Da ich heute noch mein vorgebuchtes Bett in Ninh Bình erreichen will, verabschiede ich mich wenig später und düse los.

Ein ungewöhnliches Rattern begleitet mich seit einigen Kilometern. Man kennt die Geräusche seines Motorrads. Dieses ist mir neu. Der Präventivbesuch in einer Werkstatt verheißt nichts Gutes. Genauere Untersuchungen seien nötig, aber bis Ninh Bình sollte es auf jeden Fall reichen. Ich vermute: es wird nicht reichen. Es reicht nicht einmal für weitere 100 Kilometer. Während andere Westler von vietnamesischen Frauen abgeschleppt werden, lasse ich dies wieder mal einen Mechaniker tun. Mit Thanh finde ich immerhin einen, der sein Handwerk versteht. Jeder Griff sitzt, filigran benutzt er beide Hände gleichzeitig für verschiedene Arbeitsschritte. Hätte er die Chance gehabt, er wäre bestimmt Pianist geworden, hätte mit seiner Fingerkunst die Sinfonieorchester der Welt beehrt. Wie so vielen Vietnamesen blieb Thanh jedoch nichts anderes übrig, als in die Fußstapfen seines Vaters zu treten. Sein pubertierender Sohn schaut bereits konzentriert zu. Er ahnt, dass er die nächsten zwanzigtausend kaputten Motorräder zusammenflicken wird.

Ninh Bình rückt näher. Heute ist der zweite Vollmondtag und somit der zweite

Trotz der Festlichkeiten vom Mondfest versucht Thanh alles, um mein Motorrad zu reparieren. Als Dankeschön bringe ich traditionellen Mondkuchen vorbei.

Teil des Mittherbstfestes Tết Trung Thu. Es ist bereits spät, die Festlichkeiten gehen immer steiler. Auf den Gehwegen jeglicher Dörfer wurden kleine Karaoketheater aufgebaut, kindgerecht geschmückt und mit einem Ho-Chi-Minh-Fanplakat verziert. Ich will die Szene auf mich wirken lassen und halte an. Das bleibt nicht ohne Reaktion. Jemand spurtet zu mir und reißt meinen Schlüssel aus dem Zündschloss. Unter dem Jubel der Festgemeinschaft werde ich zum Ort des Geschehens geschleift und mit einem Mikrofon ausgerüstet. »*YOU. Sing!*« Unter dem Druck von 25 vorfreudigen Augenpaaren gebe ich mich geschlagen und improvisiere ein frei erfundenes Lied. Kinder jeglichen Alters umzingeln mich, wühlen in meiner Mähne und buhlen um meine Aufmerksamkeit. Gleichzeitig füllt die Herrenrunde im Minutentakt mein Glas mit Reiswein nach und zwingt mich zum Rauchen der hüfthohen Bambuspfeife. Mir ist schon länger bewusst: sich mit Anlauf die Lunge zu verbrennen, verbindet Nationen. Ablehnen untersagt. Sei es in Chinas Hinterland, Indiens Kaschmir oder hier und jetzt in einem unscheinbaren vietnamesischen Dorf, ein Nikotin-High ist der Inbegriff nonverbaler Kommunikation. Nachdem mir mehrfach angeboten wurde, die etwas reiferen Solo-Ladys auf meinen Roadtrip mitzunehmen, entscheide ich mich für den Abschied. Kurz vor Mitternacht kann ich mich loseisen und komme nicht umhin, die letzte Fahrstunde vor mich hinzugrinsen.

Barbecue, Schnaps, Karaoke, Tabakpfeife: die wichtigsten Vergnügungen während dem Mondfest.

Cát Bà

Hải Phòng. Hafencity. Irgendwo unter den wuchtigen Holzmöbeln verstecken sich wenige Quadratzentimeter sterilen Fußbodens. Reliefbilder in golden schimmernden Rahmen lenken von der maroden Wand ab. Einige Fischlein dümpeln durch das neongrün beleuchtete Aquarium. Der Gedanke, dass sie an angeborener Kurzsichtigkeit leiden, beruhigt. Vietnams Gasthäuser haben alle etwas gemeinsam: Sie offenbaren einen Mangel an begabten Innendekorateuren. Seit Beginn meiner Vietnamreise beschäftigt mich, wie man nach jahrelanger Planung und Bauzeit die Einrichtung des Gebäudes den Dämonen des schlechten Geschmacks überlassen kann. Stilempfinden war noch nie ein Massensport. Der Grund, wieso das Bett hier etwas weniger kostet als bei der Konkurrenz, wird rasch offensichtlich: Die Nachbarn meiner Hausherrin sind Inhaber einer Wiegestation für Lastwagen, und alle zehn Minuten verlässt ein Vieltonner die Waage, um damit ein Erdbeben der Stärke 3 auszulösen. Ja, okay, wer sparen will, bekommt als Ohrfeige das Wackelmotel.

Weiter in Richtung Hạ Long. Nicht hinein, das wäre Zeitverschwendung. Ich will nach Cát Bà, ein Inselchen im Golf von Tonkin. Wenig fantasievoll, denn ich bin einer von knapp sechs Millionen, die jährlich durch die Parade von Karstfelsen gondeln wollen. Die Trips werden hauptsächlich vom Festland angeboten – ein Ansporn für mich, auf die Fähre auszuweichen und somit dem Dschungel von Fremdenführern vorzubeugen.

Flanieren durch die florierenden Hotelklötze Cát Bàs, die vor wenigen Dekaden durch Auslandsvietnamesen subventioniert wurden. Ich habe mir vorgenommen, das Biosphärenreservat unter die Lupe zu nehmen und jegliche Schiffdecks zu meiden. Doch die Preisverhandlung mit dem örtlichen Kajakvermieter scheitert kläglich. Es ist ungefähr das tausendste Mal, dass wir beiden, Vietnam und ich, es nicht zum Deal schaffen. Ein tückischer Stolz steht uns im Weg, zu meinem Nachteil ist das nächste Opfer nie weit. Ich versuche es auf der anderen Inselseite. Von den zwei Dutzend in Ben Beo wohnhaften Seelen freut sich einer ganz besonders auf meinen Besuch. Minh winkt bereits aus der Ferne. Kaum habe ich das Wort »Kajak« ausgesprochen, schwingt er sich hinten auf mein Motorrad und zeigt fuchtelnd den Weg zu seiner Cousine. Hoan spricht etwas Englisch und weiß mit Leuten wie mir umzugehen. Sie offeriert mir das Sparpaket »drei Tage Kajak inklusive Unterkunft im schwimmenden Fischerdorf« für 24 Euro. Sie verspricht außerdem, dass der Preis weder unnötige Führer, Schwimmwestenzwang, Lageplan, Nahrung noch Elektrizität in meinem Refugium beinhaltet. Noch besser: Es erwarteten mich keine lästigen Unterschriften zur Kenntnisnahme des Haftungsausschluss im Falle des Schiffbruchs, des Ertrinkens, des Verlorengehens. Der Deal steht, ich gehe shoppen. Nach wenigen Paddelminuten rücken bereits morsche Hütten ins Blickfeld. Um die 800 Fischer sowie Muschel- und Garnelenzüchter wuseln im Schutz dieser Bucht. Ein raues Leben, ausgerichtet auf die Gezeiten. Mein Unterschlupf ist nicht leicht zu finden, zumal ich bewusst auf das Beiboot verzichtet habe. Dafür habe ich einen Zettel mit einem Namen darauf, das soll reichen – dachte ich zumindest.

Spieglein, Spieglein ... hat Cát Bà die schönste Kommune im Land?

Unmissverständlich, dass hier nicht jeder des anderen Freund ist. Pro schwimmendem Haushalt zähle ich mindestens zwei Wachhunde: blutrünstige Kläffer, denen beim kleinsten Blickkontakt sogleich schäumender Speichel über die Zähne rinnt und die allzeit bereit sind, auf die Boote mutmaßlicher Piraten oder vorbeischaukelnder Neugieriger zu springen. Ich bin mir nicht sicher, ob es die antrainierte Wut auf potenzielle Diebe ist oder schlicht die Tatsache, dass sie ihr ganzes Hundeleben auf 15 Quadratmetern fristen müssen. Nach Stunden der Orientierungslosigkeit finde ich meinen Gastgeber: Truon passt auf die wenigen Muscheln auf, die hier feist werden sollen. Für die nächsten Tage teilen wir uns den schwimmenden Bretterverhau. 17:30 Uhr – es dämmert bereits, und Truon weist mich zu meinem Gemach. Einfache Möblierung: eine Pritsche und ein voller Aschenbecher. Bevor sich mein Mitbewohner schlafen legt, zeigt er mir mit Stolz sein Moskitonetz und deutet mit Gesten Mücken im Sturzflug an. Dass in meiner Zelle

Öder Karst von seiner schönsten Seite

keines installiert ist, stört ihn wenig. Wer bedenkt, dass kürzlich eine Dengue-Epidemie innerhalb der kleinen Gemeinde ausbrach, nimmt die Satire mit Unbehagen zur Kenntnis. Kaum bricht die Dunkelheit über uns herein, übernehmen die Köter und bellen sich gegenseitig nieder. Zwei Hunde pro Haus, das macht rund 252 jaulende Bestien. Ein Duo aus Ratten kann auch nicht schlafen. Es muss sich herumgesprochen haben, dass jemand Vorräte angeschafft hat. Somit verbringe ich meine Nacht damit, strategisch kluge Orte auszumachen, wo kein Rattenzahn hingelangt.

Der Vormittag riecht nach Diesel und Stagnationswasser. Hoans Schwester Thuy kommt vorbei, um zu kochen – nicht für mich, sondern für die erwarteten chinesischen Touristen. Gut zahlende Touristen. Ein Lächeln huscht über mein Gesicht, selten habe ich mich so über ein Rudel Chinesen und ihre Tischsitten gefreut, denn wenn China isst, bleibt ein Drittel übrig. Gleich nach dem Hallo erkundigt sich die zierliche Vietnamesin nach meinem Familienstand. Um weitere Annäherungsversuche zu vermeiden, gebe ich mich verheiratet, binde hastig das Kajak los, paddle los und verbringe Stunden des Staunens.

Wer will sich hier schon nicht verfahren?

Von Sơn La über Mộc Châu, Mù Cang Chải und Sìn Hồ bis Bắc Hà

Schrankenlose Euphorie nach wenigen Minuten im Chaos Hanois. Hier werde ich mich temporär einnisten, gleich nach etwas Shopping und einer ausgedehnten Visite des Hochlands. »*Made in Vietnam*« versprechen die Schriftreklamen omnipräsenter Ausrüster und Kleiderläden in Hanois Altstadt. Binsenweisheit: »*Made in Vietnam*« ist höchstens der scheinheilige Shopbesitzer. Die Imitate kullern lastwagenweise hinein vom großen Bruder China. Anwaltsfirmen haben hier alle Hände voll damit zu tun, geistiges Eigentum zu schützen. Jährlich werden im Land über 10.000 Markenrechtsverletzungen registriert, sogar die Antifälschungskleber auf Gütern werden gefälscht. Meinetwegen; ich gehe nochmals meine Packliste durch. Gefälschtes Motorrad (Honda Win) – check. Gefälschte Patagonia-Hose – check. Gefälschte Ray-Ban-Sonnenbrille – check. Gefälschter Jack-Wolfskin-Sweater – check. Gefälschtes Exped-Zelt – check. Gefälschter Northface-Rucksack – check.

2.000 Bergkilometer durch Vietnams multikulturellen Flickenteppich stehen an. Auftrag für die nächsten Wochen: kulturelle Affären und Beschau der Umgebung. Tempomat auf gute Laune, Kickstart, Musik an. Mein erstes Ziel ist die Provinz Sơn La, acht Fahrtstunden nordwestlich von Hanoi. Rustikales Landleben. Hier darf man als Knirps noch splitternackt durch die Gegend schwirren und perplex Schweizern auf Motorrädern nachstarren. In mitten der Teeplantagen von Mộc Châu finde ich ein hartes Bett. Nebenan liegt ein in Stücke gehackter Hund aus. Geschlachteten Hühnern, Ziegen oder Schweinen ist ein sentimentaler, etwas tölpelhafter »Todesblick« eigen. Nicht so Hunden, deren letzter Gesichtsausdruck scheint immer sagen zu wollen: »Keiner bewegt sich, dann passiert auch niemandem was.« Die bestialische Fratze rührt jedoch daher, dass Hunde entweder lebendig gekocht oder in einem Sack totgeknüppelt werden. Auf dem Schleichweg ins Jenseits jagt eine gute Portion Adrenalin durch den Körper, das verleiht dem Hundefleisch einen optimalen Geschmack. Der Henker gestikuliert vorfreudig: »Welches Stück darfs sein?« Heuchlerisch deute ich auf den Kopf, bin jedoch nicht sicher, ob dieser nur den Tisch dekoriert oder tatsächlich in den Topf soll.

Weiter zum nächstbesten Schuppen mit den ikonischen roten Plastikhockern. Wie üblich schlendere ich unverzüglich in die Küche und zeige auf Sachen, die ich reuelos schlemmen will: Reis und Tofu. Der Zeitpunkt, meine Inbox zu überprüfen, ist perfekt gewählt – die News des Tages kommen aus Bangkok. Mein Aussteigerfreund Teddy benennt eine Pizza nach mir. Es muss ja nicht gleich ein neu entdeckter Planet, eine lebensrettende Medizin oder eine Paradiesinsel sein. Die Tatsache, dass Bangkok ab sofort die »Pizza Claudio« bestellt, ist für mich eine der höchsten Weihen.

Tags darauf düse ich weiter und weide mich. Weide mich am Pinsel der

Tee-Fans aufgepasst, hier seid ihr gut aufgehoben.

Natur, am verschwenderischen Lachen mehrerer Generationen. Je abgelegener die Dörfer, desto intensiver die Freude über den vorbeirollenden Besuch. Ich habe im Vorhinein ein paar Spielregeln für den Trip aufgestellt: Städte meiden (das ist kaum schwierig, denn eine Stadt kündigt sich hier oben nur alle vier bis fünf Fahrtstunden an), einen neuen Weg einschlagen, sobald sich auf der Nebenstraße eine Nebenstraße mit mehr Abenteuerpotenzial anbietet. Bei der nächsten Gabelung wartet bereits eine wunderbare Gelegenheit. Knapp vier Stunden später baue ich mein Zelt auf: unter mir das weite Tal, über mir die spendabel funkelnde Milchstraße – endlich wieder so richtig draußen. Um Mitternacht sehe ich plötzlich Stimmen aufblitzen, einige Taschenlampen rufen – oh … nein, umgekehrt. Schlaftrunken wanke ich zu meinem Motorrad, das gerade von drei alkoholblöden Ganoven gestohlen wird. Mit einem Ästchen haben sie den Anlasser in die Startposition gefummelt. Eigentlich wäre nur noch ein Kickstart notwendig gewesen, um davonzubrausen und mich einem ungewissen Schicksal zu überlassen. Wäre – hätte ich nicht in Hanoi vergessen, die Batterie zu wechseln. Mangels Feingefühl wurde so lange gekickt, bis die Tretkurbel abbrach. Ich will nicht böse sein, ein unbemanntes Motorrad auf einer verwaisten Bergstraße, wer würde da nicht zugreifen wollen?! Wir vereinbaren, dass meine Maschine am selben Ort stehen bleibt. Mit dumpfem Gemurre trotte ich in mein Zelt zurück.

Morgentau perlt durch das Innenleben meines gefälschten Markenzelts. Es ist, als würde man den Wecker auf Schlummermodus stellen – es ist nur eine Frage der Zeit, bis der nächste Tropfen droht und den Halbschlaf unterbricht. Eine gute halbe Stunde nötige ich den Elektrostarter, um wieder rollen zu dürfen. Nach einem unerlässlichen Halt beim Mechaniker im Kriechtempo hinauf zum 1.000 Meter höher gelegenen Sìn Hồ. Eine Kuppe lädt zum Spähen auf die pompöse Hügellandschaft und auf eine Urgroßmutter der Hmong ein, die gerade in farbige Tracht gehüllt aus dem Unterholz kriecht, auf dem Buckel einen Bruchteil des benötigten Forsts, um den drohenden Winter zu überleben.

»Sìn Hồ – Eine Prinzessin, die in den Bergen schläft«, titelt eine Reiseagentur auf ihrer Website. Es erstaunt mich immer wieder, wie aus Nichts eine Urlaubsdestination gezaubert wird. In Sìn Hồ eingetrudelt, werde ich von einem Rudel Kleinkinder begrüßt mit: »*Hello. How are you? What is your name? What is your Facebook?*« – aber auch mit einem lässigen »*What the fuck?!*« Man sollte den Idioten, die Vietnams Nachwuchs solchen Jargon beibringen, kräftig eine aufs Maul hauen. Es ist tragisch genug, dass der Schulkorps es nicht fertigbringt, die Sprachwissenschaft nach gut sechs Dekaden kontinuierlichen Scheiterns dem derzeitigen Niveau anzupassen. Ich hatte letzten Monat einen Nachmittag mit dem kleinen Bruder meines Freunds Nhat verbracht und mit ihm Englisch gepaukt und dabei die Schulbücher des Achtjährigen begutachtet: eine Odyssee aus komplizierten Sätzen zu unsinnigen Themen. Die Idee ist, ganze Sätze auswendig zu lernen, ohne dabei den Inhalt, die einzelnen Worte oder gar die Satzbildung zu verstehen. Aussprache oder gar Dialog: Fehlanzeige. So kommt es, dass der Großteil der Bevölkerung mit Steinzeitenglisch kommuniziert oder es einfach lässt.

Würde ich einige Bergflanken später links abbiegen, käme ich nach Sa Pa. Das Hochland wird von Vietnams Regierung seit Dekaden zum ethnischen Hotspot inmitten üppiger Reisterrassen erkoren. Im Stundentakt werden busweise Touristen und Backpacker in behaglicher Infrastruktur abgeladen, für einen Quickie mit Nordvietnam und einer Prise ethnischer Vielfalt. Also besser rechts abbiegen. Obschon meine Reiseplanung vor allem durch Spontanität beeinflusst ist, habe ich ein paar Eckpfeiler eingebettet. So wusste ich bereits vor einem halben Jahr, dass ich Anfang Oktober genau hier stehen will: auf einem Hügel in Mù Cang Chải, wenige Tage vor der Reisernte. Mehrere Tage lang umrunde ich die majestätischen Reisterrassen und mustere die ockergelbe Agrarkunst aus allen Perspektiven – hätte ich doch eine Staffelei und Ölfarben mitgebracht. Während meiner Exkursionen plagt mich andauernd dieselbe Frage: Wie sieht der Selbstversorger sein Werk? Der Reisbauer, der hier seine Nahrung pflanzt: hat er nur den Hauch einer Ahnung von der pittoresken Schönheit seines Schaffens, von den perfekten Linien, die sich an die Hügel schmiegen? Ich verbringe eine Weile im Dorfkern, um mittels Google-Über-

Die Reisfelder von Mù Cang Chai gelten als eine der schönsten Äcker Asiens.

setzer mehr über die hiesige Sichtweise zu erfahren. Das geht am besten dort, wo Reiswein zum Ausklang des zwölfstündigen Arbeitstags in Strömen fließt. Die Interviews könnten besser laufen – einige starren ein Fragezeichen in die Luft, andere jedoch nicken befremdlich. Nach gut zehn Probanden und ebenso vielen Gläsern Reiswein gebe ich auf, denn die Ästhetik eines Reisfelds verdingt sich lediglich als Sinnestherapie für Stadtmüde und Ortsfremde, nicht aber der Wahrnehmung seiner Künstler. *That's it!*

Die nächste Gabelung tut sich auf. Ich bin mir sicher, es ist die ultimative Abkürzung. Ein Duo Zeitloser chillt neben dem verrosteten Wegweiser. Ich frage zur Sicherheit nach: »Lào Cai?« Keiner weiß es. Nein halt, beide wissen es, denn einer nickt, während der andere vehement den Kopf schüttelt. Nach wenigen Kilometern ist den Straßenbauern der Asphalt ausgegangen, ich wetze über zusammengetrümmerte Steine. Eine gute Stunde »Rock 'n' Roll« später schwindet jede Zuversicht. Dieses Mal schüttelt der Aufseher eines Staudamms den Kopf. Ich Tor reise doch bereits seit zwei Jahren kreuz und quer durch Asien, habe aber immer noch nicht gelernt, mich mindestens dreifach abzusichern. Der Arthrose näher als je zuvor komme ich wieder an den beiden Lungerern vorbei, die mir unbekümmert nachschauen, als wollten sie sagen: »Muss wohl wieder dieser Wichtigtuer von Staudamminspektor sein.« Etwas verspätet erreiche ich Mường Khương, gleich neben dem Grenzübergang zu China.

Alle aus dem Weg, der Blumenexpress will vorbei.

Einige Laster schnaufen an mir vorbei, bestimmt mit der neuen »Northfake«-Lieferung. Schulkinder rasseln aus den Bildungsstätten, alle mit einem roten Shirt, der gelbe Stern auf Brusthöhe. Vietnam züchtet weiträumig kleine und große Patrioten. In den meisten Ländern werden lediglich zum Nationalfeiertag euphorisch die Fahnen geschwungen, in Vietnam sind sie fest installiert. Böse Zungen klagten mir gegenüber einst, die Polizei schaue hin und wieder vorbei, um den Flaggenaushang zu überprüfen. Außerdem ist die Propaganda allgegenwärtig: Plakate mit illustrierten Bauern, Soldaten, ethnischen Minderheiten – alle in Aufbruchstimmung, die Konjunktur in Sichtweite. Im Hintergrund der Illustrationen weht ein Banner mit Sichel und Hammer (die Werkzeuge der Bauern und Mechaniker) – das Triebwerk einer kommunistischen Nation. Es gibt Orte, die spürt man nicht, Orte, bei denen die Anfahrt sinnlicher ist als der Aufenthalt – Mường Khương ist einer davon. Im Leerlauf rolle ich zurück ins Tal, um den Kaffeemann wiederzutreffen, der mir vor wenigen Stunden neben bestem Kaffee auch ein veritables Lächeln serviert hatte. Eine phänomenale Entscheidung, denn gleich nach dem Blickkontakt wird mir das freie Zimmer der Mutter der Freundin seines Bruders zugewiesen, dann werde ich von der Sippe zum Essen eingeladen. Mit Händen und Füßen verständigen wir uns prächtig. Ich bekomme ein Schälchen mit der hiesigen Spezialität: Entenblutgelatine mit gehacktem Entenhals. Zum Glück wurde mir zuvor reichlich Reiswein eingeflößt. Jetzt ist Opa dran, er will mir demonstrieren, wie toll er rauchen kann. Das geht so: er inhaliert zehn Sekunden lang aus der *Điếu cày* (Bambuspfeife), ohne dabei ein Rauchpartikel zu verpassen. Der Clou? Er atmet nicht aus. Der Rauch verschwindet vollständig in seinem 72-jährigen Körper. Vietnams Bauerntabak *Thuốc Lào* enthält bis zu neunmal mehr Nikotin und schädliche Stoffe als gewöhnlicher Tabak. Während Großväterchen einige Lebenstage opfert, um mir zu imponieren, ernte ich schallende Beipflichtung für das gemimte Gesicht eines Toten mit verdrehten Augen und raushängender Zunge.

Bắc Hà, unweit östlich gelegen. Eine Nudelsuppenköchin hilft ihrem Nachwuchs dabei, den Gehweg zu düngen, mit der freien Hand winkt sie potenziellen Kunden. Winkt mir, der gerade umringt von irrenden Zicklein und einem Pferdewagen mögliche Unterkünfte ausmacht. Abseits vom Dorfkern finde ich eine Gastfamilie mit kleinem Restaurant. Perfektes Timing, denn ein gutes Dutzend Lehrer und Lehrerinnen feiert heute den Abschied einer Berufskollegin. Es dauert keine Minute, und ich bin fest verkeilt inmitten von Kinh, Tay, Thai, Dzao, Nung und Hmong, von Saufgelage und Essensbergen. *»Một, Hai, Ba, Zôôôôôôô« (»1, 2, 3, cheeeers«)* – kontinuierlich werde ich zum Ritual aufgefordert, dabei gibt es eine strenge Abfolge traditioneller Regeln: Trinkpartner auswählen, Gesundheit predigen, auf einen Schluck austrinken, darauf mit linkem Arm die rechte Hand zum Gegenüber führen, kräftig dessen Hand schütteln und Dank aussprechen, Glas wieder auffüllen und bis zur nächsten Herausforderung ausharren.

Wer das »Mot, Hai, Ba, Zôôôôôôô« vernimmt, weiß sogleich, was ihm blüht.

Wie es weitergehen wird, war mir bereits im Vorhinein klar: Ich werde auf dem Rücksitz eines Mopeds deponiert und ins nächstbeste Karaoke-Etablissement abgeschleppt. VIP Room Nummer 5 wird aufgeschlossen, ein kleiner Discobunker: Niemand kommt mehr rein, niemand darf mehr raus. Die Innendeko ist simpel: gestapelte Bierkästen, ein 150-Zoll-Bildschirm sowie dreifache Schalldämmung an Decke und Wänden. Die ist nötig, denn nach einigen Gesangslektionen und Bierrunden singe ich bestens gelaunt Liebesschnulzen im Duett auf Vietnamesisch, gefolgt von einem Freestyle-Rap über die Schönheit Vietnams.

Bắc Hà schlummert. Außer sonntags, denn dann mutiert die Kleinstadt zum umtriebigen Markt. Ein Grüpplein ambulanter Frisöre hat den Gehweg unlängst mit Haarbüscheln geschorener Kinder verziert. Kunterbunte Flower-Hmong verkaufen ein Kaleidoskop aus Stoffen, Früchten, toten und lebendigen Tieren. Alternative Schmerztherapeuten haben sackweise komische Pilze, suspekte Wurzeln und getrocknete Heilkräuter angeschleppt. Gute und strenge Geruchsfetzen wechseln sich ab. Ich liebe Märkte, das Essen der Straße, die Nahrungsaufnahme *»on demand«*. Während ich durch die vielseitige Palette schreite, denke ich an die westlichen Einkaufsgewohnheiten, den Materialismus, den Gang durch einen verkaufspsychologisch optimal gestalteten Supermarkt. Man fühlt sich schuldig, etwas nicht zu kaufen. Man fühlt sich schuldig, wenn man es im Kühlschrank verwelken sieht. Man fühlt sich schuldig, wenn man es wegwirft. Ach, sind wir smart, wir klicken den Warenkorb bereits virtuell zusammen. Keine lästigen Märkte mehr, keine Treffpunkte, keine direkte Kommunikation, keine menschliche Interaktion – lediglich einloggen und anonym klicken. Dabei verstrahlt das Porträt einer lächelnden Kundenserviceangestellten einen Hauch Persönlichkeit. Die Wahrheit ist brutal, denn die lächelnde Kundenserviceangestellte schuftet im outgesourcten Callcenter in Oerlikon, ja wahrscheinlich bald in Polen, im achten Stock eines lieblosen Gebäudes, in einer mit Plastikwänden abgetrennten Kabine – bis sie irgendwann durch einen Algorithmus ersetzt wird.

Eine listig grinsende Greisin zeigt auf den Hocker vor ihrer Garküche. Ich setze mich neben Xu. Die süße Flower Hmong reißt mich aus meiner Tagträumerei, auf Englisch warnt sie mich vor dem scharf-bitteren Beigeschmack des Korianders. Tracht und Bildung gehen zu selten einher im Norden Vietnams, umso neugieriger stürze ich mich mit Fragen auf sie. Früher hat Xu in der hochgeprie-

senen Sa Pa gearbeitet und versucht, den Touristenhorden die Kultur ihres Volkes näherzubringen. Dünnes Eis, denn dieser Tage jagen Hmong-Kinder auf Befehl ihrer Eltern Touristengeld, statt die Schulbank zu drücken. Kaum ein Gasthaus (ein sogenanntes *Homestay*) wird von der heimischen Bevölkerung betrieben, die meisten wurden während der Boomjahre von investitionsfreudigen Städtern aufgebaut. Niemand wisse genau, wo die Eintrittsgebühren für die Dörfer hingingen. Ich spreche Xu auf die schleppende Entwicklung an: Bevorzugten Bergvölker per se ein einfaches Leben oder liebäugelten sie mit dem Fortschritt? Wenn ja, mit welchen Kompromissen? Der Sachverhalt sei klar, die Regierung unterstütze die Bildung lediglich mit einem Mindestmaß, dafür aber bis in den hintersten Bergzipfel. Das Zukunftsziel Hanois sei die Urbanisierung der Ethnien und eine Kooperation mittels Abhängigkeiten. So blieben sie schließlich beherzt Selbstversorger und wuselten bis zum Scheintod, statt »entwickelt zu werden«. Niemand will sich auf unlautere Versprechen einlassen oder Verpflichtungen eingehen. Xu resigniert: »Weißt du, die Vergangenheit hat uns gezeigt, dass wir am besten überleben, wenn wir uns selbst vertrauen.«

Ein Marktsonntag der Superlative, hier gibt es eigentlich alles, was ein Reisender nicht braucht. Trotzdem ist ein Besuch unverzichtbar.

Hồng Quang

Über eine Landstraße, bestehend aus badewannentiefen Löchern und einigen Teerfetzen, fahre ich einen Umweg zum Volk der Pa Then in Hồng Quang. Die Tatsache, dass die hier ansässigen Dörfler gezwungen sind, tagein, tagaus über diese Piste zu schaukeln, versöhnt. Sie wissen bereits seit ihrer Kindheit, dass Vietnam in Zeitlupe repariert. Kein Murren – sie nehmen es gelassen, ich tue es ihnen gleich. Einfache Hütten markieren den Horizont. Ich parke vor dem sterilen Gebäude mit Verwaltungscharakter, wische mir den Dreck vom Gesicht und schnappe mir die erstbeste Person. Der Bürgermeister schenkt mir einen warmen Händedruck, gefolgt von Tee, dann Bambuspfeife, dann die Gewissheit: Die Festivitäten starten morgen. Ich kann mir den Jauchzer nicht verkneifen. Ein Datum aufgrund von Hörensagen vom Mondkalender in den gregorianischen Kalender umzurechnen und dann tatsächlich früh genug im vage beschriebenen Kaff des Geschehens zu landen – die Kür jeglicher Reiseplanung. Ich werde zu einem Stelzenhaus geführt, einem architektonischen Meisterwerk der Thai-Ethnie. Der Bauplan kommt zwar aus der Schublade, das austauschbare Resultat jedoch kitzelt die Herzen der Nostalgiker: unbehandeltes Holz, ausgedehnter Wohnraum, Gemüsegarten, Reisfelder, Palmen – sogar ein eigener Fischteich ziert die Länderei. Wenig später kauern wir zu sechst, zu acht, zu zehnt auf dem Fußboden alias Küche alias Schlafgemach alias Esstisch. Wir verstehen uns prächtig, die Reisweinkübel trösten über die Sprachbarriere hinweg. Meine Gastgeber geben Vollgas, zur Feier des Tages wird ein Kaleidoskop von Reisgerichten aufgetischt. Wie töricht von mir, zu glauben, es gebe lediglich weißen oder braunen Reis. Weit gefehlt, denn Vietnam zaubert roten, lila, gelben und grünen Reis herbei. Frittierter Fisch aus dem hauseigenen Teich rundet das Galadinner ab. Ich bitte um Abstinenz, suche per Taschenlampe den Abort und stelle mit Gräuel fest, dass der anmutige Weiher gleichzeitig die Toilette ist. Die Fische scheinen zu ahnen, was sie erwartet, und versammeln sich vorfreudig. So hat jegliche Romantik einen Haken.

Katermorgen. Opa von nebenan kommt vorbei und will mir sein Haus zeigen. Ich trotte ihm nach, er redet, ich glaube zu wissen, wann Nicken angebracht ist. Er öffnet zwei Biere und schaltet den Fernseher an. Wir schauen zusammen Reportagen über die Naturschönheiten der Provinz Hà Giang. Es berührt mich, wie der knapp Hundertjährige seine direkte Umgebung per Fernseher genießt. Dennoch bin ich überzeugt, er hatte ein reiches und erfülltes Leben. Die Bilder an der Wand verraten, dass er dreizehn Kinder hat, alle bereits abgehauen, nach Hanoi, Ho Chi Minh oder Đà Nẵng, nur weg vom Landleben. Ich beginne zu zappeln, bald starten die Rituale. Ich schnalle Großväterchen hinten auf dem Motorrad fest und fahre zum Verwaltungsgebäude. Der Gemeindeammann erwartet mich bereits und macht mir wortlos klar, ich solle ihm folgen. Die ethnischen Pa Then, mit knapp 6.000 Köpfen eine der kleinsten Minderheiten Vietnams, sind bereits versammelt und begrüßen mich mit Neugier. Die mutigsten unter ihnen sind die Hauptdarsteller des heutigen Tages. Der hiesige Schamane stellt sich vor.

Wenn er antritt, machen die Geister Platz.

Wie alle Geisterbeschwörer umgibt ihn etwas Mystisches. Er ist allen Beteiligten einen Zug an Grazie voraus. Niemals wird er sich tölpelhaft verhalten, sich nie maßlos betrinken, aber falls doch, wird er es mit Stil tun. Zu Ehren der Geister werden Hühner aufgeknüpft, Räucherstäbchen angezündet, monotone Liedlein rezitiert. Wir alle bewegen uns nun zum Dorfkern, wo bereits ein Scheiterhaufen aufgebaut wurde. Lässig setzt sich der Schamane auf ein Brett mit integriertem Holzxylophon, klimpert und trällert zu Ehren der Geister, dabei wirft er hin und wieder einen Blick auf das überdimensionale Lagerfeuer. Sobald er damit zufrieden ist, erteilt er seinen Volksvertretern die Absolution, sich in die fauchenden Kohlen werfen zu dürfen.

Die Pa Then glauben, dass das Universum vom Gott Quơ Vo und der Teufelgöttin Me Quơ O geschaffen wurde. Ihre Kosmologie teilt das Universum in vier Teile: den Himmel, wo die Sonne, der Mond, die Sterne, die Ahnen, der Donnergott, der Blitzgott, der mächtige Buddha thronen. Die Erde, auf der sich Menschen, Pflanzen, Tiere, nicht in den Himmel gekommene Ahnen und verschiedene Geister tummeln. Das Wasser, Zufluchtsort verschiedener Najaden, Drachen sowie Götter von Flüssen und Quellen. Die Unterwelt, wo die Teufelgöttin und ihre Dämonenbande hausen. Der Feuertanz soll Gefahren und böse Geister mit der Kraft des Feuers abwehren, Himmel wie Erde huldigen und die Jugend ermutigen, den richtigen Pfad zu gehen: den Pfad der Mutigen. *Showtime!* Der Schamane legt so richtig los und ruft ekstatisch nach den Göttern. Die traditionell gekleideten Tänzer hocken sich der Reihe nach zu ihm, schütteln sich im Rhythmus des Trommelwirbels in einen Trancezustand, fallen wie von Dämonen besessen zu Boden, räkeln sich ungestüm, zittern sich aufrecht und springen unversehens in die Glut. Ich bitte um Erlaubnis – der Hexer zaudert keine Sekunde, klimpert weiterhin mit einer Hand auf seinem Instrument und winkt mich mit der anderen zu ihm. Meine Feuertaufe kann beginnen.

Die Pa Then verbrennen sich während des Feuerlaufs nicht, lediglich ein paar Zehen sind vom Ruß leicht schwarz gefärbt. Nicht so bei meiner Feuertaufe, ich kann die Blasen kaum zählen.

Von Đồng Văn nach Nà Vần

Selten habe ich so viel nachgedacht, war mir meines Daseins, meines Lebens so intensiv bewusst wie während der Etappen im Sattel. Das Lenken eines Motorrads durch einsame Bergpässe feuert Gedanken an und belebt. Scheinbar muss mein Körper in Bewegung sein, wenn es mein Geist sein soll. Ich habe wenig Gutes gehört über Đồng Văn und genauso wenig Schlechtes. Wie wunderschön vielversprechend! Es ist sowohl dem Zeitgeist als auch dem Massentourismus größtenteils entgangen; die Strecke ist zu unbequem, um den Pulk an Kurzaufenthaltern für eine Schnellbleiche hochzukarren. Vor einer 200-jährigen Holzhütte der Tày-Ethnie sitzt der rebellisch anmutende Mat Hâu auf einem russischen Motorrad, wirft das lange Haar zur Seite und ruft mir zu: »*Need a room, sir?*« Wie könnte ich das Angebot ausschlagen? Ich buche für eine Woche. Mat Hâu und ich sind im selben Alter – nicht ganz, denn Vietnamesen rechnen auch die Fötusmonate mit ein, also bin ich technisch gesehen circa ein Jahr älter. Ob wir im Westen länger als neun Monate im Mutterleib verbrächten, wir seien ja bedeutend größer als die Asiaten, fragt Mat Hâu versonnen. Ich staune, was für kreative Ideen dem Unwissen zugrunde liegen. Auch er ist Single, daher deute ich an, dass wir zusammen den Love Market im naheliegenden Khâu Vai besuchen sollten. Jetzt fliegt mein Unwissen auf. Märkte, so ist mir zumindest bewusst, sind seit eh und je die Partnerbörsen der Bergvölker – Girls takeln sich auf und

Die Aromenvielfalt bei der Kost von Vietnams Bergvölkern ist einzigartig.

Der Mã Pí Lèng Gebirgspass verbindet die Städte Đong Văn und Mèo Vac. Die Umgebung ist skandalös schön.

nehmen tagelange Märsche auf sich, um die Männerwelt auszukundschaften. Die Mehrheit der Kommunen ist schlicht zu klein, um in ihnen fündig zu werden. In Khâu Vai läuft es hingegen etwas anders: Das jährlich stattfindende Event richtet sich an die einzig wahre Liebe, nämlich die vergangene, die verpasste, die sündige. Männer wie Frauen pilgern nach Khâu Vai, um die wahre Liebe wiederzusehen, für einen Schwatz mit der Person, die einem aus Traditionsgründen versagt blieb.

Oscar Wilde bemerkte einst klug: *»Die Mode ist so hässlich, dass man sie alle sechs Monate ändern muss.«* Ich pflichte ihm gern bei und verpasse bewusst jeglichen Trend, bin weder hip noch out. Schlimmer noch: ich trage seit bald drei Jahren dieselben Shorts, wechsle meine T-Shirts nur im äußersten Notfall, repariere meine Schuhe, bis selbst der kreativste Schuster abwinkt. Was mir modisch wirklich imponiert, sind die jahrhundertealten Trachten der Minderheiten. Die Bergvölker in Vietnam tragen sie tagein, tagaus wie ich mein Reiseoutfit. So dachte ich bisher, bis ich die White Hmong den lokalen Markt in Đồng Văn betreten sehe. Während die Black Hmong und die Flower Hmong ein Flair für Farbkombinationen haben, gehen ihre Kollegen einen absurden Weg: Sie mixen goldene Paillettenoberteile mit grünen Bleistiftröcken, kombinieren knallige Töne mit pastellfarbigen Rüschen und mumifizieren das Haupt mit einem bunten Wollschal. Wieso? Um dem anderen Geschlecht zu imponieren.

Als Abschiedsgeschenk lädt mich Mat Hâu zu seiner Familie ein. Heute sei ein wichtiger Tag, der frisch geerntete Reis werde gekocht. Dabei huldigen wir dem verblichenen König der Hmong-Ethnie in Hà Giang, Vuong Chinh Duc. Jedes Reiskorn ist eine Geschmacksexplo-

Oder doch das rote Abendkleid in Kombination mit dem grünem Schal?

sion! Ich drücke meinen neuen Freund zum Abschied und nehme Kurs auf Bảo Lạc. Just vor dem Städtchen gibt es eine Nebenstraße, diese Abzweigung nehme ich wie geplant, denn er führt mich in das Gebiet der Lu Lu, genauer, der Schwarzen Lu Lu. Eine Randgruppe der Randgruppe. Mat Hâu hatte mich vorgängig darüber aufgeklärt, dass ich hier etwas Rares vorfinden werde: den Kult schwarzgefärbter Zähne. Die Region ist berüchtigt als eine der bitterärmsten Vietnams. Um nicht mit leeren Händen aufzukreuzen, habe ich mich mit Schreibutensilien, Tabak, Nudeln und Shampoo eingedeckt. Einige Kilometer später tummeln sich bereits nostalgische Pfahlbauten. Mitbringsel gegen Zugänglichkeit – ich bin auf Handel eingestimmt. Trotzdem stehe ich etwas verloren im Dorfzentrum von Nà Vẩn – ein Mann Marke unstillbare Neugier in einer von der Moderne abgeschotteten Kommune. Ich platze in einen Kindergarten rein, schüttle Dutzende kleiner Finger und lade Material ab. Die Lehrerin strahlt über beide Ohren. Wieder draußen, befiehlt mich Ninh auf seine Veranda, ein Glas selbstgebrauter Kornwein steht schon bereit. Seine Gattin grüßt mit einem herzlich schwarzen Lächeln und händigt mir Betelblätter, Kleister und Baumrinde aus. Als ich orange spucke, scheint die Mutprobe erfolgreich; mir wird ein Schlafplatz angeboten – so viel Gastfreundschaft kann moralisch beuteln. Ich reiche Ninh ungefragt 500.000 Dong, rund 25 Euro – die bisher teuerste Übernachtung in drei Monaten Vietnam – und bitte ihn, dafür das Dorf zu einem Festmahl einzuladen. *»For nà vẩn!«* Er willigt ein. Kinder begleiten mich zum Motorrad, um meine Siebensachen zu holen, und wiederholen dabei jauchzend: *»For nà vẩn, for nà vẩn …«* Ich setze mich wieder an den Tisch, um einen weiteren Kornwein einzunehmen; Ninhs neunjähriger Sohn zündet sich eine Zigarette an. Dann noch eine. Nach und nach kommt das Dorf zu Ninhs Stelzenhaus, ein lustiger Abend bahnt sich an.

Knapp zwei Stunden später haben sich bereits 20 Leute auf dem Boden versammelt. Die Lu-Lu-Frauen kauen munter auf ihrem Betelmix, Männer inhalieren aus der Tabakpfeife. Währenddessen übe ich mit den Kindern »Schere, Stein, Papier«. Für die Herren zeichne ich einige Schweizer Kulturgüter, unter anderem einen Alphornbläser. Die Menge feuert Lachsalven ab, höchstwahrscheinlich fantasierend: »Schaut, die Schweizer sind so krass, die ziehen sich den Tabak mittels einer zehn Meter langen Pfeife rein.« Nach dem Essen spiele und singe ich einige Lieblingssongs. Die Ladys werden euphorisch und trällern Lu-Lu-Folklore. Nach unzähligen Gläsern Kornwein taut auch Ninh auf, holt seinen traditionellen Dress und führt den Lu-Lu-Volkstanz auf. Danach wieder Trinkrituale, Zähne dunkel färben. »Schere, Stein, Papier« hat mittlerweile das letzte Kindsgemüt begeistert. Ich beobachte die Situation mit Ekstase, etwaige Unbehaglichkeit habe ich längst ertränkt. Plötzlich schwingt sich Ninh aus der Lotusposition auf und räumt den Altar ab, wickelt sich ein Bandana um den Kopf und enthüllt mit akribischer Sorgfalt ein altes Schwert. Das Gelächter wird abrupt in Watte gepackt, und es ist totenstill. Vier Räucherstäbchen werden angezündet, vier Gläser Kornwein auf den Opfertisch gestellt. Es folgt ein mystisches Gebet, dann rammt Ninh mit Wucht das Schwert in den Holzaltar, rechnet ab mit den bösen Geistern im Raum und verneigt sich. Auf dass uns vier Betrunkenen weder Krankheiten noch Bauchkrämpfe blühen. Für den Rest der Nacht brennt ein Kerzlein über dem Altar – der Hausgeist soll wach bleiben, mich beschützen vor dem Bösen.

Von Bản Giốc nach Bắc Sơn

Weiter nach Bản Giốc im äußersten Zipfel der Provinz Cao Bằng. Seit China und Vietnam den Grenzkonflikt 1979 ad acta gelegt haben, wandert die Grenze auf wundersame Weise jedes Jahr rund fünf Meter nach Süden. Den Bergvölkern ist die Grenze grundsätzlich egal, sie haben keine Ausweispapiere und bewegen sich rechtsfrei zwischen China und Vietnam.

Eine Geschichtslehrerin in Hué klärte mich einst darüber auf, dass die Straßen im Norden nicht gebaut worden seien, um den Minderheiten eine komfortable Reisemöglichkeit zu bieten, sondern um die Grenze zum Nachbarland zu schützen. Ein gutes Beispiel für den leisen Clinch mit den Nachbarn ist der Bản-Giốc-Wasserfall, denn er gehörte früher vollständig zu Vietnam. Dieser Tage aber hat China das Anrecht auf die Hälfte des Wasserfalls. Würde ich bis zur Mitte schwimmen, ich wäre in der Provinz Guangxi. Es ist einfach erkennbar, wer wem zehn Entwicklungsjahre voraus ist. Alle drei Minuten legt ein motorisiertes Floß von Chinas Seite ab, um die in Schwimmwesten eingehüllten Fotojäger möglichst nahe an die Action zu befördern. Gleichzeitig schlendern hier einige Vietnamesen am Ufer entlang, rollen die Picknickdecke aus oder gehen angeln. Auf Chinas Seite wimmelt es von Busparkplätzen, Hotelkomplexen und Ferienwohnungen mit Blick auf die Fälle. Seit meinem zweiten Besuch bei den vietnamesischen Nachbarn letz-

Von oben sieht die Welt ganz anders aus, so auch der Ban-Gioc-Wasserfall.

Am Busen der Natur in Bac Son.

tes Jahr habe ich gehörigen Respekt vor Team China. Denn sie kommen in Horden, vergeuden keine Sekunde und wollen sich kaum irgendetwas körperlich verdienen, dementsprechend muss zwingend Infrastruktur in die Natur hineingebaut werden. Hoch oben erspähe ich ein buddhistisches Kloster. Außer mir schert sich niemand um diesen Ort des Seelenheils. Fünf Stunden lang umgibt mich außer dem Geplätscher des Wasserfalls nur eine behagliche Stille. Bevor ich aufbrechen darf, schreibt mir der angehende Mönch Jing eine erquickende Phrase in mein Notizbuch (aus dem Vietnamesischen übersetzt): *»Be joyful on seeing other's success or other's good deeds – as if they were yours.«* Er schaut mich an, ich nicke beifällig.

Bắc Sơn versteckt sich auf halbem Weg nach Hanoi und bietet sich als letzter Ankerpunkt auf meiner Nordroute an. Hier wurde noch nicht geerntet, und der Ort überrascht mich mit einem goldgelben Meer aus Reisfeldern, während sich prächtige Farmhäuser an die Karsthügel reihen. Wie so oft sind die weniger beworbenen Orte die eigentlich lohnenden Ziele. Nach der Naturschau schlendere durch den kleinen Markt, um einige Happen zu sammeln, komme jedoch nur langsam voran, da mir alle etwas aus dem Sortiment direkt in den Mund drücken wollen. Ich werde in einen kleinen Schuppen geschickt: zum Armdrücken gegen die Metzger von Bắc Sơn. Ein Kanister Reiswein wird angeschleppt. Ich beschließe – meiner Leber zuliebe –, dass es aufhören mus. Gleich morgen. Versprochen. *»Một, hai, ba, zôôôôôô!«*

Hätte ich je eine Postkarte nach Hause geschickt, es wäre dieses Bild von mir und meinem unzuverlässigen Gefährten »Frankenstein« gewesen.

Hanoi

Eine Liason mit dem Acht-Millionen-Moloch? Die lebensverkürzende Menge an Kohlenstoffdioxid, das chemikalienreiche, Haarausfall induzierende Leitungswasser plus die Gefahr, im Stoßverkehr kaputtgerammt zu werden – alles kaum vielversprechend. Wer sich auf das ganze Ausmaß an Chaos einlässt, wird flugs erleuchtet. Hanoi stinkt, härtet ab, zehrt an den Nerven, versöhnt gleich darauf mit charmanter Herzlichkeit, schroffer Neugier und der Gelassenheit seiner Einwohner. Vehement spüre ich hier das Behagen, nicht zu Hause, sondern unendlich fern von den bereits bekannten Bildern sein zu dürfen, die mich unlängst so erschöpft haben. Die Sternstunden des Reisenden. Das mir bevorstehende Vierteljahr in Vietnams Hauptstadt reicht kaum aus, die Galaxie an Überraschungen zu begreifen, sie verführen lediglich zum Nachdenken. Nicht über die Kleinigkeiten, die Einstein, Newton oder Darwin störten, als sie ihre Theorien formulierten, sondern über das absonderliche Leben und darüber, wie wir Reisenden uns darin zurechtfinden.

Herbststimmung in Hanoi. Das Viertel Tây Hồ ist mir bis auf Weiteres zu snobby, und in der Altstadt regieren die Kurzaufenthalter. So ziehe ich in die Bạch Đằng Street, besser bekannt unter dem Namen »*Bãi*« (Müllkippe). Eingequetscht zwischen Autobahn und dem eher braunen Red River, erfüllt die Gegend weder westliche noch asiatische Wohnträume. In Bãi sollen die Gangster herumlungern, welche die Drogenladungen vom Dock in die City schmuggeln, sich dabei gern selbst betäuben und jegliche Probleme per Faustrecht lösen. Ist nichts zum Schmuggeln verfügbar, wird die Durststrecke mit nächtlichen Raubzügen kompensiert. Dafür stimmen die Mietpreise. Wie so oft trügt der Schein. Ich stehe in einer typisch vietnamesischen Nachtbarschaft: Vögelein piepen aus den zahlreichen Käfigen, Kinder spielen, Marktfrauen mit Kegelhüten schlendern auf und ab – die drogensüchtigen Halunken haben heute offenbar frei. Einchecken bei Tai, meiner vietnamesischen Pflegemutter, die mit 65 aussieht, wie alle 65-Jährigen aussehen wollen. Vertrag unterschreiben. Lachen bei Paragraph 6.2: Der Vertrag gilt als beendet, falls Krieg herrscht oder bei einem Akt Gottes (wie Überschwemmungen oder dem Jüngsten Gericht). Da Vietnam grundsätzlich keinen Göttern, sondern lediglich Ahnen und Geistern huldigt, kommt die Vorlage offensichtlich von einer westlichen Webseite. Mein Pass wird vorübergehend eingezogen – »zu meiner

Der großflächige Tümpel nahe dem angrenzenden Viertel Tây Ho. Man sagt, eine Dusche mit seinem Wasser lässt einem die Haare ausfallen.

eigenen Sicherheit«, wie die Behörden erläutern würden. Grundsätzlich ist es den Familien untersagt, ausländische Gäste zu beherbergen. Sofern der örtliche Polizist regelmäßig mit »*Happy Money*« aufgeheitert wird, spielen solche Bagatellen jedoch keine Rolle. Zur Feier des Tages wird zwölf Stunden lang gedämpfter Fisch serviert. Ich fühle mich geehrt, die Fischknochen gehören allein mir. »Nur dumme Leute essen das Fleisch«, kommentiert meine Gastgeberin.

Der Blick von meiner Bleibe in »Bãi«. Es herrscht katastrophale Raumnot.

Amerikanischer Jazz gähnt durch französisches Gemäuer. Eine Ratte schlittert über die Keramikfliesen, huscht vorbei am Hausaltar und klettert über die kantigen Musikabspielgeräte »*made in Japan*« hoch zu ihrem Versteck in der Ziegelwand. Angespannt blickt sie auf die Gäste von Sons Cà Phê. Mein Rückzugsort könnte kaum hanoianischer sein. Mit vietnamesischer Experimentierfreude paart der ehemalige Pilot alle Stereotype invasiver Länder – eine dreidimensionale Geschichtslektüre des letzten Jahrhunderts. Ob ich eine Audiokassette einlegen will? Schnurstracks verliebe ich mich in die Nostalgie, die großzügig durch den Raum plätschert. Verliebe mich außerdem in Sons Eierkaffee mit Zimt und den auserwählten Kreis, der hier Unterschlupf sucht. Uns allen ist bewusst: Nie wird uns Son mit Asientechno foltern (ein fiese Mischung aus psychedelischem Mäusepiepen, Schlager und Basstumult). Ich schleppe meine To-do-Liste in die Stadtoase. Hier will ich recherchieren, schreiben und philosophieren. Dabei ist mir klar, dass ich mindestens die Hälfte auf den nächsten Tag verschieben muss, da ich hier kontinuierlich angesprochen, inspiriert und aufgeklärt werde. Hanois Kaffeehäuser haben alle etwas gemeinsam: sie sind die externen Schaltzentralen von Flaneuren, Freigeistern und Freelancern.

Neben mir sitzt Joshua. Er redet eine Meile pro Minute und weiß alles. Sein Vater folgte 1945 dem ehemaligen Staatschef Chiang Kai-Shek nach Taiwan, um nicht von Mao und seiner Roten Armee »umgebildet« zu werden. Begabte hatten damals nichts zu wollen in China. Heute unterrichtet Joshua die Schnösel Hanois, predigt Ökonomie und Erfindergeist. Es ist längst kein Geheimnis mehr, dass Vietnams Oberklasse hinter der Fassade des Kommunismus Markt und Business eingetrichtert wird. Was ihn denn zum Businessguru mache, frage ich ihn. Flugs holt er eine Ingenieurskizze sowie einen Zeitungsartikel aus der Tasche. Ich säße dem Urvater der Selfie-Sticks gegenüber, alles nachzulesen in der *Taipeh Times*. Armer Tüftler! Trotz aller Patente auf seine Erfindung hatte er einige Details übersehen. Seine Widersacher (mittlerweile milliardenschwer) hatten ihn, den Fuchs, ausgefuchst. Schade für uns beide, denn es wäre mir eine Ehre gewesen, dem Motivator globaler Selbstdarstellung ins Gesicht zu hauen. So bleiben wir lieber Freunde. Augenblicke später schlägt der Zeitgeist zu: Joshua fährt seine Erfindung aus, knipst, postet auf meiner Timeline. Mit Elan lösche ich die Markierung und wechsle zum Gespräch mit Long. Long ist lebhafter Lebemensch und mittlerweile Teil meines Stammtisches. Seine Sklavenzeit als Creative Director eines Modemagazins sei passé, er wolle die phonetische Schrift der Vietnamesen mittels eines neuen Alphabets revolutionieren (das will er auch immer noch, als ich ihn vier Jahre später besuche). Chapeau allemal! Wer hier ansetzt, kann die Welt verändern. Long kommt eben vom Meeting mit seinem Parteifreund. Die Themen waren unkompliziert: Völlerei und Geldbrief. Im Gegenzug darf sich der Gönner in Sicherheit wiegen, geschäftliche Hindernisse lösen sich temporär in Luft auf. Die Treffen mit Abgesandten des Politbüros finden regelmäßig statt. Je höher aufgestiegen der Parteifreund, desto praller sein Terminkalender. Bis zu dreimal täglich rücken Politiker aus, um Spesenbatzen einzutreiben. Einige haben es bereits bis ganz nach oben geschafft, das beweisen nicht nur die über 100vergoldeten Rolls-Royce, die durch Hanois Straßen zirkeln. Long klagt nicht, er sieht den Tatsachen ins unlautere Auge: *»Either you're part of the system or you're out.«* Systemlos zu sein, klingt zwar dreist und cool, ist jedoch mit vielen Schikanen verbunden. Wer ein Geschäft eröffnet und sich dabei nicht an die Spielregeln hält, wird entweder schonungslos ignoriert, bürokratisch aufgehalten oder bekommt statt Kunden Besuch von einem ominösen Schlägertrupp. Cuong schaut vorbei, ein systemloser Straßencoiffeur. Tschechien trainierte ihn zum Maschinenzeichner, das Interesse hielt nicht lange an. Mit einem Puppenkopf übte er die Kunst des Haareschneidens. Einen Monat später war er selbst ernannter Coiffeur mit mobilem Salon. Vier Haarschnitte pro Tag reichen für Miete und Bier, schwärmt der Tausendsassa. Wie viele seiner Branchenkollegen hätte auch er gern einen eigenen Laden. Das jedoch kostet, und außerdem müsste er sich beim Staat als Steuerzahler

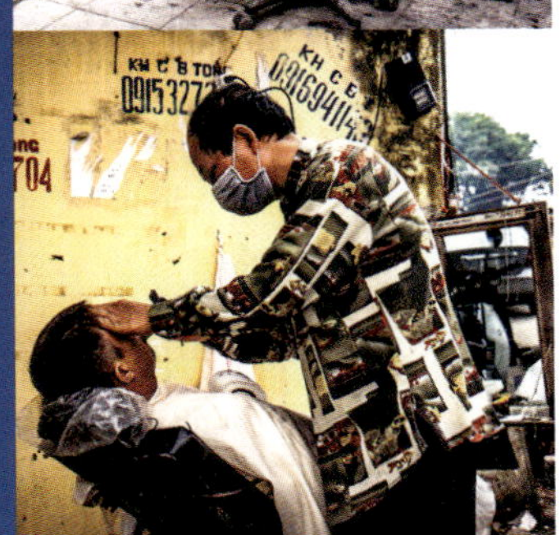

Sie gehören zu den Alltagshelden Hanois – die autodidaktischen Straßenfriseure. Seit Jahrzehnten rüsten sie tagein, tagaus ihren ambulanten Salon – eine Schere und ein Spiegel – und rücken aus, um Hanoi Frisuren für einen Euro zu verkaufen. Schnörkellos und direkt ab Gehsteig.

outen. Vietnam lässt Leuten wie Cuong viel Spielraum – es steht jedem frei, wie er über die Hürden des Lebens springt.

Asiens Metropolen boomen und damit auch der unstillbare Durst nach Mobilität. Vietnam hinkt der Moderne leicht hinterher, die Straßen werden bis auf Weiteres von Motorrädern dominiert. Ich bin selbst ein Teil dieses Schlamassels und laufe kaum noch – zu gefährlich. Die Gehwege werden von ambulanten Restaurants, *Cà phês, Bia hơis* und gleichgesinnten Motorradfahrern beschlagnahmt. Passanten sind offensichtlich die gefährdetste Spezies von allen. Man erkennt sie von Weitem, die verdutzten Hanoi-Rookies – zwischen Straßenverkäufern und Metallstrom hecken sie einen Schlachtplan für die kommenden Meter aus, stolpern nach vorn, wieder zurück, schauen desorientiert in alle Himmelsrichtungen, während Hanoi an ihnen vorbeibraust. Wer sein Leben damit verbracht hat, leeren Raum blitzartig auszunutzen, wird hier kaum nachgeben.

Es ist ein faszinierender Energiefluss von einem Individuum zum anderen. Keinerlei emotionale Regung, kein Greinen, keine Mimik, kein Winken, kein Fuchteln. Abwarten und Gefahrenpotenzial kalkulieren. Führerscheine oder Motorrad-Know-how sind nicht erforderlich. *»Không biết, không có tội!«* (Unwissen = Unschuld) – noch besser: Die Polizei ignoriert westliche Haut aufgrund mangelnder Englischkenntnisse. Easy! Einfach einen Mumifizierten oder Hinkenden fragen, wo es zum nächsten Motorradgeschäft geht, Plastikhelmchen aufsetzen und mitspielen. Ein paar Gebote sollten jedoch beachtet werden, wenn man geschmeidig durch den Metallhaufen schlüpfen will:

- Jeder Verkehrsteilnehmer ist grundsätzlich als suspekt einzustufen.
- Nutze andere als Schild! Zusammengepferchte Großfamilien auf einem Roller oder kleine Mädchen auf Dreirädern schützen vor Rowdys.

Chaotischer Charme in Hanois famosem Viertel Hoàn Kiem

- Rote Ampeln und Einbahnstraßenschilder dienen ausschließlich der Dekoration.
- Scheuklappen an! Der Sichtradius sollte 40 Grad nicht übersteigen. Mehr ist für westliche Hirne nicht verarbeitbar.
- 90 Prozent aller Motorräder haben keine Rückspiegel, und wer den Kopf nach hinten dreht, verliert überlebenswichtige Sekunden. Was hinter einem passiert, darf (muss) getrost ignoriert werden.
- Autos sind zu 60 Prozent geleast (Versicherung inklusive). Wer spekuliert, dass Autofahrer Vorsicht walten lassen, wird umgehend eines Besseren belehrt.
- Taxifahrer arbeiten unter Zeitdruck, sie gelten als außerordentlich gefährlich.
- Hupen schafft weder Raum noch Harmonie.
- Falls der Verkehr kollabiert, bieten Gehwege eine gute Alternative.
- Wähnt man sich in Sicherheit, taucht aus dem Nichts eine Greisin mit Rollator auf und fordert Vorrang.

Ich Tor orientiere mich weder an Wochentagen noch Straßengegebenheiten. So stocke ich an einem Freitagabend bereits im westlichen Außenbezirk, will aber quer durch die Stadt. Welch ein Malheur! Ein Wagnis für die hartgesottenen Spieler der ersten Liga, denn die Verkehrslage erinnert an den *Battle of Stirling Bridge* (nachgespielt im Film *Braveheart*). Mitten im Meer aus Giftgasen würgt sich mein Nebenmann eine Zigarette in die Lunge – es spielt keine Rolle mehr. Ich huste mitfühlend und drehe simultan mit dem Rest meiner Truppe den Gashahn auf. Die Ampel schaltet auf Grün, Trillionen von Motorradfahrern rollen los. Vor mir: ein Mopedkurier, der gleichzeitig drei Prostituierte mit Stöckelschuhen (lächelnd, Handküsse werfend) zum nächsten Freier befördert. Ich lächle zurück und höre, wie eine Reihe hinter mir jemand fällt. Alles sofort ignorieren, froh sein, dass es die anderen statt einen selbst erwischt hat. Wir alle strömen instinktiv wie ein Schwarm kurzsichtiger Fischlein dahin und packen dabei alle unsinnigen Synapsen in Watte.

»Das Paris des Orients«? Wer auch immer dieser städtischen Wildnis den Heiligenschein aufgesetzt hat, verwechselt europäische Bauromantik mit asiatischer Platznot. Verständlich, denn kaum jemand kann dem Charme des Hanoier Kulturerbes widerstehen. Das Herz von Hoàn Kiếm könnte südostasiatischer kaum sein. Auch ich bestaune tagein, tag-

Wer Stromleitungen in Hanoi repariert, kann es mit der Welt aufnehmen.

aus die architektonische Meisterleistung, die sich hinter dem Dickicht aus Stromkabeln versteckt.

So richtig verblüfft allerdings das Talent, jeden Quadratmillimeter an Raum auszunutzen. Das Leben hinter der senfgelben Fassade erweist sich oft als umständlich und brachial. Wagt sich der Schaulustige durch den Hobbitkorridor, findet er mehrere Generationen auf bis zu 20 Haushalte verstreut. Sie alle teilen sich den Mikrokosmos (inklusive dessen sanitärer Anlage), der dank UNESCO nicht renoviert werden darf. Es ist so eng, dass die Toten oft per Kran aus dem Betonschlamassel gehievt werden müssen. Ein Gang von der Garküche zur Toilette spiegelt die rauen Lebensumstände wider. Man balanciert vorbei an gestiefelten Köchen, die im knöchelhohen Abwasser hantieren, weiter durch Pyramiden von Kochtöpfen, dösenden Großeltern sowie Kubikmetern an Gerümpel und quetscht sich mit vorgebeugtem Oberkörper zum Abort (Schrägstrich Dusche).

Hanoi ist ein Zufluchtsort für Voyeure des Kuriosen. Einfach hinsetzen und in die Welt linsen: wie die bucklige Alte ihre zwei Meter lange Standwaage rollt, während das angehängte Megaphon nach Kunden schreit. Nebenan spült jemand altes Frittieröl auf die Straße, woraufhin – oh, Überraschung! – reihenweise Motorradfahrer auf die Schnauze fliegen. Gelegentlich ziehen undefinierte Duftmarken vorbei, später wieder der bemannte Lautsprecherturm. Die traurige Stimme des Karaokisten kriecht wie ein Regenbogen über das Chaos von Tellerwäschern und brennenden Abfallhäuflein, die den Gehsteig besetzen.

Ein halbes Dutzend Brücken sind über den Red River gespannt und verbinden die Vororte mit dem Stadtkern. Wer von Osten in die City fährt, darf darüber staunen, wie Schrebergärten und

Splitternackt Tennis spielen im konservativen Hanoi? Wer hätte das gedacht.

Staubwedel mit echten Federn sind bis dato der letzte Heuler in Vietnam.

Die gute alte Reklame der »Gewerble«, per Schablone direkt auf Hanois Wände geklatscht.

In Hanoi musst du nicht zum Aquarium, das Aquarium kommt zu dir.

Bananenplantagen auf die junge Skyline antworten. Ein Besuch lohnt sich – nicht wegen der Bananenkunde, sondern wegen anderer Kuriositäten, die den Gärtneralltag bestimmen. An einem grauen Nachmittag mache ich mich auf, schlendere stadtmüde die Zugbrücke entlang bis zur Wendeltreppe, dann runter. Kaum jemand schenkt diesem Idyll Aufmerksamkeit, das wird ein Grund dafür sein, dass Mann herkommt, um sich zwischen Buschwerk und Flussufer zu entblößen – für eine Partie Nackttennis oder um in unsittlicher Manier Gewichte zu stemmen.

Für die Shopaholics gibts die Sonnenbrillenstraße, die Vorhangstraße, die Klamottenstraße, die Farbkübelstraße, die Motorradsitzstraße, die Bambuspfeifenstraße, die Krimskramsstraße, die Kaffeehausstraße, die 70 Cent *Bia hơi* (alias Seichtes-Entertainment-Straße) und die Dekorstraße, wo das Sortiment je nach Saison direkt von Halloween zu Weihnachten zu Geistermonat wechselt. Als ich einst verdutzt nachfragte, wieso man sich bewusst zur austauschbaren Konkurrenz geselle, erhielt ich folgende Auskunft: »*Buôn có bạn, bán có phường.*« (»Nur wer mit den Besten konkurriert, kann gewinnen.«) Glaubt man dem, sollten Kreativität und Servicelevel die Mitbewerber ausstechen. So staunt der willige Käufer umso mehr, wenn sich Detailhändler unter einer Reihe aufgehängter Jeans zum Mittagsschlaf verkriechen oder während des Kundengesprächs eifrig Pixelmonster metzeln. Tatendrang und Ideenreichtum können selten eingeimpft werden, sie sind genetisches Gut.

28. Januar 2017. Das Jahr des Feuerhahns beginnt. Ich bin selbst ein zufriedener *Rooster* (Hahn), reihe mich ein in die Riege von Sternchen wie Britney Spears, Roger Federer, Yoko Ono oder Eleanor Roosevelt – von Natur aus mutig, fleißig, offen und selbstbewusst –, sehne mich nach Bestätigung und Bewunderung. Was für eine Offenbarung! Ich und meine Hahnkollegen versauen es uns dieses Jahr mit dem Goodwill von Tai Sui, dem mächtigen Zeitgott. Sofern Zeit Geld ist, kann ich bereits bestätigen, dass die Sterne nicht lügen. Die Kunst des Sternenwahrsagens, Reichtum versprechende Winkekatzen, Aber- wie Geisterglauben – alles weit verbreitet und akzeptiert in Vietnam. Je näher die Grenze zu China ist, desto intensiver ist auch das Bekenntnis zu Feng Shui. So wird der traditionelle Hanoianer stets Wohnung, Geschäft, ja das ganze Leben nach der daoistischen Harmonielehre ausrichten. Während eines Streifzugs durch die Altstadt fällt mir eine Frau auf, die ein großes Bündel gefälschter Geldscheine verbrennt: Geistergeld. Ihr Suppenladen verteilt sich auf drei Immobilien, daher wird sie die Zeremonie dreimal wiederholen. Das Geschäft raubt den Geistern Platz – besänftigt sie die unsichtbaren Businesspartner nicht regelmäßig, ist die finanzielle Misere unvermeidlich. Einige Kleinunternehmer kremieren ganze Papiertürme vor ihrem Laden, um verlorene Seelen anzulocken, denn je größer die Zuwendungen für das Jenseits ist, desto besser ist auch das Business im Diesseits. Parallel zur gesellschaftlichen Modernisierung und einem unersättlichen Konsumverhalten sollen es auch die verstobenen Familienmitglieder möglichst gemütlich haben im Leben nach dem Tod. Originale verbrennen bringt Unglück, so werden 3-D-Kopien aus Pappmaché in Echtgröße eingeäschert, diese findet man seit 500 Jahren in Hanois Straße Hàng Mã und neuerdings sogar online. Das Sortiment der Opfergaben, die eingeäschert werden können, reicht von Limousinen und Flugzeugen über Polizeihüte, Villen, Anzüge, Zigaretten, Mopeds, Waschmaschinen, Louis-Vuitton-Taschen und Pferde bis hin zu iPads oder iPhones. So nebenbei: In China hat das *Ministry of Civil Affairs* vor wenigen Jahren vulgäre Papiermaché-Repliken verboten. Nachgebastelte Mätressen, Viagra oder Karaoke-Hostessen sind nur noch auf dem Schwarzmarkt zu finden. Der Kreativität sind kaum Grenzen gesetzt. Der Erdenbürger sollte sich jedoch fragen, was im Jenseits wirklich gebraucht werden kann – ja selbst die Toten sind wählerisch. Meine vietnamesischen Freunde sind sich daher sicher: Mit gefälschten Yuan-, Dong- oder

Euronoten ist man auf der sicheren Seite. Und wer weiß schon, ob es in der Parallelwelt Apple-Callcenter gibt und wie es mit der Netzabdeckung aussieht?

Parallel zum chinesischen Neujahrsbeginn startet das *Tết Nguyên Đán* (das Fest des Ersten Morgens), wobei neben den Clantreffen das *Li Xi (»Lucky Money«)* eine bedeutsame Rolle spielt – Glücksgeld, das innerhalb der Familie und im Freundeskreis verschenkt wird. Außerdem steht das Glücksspiel hoch im Kurs, was wiederum die Kriminalitätsrate abrupt in die Höhe schnellen lässt; Motorräder und Hunde werden festgeschraubt, Hosentaschen besonders gut bewacht. Die Callcenter der Polizeizentralen sind plötzlich pflichtbewusst und akquirieren nonchalant Feriengeld von Unternehmern. Tết markiert den vietnamesischen Frühlingsbeginn – was nicht zu übersehen ist, denn die Haare werden bunt gefärbt, das Volk ist auf Geschenketour, Motorradfahrer transportieren riesige Kirschsträucher oder buschige Zierorangen durch die Straßen. Ein frischer Wind soll durch die Stube wehen. Folglich bestimmen Völlerei, Karaoke, Zeremonien und Ahnenkult die Woche. Am ersten Tag des Tết werden die verstorbenen Liebsten nach Hause eingeladen. Niemand lässt sich lumpen: man schleppt ein Sammelsurium traditioneller Festgerichte zum Hausaltar, schenkt Schnaps sowie Tee ein, verbrennt Geistergeld sowie Danksagungen. Am letzten Tag wiederholt sich das Ritual – damit werden die imaginären Besucher höflichst gebeten, wieder zu verschwinden. Und mit ihnen verlasse auch ich dieses Märchenland.

Vater und Tochter zünden Räucherstäbchen an zu Ehren der Ahnen.

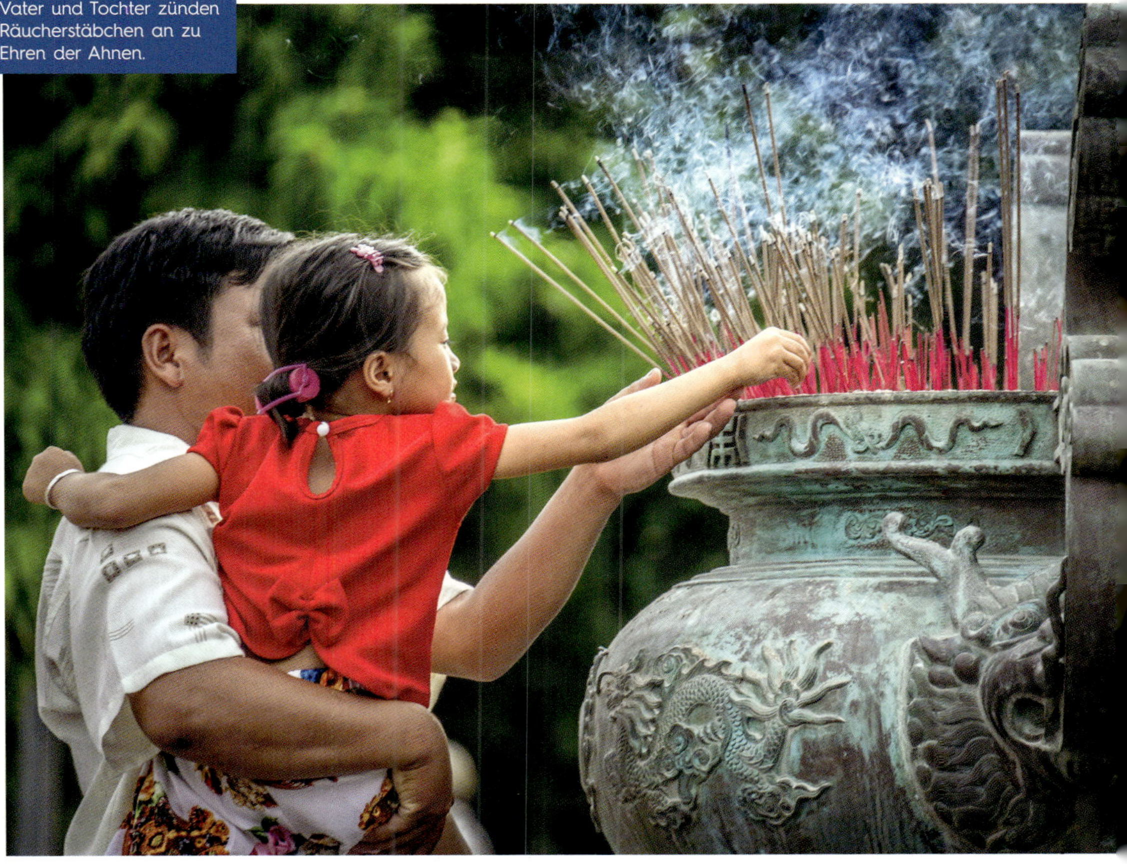

Sie sollen weg von der Straße. Straßenverkäufer sind ein Dorn im Auge der Regierung, und gleichzeitig wäre Hanoi ohne sie nicht Hanoi.

Marktfrau in Kota Bharu

Malaysia

Februar bis Juni 2017

Auf dem malaysischen Festland singe ich ein Loblied auf die Kunst des Trampens, entfliehe den Fängen eines Imam, lande auf einer königlichen Heirat und versuche nebenbei, den »Typus Humanismus« aufzuspüren. Den Nervenkitzel hebe ich mir auf für die Reise ins ursprüngliche Borneo.

Es denkt sich besser mit Koffein. Schlaftrunken krieche ich aus meiner Bettliege des Nachtzuges aus Bangkok und erwische den vorbeihuschenden Kaffeemann noch rechtzeitig. Daraufhin folgenden groben Plan aushecken: Karton und einen Marker besorgen. 65.877 Kilometer Straßenbelag laminieren den malaysischen Boden, also einmal rund um die Erde und den halben Weg zurück; auf rund 30 Millionen Einwohner kommen 22 Millionen Autos, außerdem ist wohl das Trampen alias »*Tumpang*« (Malaiisch für »*have a lift*«) vielen Mobilisten ein Begriff. Alles spricht für einen ausgedehnten Roadtrip ins Ungewisse. Auch wenn es in den westlichen Ländern inzwischen verschrien ist, Fremde mitzunehmen (nicht zuletzt aufgrund Hollywoods Schwäche für Blutbäder in den Autos fadenscheiniger Wohltäter), hoffe ich hier doch auf die Nächstenliebe der Malaien, Inder und Chinesen im ordentlich entwickelten Malaysia.

Von Perlis über Kedah nach Penang

Die Grenzstadt Padang Besar im nördlichsten Eck Malaysias. Ich schnappe mir ein Stück Karton und beschrifte es mit »*South*«. Meine ultimative Wunderwaffe? Geheimnisvolle Augen und ein neutrales Lächeln. Sogleich darf ich ernten. »*Welcome to Malaysia*«, schallt es aus den Führerkabinen. Nicht nur das, ich erhalte außerdem die Aufmerksamkeit von vier Polizisten, die mich erst mustern und dann in eine verheißungsvollere Ecke senden. Chong fährt links ran. Er hat genügend Platz und dasselbe Ziel: Süden. Eine herrliche Jahreszeit für eine Reise durch Malaysia. Ich versinke im Neongrün gedeihender Reisfelder, im Rosa blühender Kirschblüten. Chong hat derweil andere Sorgen. Der Mobiltelefonzubehörhändler ist ein Sinnbild chinesischer Tüchtigkeit, denn keine Sekunde vergeht, ohne dass er an Erfolg denkt, kein Zahlprozess an einer Mautstation, ohne dass er telefonisch Handelspreise oder Herstellerinventar abklärt. Ich frage nach, wie sich denn Malaien, Chinesen und Inder hinsichtlich Fahrstil unterschieden. Ohne zu zögern, antwortet Chong: »Die Chinesen haben eine Hand am Steuer, und die andere hält ein Mobiltelefon. Die Malaien haben eine Hand am Steuer, und die andere hält eine Zigarette. Die Inder haben eine Hand am Steuer, und die andere hält einen Dolch.« Es gibt kein Wahrheitsmonopol, aber jegliche Klischees nähren sich von einem Fünkchen Wahrheit. Demnach sind die Malaien für ihre lebensleichte Nonchalance bekannt, die Chinesen für ihren chronischen Tatendrang und die Inder für ihr Gangstertum. Einige Selfies und dutzende *Business Calls* später erreichen wir Alor Star im Bundesstaat Kedah. Chong überreicht mir eine lokale SIM-Karte und lädt mich zum Mittagessen ein – nein, er zwingt mich zur Einladung auf chinesische Art: Ich schaue kurz weg, und er schleicht zur Kasse. Wir verabschieden uns.

Chong

Erneut positioniere ich mich am Straßenrand, strecke den Daumen gen Himmel und werde nach drei Minuten bereits wieder aufgegabelt. Tan Koon Yam (»David«) und die hochschwangere Wong Soo Yin (»Joey«) haben Mitleid. Wir fahren zusammen weitere 100Kilometer südlich. Gemäß meiner Einschätzung dürften wir aber bereits in einer Viertelstunde dort ankommen, denn David überholt links und rechts alles, was ihm zu gemächlich erscheint. Ich frage daher sanft nach, ob Joey heute Nachmittag entbinden würde. David antwortet mit einem chinesischen Grinsen. Kein Grund zur Sorge, denn ein Mini-Buddha wurde präzise in der Mitte des Armaturenbretts platziert, sein übersinnlicher Blick analysiert den vorbeischießenden Verkehr. Immer wieder vergessen die Lämmchen Buddhas, dass kein Götze der Welt ihre Leiber retten wird. Ich werde abgeladen, aber eine kleine Etappe fehlt mir noch bis zu meiner ersten Pause.

Der Malaie Abdul Halim schaut

Tan Koon Yam (»David«)

warmherzig aus dem heruntergelassenen Fenster seines Lastwagens und lädt mich auf. Er geht die Armada der Restaurants in George Town mit frischen Meeresfrüchten eindecken. Wir nehmen die 13,5 Kilometer lange Penang-Brücke hinüber zur Insel, fahren lange genug, damit er ausgiebig lästern kann über die vorbeihetzenden Chinesen – »*Chinese drive too fast. Malay drive easy*« –, dann über die modernen Apartments, denn die gehörten den Chinesen, dann über die wuchernden Wolkenkratzer, die, jawohl, auch den Chinesen gehörten. Es ist kein Geheimnis, wer die Geschäfte hier leitet. »*Bye-lah*« – ich verabschiede mich von Abdul, der gerade eine Box mit Muscheln ablädt, und streune durch das morgendliche Zwielicht.

Abdul Halim

Will nicht aufhören zu laufen, nicht aufhören zu staunen über das Treiben drei verschiedener Völker hinter viktorianischen Fassaden. Eine hübsche Stadt und – aufgrund der Vorgaben der UNESCO – eine saubere Stadt. Hier leben sie zufrieden aneinander vorbei: Inder schmettern Kokosnüsse auf den Boden, um metaphorisch von ihrem Ego abzulassen; Chinesen schieben Xiangqi-Steine übers Holzbrett, um die Hirne auf Trab zu halten; die Malaien sitzen, quasseln oder trödeln in ihren Köpfen.

Von Perak nach Kelantan

Es ist einfacher, in Städte hinein- als herauszukommen. Ich warte eine gute halbe Stunde, bis Albert Tai beweist, dass er ein Herz hat, und mich zum Highway fährt. Der Chinese leitet ein Robotikunternehmen. Wunderbar – einer, der sich mit Ökonomie auskennt. Wir diskutieren über Malaysias jüngste Entwicklung – eines der schnellstwachsenden Länder Südostasiens, wohlgemerkt. »Bloß weil es von China finanziell nach vorn gepeitscht wird«, erläutert Albert. Dieser Tage steckt das Land in einem Wirtschaftsdesaster. Volksgelder kämen abhanden und tauchten in Form von Privatjets und Juwelen bei Najib Razak, dem gegenwärtigen Präsidenten Malaysias, und seiner snobistischen Gemahlin wieder auf. Nicht nur Albert ersehnt die Abdankung (oder Inhaftierung) des Anführers.

Albert erhellt mich mit folgender Erkenntnis: Die leichtlebigen Malaien, rund zwei Drittel aller Einwohner Malaysias, hätten keine Chance, sich in ihrem eigenen Land gegen die fleißigen Chinesen zu behaupten. Die malaysische Regierung habe daher ein Gesetz geschaffen, das den »*Bumiputras*«, den Söhnen der Erde, beträchtliche Vorteile im Konkurrenzkampf zuspreche. Ausländer dürften Boden nur über malaysische Strohmänner kaufen und Firmen nur via Pseudodirektoren gründen. Die Malaien hätten das Erstrecht auf die wichtigen Posten in Regierung, Armee und Industrie. Dabei spiele Artikel 160 der malaysischen Verfassung eine entscheidende Rolle. Er besagt Folgendes: Nur wer den Islam praktiziert, perfekt Malaiisch spricht, malaiische Traditionen befolgt und vor der Unabhängigkeit von Großbritannien 1957 in Malaysia geboren wurde (oder einen Elternteil hat, der vor der Unabhängigkeit in Malaysia geboren wurde), gilt offiziell als Malaie und kann von den Bumiputra-Privilegien profitieren. Muslime, die zu einer anderen Religion konvertieren, dürfen sich offiziell nicht mehr zu den Malaien zählen.

Albert Tai

Mit diesen Gedanken werde ich wieder nach draußen entlassen – ich kann sie kaum sortieren, denn nach einer Minute Wartezeit halten die beiden Malaiinnen Ida und Lyia an. Ich bin entzückt und etwas nervös zugleich, es sind meine ersten rein weiblichen Chauffeusen, und mein pappiges Hinweisschild stammt von einer streng riechenden Dörrfischschachtel. Wir einigen uns auf einige Kilometer. Das Duo tüftelt für Intel, einem der größten Arbeitgeber in der Gegend. Dank der Freihandelszone pilgerten innerhalb weniger Jahre etliche Techkonzerne und Start-ups in das Silicon Valley des Ostens. Ich frage Ida nach der Bedeutung ihres Namens. »Ida« heiße grob übersetzt: »etwas tragen«. Die liebenswerte Ingenieurin schmunzelt zweideutig: es sei daher quasi ihre Pflicht, dem Reisenden trotz seiner stinkenden Accessoires auszuhelfen.

Ida (und Lyia)

Aussteigen und gleich wieder woanders einsteigen: bei dem 63-jährigen Malaien Saleh. In einem Alter, in dem andere ihre ersten Inkontinenzhosen anprobieren, ist der Herr nicht nur fit im Schritt, sondern auch fit im Kopf. Er bekennt sich schuldig – bereits vor 100Metern habe er sich darauf gefreut, die Autotür seines alten Protons zu öffnen. Saleh (der Name bedeutet »guter Mann«) will zurückgeben, was ihm selbst Dutzende, ja Hunderte zuvor ermöglicht hätten. Denn mit 19 Jahren verließ er sein *Kampung* (malaiisch für »Dorf«) und wollte per Anhalter nach Europa – wegen der D-Mark, Pesos und Francs, aber vor allem dem Weltbewusstsein zuliebe. Er schiffte sich nach Kalkutta ein und trampte in Richtung Deutschland: überquerte den umkämpften Chaiber-Pass von Pakistan nach Afghanistan und verließ Kabul, während die Panzer der Revolutionäre das afghanische Königshaus zusammenschossen. Sechs Katzenleben und neun Länder später hatte er noch zwei österreichische Schilling in der Tasche und erreichte München. Er schaute sich um und erhielt noch am selben Tag eine Anstellung als Hilfskoch in einem chinesischen Restaurant. Das Schwarzgeld half ihm zwei Jahre lang über die Runden. Er zog weiter, versuchte sein Glück in Somalia, der Türkei und Saudi-Arabien, wurde kaum fündig, trampte zurück und heiratete in Thailand. Saleh pausiert. Damals habe es weder Mobiltelefone noch Internet gegeben. Seine Reise sei ein Blindflug durch Gefilde gewesen, von denen er weder gehört noch gelesen hatte. Saleh ist ein Held vergangener Generationen, er suchte das Unbekannte, ohne sich eine Vorstellung davon gemacht zu haben. Der gläubige Muslim resümiert: Das Traurige sei, dass seine Geschichte hier niemanden interessiere – es seien lediglich Erinnerungen, niemand könne sie monetär messen, sie entsprächen nicht dem Bürgertum. Die Gesellschaft schaue auf ihn, den waschechten Globetrotter, herab, als ob er es nicht geschafft habe. Denn kein prall gefülltes Konto, keine Firma trägt seinen Namen. Eine Pension für Abtrünnige wie ihn steht nicht zur Diskussion. Saleh blickt über den Rückspiegel auf seine schlafende Tochter, ein eingehülltes Mädchen – Salehs Altervorsorge. Zum Abschied frage ich meinen Meister nach seinem liebsten Vers aus dem Koran. Die Antwort kommt flugs: *»Ein dankbarer Mann ist ein reicher Mann«.*

Saleh

Gerik, Perak. Ich werde gierig, habe ja innerhalb von zwei Stunden bereits ein Drittel der Tagesstrecke gemeistert. Somit ziere ich meinen Karton mit »Kota Bahru«, dem Namen der Hauptstadt des nordöstlichen Bundesstaates Kelantan. Das gibt Anlass zu Gelächter: Mohd Muaz Shah (»Bobby«) beäugt sein Mittagsessen und tuschelt mit dem Nebenmann. *»Okay-lah«,* ich darf mit bis zur nächsten Autobahnraststätte, einem vielversprechenden Ausgangspunkt, wie er meint. Aber zuerst rauscht Bobby – der Spitzname passt fabelhaft zu seinen 80 Kilo Übergewicht – mit mir zu seinem *Kampung,* um vom Nissan Z in den gepimpten 4×4 Toyota Hilux zu wechseln. Wäre ich nicht in Malaysia, dann hätte dies auch ein Vorort von Los Angeles sein können, wo Haus mit Veranda auf Haus mit Veranda antwortet und ein Allradantrieb vor jeder Garage zu finden ist. Der malaysische Traum? Bobby ist bereits 32 Jahre alt, gläubig, unverheiratet, partnerlos. Ich bin neugierig und konfrontiere ihn mit der These, dass der ganze Autoprunk kaum die konservativen Musliminnen in der Region bezirzen wird. »Genau, das ist es ja«, stimmt Bobby zu und rückt sein Baseballcap schräg. Denn sobald die Ehe drohe, gehe es den Männerspielzeugen an den Kragen. So hatte er schnell handeln müssen, alles verfügbare Geld abgehoben und in seine Jugendträume investiert. Wer will es ihm verübeln? Außerdem hat sein Toyota bestimmt mehr Dschungel als Straße gesehen. Zum Beweis darf ich in Bobbys Videoarchiv stöbern: Die meisten Filme handeln von seiner Allrad-Gang auf Tour durch mannstiefe Flüsse und kilometerlange Schlammpassagen. Somit steht fest: Die Werbeabteilungen der Automobilkonzerne erreicht zumindest hier die richtige Zielgruppe.

Mohd Muaz Shah (»Bobby«)

Ein winziger Halt, und ich steige um zu Azhar und Salliza, er Lastwagenmechaniker, sie Lektorin. *»Just go with flow-lah«,* tönt Azhar. Sie bringen mich nach Kota Bahru, zuvor müssten sie jedoch ihr sonntägliches »Programm« absolvieren. Ich sei herzlich eingeladen, mitzukommen. Das hört sich unbequem und spannend an, ich kann schlecht ablehnen. Solle mir niemand nachsagen, ich gehe nicht mit dem *flow-lah.* So finde ich mich statt in Kelantans Hauptstadt in einem geborgten Sarong wieder und begleite die beiden zu einigen Lehrstunden über den Islam. Die Schar hockt bereits voller Vorfreude auf dem Boden. Schön gesittet wurden die frisch gewaschenen Frauen und Männer mittels einer faltbaren Wand voneinander getrennt. Der Zufall sei mein Schicksal, flüstert mir Azhar ins Ohr. Denn zum heutigen Anlass werde sein Idol, der weitbekannte Imam Habib Abdullah Bin Ali Al-Habsyi, aus dem zerrütteten Jemen eingeflogen. Meine Anwesenheit hat sich herumgesprochen, ich werde in die erste Reihe beordert, dort wo die fünf weniger bekannten Religionslehrer und Habib mich in ihrem Blickfeld wissen. Hinter mir sitzen reihenweise fleißige Muslime, versunken in esoterische Geschäfte mit Mohammed und Allah. Ich schaue entspannt in die Menge, Ingwerkaffee macht die Runde, melodisch werden Phrasen aus dem Koran vorgetragen, etwas abseits begleitet der Nachwuchs den Gesang mit taktvollen Trommelschlägen.

Erreiche ich wohl heute noch die Ostküste? Wahrscheinlich nicht, denn nun umzingeln mich die Jünglinge, um die exotische Haut im Sarong zu begutachten, außerdem gesellt sich Azhar mit der frohen Kunde zu mir, Habib wolle sich mit mir unterhalten, unter 60 Augen wohlbemerkt. Folglich kauert meine Wenigkeit zwischen Imam und Dolmetscher, bereit zur Beichte. Ich stelle mich als analytisches, leicht meditatives Gemüt vor, das mit sich selbst im Einklang stehe, trotzdem gern alles hinterfrage und kaum von Legenden zu bekehren sei. Das sei absolut okay, so Habib, er selbst habe ja diverse buddhistische Freunde. Das Verhör ändert die Richtung – jetzt darf ich. Will aber nicht ketzern, es wäre der falsche Rahmen; auch will ich Habib nicht mit Lappalien aufhalten, und schon gar nicht will ich kundtun, dass ich aus dem Koran in etwa gleich viele Passagen kenne wie aus der Bibel: keine einzige! Lieber will ich ein plausibles Thema ansprechen, einen Gedanken, der mich seit meinem Aufenthalt in Kaschmirs Hinterland verfolgt, als ich die muslimische Nächstenliebe enträtselt habe. Wer die Wohltäter nie darauf anspricht, wird es nicht zu hören bekommen. Denn echte Muslime vollbringen vorsätzlich gute Taten und sammeln nebenbei fleißig Kredite, genannt »*Pahala*«. Gläubige wie Ida, Mohd Muaz Shah, Saleh, Abdul Halim und Azhar sind der Grund, wieso ich jetzt hier umringt von Allahs Lämmern sitze und Habib Folgendes fragen darf: »Bin ich hier, weil der Islam meine Gönner zu Pahala-Sammlern gemacht hat oder weil sie ein gutes Herz haben?« Der Imam schmunzelt weise und streicht sich über den Bart: »Sünden können niemals ausradiert, sondern nur aufgewogen werden, die Balance muss stimmen. Allah definiert, was einen guten Menschen macht. Wer von Herzen Gutes tut, der spürt die Nähe Mohammeds.« Habibs Hand schweift durch den Gebetsraum: »Selbst jetzt, wo wir alle mit dem Fremden zusammensitzen, sammeln wir Nähe und Kredite. Der Koran lehrt uns den Verhaltenskodex. Halten wir uns daran, wird uns niemals Böses widerfahren, und wir werden eines Tages alle sinnlichen Freuden des Paradieses genießen. Du bist hier, weil deine Freunde an Allah, den Propheten Mohammed und den heiligen Koran glauben.« Das wäre dann geklärt. Plötzlich fühle ich mich in der Rolle des Opfers und des Täters: Mir wird geholfen, damit ich helfe. Auf dem Weg zum Bessermenschen spielt die Fürsorge eine entscheidende Rolle, per se keine Raketenwissenschaft. Wir ernten, was wir säen – vielleicht nicht heute, aber irgendwann. Dabei säen alle mit anderer Motivation. Trotzdem haben wir alle etwas gemeinsam, denn wir erwarten eine Belohnung für unsere Saat: ein Paradies mit 72 Jungfrauen, einen Himmel, eine aussichtsreiche Wiedergeburt oder wenigstens ein gutes Gewissen. Ich freue mich auf den Tag, an dem ich persönlich den Typus Humanismus kennenlerne, der ohne jegliche Win-win-Gedanken nach dem Wohlbefinden anderer strebt.

Habib schnappt sich meine Hand, und zusammen spazieren wir ins benachbarte Esszimmer. Der Rest der Lehrerschaft wühlt bereits fröhlich in typisch arabischen Gerichten, die nach dem Gusto des Imam zubereitet wurden. Ich setze mich zur Männerrunde und greife unbeholfen zu. Während ich aufgrund der schieren

Distanz von Mund und Essen Azhars Sarong abwechselnd mit Reis und Huhn dekoriere, werde ich erneut ausgehorcht. Ich ändere fidel das Thema und erläutere, dass Jemen weit oben auf meiner Wunschliste stünde, eine Visite sei bestimmt lohnend, nur wüsste ich derzeit nicht, wie ich in das kriegskaputte Land kommen könne. Während ich mir gedanklich Bilder von spektakulärer Lehmarchitektur, Drachenbäumen und liebenswerten Dorfschönheiten male, wird mir die *Dar al-Mustafa School* in Tarim ans Herz gelegt. Ich wäre damit einer von bereits 500 Ausländern, die dort gegenwärtig den Islam studieren. Da Flüge nach Jemen derzeit etwas »kompliziert« seien, könne ich ganz einfach den Bus von Oman nehmen. Kontakte für einen einfacheren Grenzübertritt im Nordosten hätten sie genug, meiner Wissbegierde stehe nichts im Weg. Sie würden meinen Trip noch morgen organisieren. Ich hinterlasse auf Wunsch von Habibs Dolmetscher Ashif meine malaysische Telefonnummer und bezeuge, dass ich mich bei Interesse melden würde.

Irgendwo in Machang, frischer Morgen. Azhar war so freundlich, mich für die Nacht zu beherbergen. Wir fahren zur nächstbesten Kreuzung und gehen unserer Wege.

Azhar und Salliza

Wenig später: »*no problem-lah*« – Sufian will mich in die City fahren, gleich nachdem wir das Töchterchen bei den Großeltern abgeladen haben. Diese verstecken sich zwischen 500 Quadratkilometern Kautschukbäumen in Kelantans Agrarzone. Eine Frage brennt mir schon lange auf der Seele, und Sufian muss es nun ausbaden: In Malaysia sind die Zeiten der arrangierten Ehen mehrheitlich passé (ja, sogar im erzkonservativen Osten), und außerdem verbieten die Koranklauseln den Gläubigen Discos und *Pub Crawls.* Wie also hat er hier seine Frau kennengelernt? »*Easy-lah, I go shopping center.*« Kaum vorstellbar, denn im tiefgläubigen Kelantan stellt man sich je nach Geschlecht an verschiedenen Kassen an. Ich fantasiere daher, wie Sufian durch die Mobiltelefonregale pirschte, um seine Angebetete alibimäßig bei der Qual der Wahl zu beraten. Oder hatte er mit seinem Lieblingsgedicht gewappnet den modebewussten Malaiinnen während der Aktionswochen zwischen den Wühltischen aufgelauert? Es bleibt sein Geheimnis. Eines ist sicher: das Einkaufszentrum ist kaum gleichbedeutend mit dem Marktsonntag nordvietnamesischer Bergvölker. Die meisten Männlein und Weiblein treffen sich auf dem Campus, bei der Arbeit oder über den Freundeskreis. Aber wie lernen sich die Verklemmten kennen? Klarer Fall: online. Die auf Muslime spezialisierten Partnerbörsen erfreuen sich großen Interesses; man darf nach Doktrin, Sprachen, Vorlieben, ja sogar nach den Kriterien der Eltern auswählen.

Sufian

Kota Bharu. Einchecken in einem Verlies für drei Euro die Nacht. Das Preis-Leistungs-Verhältnis stimmt perfekt, ich bin happy, habe seit Indien kein solch schönes Loch mehr betreten. Alles Nötige ist vorhanden: eine bezogene Matratze und ein launischer Ventilator. Der 70-jährige Japaner Hori teilt die Stube mit mir, einen Raum, der gemäß meinen Beobachtungen zu Horis Geburt das letzte Mal einen Putzlumpen gesehen hat. Ach, was würde ich den Alten gern unterhalten – leider ist sein Englisch so gut wie mein Japanisch. Was ich verstehe, ist, dass ihn seine Krankheit und das mangelnde Budget für Medikamente im kalten Japan nicht überleben lassen. Deshalb verbringt er hier zehn von zwölf Monaten jährlich mit Sportfernsehen und Sudoku. Was für ein Überlebenswille! Ich bekomme einen Anruf von Ashif: Ob ich denn nun mehr über den Islam erfahren wolle. Er würde mich heute Abend gern treffen. Ich verspreche, zurückzurufen, falls mein gedrängter Zeitplan es zulasse, kaufe eine neue SIM-Karte und gönne mir ein *Nasi Kerabu* – blauen Reis hatte ich noch nie.

Ein Ruf des Muezzin hallt durch das Halbdunkel, die Gläubigen walzen zum abendlichen Maghrib-Gebet. Das stört die Chinesen wenig, friedlich rauchen und trinken sie weiter. Blattwerk windet sich durch die Stahlgitter meines Fensters. Morgen bin ich weg. Wird das Trampen zur Routine, freut sich der Reisende darauf wie ein Kind, das eine Wundertüte öffnet. Ich stelle mich neben die Straße, setze mein antrainiertes Mona-Lisa-Lächeln auf und halte einen Kartonfetzen mit dem bewährten Wort »South« in die Luft. Meine Kreativität, interessante Ziele ausfindig zu machen, hat sich heute in Grenzen gehalten – das fordert seinen Tribut. Mehr als eine erfolglose halbe Stunde später zehre ich von dem malaysischen Sprichwort, das ich mir gestern aufschrieb: »Wenn die Hoffnung aufwacht, dann legt sich die Verzweiflung schlafen.«

Ich hoffe. Und gewinne dafür den Jackpot in Form des jungen Malaien Matin Fawaz. *»Just helping-lah«*, sagt er salopp. Wie untertrieben, denn Matin umrundete nochmals den ganzen Block, um mich aufzugabeln. Er habe gerade eine Verschnaufpause, sein Rechtsstudium sei abgeschlossen. Ich verneige mich. Matin fragt verwundert nach, was denn los sei. Ich zolle ihm lediglich Respekt, denn er habe sich bestimmt einen der kompliziertesten Studiengänge in Malaysia ausgesucht. *»Haaha, true-lah.«* Matin muss sich im dualen Rechtssystem, bestehend aus zivilen und den Schariagerichten, zurechtzufinden. Dazu kommen aktuell die radikalen Islamisierungsideen der Oppositionspartei, wie die landesweite Einführung des Hadd-Gesetzes – des islamischen Strafrechts, nach dem Diebe, Ehebrecher und Homosexuelle gesteinigt werden. Ich frage nach, was Matin denn in dieser Ecke zu suchen habe, weit weg von der Anwaltskanzlei in Kuala Lumpur. Sogleich wird mir klar, wieso ich eine halbe Stunde warten musste: Sie war nötig, damit genau er mich mitnehmen konnte. Denn jetzt geschieht es erneut, und ich werde Zeuge einer unfassbaren Menschenfreundlichkeit. Matin wird morgen heiraten, und ich, der vor ungefähr fünf Minuten zugestiegen ist, soll dabei sein. Statt in südliche fahren wir somit in westliche Richtung – nach Tanah Merah, einige Kautschukwurzeln entfernt von den Fängen Habibs und Ashifs.

Während wir durch das Ressort von Matins Familie zirkeln, erzähle ich ihm die Geschichte. Mein neuer Freund kichert. Seine Einladung habe zwei Motive: eine Prise Pahala sowie die Tatsache, dass er allen eine nachhaltige Freude beschere, wenn er einen *»Orang Puteh«* (einen weißen Mann, nicht zu verwechseln mit »*Orang Utan*« = Dschungelmann) zu seiner Hochzeit schleppe. Wir vereinbaren aber, dass ich bei den Vorbereitungen helfen darf. Zudem gebührt mir sogar eine Ehrenaufgabe: Unter der strengen Aufsicht von Matins Mutter bin ich verantwortlich für die richtige Positionierung der Plüschteppiche unter dem *Pelamin,* der majestätischen Couch, auf der das frisch vermählte Paar morgen während des *Bersanding* thronen wird. Mein Blick huscht zu dem Gemälde, das die Wand hinter dem kitschigen Leuchtbogen ziert. Ich habe das Gesicht schon einmal gesehen und frage nach seinem Besitzer. Matins Mutter meint gleichgültig: nur ihr Neffe. Ach so, nur der Neffe. Ich finde, sie untertreibt arg, ist ihr Neffe doch der *Yang di-Pertuan Agong,* der amtierende König Malaysias.

Jeder Bundesstaat hat einen König, was in Malaysia dem Titel eines Sultans entspricht. Von den insgesamt neun verschiedenen Kandidaten wird alle fünf Jahre einer der neue König der Könige und darf den Palast in Kuala Lumpur beziehen. Seit 2016 ist es Muhammad Faris Petra aus Kelantan. Ungeachtet ihrer rein zeremoniellen Rolle genießen Malaysias islamische Könige enormen Respekt beim Fußvolk sowie staatliche Zulagen von monatlich 27.000 Ringgit (6.000 Euro). So lässt es sich leben, das Pflichtenheft ist überschaubar und der Zahltag üppig. Die wirklich glorreichen Zeiten der Sultanate findet man vor allem in staubigen Geschichtsbüchern – und vielleicht noch im explodierenden Bundesstaat Johor, Singapurs Nachbarn, wo König Ibrahim Ismail Ibni Almarhum Sultan Iskandar Al-Haj eigenes Militär unterhält, im Immobilienmarkt mitmischt und zwecks Volksnähe die Staatssteuer abgeschafft hat. Die Volksnähe ist bitter nötig, denn jeder Untertan weiß, wer mitscheffelt, wenn Johor dank chinesischer Investments (kürzlich wieder eine Milliarde Euro) zum nächsten Shenzhen mutiert. Ich frage mich, was Abdul, der Bote der Meeresfrüchte, davon halten würde.

Matins Mutter, die just noch mehr Handlanger beordert hat, um die Überlagerung der Plüschteppiche zu regeln, ist der Spross von Kelantans ehemaliger Königin. Ich frage naiv, wie so ein Alltag als Prinzessin in den 60ern ausgesehen habe – Malaysia war zu dieser Zeit bettelarm. Kelantans Prinzen und Prinzessinnen hätten morgendlich für fünf Ringgit (damals etwa 50 Cent) Fahrräder ausgeliehen, um in die Vorschule zu radeln. Anschließend seien sie wieder nach Hause zum täglichen *Nasi* gekommen und schlafen gegangen. Wie ernüchternd – ich hätte zumindest Kutschen, Privatlehrer und abendliche Festspiele am Königshof in der Erzählung erwartet. Ich verziehe mich zum lauschigen Natursee nebenan, denn die Plüschteppiche stellen anscheinend ein unlösbares Problem dar. Ich schaue auf den Steg, wo Matin vor drei Jahren seine Nurul bezirzt hat, indem er sie ins Wasser schubste. Seit dem darauffolgenden Facebook-Chat hat er sie innerhalb der nächsten drei Jahre vielleicht acht, vielleicht zehnmal gesehen. Nicht ganz unüblich in Malaysia, hier werden sittenwidrige oder zu häufige Treffs unter unverheirateten Malaien mit Haft bestraft. An der Ostküste werden selbst ausländischen Paaren ohne Trauschein die Doppelzimmer verwehrt.

Die Hochzeit findet ohne Elefanten und Elfenbeinthron statt (zu sehen auf Hochzeitsfotos von Matins Bruder) und ist nur eine von drei Zeremonien – eine für den Ehemann, eine für die Ehefrau, eine für das Dorf. Kaum verwunderlich, hat doch jeder Malaie durchschnittlich 30 bis 50 Hochzeiten pro Jahr als Gast auf der Agenda. Wir schlendern alle zur ressorteigenen Moschee, wo das festlich gekleidete Paar unter dem Dauerfeuer von Handykameras den Segen des Imam erhält. Ich verneige mich erneut vor meinem neuen Freund und ziehe weiter.

Matin Fawaz

Von Terengganu über Pahang nach Johor

Der Tag ist jung, ich ziehe meinen Karton hervor – und erschrecke. Denn kaum ist er oben, setzt Sulehman den Blinker. Kein raffinierter Schwätzer, eher ein stilles und tiefes Wasser. Der Liftmonteur fragt mich im Gegensatz zu allen vorherigen Chauffeuren nicht gleich nach der Zahl meiner Kinder – das nährt meine Neugier, ich frage daher nach seiner. Noch keine, seit mehreren Jahren übe er mit seiner Frau. *»No children, no happy«*, fügt er hinzu – ein minimaler Wechsel der Laune kann unglaublichen Einfluss auf die Stimmlage einer Person haben. Er fährt links ran zum mittäglichen Dsuhr-Gebet, nach fünf Minuten steigt er wieder ein. Schweigen. Ich versuche, leichtere Themen durchzugehen und entlocke ihm hin und wieder ein Lächeln. *»Here I work«*, meint Sulehman und lädt mich aus. Ich wäge meinen Bestimmungsort ab, liebäugle mit der City Kuala Terengganu und suche nach meinem Marker.

Lange warte ich nicht, denn Sulehman kommt zurück, *»no work today«*. Er wolle mich hinfahren. Hm? Ich stottere eine Hommage an den Wohltäter, will mich der großherzige Mensch doch ganze 150 Kilometer weg von seinem Zuhause fahren. Soll ihm Allah beim Helfen zuschauen? Hat Suleh in der Vergangenheit gesündigt? Habe ich überhaupt etwas damit zu tun? Hat sein Mangel an Kindern damit zu tun? Ist er einfach nur ein Held ohne Legende? Ich stelle mir vor, wie Sulehman in Zürich ein Schild mit der Aufschrift »Bern« in den Himmel hält und ein St. Galler sich dafür entscheidet, die eh schon knappen Minuten für den Unbekannten zu opfern. Eher würden Schweizer Bankiers Geld ethisch korrekt anlegen. Da muss einer ganz genau nachsinnen, um dieser unvertrauten Gedankenwelt Herr zu werden. Die Zeit habe ich, denn Sulehman ist ein schweigsames Gemüt. Ich bin mir bewusst, er wird hinterher nicht vor Hochstimmung platzen, aber die Dämonen der Tristesse reißen ihn für eine Weile nicht mehr ins finstere Loch.

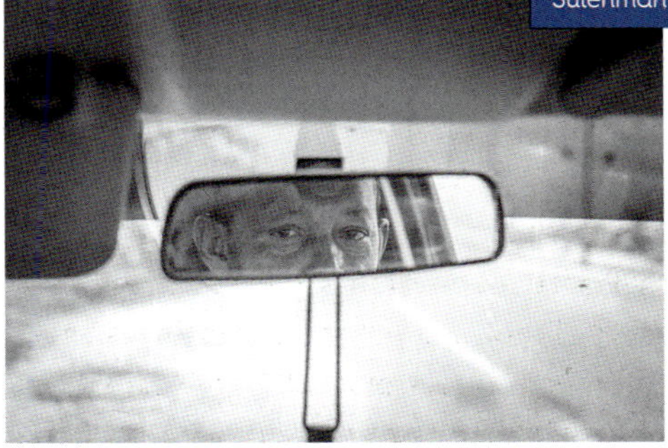
Sulehman

Am nächsten Morgen: Warten auf einen Gönner. Einer, der etwas mehr als die Fahrt zur Busstation offeriert wie die vier letzten. Einer, der das Konzept von *Tumpang* versteht und nicht fragt: *»How much?«* Ibrahim Razali hält für mich und will mich an eine vorteilhafte Stelle bringen. Der 65-Jährige erklärt mir begeistert, ich würde ihn mindestens an eines seiner sechs Kinder erinnern. Sein ganzer Stolz. Sie alle hätten ein Stipendium in ausländischen Universitäten erhalten: der Schweiz, England, den USA. So geht er jährlich auf Besuch und schaut sich gleichzeitig die Welt an. »Eine Langzeitinvestition mit guter Rendite «, scherzt Ibrahim. *»Just breed what you can feed«,* so sagen sie in Neuseeland – hier funktioniert es bislang noch umgekehrt.

Ibrahim Razali

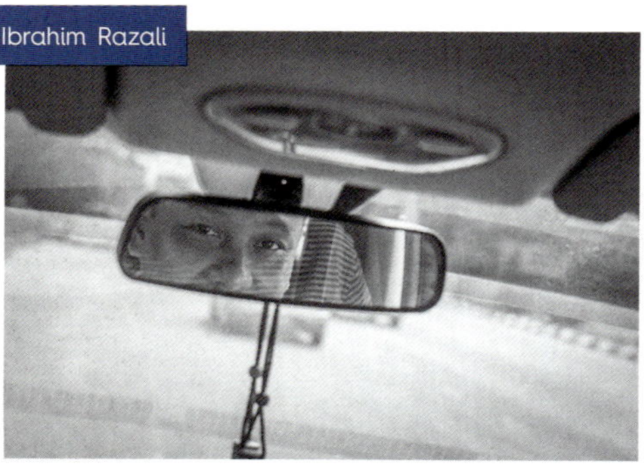

Nach einer dreiminütigen Pause auf dem Asphalt von Dungung wechsle ich in den Wagen von Sufiyan. *»Salam alaikum!«* Erneut muss ich mich für meine zeugungslosen 35 Jährchen rechtfertigen, denn die Kinderfabrik ist gleichen Alters und hat bereits fünfmal befruchtet. Heiter frage ich nach, ob er sich vorstellen könnte, vier Ehefrauen zu unterhalten, was nach dem Koran ja absolut tolerierbar wäre. *»Four wives, four problems«,* spöttelt Sufiyan, ohne groß die möglichen Vorteile zu bedenken. Die Polygamie sei ein Privileg der Oberklasse, der Herzlosen und der Planungsgenies. Denn das Gesetz sehe vor, allen Ehefrauen den gleichen Anteil an Aufmerksamkeit und Reichtum zuzusprechen, nämlich je 1,75 Tage pro Woche. Im schlimmsten Fall bestehe ein Drittel des Monats aus Periodentagen – vom Schwinden der Ersparnisse ganz zu schweigen. Es verlangt mich danach, ihn über seine Träume auszuhorchen. Simpel! Er wolle Europa auf dieselbe Art bereisen wie ich Malaysia. Ich wünsche ihm dabei alles Glück der Welt. Sufiyan muss weiter, ich auch. *»I hope you can accept«,* sagt er mit bittersüßer Miene und streckt mir die Hand entgegen, darin verstecken sich 50 Ringgit.

Sufiyan

Beim Frühstück unterhalte ich mich mit dem jungen Mediziner Aziz Haladin. Erfreulicherweise haben wir die gleiche Richtung. Er kennt sich aus mit dem Trampen, hat sich so erfolgreich durch Sibirien und Europa durchgeschlagen, daher sei es für ihn ein ungeschriebenes Gebot, mich mitzunehmen. Aziz schaut auf die Uhr und sucht nach einer geeigneten Moschee, die Minarette weisen ihm den Weg. Geduldig warte ich ab und genieße die Klimaanlage seines Autos. Mir geht durch den Kopf, dass es überall auf der Welt Moscheen gibt, es bei fünf Gebetsrunden pro Tag aber trotzdem passieren könnte, dass für reisende Muslime zum Gebetstermin gerade keine zur Verfügung steht. Also wohin? »In den Umkleideraum eines Kleidergeschäfts. Oder sonstwo – einzige Bedingung: der Boden muss sauber sein«, erklärt mir Aziz und zündet sich eine Zigarette an. Nichts, was Allah stören würde, denn die Aussagen im Koran sind (wie so oft) etwas unklar. Gemütliches Cherating, Pahang. Aziz besteht darauf, mich direkt vor die Strandhütte zu fahren – eine Strandhütte, die mich einige Tage über die jüngsten Erlebnisse nachdenken lässt.

Aziz Haladin

Karton – Marker – Süden. Mein erster indischer Fahrer hält: Siva. Ein seltenes Exemplar in der vorwiegend von Malaien dominierten Ostküste. Er hilft mir mit einigen Kilometern aus. Nicht nur das, Siva erzählt mir auf Wunsch von seinen Vorfahren, die dem Klischee so mancher indischen Auswanderungsgeschichte entsprechen. Geübte Plantagenarbeiter aus Tamil Nadu wurden unter Aufsicht der Kolonialherren zu Tausenden importiert, um Malaysias Palmöl- und Kautschukplantagen zu kultivieren. Innerhalb weniger Generationen etablierten sie den Hindugürtel, der sich an der Westküste Malaysias entlang bis nach Singapur zieht. Es war die neue Herausforderung, die Sivas Großeltern motivierte, in Malaysia sesshaft zu werden, aber vor allem die Aussicht auf ein besseres Leben, denn sie gehören zu einer der unteren Kasten. Die Klassengesellschaft Indiens hat schon einige verscheucht. In Malaysia wertet niemand den Familiennamen, man behandelt einander mit Respekt. Und die Kindeskinder wie Siva? Sie wachsen auf ohne einen Rang, dafür aber mit Chancengleichheit. Die Geschichte ist nicht unbedingt sexy, aber bei ungefähr zwei Millionen Indern in Malaysia erwähnenswert. Ich entschuldige mich bei Siva für mein verhaltenes Interesse an seiner Person. Jetzt strahlt der Mann. Und antwortet mit folgender indischen Weisheit: »Der Wissende weiß und erkundigt sich, aber der Unwissende weiß nicht einmal, wonach er sich erkundigen soll.«

Siva

Irgendwo in Pahang. Das Paar Zali und Ain fährt mich weiter nach Endau. Zeigt mir auf dem Weg die königlichen Gärten der Pahang Royals, die pittoreske Moschee von Kuantan und Fotos vom Hadsch, der obligaten Pilgerfahrt eines jeden Muslimen nach Mekka, einer der fünf Säulen des Islam. Ain leuchtet, als er mir das Familienfoto präsentiert, das gleich nach der Wallfahrt in Saudi-Arabien entstand. Urgroßväter, Cousinen dritten Grades und Kindeskinder – alle dabei. Es sind so viele Familienmitglieder, dass sich der Fotograf dafür entschied, das Bild per Drohne aufzunehmen.

Zali (und Ain)

Auf meiner Pappe steht heute »Melaka«. Sukor Tomo schleppt seine Familie zum Überraschungsbesuch seiner Mutter. Ich darf mich für über 100 Kilometer mit ins Auto quetschen. Er ist Ingenieur für die Royal Army, genau genommen dafür verantwortlich, dass im Fall der Fälle die Schleudersitze in den Kampfflugzeugen rechtzeitig ausgelöst werden. Mit 500.000 Euro pro Exemplar sind sie zweifellos die teuersten Stühle aller Zeiten. »Zwei Sekunden von der Entscheidung des Piloten bis zur Explosion, die ihn in Sicherheit schießt«, brüstet sich Sukor. Was würde ich geben, um den Test durchzuführen. Heftiger Regen setzt ein. Sukor steuert durch endlose Palmölfelder.

Eine Fahrt von Endau an der Ostküste entlang nach Melaka an der gegenüberliegenden Westküste ist eine Offenbarung sondergleichen. Ich wusste es bereits, habe mir jedoch das Ausmaß kaum vorstellen können. Hier stehen sie, die bis zu 20-jährigen Mütter unseres rege genutzten Pflanzenöls. Malaysia ist weltweit die Nummer eins, verantwortlich für 40 Prozent der Weltproduktion. Dafür opfern sie die Hälfte ihrer Landflächen. Von hier aus werden sie weltweit beliefert: Fabrikanten von Biodiesel, Feuchttüchern, Putzmitteln, Tiefkühlpizzen, Schokoriegeln, Duschmittel etc. Wer es immer noch nicht begriffen hat, hier der Status quo: Palmöl ist nicht per se böse, aber dafür werden Regenwälder (vor allem in Malaysia und Indonesien) gerodet. Babyaffen mit tränenden Kulleraugen sterben, die Monsunzeit wird immer kürzer, der Wasserpegel immer höher, Fischbestände schwinden, Treibhausgase eskalieren – alles bekannt. Fortschritt und dessen Kollateralschäden. Ich frage Sukor, wie toll er Palmöl finde. Mein Chauffeur schaut emotionslos in den Rückspiegel und wägt seine Antwort ab, als ob er ahne, was ich hören wolle: »Wieso nicht? Es schafft Jobs.« Stimmt! Allein das malaysische Unternehmen Felda, das den Wegrand mit Fabriken zupflastert, unterhält 4.000 Quadratkilometer Palmölplantagen und entlohnt damit 20.000 Arbeiter (500.000 malaysische Jobs sind indirekt in das Palmölgeschäft involviert). So sollten westliche Hetzer, ich eingeschlossen, bedenken, dass unsere Kolonien in Südostasien die Initialzündung bewirkt haben. Länder wie Malaysia gehen nun den Weg des geringsten Widerstands. Apropos: Glaubt man Extremisten wie Greenpeace, dann zerstören wir unsere Erde im Eiltempo. Kaum, denn wir zerstören nur die Menschheit. Die Erde wird uns überleben. Und unbeeindruckt von unseren Taten weiter mit 70.000 km/h per Vortex durch das Universum rotieren. Dann aber vielleicht ohne uns.

Sukor Tomo

Melaka

Kluang im Bundesstaat Johor. Lediglich fünf Minuten lässt Dave Das auf sich warten. Ich erkenne gleich, dass es eine gute Fahrt werden wird, denn Dave gehört zu den Entertainern, zu der Sorte Indern, mit denen man sich Stunden unterhalten will, weil sie über alles und jeden ohne Reuegefühl herziehen, solange das fleißige Mundwerk mit Themen gefüttert wird. Dave ist auf dem Weg nach Kuala Lumpur und will für mich einen Umweg über Melaka fahren. Für seinen ersten Tramper mache er das gern. Und meldet es auch gleich einigen Freunden per Videocall. 130 Kilometer stehen an. Perfekt, um die Motive der Inderinnen zu ergründen, sich gleich nach der Hochzeit in Ballonform zu fressen, oder den Grund dafür, dass der indische Premier Modi mit der Idee »*Cashless India*« das Land in eine blutige Revolution stürzen könnte. Auch Reisen steht auf der Agenda. Ich sei sein *Sifu* (chinesisch für Meister), will er doch so dringend selbst die Welt erkunden. Aber derzeit ist seine Person anderweitig gefragt. Der kecke Vermittler handelt mit Tamilen, Bengalen, Singhalesen und Nepali. Drei Jahre mindestens – den Pass sieht der Kunde erst bei Vertragsablauf wieder oder falls Ferien bewilligt würden. Falls! »Eine lukrative Möglichkeit für die Lohntouristen, ordentlich Kohle anzuhäufen«, so Dave. Und ich will es ihm bestätigen. Die hier erwähnten Immigranten sind happy, sie verdienen zigmal mehr als den Hungerlohn in der Heimat. Ich habe unlängst mitbekommen, wie in den Hinterhöfen der Entwicklungsländer kollektiv Geld für die Vermittlungsgebühr zusammengekratzt wird, um einen »Auserwählten« in vielversprechendere Regionen zu entsenden. Im Austausch dafür folgt die Rendite monatlich in wertvollen Ringgit, Baht, Dirham oder Singapur-Euros. Wenn man denn Glück mit dem Schieber hat.

Dave Das

Melaka, das Kolonialjuwel der Europäer. Abends in einem Café am Rande der historischen Altstadt. Ich ertappe meine Sinne in flagranti beim Multitasking. Rufe des Muezzin folgen auf den Singsang der Hindus, der Duft chinesischer Räucherstäbchen vermischt sich mit malaysischen Gewürzen. Irgendwie treiben sie hier alle ihr Unwesen. Ab und an werden die Reize überlastet, wenn wieder eine der aufgemotzten Velokutschen vorbeizirkelt, die angehängten 500-Watt-Lautsprecher auf »Trommelfelder abtöten« eingestellt. Selbst das Auge kommt nicht ungeschoren davon, denn die Touristenattraktion wurde geschmacklos mumifiziert mit Pokémon, Hello Kitty oder Was-weiß-ich-

Schnickschnack. Einmalig unnötig – und trotzdem will jeder mitfahren.

Nach Kuala Lumpur bitte! Glück liebt die Vergeltung, es will quittiert werden. Selten gleich, oft etwas später. In meinem Fall erst nach drei Wochen: Ich warte zwei Stunden lang mit Grinsekatzengesicht, mit Tanzeinlagen, mit Mona-Lisa-Pose plus Mimik. Nichts. Lediglich die Taxifahrer sind interessiert. Nicht einmal die Sonne kennt heute Erbarmen, sie hat mein Gesicht über die letzten Stunden tomatenrot gegrillt. *Don't panic!* Dann passiert es: Jasond Tseng winkt mich zu sich. Er habe mich bereits vor zwei Stunden erblickt, als er per Moped auf dem Weg zur Nudelsuppe gewesen sei. Auf dem Rückweg fällt ihm meine ungesunde Hautfarbe auf, er entschließt sich daher, zu Hause sein Auto aus der Garage zu holen. Kommt zurück, um Gutes zu tun. »Echte Güte bedarf keinerlei Revanche, weder der Anerkennung noch der Kredite für den Tag göttlicher Richter«, so der streng ungläubige Chinese. Pragmatisch, aber unheimlich kompliziert. »Denn«, fährt er fort, »früher musste man dem ungebildeten Volk die Regeln erklären, Gebote aufzwingen, um sich in der Welt zurechtzufinden. Tue Gutes, und man wird dir Gutes tun. Heute sind wir gebildet genug, um den Sachverhalt neu auszulegen.« Mein letzter Tag als Tramper in Malaysia, und ich treffe auf ihn, den Typus Humanismus, einen, der mein agnostisches Gedankengut bestätigt, ja es gar für mich ausspricht. Ich erkläre ihn somit offiziell zu meinem *Sifu* und entlocke Jasond damit ein feierliches Lachen. Kurz vor der Autobahn erkundige ich mich nach dem Zeitvertreib des frühpensionierten Ingenieurs, jetzt, da er der Muße frönen könne. Jasond reicht mir einige Holzsplitter mit der Bitte, sie anzuzünden, zu riechen, zu sinnen. Ein halbes Leben habe er damit verbracht, alles rational zu erklären, Regeln aufzustellen, zu hinterfragen, zu verfeinern. Mit dem, was er mir in die Hand drückte, funktioniere das nicht. Denn es gibt weder naturwissenschaftliche Erkenntnisse über das Wesen von »Adlerholz« (Aloeholz), noch existiere eine fundierte Erklärung, wieso Geist und Körper darauf ansprächen. Hier ziehen alle am gleichen Strang: Buddhisten, Hindus, Christen, Muslime, Atheisten, Zauberpriester, chinesische Quacksalber, Gurus, Edelholzhändler – doch könnte der Anwendungsbereich kaum vielseitiger sein. Ich bin begeistert, hat der Tausendsassa nach Jahren der staubtrockenen Analytik doch eine neue Herausforderung für sich entdeckt, einen Fetisch, der ihn das nächste halbe Leben begleiten wird.

Jasond Tseng

Tankstellen sind optimale Tatorte. Die Opfer sind mir ausgeliefert, müssen zuhören, mir in die Hundeaugen schauen, falls sie gedenken, abzulehnen. Elin Chiang und Mei Yee gehen das Risiko ein, den Fremden einzuladen. Die chinesischen Popschnulzen, die während der Fahrt laufen, haben keinerlei meditative Wirkung auf Elins Fahrstil. Auf der 150 Kilometer langen Strecke rächen wir uns an allen, die mich in den zwei Stunden in Melaka ignoriert haben. Zu unser aller

Sicherheit zünde ich etwas Adlerholz an. So oder so, ich bin aufgekratzt, nicht nur weil die beiden das erste lesbische Paar sind, das mich mitnimmt, sondern vor allem, weil Tätowiererin und Kellnerin irgendwie passt, denke ich und erkundige mich nach der gesellschaftlichen Akzeptanz in Malaysia. Denn offiziell gesehen könne ihre Liebelei ja mit bis zu 20 Jahren Haft oder Peitschenknall bestraft werden. Elin sieht es gelassen und tätschelt dabei Meis Hand. Solange sie sich in der Öffentlichkeit etwas zurückhielten, sei das kein Problem. Außerdem sei die Westküste deutlich liberaler. Sie berichtet mir von der malaysischen Zensurbehörde, die vor fünf Jahren ihre Offenheit für Homosexualität gefeiert habe, indem sie den Film *Dalam Botol* mit einem schwulen Paar in der Hauptrolle zugelassen hätte. Seither habe die Behörde die Regeln etwas gelockert: Schwule und Lesben dürfen auf Kinoleinwänden gezeigt werden – jedoch nur, wenn die Protagonisten am Ende reumütig heterosexuell werden oder sterben. Die Skyline von Kuala Lumpur ist bereits am Horizont zu erkennen. Ich flehe Elin um eine chinesische Weisheit an, sie schreibt in mein Notizbuch: »A journey of a thousand miles starts with the first step« (»eine Reise von tausend Meilen beginnt mit dem ersten Schritt«). Ich nicke zustimmend.

Elin Chiang (und Mei Yee)

Kuala Lumpur

Das ultramoderne, ultraurbane Kuala Lumpur. Einchecken in China Town, einige Nudelsuppen entfernt von Little India, wenige Chapati von Klein-Arabia. Hier schreiben sie offensichtlich Einwanderungsgeschichte. Andere schreiben Wandergeschichte. Begeistert lese ich im Flur meiner Absteige den eingerahmten Zeitungsartikel über Harry Lee McGinnis, einen echten, aber leider unbekannten Globetrotter, der hier vor elf Jahren das Etagenbett bestiegen hatte. 129.000 Weltkilometer hat »Hank« nach seiner Pensionierung abgelaufen, er verzeichnet 50 US-Staaten und 66 Länder in vier Jahren. Von Irland aus ist er nach Afrika, durch den Mittleren Osten nach Asien und via Südamerika über die texanische Grenze zurück in seine Heimat Indiana gelaufen. Andere beklagen sich über die Entfernung vom Parkplatz zur Shopping Mall. Der Wanderer klagt nicht, sondern singt ein Loblied auf die Distanz. Der malaysische Journalist fragt nach, wie er sich denn vor blutrünstigen Grobianen schütze, die danach lechzten, den dünnen Zeltmantel aufzuschlitzen und den Weißen auszurauben. Die Antwort beschämt, denn mit dabei in seinem 40-Kilo-Rucksack sind: Speer, Jagdmesser, Buschmesser, Wurfmesser, Metall-Nunchaku und Peitsche. Lediglich siebenmal

Mode wird groß geschrieben
im hippen KL.

musste Indiana Harry sich aufgrund eines gescheiterten Dialogs mit seinem Waffenarsenal wehren. Der gläubige Christ bleibt trotz geballter Weltwachheit ganz Amerikaner. Später, mit 78 Jahren, hat Hank eine universelle Einsicht: »Woher auch immer wir kommen, alle sind wir gleich.« Wie klischeehaft und stumpf – ich bin mir sicher, hier lügt der Herr; aber ich wüsste auch nicht, wie dem Medientross salopp die Unterschiede zwischen den ungefähr 1.000 Volksgruppen zu erklären wären, die Hank in den 67 Ländern angetroffen hat. Den Schlusssatz serviert der Wanderer dafür wie eine Praline nach dem faden Mahl: »*The only thing that will stop me from walking is death.*« Yes! Hier spricht ein Nimmersatt! Einer, der versteht, dass er alles haben kann, solange der Wille stark genug ist. Hank ist würdevoll im Jahr 2013 gestorben, nicht wandernd, aber mit einem randvollen Erinnerungsbarometer.

Ein belangloser Nachmittag einer Stadt, die hiesigen Straßenküchen dampfen bereits. Sie dampfen immer. Hinter dem Hupkonzert der Blechlawinen türmt sich eine allzu austauschbare Galaxie des Konsums: verglaste Betonklötze, so viele Betonklötze, dass man sich fragt, wo all der Beton herkommt. Auf dessen Ground Zero liegen die Kaputten, die Amputierten, die dubiosen Nichtstuer. Ein junger Malaie ist dem Trugbild auf den Leim gegangen und hat verloren – wie so viele Sniffer verlieren. Wimmernd fleht er jetzt Allah an und kriecht dabei in Richtung Shopping Mall. Aber drinnen sind Durian und Kaputte verboten. Der Wachmann weist ihm den Weg zurück ins Straßenleben. Gleich um die Ecke verteilen die Hari Krishnas singend Gratisreis für alle. Ich schaue in Kuala Lumpurs Gesichter: Hindu-Bindi, Thanaka-Kreide, Sunna-Bärte, einsame Warzenhaare, per Burka freigestellte Augenpaare, Grummler und Lächler, Gewinner und Verlierer. Dazu plärrt eine Metropolis-Melodie, die jegliches Nervenkostüm foltert: Singsang für Shiva, brodelndes Frittieröl, Allah-Gebetsrufe, Reifenquietschen, Mantras, Baustellenlärm. Ich verneige mich vor allen, die hier trotz konstanter Reizüberflutung mit ihrem Gefühlsleben im Einklang sind und täglich gelassen durch den Schlamassel schlendern.

Die Skyline von KL

Zu Besuch am *Infinity Pool* am Stadtrand, um die Skyline aus gesunder Entfernung zu genießen. »Kein Problem«, nickt der Uniformierte, als Nichtgast des Etablissements dürfe ich freilich passieren, aber nicht baden. Dürfe den Liegestuhl besetzen, aber nicht baden. Dürfe halbnackt herumtollen, aber nicht baden. Nach etwas Schaulust frage ich mich, wie hoch der Preis für das »Baden« wohl sei. Ich fahre die 55 Stockwerke wieder hinunter in die Schnösel-Lobby, um einen Bestechlichen zu finden. Einige Uniformierte tuscheln und schlagen 120 Ringgit (30 US-Dollar) vor, um für eine Badestunde die Kameras zu übersehen. Ich rechne – für denselben Preis darf ich bald in den malaysischen Teil Borneos fliegen und bezahle zudem mindestens zwei Übernachtungen in irgendeinem Mäuseloch, inklusive Dusche, Matratze, Toast und – nicht zu vergessen – der atemberauben-

Die Petronas-Towers in der Dämmerung

den Sicht auf die nächste Hauswand. Wie so oft wäge ich Luxus gegen Unentbehrliches ab und ziehe bescheiden von dannen. Zumindest kurzfristig, denn die *»Skybar«* hat auch ein Schwimmbecken, und dabei soll lediglich das Getränk etwas kosten. Ich wähle eine Tasse Kaffee und darf dafür sechs Stunden lang bedenkenlos baden. Schauen, wie die Sonne hinter dem Stolz der Städter verschwindet, den Petronas Towers – dank der malaysischen Medienzensur wissen nur die Wenigsten, dass kürzlich einer der beiden Türme aufgrund der kriselnden Wirtschaftslage an den Sultan von Brunei verkauft wurde. Jede Großstadt hat ihren Etikettenschwindel, ihre Geheimnisse – ein Grund mehr, hin und wieder vorbeizuschauen und genau hinzuhören. Aus Sicht eines Reisenden sind Konfrontationen mit Monstern wie Kuala Lumpur, Neu-Delhi oder Schanghai unentbehrlich – nur so kann die idyllische Ländlichkeit angemessen gewürdigt werden.

Sarawak

Flughafen Kuching, Hauptstadt des malaysischen Bundesstaats Sarawaks. Lustige Affen, dichter Dschungel und festlich verkleidete ethnische Models, Letztere mit Blasrohr und Nashornvogelfedern bestückt – die Reklame der Tourismuslobby verspricht bereits während des Gangs zur Gepäckannahme ein Borneo wie aus dem Bilderbuch. Dramaturgisch wird der Gast auf den Zauber vorbereitet. Ja, auch ich will verzaubert werden, doch will ich dem einst unabhängigen Königreich nicht nur deshalb meine volle Aufmerksamkeit widmen. Das wäre unfair. Wer über den Ausverkauf unserer Regenwälder klagt, sollte nicht mit Scheuklappen durch diese Gegend galoppieren.

Kuching wurde unlängst zur saubersten Stadt Malaysias erkoren. Der Glanz bleibt zumindest heute aus. Ich komme rechtzeitig zum *»fogging«*, dem Einnebeln. Kein Ausnahmezustand – reine Routine. Um Dengue & Co vorzubeugen, zieht die Insektenwehr regelmäßig durch Kuchings Gassen, vermummt auf Laderampen von Jeeps oder marschierend, um auch die hinterletzten Mückenrüssel wegzuräuchern. Alle Freiwilligen bekommen bei der Versammlung eine Alien-artige Waffe – keine, die man in den Schirmständer stellt oder über den Kamin hängt, sondern eine, mit der man nach draußen geht und das Fürchten lehrt. Gemartert von störrischem Husten suche ich im Giftnebel nach einem Schlafplatz.

Beschwingter Morgen, mückenloser Morgen. Ein Sammelbus bringt mich bis zur Mündung des Rajang-Flusses, der Vene des Herzens von Borneo. Als Bootsfan freue ich mich ungemein auf die nächsten Tage, beschlagnahme sogleich das Dach über dem Kapitän.

Auf dem Schiffsrücken entlang des Rajang-Flusses

Gibt es etwas Schöneres, als mit Wind im Haar durch fremde Gewässer mit gespiegelten Wattewolken zu gleiten? Gelegentlich gehe ich von Bord, um die letzten Langhäuser der Iban-Volksgruppe und deren schwindende Tätowierkunst zu inspizieren. Darf dazu Geschichten von Schamanen und ehemaligen Kopfjägern lauschen oder einfach nur dasitzen und ihre Gesellschaft genießen. Dabei begegne ich den Tatsachen mit Realismus: ihr Tag wird morgen identisch aussehen, meiner nicht. Dennoch frage mich, wer insgeheim wen mehr für des anderen Lebensstil bewundert: ich sie oder sie mich? Denn immerhin motiviert mich etwas dazu, all die Strapazen auf mich zu nehmen, nur um kurzfristig Teil ihres Lebens zu sein.

Der Weiterflug zum Mulu Nationalpark im Südosten Sarawaks ist eine beklemmende Offenbarung, denn man sieht das Ausmaß der Entwaldung von oben. Mir wurde erzählt, dass nur noch neun Prozent vom wuchernden Grün Sarawaks übrig ist und der Großteil der lustigen Dschungelaffen bereits in kontrollierte Zufluchtsorte transportiert werden musste. Ich habe auf Reservierungen jeglicher Art verzichtet, da ich vor Ort den einen kennenlernen will, der unabhängig führen darf, dabei aber keine ausgelutschten Lobliedchen auf die Schönheit der Natur und die Parkverwaltung singt. Willie Kajan sitzt einsam hinter einem Berg Dokumente und lächelt hinüber. Wir kommen ins Gespräch. Der 60-jährige Umwelt- und Menschenrechtsaktivist protestiert seit 1990 gegen die Holzmafia und hat bereits den inzwischen verschollenen Schweizer Bruno Manser alias »Laki Penan« durch die Gegend geführt. Er ist mir auf Anhieb sympathisch, denn er verführt jeden, der herkommt, zum Nachdenken – wenn er verführt werden will. Dreimal wurde Willie wegen des Aktivismus bereits verhaftet, das letzte Mal vor einem halben Jahr. Erneut

Ein Opa der Iban-Volksgruppe beim Fischfang. Die traditionellen Tätowierungen erzählen von wilden Abenteuern während seiner Jugend.

Die meisten Iban in Sarawak wohnen bis heute als Community in einem Langhaus. Einige dieser Gemeinschaftshäuser zählen rekordverdächtige 50 (!) Wohnungseingänge verteilt auf 200 Metern Länge.

ging es um die üblichen Themen: apokalyptischer Waldmord, die Lebensraumzerstörung der Ethnien und darum, dass nach dem Ausverkauf der Hölzer nicht wieder aufgeforstet werde, sondern stattdessen Palmölplantagen den neuen fragilen Boden laminierten. Nach acht Tagen Gewahrsam führte der aufsehende Polizist einen Holzmagnaten in das von einer Bürolampe kaum erhellte Verhörzimmer. Der Tycoon schlug eine neue, langfristige Freundschaft mit dem immer noch handgeschellten Willie vor. Fragte nach, wo denn sein neues Haus und Auto hinsolle. Kuala Lumpur? Ein nobler Vorort von Miri? Er legte den mitgebrachten Koffer auf den Tisch, öffnete ihn und ließ die Hunderttausende Ringgit-Scheine etwas atmen. Nein, keine nachgespielte Filmszene, sondern Erzählungen, die zu Drehbüchern führen. Die Szene lässt mich bestens fantasieren: David kitzelt den Goliath. Willie, das Aushängeschild der Penan-Nomaden versus die Ultramächtigen der Holzmafia. Jetzt setzen Willies Augenbrauen zur Landung an, sein Blick ist starr, ja, er ist zu allem bereit. Er polarisiert weiter, rät dem Strohmann, das Abholzen zu stoppen. Pronto! Im Anschluss solle er die Koffermoneten an all seine Leute verteilen, denn ihnen gehöre das Land. Geschäftig mit Selbstbeherrschung fügt Willie hinzu: »Einer meiner Freunde ist bereits verschwunden, so handhaben sie das, wenn einer zu laut wird. Meine Frau hat diesen Stress nicht mehr ausgehalten und sich trotz der drei Kinder scheiden lassen.«

All die Niederlagen bekümmern ihn zwar, können ihn jedoch nicht davon abhalten, für die Rechte der nächsten Generationen zu kämpfen. Willie legt nach, drückt mit weiteren Tiraden auf mein Gemüt. Ab und zu eine Atempause, lange genug, um die Verschränkung der Beine zu ändern, etwas Asche der Bananenblattzigarette abzuklopfen, vielleicht noch eine Runde der Fledermaus auf Mückentour mitzuverfolgen.

Jetzt etwas Heiteres erzählen, eine Anekdote, die ins Amüsement überleitet, es scheint dringend nötig. Doch fällt mir nichts ein. Ich denke an Held Bruno, denke an Plakate mit lustigen Affen, dichtem Dschungel und festlich verkleideten Ethniemodels (vorwiegend porträtiert mit Blasrohr und Nashornvogelfedern), denke an die Zeit mit Willie im Nationalpark, die Höhlen, den verblassenden Dschungel.

> »Der demütigende Abstand, die Unfähigkeit, die Gegenwart zu begreifen, die das Wanderleben deutlich zutage treten lässt, gehören zu den wertvollsten Lehren der Reise.«
> *Nicolas Bouvier*

Brunei

Abwarten, bis die Pappe mit dem Hinweis »Brunei« Mitleid erregt. Ein Rentnerpaar hat ebenso ein Herz wie einen Platz für Anhalter und fährt mich zur Grenze. Wie erkläre ich den Eltern von 11 (!) Kindern, wieso ich noch nicht losgelegt habe? Ich versuche es mit dem »Pilgergemüt« – quasi der Himmel für Leute, die nicht an den Himmel glauben. Das funktioniert meistens bei Gläubigen. So auch hier. Dafür schenken mir Haman und Eliz eine Erkenntnis aus ihrem liebsten Reiseführer, dem Koran: »Jeder soll vier Monate die Welt bereisen, um sich von der

Karstlandschaft im Mulu-Nationalpark

Schöpfungskraft Allahs zu überzeugen.« Okay, endlich ein Absatz, dem ich halbwegs zustimmen kann. Selbstverständlich haben die Schreiberlinge damit kaum die *Tristesse Royale* in Brunei gemeint. Denn deren Schöpfung kann kein Allmächtiger gewollt haben. Ja, man warnte mich vor. Jeglicher Besuch sei purer Verzweiflung geschuldet. Es gebe genügend Gründe, warum sich jedes Wochenende halb Brunei zum Exodus nach Malaysia aufmache. Unisono kommen sie in Autokarawanen rüber, um kurzzeitig die Kälte des abendlichen TV-Programms zu vergessen – Entertainment ist nicht die Stärke des Sultanats. Brunei Darussalam: bis 1983 britisches Protektorat, daraufhin unabhängig, seit 1991 abstinent. Eine weise Entscheidung, nicht bei Team Malaysia mitzumachen und stattdessen die üppigen Erdölvorkommen wie Erdgasfelder eigenständig zu verwalten, denn mittlerweile hat das Reich von Sultan Hassanal Bolkiah ein Pro-Kopf-Einkommen, das innerhalb Asiens lediglich die Superreichen von Singapur überbieten. Das Bildungs- und Gesundheitssystem ist für jeden kostenlos zugänglich, und der Staat füttert seine wenigen Arbeitslosen mit 800 Brunei-Euro durch den Monat. Einzig die Homosexuellen, Ehebrecher und Diebe sollten achtsam sein – dank der vor wenigen Jahren eingeführten Scharia werden je nach Frevel Hände abgehackt oder Steine geworfen.

Ich werde in Brunei gleich zwei Premieren feiern (im Stillen, ohne Bier und ausgelassene Partys): ein Visum per Rollstopp und mein bisher kürzester Aufenthalt in einem Land – satte 18 Stunden und 35 Minuten. Sehen wir es als ein Investment, denn für die Durchfahrt werden mir drei weitere Monate Malaysia geschenkt. Unweit vom Grenzübergang und einer lungernden 14-köpfigen Gang mit aufgemotzten Toyota Passos steige ich aus. Deren Autokennzeichen sind vielversprechend, sie müssen bestimmt zum malaysischen Bundesstaat Sabah und damit zwangsweise vorbei an Bruneis Hauptstadt Bandar Seri Begawan. Mas, scheinbar der Alpha, weil an der Kolonnenspitze, fackelt nicht lange, lädt mich ein, dreht den Bass auf Hörverlust und röhrt los. Wir fokussieren uns auf Landstraßen, um prüferischen Polizeiaugen zu entgehen – das passt, denn so erhalte ich gleichzeitig einen Blick auf Bruneis Hinterhöfe, welche die Lebensqualität der Mittelschicht offenbaren. Endlose Erdgasleitungen schießen vorbei, hin und wieder etwas Grün, dann erneut pompöse Villen mit je drei bis acht (!) in der Garage geparkten Karossen – mir wird versichert, drei pro Haushalt sei das Minimum. Kurzer Stopp, um feinstes Benzin für 43 Brunei-Cent pro Liter nachzufüllen. Nach ungefähr anderthalb Stunden sind wir bereits quer durch das Land gefahren. Ich verabschiede mich von Mas und seiner Gang und marschiere die letzten Kilometer zum Fluss Brunei, der das Stelzendorf Kampong Ayer von der Betonia auf der anderen Seite trennt. »*Hello*«-Rufe locken mich zur Feuerwehrstation – perfekt, denn ich brauche Rat, habe weder Brunei-Euro noch eine Ahnung, wie ich geldlos das Ufer wechseln kann. Antreten zur Beichte. Prompt wird mir ein Bootsmann geordert, die Rechnung vom Captain der Brigade im Voraus bezahlt. Der Euphorie verfallen, traue ich mich, mein heutiges Glück herauszufordern und deute auf ihre Feuerwehrrutsche – ein unerfüllter Bubentraum. Frei nach dem Dichter Oliver Wendell Holmes: »Menschen hören nicht auf zu spielen, weil sie alt werden, sie werden alt, weil sie aufhören zu spielen.« Ich mache gedanklich gleich drei Häklein hinter die imaginäre *Bucket List* und springe aufs Boot. Es ist Freitag, der wichtigste Gebetstag für Muslime. Der Muezzin ruft zum Gebet, die Leute verlassen seelenruhig ihre nun

Sultan-Omar-Ali-Saifuddin-Moschee im Abendrot

legt überraschend pünktlich ab, bahnt sich ihren Weg durch einen Flickenteppich von Öltürmen und Öltankern in Richtung Sabah. Postskriptum: In der Gegend wurden kürzlich neue Ölfelder entdeckt. Somit steht einer Erweiterung des Karosserieharems nichts im Weg.

unbewachten Marktstände und Läden, zockeln routiniert in Richtung Sultan-Omar-Ali-Saifuddin-Moschee. Aber halt, unbewacht? Welcher Ganove will schon die langen Finger riskieren? Routiniert? Dem Freitagsgebet fernbleiben ist ebenso strafbar. Später werde ich inne, dass es in Brunei gang und gäbe ist, beim Herrscher vor dem Palast Schlange zu stehen und hausieren zu gehen. Der Volksheld zeigt sich hilfsbereit, denn trotz 20 Lamborghinis, 134 Koenigseggs, 11 McLaren F1s, 160 Porsches, 600 Rolls-Royces, 450 Ferraris, 170 Jaguars, 180 BMWs, 360 Bentleys, 530 Mercedes-Benz, der Rennstrecke um das Königshaus, zwei Boeings 340-200, einem Airbus 340-200, sechs Kleinflugzeugen, zwei Helikoptern und 200 Poloponys hat Hassanal Bolkiah stets einige Groschen übrig für sein Volk. Nicht der Rede wert, denn der Sultan verdient 100 US-Dollar pro Sekunde. Wer nachfragt, erhält Geschichten am Fließband, vor allem jedoch solche vom gutherzigen Monarchen, der seinen Kopf in die Hütte der Untertanen streckt, um Hallo zu sagen oder sich nach der Gesundheit der Familie zu erkundigen.

Unspektakulärer Morgen in einem unspektakulären Land. Die Fähre

Sabah

Mystische Sulusee: Ferienparadies, Tauchparadies. Piratenparadies? Malaysias Bundesstaat Sabah, genauer: die Region um Semporna. Ein Nimbus für üppige Riffe, für kristallklares Nass und den frugalen Seefari-Lifestyle der Bajau. Doch wird es zunehmend lauter um das Idyll, seit die Moro-Bande sowie Freibeuterchef Abu Sayyaf und seine Buddys sporadisch von den Philippinen aus rüberkommen und nach Touristen angeln. Man munkelt von einem neuen Somalia. *»Nothing*

travels faster than the speed of light, with the possible exception of bad news, which obeys their own special laws« (Douglas Adams – »nichts reist schneller als das Licht, außer vielleicht schlechte Neuigkeiten, die ihren eigenen Gesetzen folgen«). Ein jeder kennt jemanden, der jemanden kennt, der von jemandem gehört hat, dass einem im Ausland etwas passiert sei: der angestochen, beraubt, verschleppt, angefasst, oder einfach nur beschissen wurde. Social Media viralisiert den Inhalt in Echtzeit bis nach Entenhausen und bringt die hinterletzten Synapsen zum Funken. Besser, man sichert sich vor dem Reiseantritt mehrfach ab und riskiert einen Blick auf die Website des Auswärtigen Amtes, um die Bedenken mit noch mehr Bedenken zu strafen. Sei es das amerikanische, englische, Schweizer oder bulgarische Gremium: sie alle warnen vor dem, was jenseits der Sofa-Fernseher-Zone auf den Neugierigen lauert. Zweifelsohne, die Sulusee ist kein Shangri-La für leichtlebiges Flanieren. Dabei handeln aber selbst Piraten nicht willkürlich, denn ihrer Motivation liegt politische Ideologie zugrunde. Es geht um Regierungsmoneten, um das Waffenarsenal und somit Einfluss zu finanzieren, Lösegeld, das von den Staatskassen vorselektierter Geiseln (ausgelesen von rechtswidrig eingewanderten Filipinos) erpresst wird.

Mitten im Sog der Ereignisse: die Bajau. Die Meinungen gehen auseinander – sind sie Flüchtlinge? Nomaden? Illegale Inselbesatzer? Rekordverdächtige Freitaucher? Maritime Selbstversorger? Heimatlose Riffbewohner? Es scheint kein Wahrheitsmonopol zu geben. Im unschicken Hafenambiente Sempornas betteln Filipino-Kinder, andere kauern in ihren Schubkarren und warten auf einen Gelegenheitsjob. China ist in Ferienstimmung und hat das ganze Dorf mitsamt aller verfügbaren Matratzen gebucht. Nach Stunden der Schlenderei finde ich die allerletzte Kajüte. Geleitet von beißenden Sonnenstrahlen zur Promenade im Stelzendorf Bangau-Bangau, nicht weit entfernt vom Superlativ aus Angebot und Nachfrage. In Bangau-Bangau leben 3.800 Bajau. Falsch, »Land-Bajau«, werde ich prompt korrigiert vom Fischhändler,

Die Behausungen der Bajau sind einfach, dafür ist die direkte Umgebung umso ausgefallener.

der ein kunterbuntes Kaleidoskop an Rotbärschen, Papageienfischen, Brassen und Seegurken feilbietet.

Wie die Väter so die Söhne. Die Bajau-Jugend bastelt kleine Boote zum Zeitvertreib.

Ich sei herzlich willkommen in ihrem Dorf, Allah sei mit mir. Einmal am Festland angelangt, haben sich die muslimischen Missionare der Animisten angenommen. Allmächtige Barmherzigkeit inklusive 50 Ringgit Startkapital für eine Unterschrift? Kein schlechter Deal! Mit Allahs Segen im Nacken spaziere ich durch ein Fiasko maroder Pfahlhütten, tripple unbeholfen über Bretterwege, denen so manch ein Stück Weg fehlt. »*Salam aleikum*« von rechts, »*One Ringgit*« von links, »*What is your name*« von vorn, »*Where you go*« von hinten – Düfte von frittierten Bananen, nassem Abfall, frisch geseifter Wäsche irritieren, erfreuen, irritieren. Hinter getönten Sonnenbrillengläsern vermutet man so manch einen Gangster, einen Kontaktmann, den Freund eines Schleppers. Doch stellt sich heraus: sie alle weisen durch die Irrwege, laden zum Sitzen und Geplauder ein. Unzählige Male bleibe ich hängen, spekuliere erfolglos in den gesetzwidrig organisierten Mini-Casinos, bestaune die prunklose Handwerkskunst, rede dabei mit Alt und Jung. Koltis, der pensionierte Staatsdiener, setzt seinen Gegner schachmatt und grinst rüber. Einfältig erkundige ich mich, wieso die Bajau Pfahlbauten favorisierten. »Ganz einfach. Um das Boot zu parken.«

Aus Bambus, Nylon und Plastiksäcken basteln die Bajau-Kinder ihre Drachen.

Übersetzen nach Pulau Mabul, eines der wenigen Inselchen hier, wo sich Ausländer auch über Nacht aufhalten dürfen. Einchecken bei Azhar Bin Adnan und den Rest des Tages in den stillen Ozean starren. Eine Sportübertragung auf Spanisch schallt aus dem Weltempfänger meines Mitbewohners. Das macht neugierig: »*Cual equipo es tu favorito?*« (»Auf welches Team setzt du?«), erkundige ich mich beim Malaien, um das Eis zu brechen. Mash erzählt von seiner Liebe zum FC Barcelona, anschließend aus seinem Leben. Mit 32 bricht der heute 64-jährige Malaie auf: von seinem Dorf in Kedah will er nach Katalonien. Nicht der Pesos wegen. Nein, der Herr kommt aus königlichem Hause. Er will es lediglich mit unbekanntem Terrain und dessen Gesellschaft aufnehmen, Musiker werden, auf unbestimmte Zeit nur Saiten zupfen. Fünf Jahre später ist er mehr Spanier als Malaie. Während des Ramadan fährt er zum Gefängnis La Model. Sieben Hochsicherheitsschleusen später steht er mit seiner Gitarre im Gemeinschaftsraum, wo den Halunken zur Feier des Tages Besuch von Geschwistern, Ehefrauen, Söhnen und Töchtern gestattet wird. Er singt spanische Folklore über die Freiheit und das bittersüße Leben, blickt dabei in die tränenden Augen von Vergewaltigern, Mördern, Reuelosen und Reuevollen. Jeder, der jetzt dem Alchemisten mit seinem Instrument lauscht, erhält einen letzten Trost, vielleicht ein Verlangen, aber zumindest eine Erinnerung. Mash weint auch, innerlich, sonst gibt er für eine Stunde den selbstlosen Erlöser. Gutes tun, das habe er nie verlernt. Mit zarten acht Jahren haben ihn die muslimischen Eltern zum Fasten abgerichtet und zum Edelmut, um Mohammed und Allah etwas näherzukommen. Völlig egal, was genau seine Motivation war, hier spielt einer sein eigenes Powerplay. Einer, der von zu Hause aufbrach, um eines Tages in neu erlernter Sprache die Seelen von Kriminellen zu heilen, wenn auch nur für kurze Zeit.

Ramadan Mubarak. Völlerei um drei Uhr morgens, Sonnenaufgang und offizieller Auftakt zum Fastenmonat. Ich plane einen Schnupperkurs über drei Tage und folge Mash in die Dorfmoschee. Die versteckt sich einige Meter entfernt vom transsexuellen Figaro, der sich die drei Quadratmeter Ladenfläche mit einer Masseuse und dem Nähmeister teilt, gleich hinter den kaputten Behausungen einiger Bajau. Gegenüber das pompöse chinesische Resort, das die Verbotene Stadt in Peking alt aussehen lässt. Beide Parteien haben Aussicht auf den Lebensstil der jeweils anderen. Wer wohl wen mehr beneidet? Schlussendlich ist die paradiesische Sulusee der Swimmingpool der Bajau, ihr Himmel ist blau, ihre Luft sauber, und gleich vor der Hütte schwimmt die Nahrung. Keine stundenlangen Staus, keine Kohlenmonoxidvergiftung, kein Stress, sich gegenüber den anderen 1,4 Milliarden behaupten zu müssen. Doch wird der Kontrast zwischen Arm und Reich so richtig hässlich, wenn die chinesischen Möchtegernfotografen am späteren Nachmittag mit ihren Nano-Superzoom-Objektiven ausrücken, um nackte Buben beim Reifenrollen abzulichten. Ohne jegliche menschliche Interaktion, feige hinter Büschen versteckt, um das Bild mit etwas Bokeh neben den baumelnden Schniedeln zu gestalten.

Eine Marktfrau auf Kundensuche

Tage des Fastens folgen, Tage der universellen Trägheit unter Gleichgesinnten, der Beobachtung der vielleicht 200 Bajau, die hier siedeln oder nicht siedeln und stattdessen nebenan in ihren Booten gondeln. Letztere sind die eigentlichen *»Seafari People«*, das Nomadenvolk der Bajau Laut. Sie ankern

Auf den Lepa Lepa finden mehrköpfige Familien mit skandalös bescheidenem Hab und Gut Platz.

in den seichten Gewässern der Philippinen, von Malaysia, Indonesien, Thailand und Myanmar. Hätten ihre Urväter eine Geburtsurkunde gehabt, würde »Südphilippinen« draufstehen. Doch weder ihre Urväter noch sie haben eine, weder eine Geburtsurkunde noch einen Pass oder eine Identitätskarte. Sie sind heimatlose, ja staatenlose Seefahrer. Ihr gesamtes Leben findet innerhalb der selbstgebastelten Holzboote statt, der *Lepa Lepas*. Dort wurden sie geboren, dort leben und dort sterben sie. Bei Ebbe wate ich durch das mit Seeigeln verseuchte Wasser hinüber, um mich zu erkundigen. Landbewohner dürfen nun gern stutzen, denn einige Bajau Laut melden, sie würden bei zu langem Aufenthalt an Land gar »landkrank«. Hin und wieder setzen sie jedoch einen Fuß auf die Insel – vor allem wenn der Mundvorrat gedeckt ist und der Überschuss an Frischfang gegen Wasser, Reis oder Tapioka (gemahlene Maniokwurzeln) eingetauscht wird. Ihre Träume sind bescheiden: vielleicht ein Stelzenhaus-Upgrade, aber zumindest etwas Bildung für die Folgegeneration. Während die Eltern fischen,

Ein ganz besonders ehrliches Lächeln. Die Zukunft des Mädchens ist gewiss, sie wird in die Fußstapfen ihrer Mutter treten und wahrscheinlich nicht studieren.

gehen die Kinder in Einbäumen auf Seegurken- oder Seeigeltour oder planschen im türkisblauen Wasser. Sie treten eines Tages in die karrierelosen Fußstapfen ihrer Eltern, denn ohne Geburtsurkunde oder Identitätskarte gelten sie für das *Ministry of Education Sabah* als staatenlose Bälger. Selbstverständlich gibt es Fröhlicheres, als die Schulbank zu drücken, aber begünstigteren Kindern vom Einbaum aus beim Gescheiterwerden zu betrachten, kann selbst das einfachste Gemüt demotivieren.

Zurück nach Semporna, Fressalien und Spielzeug besorgen. Haben mich Mash, Ramadan und das Gesehene der letzten Tage doch immerhin motiviert, Gutes zu tun. Ich werde kaum die Welt verändern, schon gar nicht den Lebensstandard der Bajau, doch werde ich immerhin einige Lacher hervorzaubern. Über zahlreiche Umwege finde ich zu Ibnu, der uns ein Bootsmanifest besorgt und mich von der Insel Selakan aus zu ausgesuchten Schauplätzen nahe des Parks Tun Sakaran Marine bringen wird. Via Algenplantagen braust Ibnu zu der Insel Maiga, die nur mit Militäreskorte zugänglich ist, aber Ibnu ignoriert diese Gegebenheit. Kaum haben wir angelegt, versammeln sich die ersten Neugierigen. Ich frage nach dem Dorfchef und staune – niemand ist zuständig. Bajau-Kommunen bestehen aus einem Haufen Individualisten, deren Nächstenliebe bei einem Sack mit Früchten und Tapioka aufhören. So eilen alle aus ihrem Unterschlupf und grabschen eigennützig nach der kostbaren Fracht, tun so, als hätten sie noch nichts ergattert, und greifen erneut zu oder fragen gleich nach Cash. Nachdem klar ist, dass nichts Essbares mehr da ist, folgt der eigentliche Höhepunkt: Ich präsentiere den mitgebrachten Fußball und rufe ein Turnier aus. Sogleich wird aus dem Fremden mehr als nur ein Geldheini.

Und dann passierts: Ich werde entführt. Nicht von Abu Sayyaf, sondern von einer Kinderbande. Das Trio zerrt mich einmal rund um die Insel, um mir einen vielseitigen Blumenstrauß zu pflücken: ausgewählte Blumen, die sich von der ersten bis zur letzten voneinander unterscheiden. Ein herzerweichender Moment. Ibnu startet den Schiffsmotor, ich steige ein und winke, das gesamte Dorf winkt zurück.

Zentrale Semporna, Busse aus Tawau liefern fleißig chinesische Touristen nach. Schnell weiter, der Invasion entfliehen. Tags darauf sitze ich mit Snacks, Früchten und Spielzeug gewappnet im Boot von Seemann Jalali und düse in Richtung Tibba Lanos, eine 80 Quadratmeter kleine Insel mit einer einsamen Palme. Wären die Bajau nicht omnipräsent, es wäre die Sorte Insel, die sich alle beim Stichwort »Robinson« vorstellen. Gewohnte Kennenlernprozedur: Anlegen, Kinderattacke, Frau-mit-an-der-Brust-hängendes-Kind-Attacke, Greisinnenattacke, nichts mehr zu holen vom Besucher, zurück zum Alltagsbusiness. Mein Kapitän hilft, die Dorfälteste auszufragen. Die 90-jährige Jumpatia wohnt seit zwei Dekaden auf diesem Sandhaufen. Medikamente braucht sie keine, die wenigsten Bajau trauen modernen Ärzten und machen sich ihre Medizin selbst, etwa aus Seegurken: diese steigerten die Potenz, heilten Demenz und verringerten das Krebsrisiko. Auch sonst sehe sie keinen Grund, auf dem Festland aufzukreuzen, das Meer sei ihr Supermarkt, und der Regen sichere den Wasservorrat. Dann die alles entscheidende Frage: Was sie an ihrem Lebensstil verändern würde, wenn sie könnte? Schweigen. Stirnrunzeln. Noch mehr Schweigen. Noch mehr Stirnrunzeln. »Nichts! Wir schätzen das einfache Leben.«

Jalali steuert nach Nusa Tengah, ein allzu sinnliches Bajau-Dorf im Schutze eines Berghangs. Indessen lackiert Nalu

Bajau-Kinder sammeln Seeigel oder Krustentiere und tragen so zur Selbstversorgung ihrer Familien bei.

Wenige Wochen benötigt Nalu, um sein eigenes Boot zu bauen.

sein neues Boot auf der Veranda seines Stelzenhauses.

Ich klettere hoch und bestaune sein Schaffen. Die Handwerkskunst im Bajau-Gen hartcodiert, fantasiert er sich das Endprodukt und wirkt darauf hin. Keine Montageanleitung unterstützt den strammen Selbstversorger, der innerhalb von weniger als zwei Wochen ein Fischerboot zimmern kann. Nalu ist bekennender Staatenloser, mit 40 hat er sich er aus den Philippinen eingeschlichen. Sabah sei einfach sicherer: weniger Diebe, weniger Taifune, weniger Unruhen. Einige seiner Kollegen hätten es auch versucht und seien von der Grenzwache zurückgeschickt worden. Wir schauen schweigend zu den Nachbarn. Sie rammen Pfeiler für ein neues Pfahlhaus in den seichten Meeresgrund. Jeder Handgriff passt, sie wissen genau, was sie tun, als hätten sie bereits ein Leben lang Pfeiler in den seichten Meeresgrund gerammt. Eine Hütte weiter wohnt Nora Sita mit ihrer Familie. Sie rührt in gewohnter Manier Reispulverbrei an für das *Borak Buas*, die Sonnencreme der Bajau-Ladys. Im Gegensatz zur Baumrinden-*Thanaka* in Myanmar erfüllt das *Borak Buas* keinerlei Make-up-Funktion, sondern wird lieblos ins Gesicht geklatscht, um die gnadenlose Sonne abzuhalten – ein Markenzeichen ist es allemal. Letzter Besuch bei Jalalis Tante und ihren drei Dutzend (!) Mitbewohnern, die sich irgendwie auf den 15 Quadratmetern Wohnfläche stapeln. Ich schaue meinen Kapitän schräg an, und Jalali ahnt, über was ich grübeln muss: Wohin zum Teufel schickt man seine 35 Zimmergenossen, falls einen die Fleischeslust überfällt? Welches arme Schwein ist für den Abwasch zuständig? Und wer darf beim wöchentlichen Moscheebesuch im Boot vorn sitzen? Und überhaupt – je näher ich den Meeresnomaden und ihrer speziellen Lebensweise komme, umso mehr Fragen tauchen auf. Die Wirklichkeit ist, einmal mehr, erstaunlicher, verstörender und farbenprächtiger als die schlampig kolorierte Bilderwelt, die ich mir vorgängig zusammenfantasiert hatte.

Die Mutter macht ihr eigenes Borak Buas - eine Sonnencreme aus Reispulverbrei.

Die Kinder lernen von klein auf mit dem besonderen Lebensstil ihrer Vorfahren zurechtzukommen.

Der mehrfarbige Vulkansee bei Kelimutu in Flores

Indonesien

Juni 2017 bis Januar 2018

Welcher Abenteuerreisende hat ihn nicht, den Traum von der eigenen kleinen Insel? Eine Probe aufs Exempel. Daraufhin wirds wild, »Dirty Hari« bringt mich zu Sumatras surfenden Cowboys. In Sulawesi melde ich mich freiwillig zur Totenwache und lande auf ewig verstört im Reich der Drachen.

Projekt Robinson
(Isla Incógnita / Sumatra)

Anno 2005 – Tokio, Japan. Eine Zeit, als sich westliche Kulturschockjäger über sechsspurige Straßen hinweg Applaus zunickten. Reisesolisten auf weiter Betonflur, durch wundersame Metropolen marschierend, in der undechiffrierbare Kanji-Symbole entweder auf Kugelfisch-Sashimi oder frittierte Hühnerknorpel, Kapselhotel oder Stundenhotel hinweisen. Eine prägende Lehrstunde in puncto Individualtourismus. In einem Szeneclub in Shibuya treffe ich auf einen weiteren Lehrling: Alvaro, hipper Andalusier, die Rumflasche und Dreadlocks zur hypnotischen Musik schwingend. Sympathie auf den ersten Blick. Auf Reisen trifft man die lustigsten Gesellen, so viel steht fest, aber nur selten entwickeln sich diese flüchtigen Bekanntschaften zu Freundschaften. Und noch seltener zu einer Inspiration für einen Lebenstraum.

Eine Dekade später wähle ich Alvaros Nummer. Der Spanier führt mittlerweile das erfolgreiche Unternehmen Docastaway.com. Dabei wird, salopp gesagt, der Kunde für eine festgelegte Dauer auf eine einsame Insel verfrachtet und das, was von ihm übrig bleibt, später wieder eingesammelt. Hört sich simpel, aber galaktisch genial an, außerdem unterstütze ich natürlich gern kreative Freunde. Ich will lediglich Basiswissen, ein Minimum an Werkzeug einschleusen und dabei auf Refugium, vorbereitete Gourmetkost, Holzkatamaran, Harpune, Solarbatterien, Schnuller etc. verzichten. Schließlich ist das Projekt auf zehn Tage begrenzt und soll mir neue Gedankengänge garantieren. Wir kommen ins Geschäft. Alvaro verspricht, ich gelte als Testobjekt mit Freundschaftsprivilegien für die Beta-Insel in seinem Produktportfolio. Ich verspreche, der Inselname bleibe *top secret,* damit ja kein Backpacker das Geschriebene nachlesen und unangemeldet rüberschleichen könne, falls ich den Garten Eden finden sollte. Nennen wir sie daher »Isla Incógnita«. Ein wenig Formalität muss sein, und ich erhalte eine E-Mail mit folgendem Wortlaut:

> »Hey Claudio, diese E-Mail dient lediglich zur Bestätigung, dass du dir absolut darüber bewusst bist, dass ich selbst nie auf der entsprechenden Insel war. Dass ich weder weiß, wie viel Wasser oder Essen dort verfügbar sein werden, noch auf welche Gefahren du möglicherweise treffen wirst. Bitte sei dir der unberechenbaren Brandung und Meeresströmung bewusst, der möglicherweise giftigen Pflanzen und so weiter und so fort. – Alvaro«

Die Haftungsausschlüsse schüren Bedenken, doch wird Alvaro mich kaum auf einen vegetationslosen Steinhaufen schicken. Ich bin zwar töricht, aber nicht lebensmüde, will nur meine Grenzen erforschen und dabei ungewohnte Ängste bewältigen. Ach, und nebenbei birgt eine Isolation vom Rest der Menschheit zweifelsohne eine neue Erfahrung. Seit Wochen fesseln mich Tagträume: Treffe ich auf einen unbekannten Stamm hetzender Nymphen? Oder bloß auf eine unbekannte Spezies hetzender Giftschlangen? Piratenschätze oder Schatzjäger-Skelette? Früchtedorado oder Ödland? Darauf folgen die Fetzen der Erinnerung an die Treffen mit Borneos Überlebensprofis: ein Spaziergang mit einem erfolglosen Opa der Iban-Ethnie, der mir stundenlang leere Fischfallen präsentierte. Selbst er hat bereits ein gutes Jahrhundert mit primitivster Technik und seiner Minibeute überlebt. Ich erinnere mich außerdem an Edson, der mir in Kota Kinabalu die Jagdstrategien seiner Ahnen anvertraute. Er motivierte mich dazu, mit Steinen auf Adler zu zielen. Nicht nur des leckeren Raubvogels wegen, manchmal lasse der verdutzte Adler auch seine frisch erbeutete Schlange fallen. Meine Onlinerecherche ergab zudem, dass der Mensch bis zu 40 Tage ohne Nahrung überlebt, aber in den seltensten Fällen zehn Tage ohne Wasser. Dabei gilt die Faustregel: Ein Durchschnittstyp verliert je nach körperlicher Anstrengung knapp einen Liter Wasser pro Tag (600 Milliliter via Urin, 400 Milliliter über die Haut, 200 Milliliter über die Atmung). Der Körper besteht bekanntlich zu 70 Prozent aus Wasser, das macht bei meinem Gewicht mindestens zehn lebensunwichtige Liter Wasser. Wenn ich nur schon weniger atme, seltener uriniere und mich starr in den Schatten lege, würde mein Leib unbeschadet die zehn Tage überstehen. Ich aber will jagen, herausgefordert werden, mir beweisen, dass ein Cityboy, wenn nötig, fernab vom Industrialisierungskomfort autonom überleben kann. Dazu kommt folgende Überlegung: Dieser Tage benötigt der bequeme Sapiens allein zum Essen eine verwirrende Anzahl von Gegenständen – nicht nur Gabel und Teller, sondern auch Genlabors und Containerschiffe. Die Zeit ist reif, dem ganzen Schnickschnack Einhalt zu gebieten, wenn auch nur zur Belebung des eigenen Bewusstseins.

Basierend auf fragwürdigen Überlegungen bleibt meine Packliste daher überschaubar: eine rostige Machete, ein zum Strandtuch umfunktionierter Sarong, ein kaputtes Zelt, Adidas »Kampung« (die Gummischuhe der Armen), ein Angelhaken aus Karbon (Größe 11), ein Feuerzeug »*made in China*«, drei Plastikbeutel, eine Badehose, eine Nikon D750 und zu guter Letzt meine mentale Vorbereitung inklusive einer Trickkiste voller Überlebensraffinessen.

Tag I – Inspektion: Ankunft im tiefgläubigsten Teil Sumatras. Der Ramadan geht in die Endphase, bestens erkennbar an den passionierten Freiwilligen beim abendlichen *Open Mic,* das bis in die frühen Morgenstunden andauert. Ich kenne die gewöhnungsbedürftigen Tücken für Nichtmuslime und habe mir daher schon am Vorabend meine Henkersmahlzeit besorgt. Ein Kleinboot verfrachtet mich gegen Mittag zur Isla Incógnita: »Projekt Robinson« kann beginnen. Ein mulmiges Gefühl überschattet die Fahrt. Doch mit dem Inslein überschaubarer Größe rückt gleichzeitig auch das Palmendach wuchernder Kokosnüsse ins Blickfeld. Heureka! Meine Lebensversicherung, falls der zahnlose Kapitän nicht, wie abgemacht, nach zehn Tagen wieder aufkreuzt. Nasslandung und schnurstracks zur Qual der Wahl, links oder rechts. Links der feinsandige Strand aus dem Hochglanzkatalog mit türkisblauem Wasser, rechts die schroffe Küste. Ich wähle intuitiv rechts, denn die Chance, etwas Essbares zu angeln, stehen besser bei den wenig romantischen Steinpools. Wer will schon jeden Tag eine Stunde zum Supermarkt laufen? Auf dem Weg durchforste ich den Kamm zwischen Vegetation und Sand – wie üblich trägt die Flut nicht

Dieser Sonnenuntergang gehört dem Autor allein.

nur abgestorbene Korallenstücke an Land. Nach zig Inselbesuchen im Pazifik, dem Atlantik, dem Indischen Ozean wage ich zu behaupten: je weniger Hotelpersonal fürs morgendliche Aufräumen bezahlt wird, desto dramatischer ist die Ansammlung von angeschwemmtem Schrott. Zumindest heute kein Grund zur Beschwerde, denn ich benötige noch ein paar Kleinigkeiten für mein Camp. Das Angebot ist üppig: Muschelpfannen, Muschelteller, Muschellöffel, zerrupfte Seile, ein Eimer, Plastikflaschen, etwas Angelleine, sogar eine Zahnbürste. Nach gut eineinhalb Kilometern finde ich eine kleine Erhöhung mit Schutz vor Wind und Flut. Aufgrund negativer Erfahrungen mit wildem Camping in der Nähe unberechenbarer Gezeiten bin ich schlauer geworden – vor allem an Indonesiens Südküsten, wo Wasserschwellungen von Australien her ungebremst hochdrücken, kann der Meeresspiegel willkürlich um einige Zentimeter variieren. Mit dem Elan einer Schweizer Haushälterin putze ich mein Revier und knüpfe aus Seilstücken plus meinem Strandtuch eine Hängematte. Der pittoreske Sonnenuntergang leitet direkt über in die Schlafenszeit. Ich will mich ganz der Inselzeitzone hingeben und folge dem natürlichen Rhythmus des Lichts.

Tag II – Töten: Heute opfere ich meine Jungfräulichkeit und überlasse das Tierschlachten aus Feigheit und Bequemlichkeit nicht mehr den anderen. Mit Eifer bastle ich einen Speer, eine Angelrute und den »Chef aller Fischfallen«, für Fachleute: einen *Automatic Fisherman*. Es muss gegen Mittag sein, die Sonne steht 90 Grad zum Horizont. Lieber abwarten, denn Fische sind morgens und abends aktiv. Bleibt Zeit,

Was für eine Erleichterung

um nach tief hängenden Kokosnüssen zu spähen. Et voilà, drei Meter klettern für einen Wochenvorrat. Eine Machete macht das Castaway-Leben deutlich galanter, ja ungefährlicher – statt mich hochzuseilen, schlage ich Stufen in den Rumpf und gleite geschmeidig auf- und abwärts an der Palme. Auf dem Weg zurück kreuze ich den Weg eines Landeinsiedlerkrebses, Typ *Coenobita clypeatus*, aber nicht eines der mikroskopisch-kleinen, die unbeholfen über die sandigen Zehen eines Sonnenbadenden stolpern, sondern eines faustgroßen Hünen. Unbeeindruckt von meiner Anwesenheit schneidet er sich durch den dicken Mantel einer Kokosnuss. Ab in den Eimer damit. Ob wohl noch ältere Geschwister in der Gegend wohnen? Ich bin kein Fan von Schalentieren, da sie meist mehr Arbeit als Genuss versprechen, doch während meiner »Survival-Tage« hat das Pflücken von wandelndem Eiweiß direkt vom Boden etwas Logisches. Ich finde einen weiteren, dann noch einen. Prioritätenwechsel: Morgen ziehe den großen Fang an Land, heute werden Scheren gegrillt.

»Hier bin ich Mensch, hier darf ich's sein.« (Johann Wolfgang von Goethe)

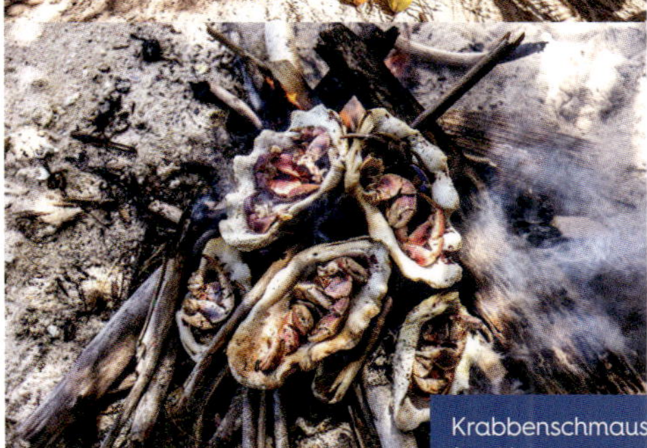

Krabbenschmaus frei Haus

Erschlagen oder zu Tode glühen. Welches Todesurteil würde ich bevorzugen? Hitzschlag oder Steinschlag? Plötzlich huschen Edsons Worte durch meinen Kopf: »Ich entschuldige mich bei jeder Sau, der ich einen Eisenpickel ins Herz ramme.« Ich entschuldige mich bei meinem Opfer und schlage zu, analysiere das Wirrwarr aus zuckenden Beinen und Innereien – mein Abendessen.

Tag III – Unerfüllte Erwartungen: Das Leben des Selbstversorgers, Sammlers und Jägers. Ich erkenne mit Staunen, dass ich weder über nächste Woche noch über den Verlauf kommender Tage sinniere. Das Jetzt rückt ins Rampenlicht, der quengelnde Magen. Hunger, Durst. Gewiss würde ich anderswo aufstehen, würde weniger sorglos Geldstücke gegen Frühstück tauschen, würde E-Mails schreiben oder auf sie warten, würde mich wie gewohnt einem aufgezwungenen Tatendrang unterjochen und über künftige Ereignisse grübeln. »Erfindungsgeist, Tatkraft, Fleiß und Geduld gestalten das Los des Einsamen erträglich« (Daniel Defoe, Autor von *Robinson Crusoe*). Ich definiere meinen Aktionsradius auf 200 Meter um mein Camp und analysiere die Situation. Die Ebbe deutet auf mögliche Fischverstecke vor dem eigentlichen Riff, dort, wo die Wogen brechen. An strategisch bester Lage baue ich meinen *Automatic Fisherman* auf. Wage ich zu glauben. Hatte ich die Bauanleitung missinterpretiert und versehentlich ein *Automatic Raft* gebaut? Meine Falle ist so stabil, dass nicht einmal mein ganzes Körpergewicht ausreicht, um sie in Fischnähe zu rücken. Statt nebenan zu hocken und zu beobachten, wie sich automatisch Fische hineinverirren, reite ich auf meinem *Automatic Fisherman* durch die See auf der Suche nach einer Lösung. Stunden vergehen, bis ich eine Passage finde, wo die Gezeiten mein Werk nicht in seine Bestandteile zerlegen. Ich hänge ein durchlöchertes Säcklein mit Krebsdärmen hinein, schließe den Deckel und bedecke alles sorgfältig mit Steinen. Abends wird geerntet! Währenddessen aufstellen zum Angeln. Einen Angelhaken aus Karbon (Größe 11) mitzubringen, ist keineswegs eine schlechte Idee, nur sollte das Potenzial richtig eingeschätzt werden. Ein Angelhaken Größe 1 statt 11 hätte allemal gereicht. Zahlreiche Aquariumsfische schwirren zu meinem Köder, schlemmen sich feist und zischen wieder ab. Ich erinnere mich an das Etikett auf dem Produkt: »*The Ultimative Hook Technology*«. Ich stelle mir vor, wie die Produktmanager der ultimativen Hakentechnologie aus Karbon die Szene musterten. Sie würden sich biegen vor Lachen. Die süßen Versprechen der Marketingabteilungen dieser Welt werden nie nur annähernd wahr. Mit dem Tageslicht schwinden auch meine Träume als Testimonial für ihre Unternehmenskommunikation. Ein guter Moment, die erbarmungslose Fangmechanik meines *Automatic Fisherman* zu prüfen. Man ahnt es bereits: nicht eine müde Flosse hat sich darin verfangen. Schwupps zurück zum Ausguck, den Pinsel der Natur bestaunen, zurück in die Hängematte, dem Rauschen des Blattwerks frönen, etwas Kokosfleisch auslösen und wieder auf Krebspirsch gehen. Wie sagte Kurt Tucholsky: »Das Gegenteil von gut ist gut gemeint.« Wie ein besessener Visionär, handwerksdumm, aber ambitiös, denke ich weder an Jagdhürden noch Misserfolg, sondern spinne stattdessen verheißungsvolle Gedanken von Fisch am Spieß und gar einem eingekesselten Fischrudel in meinem *Automatic Fisherman.* Aber was kann die Realität dafür, dass ich keine Ahnung von ihr habe? Die eigene Fantasie zaubert zu jedem definierten Wunschziel ein Luftschloss aus Farbe, Form und Anmutung. Luftschlössern nachzujagen, ist geradezu menschlich, mögen sie auch noch so irreal sein – sie sind das Placebo des labilen Geistes. Doch wer seinen Träumen folgt, wird schlussendlich lernen müssen, dass die Wirklichkeit wenig mit dem Schwachsinn unterbewusst geformter Erwartungen harmoniert.

Mit jedem Tag entwickelt sich das Camp, und auch das Waffenarsenal.

Tag IV – Alternativen: Routinierter Tagesbeginn. Zähne mit Meerwasser putzen, Kokosdrink, zum Denken in die Hängematte. Folglich nach alternativen Ressourcen Ausschau halten. Ich bin noch nicht am Ende meines Jagdlateins. Wer in der Wildnis lebt, müsste mir jetzt beipflichten: jeder Tierlaut eine potenzielle Nahrungsquelle, jedes abrupte Aufblitzen eines Fells, einer Schuppe, einer Feder stimuliert den Überlebenstrieb. Ich blicke hinauf zu den Eisvögeln – zu weit entfernt. Blicke zum Riff – zu unbequem. Blicke ins Dickicht, wo die Eidechslein spielen – hoffnungslos. Ich wandere stattdessen rüber zum Strandabschnitt, um Schildkröteneier aufzuspüren. Im Juli soll die Brut der Meeresschildkröten schlüpfen, das lässt volle Nester im Juni vermuten. Ich nehme mir vor, nicht alle zu essen, lediglich drei oder vier. Wie einfältig von mir, zu glauben, dass ein Tier, egal welcher Gattung, sein Nest mit einem Schild »Achtung Nachwuchs!« versieht. In gelegentlichen Abständen grabe ich bubenhaft Löcher in den Sand, um – oh, Überraschung! – nichts zu finden außer noch mehr Sand. Dafür läuft es prima an der Krebsfront. Ich habe mittlerweile eine kleine Farm angelegt und begonnen, vergorene Kokosnüsse zu füttern, um dem Krebsgebein eine gewisse Geschmacksnote zu verleihen. Ich nenne das Gericht »*Drunken Crab*«.

Hinter mir raschelt es – gute eineinhalb Meter Reptilienfleisch beäugen mich. Verflixt, mein Speer ist nicht in Reichweite, und die Monsterechse rennt mit Lichtgeschwindigkeit davon. Ein Tagtraum trudelt ein: Ich mit »*Kiss the cook*«-Schürze, die Echse über den Flammenzungen drehend. »*Medium*« oder »*well done*«? Schulter oder Schenkel? Meersalz oder pur? Daraus mache ich einen Plan: Ich baue eine vietnamesische »*Củ Chi*«-Falle, die bereits manch einen amerikanischen Soldaten verstümmelte. Das Prinzip ist einfach: Ein Loch, die Tiefe der Opfergröße entsprechend, aufwartend mit reichlich zugespitzten Holzspießen, bedeckt mit Blättern und Astwerk. Ich modifiziere die Falle und hänge eine Kokosnussschale mit stinkendem Krebskadaver darüber. Alles festlich angerichtet, quasi *Fine Dining* für Monsterechsen.

Die bewährte Cu-Chi-Falle bewährt sich hier nicht wirklich.

Tag V – Tage wie dieser: Aus abstrakten Träumen von mir in einem Käfig umringt von hausgroßen Eidechsen wache ich auf, blinzle schlaftrunken. Jetzt hätte ich gern Zeugen, denn die Situation könnte ironischer nicht sein – dieselbe Echse wie gestern Abend züngelt soeben in mein halboffenes Zelt. Als ob sie mir beweisen wollte, dass nur sie hier etwas zu sagen hätte. Die Falle bleibt leer, das Aas ist weg. Es geht noch schlimmer: Ein Sturm zieht auf, der hellblaue Himmel wird erst weiß, dann schwarz. Jetzt orgelt der Wind. Mit Skepsis beobachte ich den wütenden Indischen Ozean, in dem die Wellen kreuz und quer rollen. Ich verstecke mich für den Rest des Tages im Zelt, knabbere Coco und fühle mich im Stich gelassen. Schwermut macht sich breit, ich bin mir bewusst: keinen interessierts, niemand außer mir greint hier. Was wünsche ich mir gerade einige aufheiternde Buchstaben herbei, eine Ballade, Tabak, ein Gespräch mit Freunden, einen Pizza-Insel-Lieferservice, etwas, dass über die Tristesse hinwegtröstet, Stimuli für gelangweilte Hirnzellen. Ich rette mich in die Vipassana-Meditation und halte dabei den kaputten Zelteingang zu. Common Sense: Soloreisende sind süchtig nach *solitude,* nicht zu verwechseln mit *loneliness* (Einsamkeit) – kein deutscher Begriff vermag annähernd die Magie von *solitude* zu übersetzen. Auf einer einsamen Insel findet sich Stoff mit Überdosispotenzial – der eigentliche Garten Eden. Jeder sollte sich hin und wieder eine Zeitlang in seinen Kopf zurückziehen, Erlebtes verdauen, Wissen neu strukturieren und an seiner Weltanschauung feilen. Am besten in einer friedlichen Umgebung, in der keinerlei Notstand entsteht, omnipotent Sprüche in die Umlaufbahn zu schleudern, um kurzfristig Respekt zu erhaschen. An einem Ort des Seelenfriedens, wo das Ego nicht angestachelt wird, wo kein Sammelsurium an Facebook-Posts zeigt, dass es

Auweia. Da wird einem Angst und Bange.

irgendwo anders besser ist. Das Ich und die Macht seiner Gedanken – Wunderwaffe und Alptraum zugleich. Draußen faucht die See, irgendwie finde ich Schlaf, irgendwie überhaupt nicht.

Tag VI – Ablenkung: Nach einem Tag im Zelt ohne jegliche Form der Unterhaltung durchströmt mich neuer Enthusiasmus. Ich spitze meine Lanze und durchforste die Pools nach Beute. Ein Aal ist mit derselben Idee unterwegs. Und wird prompt vom Jäger zum Gejagten, ich steche – und verfehle. Fairplay! Er gibt mir noch eine Chance – wieder daneben. Wir gehen unserer Wege, der geübte Jäger fischt fern der Gefahrenzone fröhlich weiter, logischerweise erfolgreich, während ich resigniert Krebsbeine sortiere. Ich brauche dringend Ablenkung von all den Pleiten und schlage eine Piste hinein in den Mangrovenwald, um eine natürliche Mückenabwehr aufzuspüren. Eigentlich hoffe ich, nicht so schnell zu finden, was ich suche, doch lande ich bereits nach wenigen Machetenhieben am Ort des Geschehens: einem Termitenbau. Die dicke Knolle sagt nichts über die genaue Spezies aus, doch gehe ich davon aus, dass die Sumatra-Termiten den gleichen Zweck erfüllen wie die Amazonas-Termiten. Ich hacke hinein und warte auf den Exodus. Zögerlich lege ich meinen linken Arm auf den Bau und halte inne, bis sich Dutzende Termiten darauf versammeln, verreibe die Armada und kehre zurück. Ein weiterer Einfall: Ich beschließe, den angebrochenen Tag der alternativen Wassergewinnung zu widmen. Zur Zeit der Mittagshitze binde ich meine drei Plastiksäcke um die saftigste Vegetation der Region. Nichts leichter als das. Erwische ich die richtige Pflanze, sollte ich je Plastiksack 100 bis 200 ml frischen Tee erhalten. Das funktioniert! Und da die Mücken jetzt nur noch beide Beine und den rechten Arm leersaugen, wage ich sogar zu behaupten, dass mein Tag ein voller Erfolg war. Zur Belohnung hinauf in die Milchstraße träumen. Es gebe so viele Himmelskörper wie Sandkörner auf der Erde, behaupten Astronomen. In einer Gegend voller Sterne und Sand fühlt man sich unbedeutend klein. Ich lasse mich darauf ein und bin ganz einverstanden mit dem Jetzt und mit allem, was war und kommen mag.

Tag VII – Tagträume: Ein weiterer Tag in Paradiesgefangenschaft. Ich muss zugeben, der Tatendrang schwindet. Weder Seeigel noch Muscheln oder gar Algen sind ohne Freitauchen in tobenden Wellen auffindbar. Ich könnte zwar weiter an meinem Waffenarsenal schrauben und noch mehr Stunden über spitzes Gestein waten, um doch noch einen grätigen drei Zentimeter langen Fisch zu angeln, doch sind es noch gute drei Tage bis zum Projektende. Ich werde es nicht übertreiben und meine Energie sparsam einteilen. Mein knappes Körperfett schwindet sichtbar. Kein Wunder, denn Krebseiweiß und gesättigte Fettsäuren versprechen wenig Nährwert. Mein Hirn flüchtet bereits des Öfteren in die Fantasie, zu den Marktständen in Bangkok, zu den Nudelsuppen Hanois, aber auch hin und wieder zu Schweizer Bäckermeistern. Fragen wurden bereits im Vorfeld laut: ob ich denn nicht das heimische Essen vermissen würde? Oje, ich lebe doch im Schlaraffenland Asien. Heftiges Verlangen mental zu besänftigen oder gar zu ignorieren, ist hohe Schule und hört sich ebenso herzlos wie umständlich an. Doch hilft es, die Bedürfnisse auf Sparflamme zu halten – das gilt für Nahrung und alles andere, was gerade nicht zur Verfügung steht. Ich agiere demnach ganz als Minimalist, gehe wieder Krebse pflücken, klettere zu den Kokosnüssen und schaukle in meiner Hängematte. Zum Spaß verlege ich hin und wieder meine Machete, auch das lenkt ab und vertreibt die Zeit.

Tag VIII – Zeitlos: Vom Meeresrauschen aufgeweckt zu werden und sich zu grellen Himmelsfärbungen schlafen zu legen, hat etwas Elysisches. Musste ich doch erst 35 werden, um anderthalb Wochen komplett zeitlos dahinvegetieren zu dürfen. Nicht dass ich mich in den letzten Jahren intensiv mit dem Thema Zeit beschäftigt hätte, keineswegs, aber in angenehmer Entfernung zum Milieu von Zeitmessern und ihrer untertänigen Mitmenschen zu leben, könnte kaum befreiender sein. Ab und zu ertappe ich mich dabei, dass ich an das Phänomen Zeit denke, unterbewusst, indoktriniert. Aber sogleich wieder feststelle, dass dieser Gedanke weder Kraft noch Einfluss auf weitere Fiktionen hat. Ob es acht Uhr morgens oder drei Uhr nachmittags ist, verrät mir höchstens der Sonnenstand. Und nun, da ich der Jagd und somit dem Selbstversorgerdasein abgeschworen habe, bin ich Herr der Zeit – und ihr dabei fremder denn je. Tagträume erhalten mehr Gewicht, sie lassen sich weiterspinnen und bis zum Ende auskosten. Die Gefühle, die man Orten und Menschen zuschreibt, erhalten neue Intensität. Ohne

Ein Spaziergang durch den jungfräulichen Dschungel

Zeit mehr Zeit? Stillsitzen und länger in der Vergangenheit kramen, gar in eine unvorhersehbare Zukunft blicken? Ach was. Ich sinne darüber nach, wie es sich für den Typus »asiatischer Tagträumer« verhält, einen, der niemals aus diesem Kostüm herauskann, weil er bereits zeitlos aufwuchs und nebenbei schlicht die Möglichkeiten nicht kennt – weder die Opfer noch die bittersüßen Belohnungen. Er ist der Gefangene des zyklischen Zeitbewusstseins. Enthusiasmus und Weitsicht können nicht eingeimpft werden, sondern entstehen zwangsweise durch Bildung und Wettbewerb. Zeitdruck ist ein Geist der Moderne! Als ehemaliger Verkaufschef mit 13 Jahren Berufserfahrung in einem perfektionistischen Land wie der Schweiz habe ich den Zeitdruck in einem Ausmaß wahrgenommen, der für dünnhäutigere Individuen tödlich enden würde. Habe erlebt, wie ganze Branchen den Zeitdruck vom Topmanagement bis zum Hauswart durchprügeln, bis der Hinterletzte dasselbe Klagelied pfeift: Zeit ist Geld – kein Geld, kein Fortschritt – kein Fortschritt, kein gesichertes Überleben – Freifahrt in den sozialen Abgrund. Das alles ist keine Offenbarung, sondern eine bekannte Tatsache und stört längst nicht jeden im gleichen Ausmaß. »Work-Life-Balance«, »Burn-out« und »bedingungsloses Grundeinkommen« sind Fremdwörter im Vokabular der zeitloseren Entwicklungsländer.

Zurück in der Inselzeitzone. Ich fasse einen Zukunftsgedanken: Als strenggläubiger Anhänger des linear geschlossenen Zeitbewusstseins werde ich persönlich etwas revidieren. Die Pläne im Kopf kleiner zu halten, wird jedoch nur gelingen, wenn die subjektive Vorstellung von Zeit an Bedeutung einbüßt. Ein weiterer Schritt auf dem Weg zur inneren Ruhe und damit auch zu einer souveränen Bescheidenheit.

Tag IX – Dienstag: Der vorletzte Tag plätschert dahin in bewährter Routine. Ich grille die letzten Krebsbeine und schaue mich an der Umgebung satt. Wie immer vor einem Abschied schenke ich der Szenerie meine geballte Aufmerksamkeit: ihren Geräuschen, ihrem Aroma, ihrer ganz eigenen Ästhetik – und werde in flagranti beim Bewundern ertappt. Ein Bursche kommt zu Besuch. Wir mustern uns, sichtlich überrascht von der jeweiligen Existenz, wechseln diverse Worte. Das heißt, er spricht Indonesisch, ich Englisch, und beide täuschen vor, einander zu verstehen. Ich taufe ihn »Dienstag«, zur Feier des heutigen Tages. Sein Nicken sehe ich als Einverständnis. Ich biete ihm etwas Krebsbein an. Der Junge hält zwar den Daumen hoch, lehnt aber entschieden ab. Als wollte er sagen: »Ich steh nicht so auf deine angebrannten Krusten.« Jetzt das Lehrstück sondergleichen: Ich sehe zu, wie Dienstag barfuß über die rasierklingenscharfen Steine marschiert, hinaus in die brechenden Wogen, und sich mit seinem Speer in die Flut wirft. Eine halbe Stunde später kehrt er mit zwei Fischen stattlicher Größe zurück, legt sie neben das Feuer, hält wieder den Daumen hoch und verschwindet in der Dämmerung.

Mir wurde oft Mut zugesprochen für das Projekt Robinson, aber vor allem für das Projekt Weltreise. Man verwechselt in der westlichen Welt Mut gern mit Privilegien. Somit Klartext: Habe ich keine Lust mehr auf Asien oder verprasse den hinterletzten Batzen, gehe ich eben wieder zurück in die Schweiz, starte neu und warte auf die staatliche Vorsorge. Kommt es düster, wartet Arbeitslosengeld. Vielleicht gehe ich mit 60 wieder studieren. Nichts als eine Frage von Fleiß und Prioritäten. Den echten Mut finde ich täglich hinter der Fassade asiatischer Leichtigkeit, in pubertierenden Zeitlosen wie Dienstag und in all den Helden, die von klein auf zu Selbstversorgern gedrillt wurden und bis dato dem eintönigen Alltag mit einem Lächeln, Stolz und Freude am Leben entgegentreten. Wenn sie ausrücken, ziehen wir die Windeln an. Ein Tag Stromausfall, und der moderne Westen rutscht zurück in die Barbarei. Dann wird der herrschen, der als Erstes ein Waffengeschäft überfallen hat. Bricht morgen ein Weltkrieg aus, ziehen Dienstag, der Iban-Opa, Edson und Co. einfach wieder in die Wildnis und jagen sich feist, während unsere modernisierte Gesellschaft mit wehenden Fahnen untergeht.

Tag X – Abschied: Der Kapitän sammelt mich pünktlich mit einem *high five* wieder ein. Was habe ich sein zahnloses Lachen vermisst. Nostalgisch blicke ich zurück auf mein kleines Inselgefängnis und die vergangenen zehn Tage. Kein Garten Eden, keine hetzenden Nymphen, keine Monsterechse am Spieß und schon gar keine Adler mit Schlange im Schnabel, dennoch verlasse ich die Isla Incógnita mit einem frenetischen »*YES*« ans Leben. Ich bin zwar ein paar Kilo leichter, dafür um Tonnen neue Erkenntnisse schwerer.

»Furcht vor Gefahr ist zehntausendmal beängstigender als die Gefahr selbst.«
Nochmals: Defoe

Die Tage im Inselgefängnis sind gezählt!

Sumatra

Medan, Hauptstadt von Sumatra. Ich krieche ins Hobbit-Sammeltaxi. Eine kurze Analyse lässt vermuten, dass sich die Armada an ausgehöhlten Kombis einer gewissen Systematik unterwirft, zumindest aber auf eine Himmelsrichtung fokussiert. Die moderne Technik macht solche Mobilitätsexperimente zu einem Kinderspiel. Eine lokale SIM-Karte für fünf Euro einschieben, den Wunschort auf Google Maps pinnen und hoffen, dass sich der Fahrer an die Theorie hält. Selbst wenn ich falsch liege und mich total verirre, wird mich ein Teilzeitarbeiter von Uber oder Grab für einen Euro wieder auf den richtigen Pfad kutschieren. »*Hello Mister*« von der fünfköpfigen Familie auf dem Moped, »*Hello Mister*« von der Economy-Class auf dem Dach eines maroden Busses, »*Hello Mister*« von mit Hidschab verschleierten Girls am Straßenrand – der erfahrene Vagabund staunt ob der schieren Exklusivität, die ihm Sumatras Zwei-Millionen-Stadt entgegenbringt. Fürwahr, westliche Herren sind rares Gut in der Gegend und genießen daher vollste Aufmerksamkeit. Dieses Gefühl vom Knecht im Goldmantel bewirkt, dass ich die lieblos zusammengewürfelte Zementorgie mit Wonne überstehe.

Naturschauplätze sind mir deutlich lieber als die Bauwut expandierender

Moloche, die sich rational betrachtet alle gleichen und wo der von der Globalisierung ausgelöste Kulturverlust am dramatischsten erkennbar ist. Von der örtlichen Kulinarik und einer Handvoll architektonischer Relikte einmal abgesehen wird es in 50 Jahren keine Rolle mehr spielen, ob einer durch die Straßen Madrids, Chicagos oder Medans marschiert.

Einige Ampeln später ans Autodach klopfen – das örtliche Haltezeichen – und sich ungelenk nach draußen winden. Ich habe es mir in den Citys zur Routine gemacht, die billigste aller Absteigen im Voraus zu buchen und fortan mittels Uber oder Grab meine Wunschorte anzupeilen. Weitaus wichtiger scheint mir die Charakteristik des temporären Büros. Im Idealfall ist dies ein hippes Café mit gutem WLAN, in dem der Barista versteht, wie ein perfekter Kaffee aussehen muss, von der Bohnenwahl über den Röstprozess zur morgendlichen Kalibrierung der Kaffeemaschine bis hin zum feinen Schaum auf der Brühe. Die Innenarchitektur soll weder zu poppig noch zu asiatisch sein, vorzugsweise eine Mischung aus retro und industriell. Huch, fast vergessen – noch wichtiger als Kaffeekunst und Einrichtung: die Musik. Soll man mich als wählerisch abstempeln, doch sobald ich die ersten Klänge von »*Shape of you*« höre, packe ich mein Zeugs und hau ab. »Musik ist ein moralisches Gesetz. Sie schenkt unserem Herzen eine Seele, verleiht unseren Gedanken Flügel und erfüllt unser Leben mit Harmonie und Glückseligkeit« – das erkannte bereits Platon. Liebe Asiaten, so glaubt dem Herrn Philosophen. Sein Zitat gilt bis heute. Nur weil bereits eine Milliarde Menschen auf Ed Sheerans Hit geklickt haben, bedeutet dies noch lange nicht, dass ihr die nächsten drei Milliarden anführen müsst. Neben besagten Songs gibt es derzeit eine nette Auswahl an über 60 Millionen künstlerisch arrangierten Tonkreationen, jederzeit online abrufbar. Entspannende Rhythmen, verzaubernde Melodien, betörende Stimmen und fesselnde Lyrik! Je nach Gusto – ich verspreche, ihr werdet fündig. Nach einigen »*Shape of you*«-Refrains werde auch ich fündig. Von dieser Oase aus werde ich operieren, schreiben, lesen und recherchieren. Höchste Priorität: ein Motorrad auftreiben. Am besten ein verlässlicheres Gefährt als die chinesische Kopie einer Honda Win. Denn es soll mich durch einen Großteil des indonesischen Archipels begleiten, mich über einsame Landwege zu Vulkanen führen, geduldig neben dem Bilderbuchstrand warten, bis ich bronzebraun zurückkehre und mir jegliche Flexibilität beim Kommen und Gehen sichern. Weise sein bedeutet, zu wissen, was man NICHT braucht, um befriedigt zu sein. Demnach soll man mir alles nehmen, doch nicht die Mobilität.

Aber wo mit der Suche anfangen?

Ich frage einige langhaarige Rockertypen, wo sie denn kaufen würden. Etwas später finde ich mich auf *OLX.COM.ID* wieder. Motorradläden verkaufen keine Secondhandfahrzeuge, der Markt existiert ausschließlich online. Wie praktisch, so kann ich die gesamte Recherche von meinem neuen Office aus erledigen und dabei sumatrischem Spitzenkaffee frönen. Wer sich etwas auskennt, wird nun jubeln, denn in Medan sind die Motorradklassiker Honda CB und Honda GL die Zugpferde für Rikscha-Beiwagen. Sie sind daher in Hülle und Fülle erhältlich. Nach einem Tag Recherche habe ich zehn potenzielle Verkäufer herausgesucht, deren Onlineposts nicht älter sind als zwei Wochen sind (wären sie älter, sind die Motorräder entweder weg, überteuert oder Schrott), im Preisrahmen von 500 Euro liegen und hinsichtlich Qualitätszustand für mein langfristiges Roadtripprojekt infrage kommen. Am Folgetag kontaktiere

Der etwa 2.460 Meter hohe Sinabung nahe Medan

ich den Prioritäten nach die Verkäufer via Messenger. Das ist besonders spannend, denn per Internet übersetze ich meine Fragen aus dem Englischen ins Indonesische und starte so einen Dialog. Die Antworten kommen selbstverständlich auch auf Indonesisch, aber als abgekürzter Indo-Slang, der sich wiederum selten ins Englische übersetzen lässt.

Musa Siregar arbeitet gemäß seinem Facebook-Profil für die Marketingabteilung von Playstation Sumatra, das verspricht zumindest kaufmännisch gesehen einen reibungslosen Ablauf. Ich löchre ihn eifrig mit Fragen und dränge auf ein baldiges Treffen. Wunderbar, er habe heute Nachmittag frei. So buche ich ein Uber hinaus zum Dorf, wo mein Wunschobjekt wartet. Dabei hoffe ich, das mein Fahrer bilinguale Sprachfähigkeiten besitzt, das würde alles etwas vereinfachen. Einige Minuten später stoppt Muhammed Raichan, kurz, Rayhan. Ich komme kaum zur Vorstellungsrunde, denn ein aufgebrachter Randsteinwächter legt sich mit meinem Fahrer an. »*This is Indonesia*«, erklärt Rayhan, während er unbehelligt einige Rupien rausrückt. Der Typ habe seinen Job als Taxifahrer verloren, wegen des Drucks der neumodischen Konkurrenz. Somit galoppiere der Abgezockte zu den geschäftigen Uber- oder Grab-Fahrern, sobald diese ihre Gäste einladen, um einen Trostbatzen abzukassieren. Rayhan ist ehrlich – zahlt er nicht, würde er Prügel kassieren.

Der angehende Ökonom checkt die Route. Mit ein paar Rupien kompensiere ich seine Dienste als persönlicher Berater und Übersetzer, so muss Rahyan nicht den restlichen Tag weiteren 20 Passagieren nachstellen. In der Ferne grinst einer – das muss Musa sein, der zu ahnen scheint, dass der Deal bereits paletti ist. Sein Motorrad übertrifft meine kühnsten Erwartungen: Es ist eine modifizierte Honda GL aus dem Jahr 1984 in bestem Zustand. Ich sitze auf, trete den Kickstarter und jaule im Chor mit der Maschine. Liebe auf den ersten Kick! Wir diskutieren einige Details, ich flitze zum nächstbesten ATM und komme wieder als siebenfacher Millionär (umgerechnet 496 US-Dollar). Musa wiederum besorgt derweil Quittungsblock plus Verifizierungskleber, um die Unterschrift juristisch zu besiegeln. Als Ausländer mit Touristenvisum innerhalb von gut anderthalb Tagen offizieller Eigentümer eines modifizierten Café-Racers werden? Ich mag Länder, in denen solche Situationen möglich sind. Helm auf, Kickstart und hinein in den ungewohnten Linksverkehr, dabei die Worte von Rayhan und Musa nochmals abspulen: »*Hati hati di jalan!*« (Vorsicht auf der Straße!«) – die wichtigsten Worte, die man jemandem in Indonesien mitteilen kann.

Auf ins 200 Kilometer entfernte Naherholungsgebiet des Tobasees. Vietnam war ein strenger, aber guter Lehrmeister in puncto Verkehrspsychologie. Wenige Kilometer Asphalt reichen somit aus, bis ich in den Straßenrowdys keine bereiften Henker mehr sehe, sondern lediglich vorwärts orientierte Geschosse. Hier ist man jedoch besonders rau, vor allem bei der Spurnutzung. Die schmale Fahrbahn ist allzu selten durch einen Mittelstreifen getrennt. Trifft einer auf ein Hindernis in seiner undefinierten Spur, wird er mit hundertprozentiger Wahrscheinlichkeit beschleunigen und auf die Gegenfahrbahn ausweichen. Das lässt dem entgegenkommenden Trödler ohne jegliche Knautschzone drei Wahlmöglichkeiten: auf Konfrontationskurs bleiben, abbremsen und hoffen oder sich gleich in den Graben retten. Die beiden letzten Varianten sind die einzigen Hoffnungsschimmer, wenn man nicht nach einer Frontalkollision als Fetzlein vom Straßenbelag gekratzt werden will.

Einmal den weltgrößten Vulkansee zu umrunden, hat durchaus seinen Reiz; knapp zwölf Stunden reichen aus. In Samosir, einem anheimelnden Inselchen in der Mitte des Tobasees, versöhne ich meinen gemarterten Hintern mit etwas Ruhe. Wie sich die westlichen Christen hier ein Mini-Gallien aufgebaut haben, kann mir keiner wirklich erklären. Auch sonst gibt es einiges zu bestaunen, denn trotz der rigorosen Drogenpolitik Indonesiens werden an jedem Gemäuer halluzinogene Pilze beworben: Benzin und magische Pilze, Pizza und magische Pilze oder einfach nur die magischen Pilze – was für ein Hippiekaff! Nicht nur der magischen Pilze wegen bleibe ich ein wenig, Verkehrschaos und Knechtskammern mit Kübelduschen erwarten mich noch genug.

Der Tobasee ist der weltgrößte Vulkansee, er ist 87 km lang und 27 km breit.

Es gibt insgesamt drei Hauptrouten, die vom Norden Sumatras in den Süden verlaufen: Mitte, Westküste oder Ostküste. Ich fahre einen Teil auf dem zentralen Trans-Sumatra-Highway. Highway ist leicht übertrieben, bestenfalls zeigt sich besagte Autobahn ein bis zwei Kilometer lang ohne wannengroße Löcher im Belag, ohne Hochzeitsgesellschaften, die ihre Zelte bis zur Straßenmitte abstecken, und ohne »*Hati, hati*«-Schilder, die auf teerlose Etappen hinweisen. Daher ist es ein rein utopischer Gedanke, dass Google Maps mit der Distanzmessung Recht behalten könnte – aus den angegebenen fünf Stunden werden neun, aus Tageszielen werden Teilstrecken. Doch trösten mich die malerischen Landschaften und mittelalterlichen Dörfer allemal über die leeren Versprechen des Pseudo-Highways hinweg.

Kurzer Halt in Kota Panyambunga, in einem unscheinbaren Kaffeehaus, das sich als Rösterei entpuppt. »*Can I take a selfie of you?*« Röstmeister Riki Wijayadi lässt mich nicht abziehen ohne ein Selfie von mir, ihm und seinem Kaffee. »Selfie«, so nennt Indonesien alles, was auf den Speicher kommt. Ein Wort, das durch die Smartphone-Generation so populär wurde, dass es sogar »Foto« aus dem Vokabular verdrängte. Wohlgemerkt, für drei bis vier Selfies am Tag hinhalten ist das Minimum. Dabei spielt es für den Hobbyfotografen keine Rolle, ob mir noch *Soto Ayam* im Bart hängt oder Straßendreck vom Gesicht tropft. Als »*Buleh*« (übersetzt: Westler, wörtlich: »West«) muss man da durch, egal ob ausgelaugt oder mürrisch. Kaum ist das Bild geknipst, rast der Avatar des Fremdlings mit Hashtags wie #my_new_friend oder #buleh_loves_our_shop in Lichtgeschwindigkeit durchs Indo-Netz. Es kommt mir vor, als sei ich ein seltenes Pokémon, das es zu fangen gilt, um digitale Sympathiepunkte zu ergattern. Sobald sie von mir erfahren, darf ich in ihrem digitalen Olymp Platz nehmen.

Reisfelder säumen die Route nahe dem Tobasee

Etwas fahren geht noch – ich werfe jeweils erst das Handtuch, wenn sich die dünne Haut über meinen Gesäßknochen weinrot färbt. Im Abendrot erreiche ich Nopan, ein Dörflein sondergleichen. Nicht weil es weniger staubig oder hübscher strukturiert wäre als andere. Nö, es ähnelt den anderen 347 Dörfern, die ich bisher durchfahren habe, bis auf den letzten Nagel. Doch bleibt es das Geheimnis Nopans, wie es all die kultigen 60er-Jahre-Vespa-Piaggios von Europas Schrottfriedhöfen ins zentrale Hochland Sumatras geschafft haben, um hier als Zugpferde für Seitenwagen wiedergeboren zu werden. Liebevoll wurden Vespa wie Passagierkabäuschen farblich angeglichen und in einen munteren Zustand gehämmert. Die Fahrer blicken cool über ihre Lenker wie venezianische Gondolieri, Zigarette rauchend, lässig abwartend. Beim abendlichen *Makanan Padang* überlege ich mir einen würdigen Spitznamen für meinen treuen Gefährten. Ich habe mir geschworen, damit ungefähr 1.000 Fahrtkilometer zu warten. Denn normalerweise zeigen sich Eigenschaften und Eigenheiten der Maschine erst nach einer ausgedehnten Tour. Da ich augenblicklich durch das Gebiet des *Panthera tigris sumatrae,* des Sumatra-Tigers, rausche, und meine Honda GL 100 genauso auf die Liste aussterbender Arten gehört wie die knapp 500 übrigen Könige des sumatrischen Dschungels, taufe ich mein Gefährt »Harimau« (Tiger) oder kurz »Hari«. Dabei behalte ich mir vor, je nach Streckenabschnitt auf »Dirty Hari« zurückzugreifen. Mit der Namenswahl bin ich mutig, doch sehen mich indonesische Mechaniker bisher lediglich aus der Ferne und in außerordentlichen Fällen nur für den Wechsel des Motorenöls. Das deutet auf Stärke und Ausdauer hin. In Indonesien glaubten Muslime lange, dass Allah den Tiger bemächtige, seine Gläubigen zu schützen und jegliches Pack

Endlich ist klar, wo all die ausrangierten Vespas hinkommen.

zu bestrafen, das die Gesetze des Islams ignoriert. Dazu gesellt sich die Saga von auf dem Tiger reitenden Frömmlern. Solange sich die Religion nicht in die Politik einmischt, bleibt es ja meistens gemütlich. Man konzentriert sich auf das Rezitieren von Märchen, feiert Spielregeln sowie die daran geknüpften Belohnungen und formt eine sich liebende Gruppe aus Brüdern und Schwestern, die allesamt etwas gemeinsam haben: den Glauben an Mythen. Eine effiziente Art, die sozialen Strukturen von Abermillionen Erdenbürgern zusammenzuhalten.

Ein Ritt durch Sumatra ist eine Offenbarung, was die Verbreitung des Islam in Südostasien betrifft. Alle 150 Meter (und das ist kein Scherz) steht eine Moschee. Nicht wenige der 300-Seelen-Käffer kommen auf bis zu vier Moscheen. Auch der Islam ist in diverse Sekten mit ihren eigenen Koran-Interpretationen zersplittert. Kein Kilometer vergeht, ohne dass Allahs Lämmer sich auf die Straße stellen, um mit Fangnetzen für ihre Gebetshorte zu betteln. Die Flut an Moscheen wird zwar mit den Rupien der Regierung gebaut und saniert, doch zusätzliches Budget für neue Lautsprecher, Teppiche oder einen neuen hübschen Anstrich wird nicht immer genehmigt und muss somit gesammelt werden. Auch von Kindern. Lässt man die Penetration himmlischer Huldiger einmal außer Acht, darf ein positiver Aspekt erwähnt werden: Die Armen erhalten ordentlich Almosen: durch nicht obligatorische Steuerabgaben, via Opferstock oder direkt von Person zu Person. Waisen werden dabei zuerst berücksichtigt. Der Spender darf es sich aussuchen. Dass die Angehörigen der christlichen Kirche kaum eine Ahnung haben, wohin ihre göttlichen Zwangssteuern verschwinden, war auch mir als ehemaligem Mitglied schon immer ein Dorn im Auge. Die religiöse Wohlfahrt sollte es ihren Glaubensgemeinschaft zumindest freigestellt lassen, in welcher Form oder wofür sie spenden wollen.

»Anda Melintasi Khatulistiwa. You are crossing the equator.« Fantastisch! Ich habe die Mitte der rund 1.700 Kilome-

ter langen Insel erreicht. Ein fließender Übergang von der Ethnie der Batak zur drei Millionen starken Volksgruppe der Minangkabau. Einige Kilometer fehlen noch bis Bukittinggi. Meine Motivation, zu der staubigen Stadt in Westsumatra aufzubrechen, hält sich in Grenzen – das gilt eigentlich für alle Städte Indonesiens. Ich halte Ausschau nach spartanischen Unterkünften. Mein labiler Stolz erlaubt es mir heute Abend nicht, für sechs Euro einen Menschenstall mit anderen Geizhälsen zu teilen, die im Kanon entspannt durch die Nacht sägen, während ich schlaflos Preis und Leistung hinterfrage – bin ich doch Privatlöcher mit ausgelagerten Kübelduschen gewohnt. Immerhin die heiligen vier Wände – das Minimum an Reiseluxus. Ms. Min hat vollstes Verständnis und lässt mich im Foyer ihres Sternehotels nächtigen. Zwar trennen das Zustellbett keine heiligen Wände von der Wendeltreppe, wo die weniger Sparsamen auf und ab gehen, doch ein Vorhang kann das richten. Als Dank für das offerierte Schnäppchen verspreche ich Ms. Lin, nicht nackt durch die Aula zu flanieren und ihre muslimischen Hotelgäste zu erschrecken.

Auf zur Informationshatz, denn morgen soll das traditionelle »*Pacu jawi*« stattfinden, irgendwo in einem Außenbezirk des Außenbezirks. Aber wo erkundigt man sich nach einem Bullenrennen in einer City, wo kaum jemand des Englischen mächtig ist? Common Sense: in einem trendigen Café. Denn hier verweilen die Kulturbegeisterten: Media-People, Hipster, hilfsbereite Künstlertypen. Nach einigen *Cold Brews* gebe ich die Hoffnung beinahe auf, bis Rifki Fauzan eintrudelt, das lange Haar zur Seite streicht und mich anspricht. Bingo! Ich treffe unverhofft denjenigen, der für Malaysias TV die Doku »*Go fast or go home*« erschuf: eine 20-minütige Reportage über den Rennfahrer Daniel Woodroof, der im Vorjahr auch diese Nester Westsumatras abgraste und sich der Reputation zu Ehren zwischen die Bullenhintern klemmte. Ich erhalte Routenangaben sowie alle nötigen Hintergrundinfos.

Früher Morgen im Kuhdorf Padang Luar, Tanah-Datar-Distrikt. Hier draußen fährt Sumatra alle Klischees synchron auf: links der Marapi, rechts der Sago-Vulkan. Neongrüne Reisfelder umzingelt von Kokospalmen säumen die Ländereien,

An Sumatras Westküste haben die Frauen der Minangkabau das Sagen. Die Reisfelder und wunderschönen Häuser werden nur von Mutter an Tochter vererbt. Das Königreich der Minangkabau ist das größte Matriarchat der Welt.

während die pittoreske Rumah-Gadang-Architektur das Idyll abrundet. *»Rumah gadang«* heißt »großes Haus«, ein solches dient Familientreffen sowie zeremoniellen Aktivitäten. Traditionellerweise sind diese Häuser im Besitz der Frauen und werden von Mutter zu Tochter weitervererbt. Westsumatra ist nicht der einzige Ort, wo hetzende Stiere mit hinterhersurfenden Farmern seit Jahrhunderten die Massen erfreuen, auch in den einigen Gefilden Javas oder Balis, ja sogar in Pakistan gehört der Rinderwahn fest zur Agenda. Doch nur hier ist die Rennstrecke ein frisch gepflügtes Reisfeld, was ein Action-Epos mit Matsch und dramatischen Szenen verspricht. Einen tieferen Sinn gibt es jedoch nicht dahinter – es ist nur Entertainment für die Bauernzunft zum Ende der Erntesaison.

Die Jockeys treiben bereits lässig ihre Bullen zum Treffpunkt. Prächtige Mannsbilder mit sehnig-muskulösen Körpern und semiheroischem Blick, allesamt emsige Landwirte der Region. Ich gehe zum Cowboy-Lager, um mich dort etwas zu tummeln. Dabei erinnere ich mich an den Besuch eines Pferderennens im Großraum Zürich, wo die Fliegengewichte die Koryphäen des Elitesports geben; kaum jemand vom Pöbel wird den Jockeys je die weißen Handschuhe schütteln dürfen. Hier wiederum gammeln die »Real-Life-Cowboys« weder sensationslüstern noch divenhaft im Schatten einiger Palmen, tauschen Bauerngeschichten aus und rauchen dabei Kette. Hamid passt mich ab und stellt sich nach etwas Tratsch als letztjähriger Gewinner vor. *»Berapa banyak?«*, frage ich ihn. Für 42 Millionen Rupien (3.000 Euro) ist er bereit, eine der beiden Cashcows herzugeben. Das ist der Marktwert für Gewinnerbullen auf dem Viehmarkt, sie sind somit knapp doppelt so teuer wie ein normaler Stier. Wie er denn seine Konkurrenten besiegt habe? Beim Pacu Jawi zählt neben ästhetischem Spurhalten auch die maximale Geschwindigkeit von 30 Stundenkilometern, was wiederum direkt mit dem ästhetischen Spurhalten zusammenhängt. Dabei hat das Organisationskomitee (auch Bauern) seine liebe Mühe, ohne Radarpistolen oder gar einem ausgefeilten Bewertungssystem einen Sieger zu küren. Das spielt aber auch nicht so eine große Rolle, denn Preisgeld gibt es sowieso keins. So bleibt es der Willkür vorbehalten, wer schlussendlich gewinnt. Ich bin mir sicher, die Sumatra-Cowboys haben ihre Erfolgsgeheimnisse. Hamid verrät mir zumindest eines: Die Nahrung macht es aus. Unter das frische Gras mischt er proteinhaltige Enteneier und etwas Honig fürs Durchhaltevermögen. Ich gebe Hamid ein *high five* und wünsche: *»Hati hati di jalan.«*

Noch schauen sie ganz friedlich aus, die »Jawi«.

Vorjahresgewinner Hamid rüstet sich für das Rennen.

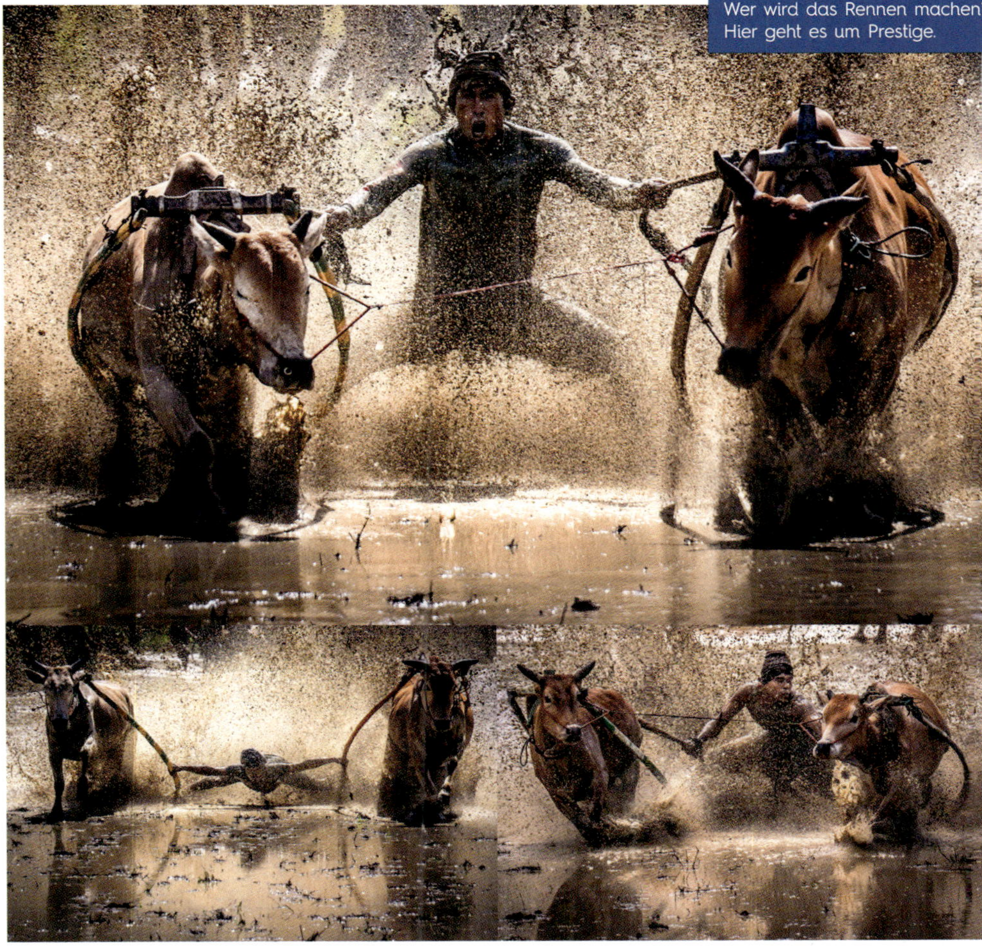

Wer wird das Rennen machen? Hier geht es um Prestige.

Der erste von knapp 50 Jockeys betritt den Matsch, stellt sich auf die *Papik,* die beiden losen Holzdielen, schnappt nach den beiden Stierschwänzen und skatet mit seinem Gespann bravourös bis zum Ende der 100 Meter langen Rennstrecke – hin und wieder am Tierschweif nagend, um den Turbo einzulegen, ab und an in letzter Sekunde den Spagat abwendend, wenn das Bullenduo wieder in zwei verschiedene Richtungen driftet. Und alle rasten aus. Es ist ein Fest für die Landsleute und eben deshalb unvergleichbar hip.

Das Leben ist eklatant kurz, ich will es – und mich – ausbeuten, solange die mentalen wie physischen Kräfte dafür ausreichen. Will dazugehören und Neues ausprobieren. Kultige Feste bieten dafür einen perfekten Rahmen. Man hat mich gewarnt, denn die gehörnten Biester können Angst riechen und versuchen dann, den Laien umgehend abzuschütteln. Als mich Hamid zum Ende des Rennens hinter die Ärsche seiner Glücksbullen zitiert, kann ich trotzdem nicht widerstehen. Ich muss es erleben, die Erinnerung mit Geräusch, Emotion und Schlamm zwischen den Zähnen abspeichern. *Here we go!* Ich platziere je einen Fuß auf einem *Papik,* greife nach den Schwänzen und starte durch. Zwei Meter später liege ich kopfüber im Schlamm, ja schlimmer, ich verfange mich im Gehölz und werde zur Freude der Meute regelrecht abgeschleppt. Und sogleich bestätige ich die allgegenwärtige Vermutung, dass westliche Tölpel nicht für indonesischen Männersport geschaffen wurden. Ich wische mir den Matsch aus dem Gesicht, sammle neuen Mut, steige wieder auf und gleite elegant bis zum Ziel. Wenn auch ohne dem Lachsalven abfeuernden Volk Handküsse zuzuwerfen oder gar in einen der Stierschwänze zu beißen, denn dafür bin ich viel zu sehr auf die Flucht nach vorn fokussiert.

Immerhin hält der Autor die Spur.

Nach gefühlten 157 Selfies mit dem ganzen Dorf, dem Onkel, den Cousinen, den Säuglingen und Großvätern, den Schwiegereltern und Stiefbrüdern werde ich zur nächstbesten Moschee delegiert. Diese ist keine 50 Meter entfernt – kein Wunder, denn in Sumatra gibt es gemäß meinen Beobachtungen mehr Moscheen als Kühe. Im sakralen Waschraum schrubbe ich die gröbsten Schlammschichten ab, springe auf »Hari« und brause davon. Emporgestreckte Daumen, Jubelschreie, Gelächter, Preisungen – der Weg aus dem Dorf fühlt sich an, als ob ich das Rennen gewonnen hätte.

Was für ein Streckenabschnitt! Spiegelnde Seen auf drei, üppige Teeplantagen auf neun und der prächtige Kerinci-Vulkan auf zwölf Uhr. Würde ich nicht als Fernziel Jakarta anvisieren, ich wäre gewillt, die Strecke mehrfach abzufahren. Ab und zu stellt sich die Frage, wie viele Gasthäuser denn in den nächsten zwei bis drei Stunden auf mich warten. Einen geeigneten Unterschlupf in romantischer Gegend auszuschlagen, um weitere Fahrtstunden zu tilgen, könnte ich bitter bereuen. Heute bereue ich die Entscheidung, weiterzufahren, denn es dunkelt bereits, und Dörfer werden spärlicher denn je. Nein, ich habe keine Angst im Dunkeln, aber bei der Stärke meines Scheinwerferlichts könnte ich genauso gut eine Kerze vor mich hinhalten. Selbst für solche Situationen gibt es eine Lösung – ich warte jeweils geduldig am Straßengraben, bis ein Lastwagen mit geeigneter Geschwindigkeit vorbeikeucht, um mich hinter dessen Auspuff zu klemmen. Meistens rücken irgendwann von hinten einige andere Verkehrsteilnehmer nach, und ich habe genügend Lichtquellen, um die Fahrt heil zu überstehen. Da selbst nach zwei Stunden, in denen ich in die rollende Kleinkolonne eingezwängt bin, kein Nest mit Schlafmöglichkeiten auftaucht, werde ich etwas zappelig, bis mein Vordermann vor einer schiefen Kaschemme hält, wo sich die Trucker schlafen legen. Perfekt. Der Hausherr überreicht mir einen Schlüssel, ich ihm 50.000 Rupien (drei Euro). Keine Schnäppchen ohne Opfer – so lauten die Regeln der Marktwirtschaft. Mir ist dabei absolut bewusst: Das wird übel! Doch bekomme ich sogar zwei Betten für den Preis, beide 30 Zentimeter breit. Könnte ich Indonesisch, ich würde unverblümt einen Aufpreis von 5.000 Rupien vorschlagen. Die zusätzlichen Einnahmen könnte man dazu verwenden, die überquellenden Aschenbecher hinter und neben dem Bett nach jedem Check-out zu entleeren.

Mit den ersten Sonnenstrahlen wache ich auf – zumindest intuitiv, nicht tatsächlich in meinem fensterlosen Verlies: Heute will ich Kilometer machen! Zig Haarnadelkurven bringen mich hinauf zum Plateau des 3.805 Meter hohen Kerinci. Ich komme nicht umhin, vor Freude zu johlen, gehört die tadellose Straße doch mir allein. Freie Fahrt mit Sichtkontakt auf einen Vulkan in perfekter Trapezform und die schier endlosen Teppiche aus Teesträuchern! *Encore, encore!* Über spitze Serpentinen geht es wieder hinunter – nicht weniger faszinierend, denn ich durchfahre den Kerinci-Seblat-Nationalpark, eines der am wenigsten erforschten Gebiete unserer Erde. Etwas Straße wurde verlegt, um die Westpassage zu erschließen, auch wird in Flussnähe stellenweise Lehm abgetragen, doch das wars auch schon mit dem menschlichen Einfluss. Der Rest der knapp 1.500 Quadratkilometer ist bis dato undurchdringbare Wildnis. Nährstoff für einen Evolutionsmythos, der weltweit seinesgleichen sucht. So viel ist heute bekannt: Zwei Millionen Jahre lang, bis vor rund 10.000 Jahren, lebten gleichzeitig mehrere Menschenarten auf unserem Planeten. Auch hat sich der weiter entwickelte Homo sapiens sporadisch mit dem Homo neanderthalensis gepaart, doch schlussendlich waren die Neandertalergene zu schwach, um sich langfristig zu behaupten. Eine andere Theorie besagt, die Sapiens hätten die Neandertaler als Konkurrenz identifiziert und sie während eines Jahrtausende andauernden Genozids systematisch ausgelöscht. Darüber hinaus weiß man von den Vorgängern der Neandertaler, dem Homo erectus oder dem Homo floresiensis, zwei Gattungen, die die Weiten Asiens bevölkerten und sich über die Zeit anders entwickelten als der Homo sapiens in Afrika und Europa. Der Homo erectus war auch der erste, der Steinwerkzeuge benutzte. Doch blieb es nach Millionen von Jahren bei dieser Errungenschaft, so starben letztlich auch sie aus oder reihten sich in den Genpool der Neandertaler und somit der invasiven Sapiens ein. Aber was wäre, wenn sich eine kleine Randgruppe mit dem Erbgut des Homo erectus über die Jahrtausende gerettet hätte und unbeschwert durch Sumatras Wälder streifte? Die Geschichte müsste neu geschrieben werden. Außer ein paar verwackelten Selfies und einem verpixelten Video gibt es bislang leider keine Beweise, dafür kursiert umso mehr Hörensagen vom *Orang pendek,* dem »kleinen Menschen« Sumatras.

Teeplantagen säumen den Fuß vom Kerinci-Vulkan.

Im Nationalpark treffe ich auf Suwandi, einen der regionalen Kaffeebauern, und frage ihn aus. Er erzählt mir, wie er sie einst bei der Tränke beobachtet hätte, erzählt von den gekrümmten Riesenfüßen, deren Fersen schräg abfielen – daher der aufrechte Gang. Er beschreibt detailliert eine haarige schwarze Haut und eine Größe von 80 Zentimetern. Umso erstaunlicher sei, dass ihre sehnigen Körper tonnenschwere Gesteinsbrocken heben könnten. Er wolle ihnen keineswegs in die Quere kommen. Suwandi ist nicht der Letzte, bei dem ich mich unterwegs erkundige, und auch nicht der Letzte, der mir die gleiche Beschreibung gibt. Eine Verschwörung einheimischer Bauern, um die Region zu pushen? Sie alle definieren die Orang Pendek als aggressive, aber gleichzeitig scheue Gemüter. Weiter zu den Fakten: Hier und da wurden Funde von Haaren und Erdproben geheimnisvoller Fußabdrücke an westliche Forschungsinstitute geschickt. Daraus haben Kryptozoologen jedoch nur das Erbmaterial langweiliger

Hier soll er durch das Dickicht schleichen, der Orang Pendek.

Alltagsviecher wie Bären oder Kühen extrahiert, oder es schlicht als undefinierbar abgestempelt. Daher gibt es bislang keine aussagekräftigen DNA-Spuren.

Über eine makellose Dschungelpiste verlasse ich die Mythenzone und somit auch den Nationalpark in Richtung einer Monokultur aus Ölpalmen. Würde ich mich von meiner selbstgefälligsten Seite zeigen, könnte ich jetzt von herrlichen Straßenverhältnissen entlang der Westküste Jambis und Selatans schwärmen. Denn all die Lkw brauchen geschmeidigen Teer, um die Palmfrüchte zu den Fabriken zu transportieren, ohne dabei die Hälfte an eine löchrige Sandpiste zu verlieren. Ich kann nicht aus meiner Haut: 200 Kilometer lang nichts anderes sehen als Ölpalmen regt den Denkapparat an. Innerlich rege ich mich wieder über das meistverwendete Pflanzenfett der Welt auf: Etwa die Hälfte der 60 Millionen weltweit produzierten Tonnen Palmöl verteilt sich auf 13 Millionen Hektar ehemaligen indonesischen Dschungels (dreimal die Fläche der Schweiz). Das macht das Schwellenland zum Spitzenreiter der Palmöl-Liga. Vor allem Kalimantan, Indonesiens Teil von Borneo, und Sumatra fielen dem Exportschlager zum Opfer. Fleißig wurden über Jahrzehnte Regenwald abgeholzt und Reisfelder stillgelegt, um der Ölpalme Platz zu machen. Innerhalb kürzester Zeit mauserte sich die Pflanze zum drittwichtigsten Exportgut des Landes. Gemäß Untersuchungen der Umweltorganisation WWF befindet sich mittlerweile in praktisch jedem zweiten Supermarktprodukt Palmöl. Ganz zu schweigen von den Agrartreibstoffen. Die Aussichten für die Natur und deren Bewohner sind düster. Trotz einiger dürftiger Naturschutzmaßnahmen der Regierung bleibt das Pflänzlein ein Milliardengeschäft mit steigender Nachfrage, und somit werden die Anbauflächen laufend ausgeweitet. Tja, was könnte man machen? Ein Hackerangriff von Anonymus auf die IT-Abteilung von Großabnehmern wie Unilever? Handelsembargos? Selbst wenn sich die EU ab morgen weigerte, indonesisches Palmöl zu importieren, würde die indonesische Regierung wegen Wettbewerbsbehinderung bei der Welthandelsorganisation klagen, gewinnen und weiter produzieren. Der Teufelskreis ist bereits geschlossen, der Konsument kauft blind, und der Markt spielt sein tückisches Spiel.

Eigentlich will ich möglichst nah zum Fährhafen in Lampung, doch heute wird das nichts. Innerhalb weniger Minuten zerbricht zuerst mein Gepäckträger in mehrere Teile, dann fällt das Zündsteuergerät aus, und als Krönung gibt eine der Kupferspulen auf. Doch man sorgt sich um mich: Der Eismann klingelt mit einer Version von Beethovens »Für Elise« vorbei und schlägt Eiscreme zur Schadenslinderung vor, selfiehungrige Teens fluten herbei, dazu gesellen sich die Dorfalten und werfen mit Ratschlägen um sich. Ob ich denn aufgetankt habe? Wie es um meine Zündkerze stehe? Vielleicht sei es das Öl? Szenen, die vielleicht etwas später zum Schmunzeln anregen, doch nicht jetzt, denn ich will einfach weiter. Sechs Stunden und fünf übende Selfmademechaniker später ist alles wieder zusammengeschweißt, ausgetauscht und neu verdrahtet. So schaffe ich es heute immerhin noch bis nach Bengkulu.

Ach, wie schön: 30 von 30 Hotels sind ausgebucht. Gleichzeitig mit der Gewissheit, dass dieser Tag einfach nicht zu Ende gehen will, gibt meine Motorradkette den Geist auf. Mit letzter Kraft lenke ich meinen störrischen Esel zu einer 24-Stunden-Freiluft-Garage. Und jammere dem Mann im Mechanikerkittel ein Klagelied über einen verschwendeten Tag und den Mangel an verfügbaren Betten vor. Denny versteht sofort. Niemals hätte ich gedacht, dass mich heute »*Pahala*« (die Allah-Kredite) retten würde. Selbstverständlich dürfe ich bei ihm nächtigen – aber erst nach einigen Selfies. Ich folge dem Patron in seine Hütte. Das Mobiliar besteht aus einer Matratze, einem Teppich und zwei Stühlen. Mein Gönner deutet auf die Matratze, ich zeige wiederum auf Denny und starre ein Fragezeichen in die Luft. Er gibt mir mit Gesten zu verstehen, dass er sich neben mir auf den Teppich legen wird. Ha! Kommt nicht infrage – ich stürze mich auf den Fußboden, rolle mich in die Embryostellung und recke den Daumen nach oben. Denny zeigt sich verständnisvoll und schwirrt ab. Nur um postwendend mit Verstärkung zurückzukehren: Mutter Eli und Schwager Warsito schauen mich vorwurfsvoll an und bestellen mich umgehend ins Elternhaus: zu einem Mitternachtskaffeekränzchen, weiteren Selfies sowie bequemeren Schlaf. Am Fußende von Opas Himmelbett wartet bereits meine Matratze inklusive des 40-Zoll-Fernsehers, den mein Zimmernachbar anscheinend braucht, um sich in den Schlaf zu wiegen. Immerhin drei Stunden darf ich meine Augen zudrücken, bis Opa lautstark zum morgendlichen Fajr-Gebet antritt. Diese besinnliche Szene reihe ich gleich in all die anderen coolen Gedankenbilder ein, die ich in Sumatra sammeln durfte, und rausche damit gen Jakarta.

Von Java nach Makassar

Im Büro der Pelni-Beamten, Hafen Tajuk Priok in Jakarta. Ruben reicht mir die Quittung. Dass der Kollege nebenan mit Rubens Namen unterschrieb, darüber sieht Indonesien hinweg. Der Zündschlüssel wandert zu einem weiteren Amtshüter. Darauf folgen Kaffee, Selfies, Geplauder. Die Situation erklärt wunderbar, wie das Land all seine 273.500.000 Mäuler stopft. Ich werde »Hari« in Makassar wiedersehen, falls das Hafenpersonal die Luke der »Dobonsolo« aufkriegt. Auf die Botschaft folgt eine ernste Miene: die Reederei könne keine Haftung für den unberechenbaren Seegang übernehmen. Ich inspiziere die Lage. Wieso mich der zuständige Schiffsoffizier nicht in der Economy Class einquartiert, bleibt mir ein Rätsel. Das Ticket schreibt eindeutig vor: Menschenstall! Zwei Gedanken wirbeln durch meinen Kopf: Er will den edlen Ausländer nicht mit dem gemeinen Volk mischen, oder er fürchtet, dass sich meine Horrorgeschichten über die Zustände im Bauch der »Dobonsolo« medial verbreiten könnten. Ich werde in eine Einzelkabine gesteckt, ohne Toilette, dafür mit Bullauge. Der Gang zum Abort führt durch eine Allee gestapelter Menschen, vorbei am Infoschalter (der vergittert ist – eventuell gegen sich beschwerende Passagiere?), über eine Treppe und kreuz wie quer liegende Körper hinunter zum Verlies. Dann lediglich dem Geruch folgen.

Jede Sekunde zählt in der Marina, denn selbst Kleinreedereien wie Pelni bezahlen exorbitantes Kaigeld für Hafenanläufe und Liegeplatz. Mit fünf Stunden Verspätung stechen wir in See. Die »Dobonsolo« geizt kaum mit Komfort: ein Filmraum mit Platz für zehn Personen, in dem jedes Schaltjahr ein Film vorgeführt wird, eine Moschee, eine zwei Meter Rutsche auf Deck 6, drei ambulante Kaffeemänner, die zu unbestimmten Zeiten an unbestimmten Orten operieren, eine Snackbar für »Kentucky«, das indonesische Synonym für frittierte Hühner, eine Kantine im Keller (deren Schleuse von 11 bis 11:30 und von 17 bis 17:30 Uhr geöffnet ist) sowie ein Pingpong-Tisch in Schieflage, der den Offizieren vorbehalten ist. Die Motivation für Herr und Frau Indo, dem zweistündigen Flug zu entsagen und stattdessen in einer Fähre rund 50 Stunden auszuharren, ist offensichtlich der Preis oder das mitgebrachte Gepäck. Das Ticket für die Economy Class kostet 400.000 Rupien (circa 28 Euro), Stehplätze sind weitaus günstiger zu haben. Ein Flug kostet da schon 47 Euro pro Kopf.

Die Null-Sterne-Fähre von der Insel Java nach Sulawesi. Trotz allem ist für Entertainment gesorgt.

Es gibt sogar eine Rutsche für Kinder.

Drei Uhr morgens. Der Wellengang meint es gut mit mir, die Luke lässt sich öffnen. Die Verlängerung meines zweimonatigen Indo-Visums steht an. Ich wurde bereits vorinformiert, die hiesigen Gegebenheiten könnten anstrengend sein. Grundsätzlich stehen zwei Wege zur Wahl: Erstens kann man knapp zwei Wochen lang in Makassar verweilen, einen Firmensponsor finden und mit diesem persönlich bei der Einwanderungsbehörde vorbeischauen. Darauf folgen drei weitere Besuche, für Fotos, Unterschriften und Zahlungsprozess. Nur wer diese bürokratische Hölle meistert, darf einen Monat länger im Land bleiben. Oder aber man findet einen Visumsagenten mit Beziehungen, um den Zeitaufwand zu vierteln. Ich tendiere zur zweiten Option und beginne online Kontaktangaben von Reisebüros mit Visumsservice zu sammeln. Tags darauf klappere ich 17 verschiedene Agenten ab. Niemand hilft weiter. Reisebüroinhaberin Holga erklärt nüchtern die Tatsachen: »*No service anymore*«, denn die Einwanderungsbehörde habe kürzlich die Spielregeln geändert.

Frustriert rausche ich davon. Ein Mitarbeiter schleicht mir nach und drückt mir ein Zettelchen mit einer Telefonnummer in die Hand, dazu schlitzt er symbolisch mit dem Daumen quer über den eigenen Hals – bloß nichts der Chefin sagen. Rico von der Einwanderungsbehörde meldet sich am anderen Ende. So einfach sei es nicht, ich bräuchte einen Sponsorenbrief, die Sponsorenidentitätskarte und so weiter und so fort. Ich stelle mich blöd, will vorwärts machen, »*time is money*«, blaffe ich am Telefon. Das scheint zu funktionieren. »*Money*« war schon immer das Stichwort, um die Korruptionsmaschine in Gang zu bringen. Rico sendet mir eine SMS mit einem neuen Kontakt. Eine halbe Stunde später gebe ich Pass und Moneten in die Schmierfinger von Mr. Joseph – er ist einer der Einwanderungschefs und gleichzeitig Inhaber einer ausgelagerten Firma, die als Sponsor fungiert. Die Fotosession vor Ort darf ich nicht auslassen, dafür gibt es am nächsten Tag bereits den vermaledeite Stempel. Mr. Josephs Firmalein, die Company Pehusaran, ist von außen nicht beschriftet – nichts deutet darauf hin, dass hier täglich um die 20 Pässe durch die Serviceagentur rotieren. Ein florierendes Nebengeschäft für das Schlitzohr, das die Spielregeln für Visafragen selbstständig geändert hat. Na ja, egal, Helm auf, Musik an, weiter zu den Toten von Toraja.

Toraja

Von Makassar hinauf zur Hügellandschaft Torajas. Man spürt, wenn das Motorrad kurz davor ist, aufzugeben, man kennt das Unheil verkündende Blubbern, das sporadische Nachlassen der Energiezufuhr. Präventiv suche ich einen Mechaniker auf. Dabei helfen mir folgende Indizien, um in Sekundenschnelle die Laien von Profis zu unterscheiden: ein ratloser Blick, unnötiges Gefummel, die Erkundung nach meinem Benzinstand, der Zündkerze oder dem Öl. Dieser Geselle lässt mich jedoch gar nicht erst ermitteln, unbeholfen verschwindet er unter dem Gewicht meines Motorrads. Ich helfe ihm auf die Beine. Khaeril, auch stolzer Honda-CB-Besitzer, rollt rechtzeitig vorbei, um dem Bastler auf Bahasa klarzumachen, dass kein Hammer oder Schraubenschlüssel ihm aus dieser Patsche helfen werde – aufgeben, ohne dabei vor Hilflosigkeit noch mehr das Gesicht zu verlieren, scheint dem Amateur die liebste Option: Er geht rauchen. Khaeril tätigt derweilen einige Anrufe. »*Friends coming*«, werde ich informiert. Und wie die Freunde kommen! Es dröhnt im Dorf, Passanten spurten aus dem Weg, Kleinkinder werden in die Häuser gescheucht – jetzt müsste nur noch einer sinnbildlich das »Open«-Schild auf die andere Seite drehen, und die Szene wäre perfekt. Allen voran reitet der langhaarige Moses, der ehrenamtliche Präsident der Honda-CB Community Sulawesi, gefolgt von seiner Clique. Alle machen einen auf cool. Wallende Mähnen hängen über die Akne, geknüpfte Dreieckstücher statt Helme schützen die Häupter. Ich wurde schon zigmal abgeschleppt, aber noch nie von einer Bikie-Gang. Links wie rechts positioniert sich ein Fahrer mit frisierter Maschine, um mich per Lichtgeschwindigkeit zum *»Hondamergency Room«* zu schieben. Khaeril besorgt Kaffee und Kuchen, die Spezialisten machen sich ans Werk. Mitzuerleben, wie ein Rudel Tüftler aus purer Nächstenliebe um zehn Uhr nachts meinen geliebten »Hari« heilen will, wäre bereits genug, aber Moses legt noch einen drauf: Ich sei jetzt Gangmitglied, ein Anruf plus Lokalitätsangabe genüge, und mir werde geholfen. Euphorisiert notiere ich die CB-Notfall-Nummer. Für den Fall der Fälle.

»Tana Toraja«, so verspricht es ein beschrifteter Torbogen. Die speziellen Behausungen und Reisspeicher der Toraja machen sofort klar: Hier bist du im Wunderland, hier wird dir etwas geboten, das mit nichts zu vergleichen ist. Nicht mit anderer Architektur, nicht mit anderen Kulturen und schon gar nicht mit anderen Traditionen. In Rantepao setze ich mich in ein stimmiges Café und bestaune das Treiben auf der Straße. Ein Sechsjähriger kauft von mobilen Eisverkäufern, leckt und raucht dazu synchron eine Zigarette. Hier gehen sie gleich nach der Geburt zur Pubertät über. Halbe Motorräder mit angeschweißten Passagiergehäusen sind für den Nahverkehr verantwortlich. Ganze Familien finden darin Platz. Im Hintergrund bimmeln die Kirchenglocken den hörigen Schafen ins Gewissen. Heute ist Sonntag, Messetag für die Christen. Mittlerweile machen sie in der Region Toraja über 80 Prozent der Bevölkerung aus. Die Zahl darf erwähnt werden, denn in Indonesien sind die Jesus-Fans zahlenmäßig weit unterlegen. Eine schwarze Tafel im Hausinneren lädt zum Nachdenken ein, sie visualisiert eine Übersicht der angesagten Beerdigungen für den Monat August. *»It's peak season for funerals«*, verkündet die liebenswerte Barista Jessica beiläufig, während sie bedacht Heißwasser in das Kaffeepulver gibt. »Tote müssen gefeiert werden, so handhaben wir das hier in Toraja«, weiht mich der Jurist Ringgi ein. Genialer Kaffee, gemütliches Ledersofa, zuvorkommende Informanten – was könnte ich mehr von einem Büro erwarten.

Toraja ist berüchtigt für bizarre Rituale und einen unvergleichlichen Ahnenkult. Laut den Archäologen sind die Bräuche über 900 Jahre alt. Unlängst haben sich bezahlte Guides auf das Geschäft mit dem Jenseits und das *»Funeral Crashing«* spezialisiert. Oder aber man schließt sich einem Lastwagen gefüllt mit ein paar Dutzend dunkel Gekleideter an. Mir ist jedoch bewusst, die intimeren Abschiedsfeiern finden irgendwo auf einem unscheinbaren Bergzipfel statt. Lo'Ko Uru bietet sich an, denn die Straße dorthin sei steil und in *»very bad condition«*, das verspricht ein minimales Ausmaß an Totentourismus.

Zur Morgendämmerung breche ich auf, komme jedoch kaum weit, denn die Aussicht auf die verschleierten Reisfelder lenkt zu sehr vom Manövrieren um die wannentiefen Löcher ab. Mit Bedacht inhaliere ich die feuchte Luft und halte inne. Gedanken trudeln, Gewissenskonflikte, Vorfreude. Beerdigungen fremder Familien aufzusuchen, um dabei mehr über das Leben zu erfahren, ist ein biederes und gleichzeitig faszinierendes Unterfangen. Unzählige Haarnadelkurven und Dreckspisten später: Lo'Ko Uru. Man erkennt unmittelbar: die Toraja geizen nicht, wenn es um die Verabschiedung ihrer Verwandten geht. In den vergangenen

Der Frühnebel im Tal Rantepaos passt perfekt zum bevorstehenden Anlass.

Monaten wurde eine temporäre Arena aus Bambus gefertigt, um die Schar von rund 800 Gästen während der fünf (!) Beerdigungstage zu verköstigen. Aus allen Himmelsrichtungen kommen sie, um das Ehepaar Uru Philippus Possali und Albertina Allo gebührend zu verabschieden. Philippus starb vor drei Monaten, seine Frau folgte ihm ein paar Wochen später. Wohlgemerkt: Drei Monate Wartezeit bis zur Beerdigung sind hier eher ein Negativrekord. Ringgis Familienclan brachte es vorletzten Montag auf 40 Jahre! Eine Dreierbeerdigung für den vor 40 Jahren verstorbenen Großvater, dessen vor 15 Jahren verstorbenen Sohn sowie den vor fünf Jahren verstorbenen Bruder. Durch die pittoreske Anlage streunen. Billy und Noël, die Enkel der beiden Verstorbenen, fangen mich ab. Beides stramme Kirchengänger, gestern eingeflogen aus Jakarta. Eine gute Gelegenheit, um zu klären, ob ich denn willkommen sei. »Mehr als das!«, wird mir versichert. Westliche Haut dabei zu haben, schmeichelt dem Familienprestige. Außerdem sei es kein Tag der Trauer, sondern ein Tag der Freude. Ich solle doch auch morgen wiederkommen, denn heute würden sie nur symbolisch zwei Wasserbüffel opfern. Morgen würden es weitaus mehr sein – ganz zu schweigen von all den Mastschweinen. Zu beobachten, wie eine Büffelherde zerhackt wird, um den Toten zu huldigen, sei nicht unbedingt das Hauptmotiv meines Besuchs, erkläre ich möglichst rücksichtsvoll. Aber die Hintergründe würden mich interessieren. »*Easy*«, erläutert Noël: »Der Tod des ersten Büffels kurz nach zwölf Uhr mittags, wenn sich die Sonne langsam senkt, markiert den Startschuss für die Reise der Seele nach Puya (*Rambu* = Rauch / *solo* = hinunter). Dort wird sie vom Schöpfer Puang Matua erwartet und darf ein ähnliches Leben wie hier weiterführen. Wir glauben, dass auf den letzten Hauch eines Menschen die Übergangsphase folgt. Der Leib ist nur krank, und dessen Seele verweilt auf Erden, bis wir den auserwählten Büffel lynchen.« Je mehr Büffel sterben, desto rasanter findet die Seele ihren Weg in den Himmel?, frage ich zurück. »*Yes*«, bestätigt Billy: »24 Büffel ist die magische Anzahl, die vorgeschriebene *Mapasa' Tedong* für unsere Kaste. So will es *Aluk To Dolo,* der Weg unserer Ahnen« – eine Lehre, die nie niedergeschrieben, sondern nur mündlich überliefert wurde.

Das Ritual scheint zu beginnen. Tomina Arthur ergreift das Mikrofon und legt eine Gedenkrede hin, als hätte ihn ein brasilianischer Sportkommentator dafür ausgebildet. Währenddessen bindet jemand den auserwählten Büffel fest. Der Henker betritt die Bühne, gewappnet mit einem Grinsen, Mützchen, Lasso und traditioneller Machete. Lässig wie ein argentinischer Gaucho watet er in Richtung des festgebundenen Tiers, dann geht alles ganz schnell: Ein gezielter Schlitzer, und der Büffel weicht murrend rückwärts, warmes Blut spritzt in alle Richtungen, auf meine Hose – nicht doch, auch ins Gesicht. Kinder kreischen. Vor Freude. Die Senioren nehmen es gelassen, laben sich am Reiswein und tratschen frohen Mutes weiter. Wer will es ihnen verübeln, sie haben schon Tausende aufgeschlitzter Büffelhälse gesehen. Mit letzter Kraft bäumt sich das Tier nochmals auf, stolpert schräg zur Seite und fällt wieder in sich zusammen. Ein letztes Stöhnen entweicht dem Rachen, und kurz darauf versiegt auch die quellende Blutfontäne aus der Halsschlagader. Das Ritual »*Aluk Bembilakan*« für Philippus ist vollbracht, somit ist der zweite Büffel dran, damit auch Albertinas Seele ins Jenseits findet.

Die gefesselten Schweine quietschen auf, der Henker macht sich auf den Weg. Jetzt eine heitere Szene, etwas, das (wenigstens kurzfristig) über das Blutbad hinwegtröstet: Parallel zum finalen Röcheln des zweiten Büffels schwärmen traditionell gekleidete Damen mit Kaffeekrügen und Gebäck aus. Ein Akt der weiblichen Grazie, die sich wie ein sanftes Seidentuch über das Massaker legt. Während die Metzger mit dem Zerlegen beginnen, versucht ein Grüppchen Kleinkinder, mit Plastikbechern die kreisenden Fliegen über den Kadavern zu fangen. Hin und wieder schleicht einer der Hunde zum Stapel kaputtgehackter Mastschweine, um einen Fetzen wegzuschleifen, andere begnügen sich damit, den Tatort zu lecken.

Ich wische das Büffelblut ab und gehe essen. Henry kommt dazu und fragt mich aus, was mich irritiert, denn eigentlich will ich ja ausfragen. Gibt es etwas Langweiligeres, als in einem fremden Land über die eigene Person zu reden? Ich lenke ab und teste sein Kulturverständnis. Was sich denn jüngst geändert hätte bezüglich der Rituale? Henry erwähnt das rigorose Kastensystem der Toraja vor dem Einfluss der Kolonialmacht. Bis zum Jahr 1909 ließ sich die niedrigste Kaste, die Sklaven, freiwillig abfackeln, um als ehrwürdige Asche über dem Leichnam ihrer verstorbenen Besitzer verstreut zu werden.

Das Kulturoberhaupt des jeweiligen Dorfes entscheidet basierend der Kaste einer Familie, wie viele Büffel geopfert werden sollten.

»Wie praktisch alle hier«, scherzt er unbefangen. Rund 450.000 Menschen leben in Toraja, 200.000 sind weggezogen – für die Arbeit in die Goldminen auf den Nachbarinseln oder in die überlaufenen Metropolen. Nur um an das nötige Geld für die pompösen Abschiedsfeiern zu kommen. Eine Beerdigung einer Familie mittlerer Kaste kostet locker über 100.000 Euro; für *noblemen,* Mitglieder höherer Kasten, sind Ausgaben von 500.000 Euro nicht selten. Davon entfällt ein Drittel der Kosten auf die Wasserbüffel, die 10.000 bis zu 40.000 (!) Euro pro Exemplar kosten – je heller und einzigartiger das Fell, desto mehr will der Verkäufer. Das macht pro Opferbüffel mindestens ein Jahr Stollenarbeit in Papua-Neuguinea. Außerdem sei es üblich, ein Schwein oder einen Büffel mitzubringen, wenn man zu einer Beerdigung eingeladen ist. Dies sei jedoch eher ein langfristiger Tauschhandel. Spende ich dem Gastgeber einer Gedenkfeier einen Topbüffel mit hübschem Design und langem Gehörn, wird mir der Beschenkte zu meinem Fest ebenso einen Topbüffel mit hübschem Design und langem Gehörn anschleppen. Nebenbei summieren sich auch all die Kleinigkeiten. Allein die Ausgaben, um den Kaffeekonsum der Freiwilligen zu decken, die wochenlang an der Todesarena schrauben, entsprechen drei Minenmonaten in Papua. Hingegen sind die Gehälter für Torajas Reisbauern, die kaum exportieren, sondern den größten Teil selbst konsumieren, eher bescheiden. »*We basically live to die*«, meint Henry nun eher ernüchternd mit einem Hauch Sarkasmus.

De facto gibt es zwei Gründe, wieso Beerdigungen bis zu zehn Jahre hinausgezögert werden: Erstens ist es schwierig, die gesamte Sippe zu einem Termin zusammenzubekommen, denn die meisten leben oder arbeiten überall in Asien verstreut. Und zweitens kosten die Festivitäten ein Vermögen. Jedes Geld verdienende Familienmitglied sollte Opferbüffel beisteuern, dabei hat kaum einer das Ersparte zusammen. Nur wer sich komplett der Kirche hingibt, dabei dem Weg der Ahnen entsagt und alle ausstehenden Büffelschulden zurückzahlt, wird die Ketten zu Torajas Erbe kappen. Bleibt die Frage, wieso in Aluks Namen der Büffel – und nicht das Gürteltier oder der Schopfaffe? Henry klärt auf. Vor der Ankunft niederländischer Missionare in Sulawesi hatten die Toraja ihren Gott Puang Matua, und dieser seinen irdischen Propheten. Dieser war das erste Wesen auf Erden, gleich danach kam aber der Büffel. Einverstanden, niemand hier wird das Gegenteil behaupten. Nicht nur, dass Henry weitere Fragen bis ins Detail beantwortet, nein, er schreibt die Gedankenlücken auch in sein Notizbuch, um sie später mit Tato Dena', dem Ur-Zeremonienmeister Torajas, zu klären. Und woher die Tüchtigkeit? Es sei ihm wichtig, die Traditionen weiterzuführen, denn Aluk To Dolo verliere laufend Anhänger.

Action! Die Särge mit Philippus Possali und Albertina Allo werden aus dem Familienzimmer gehievt, um für einige Tage auf einem speziellen Thron geparkt zu werden. Erst am fünften und letzten Tag wird die Familie den Sarg mit einer Parade zum Mausoleum tragen, ganz

Endlich kommt der Sarg von Philippus Possali und Albertina Allo aus dem Wartezimmer.

der Ahnenlehre entsprechend. Würden die Toraja keine »*Rambu solo'*«-Zeremonie durchführen, die Seelen der Verstorbenen wären dazu verdammt, als *Bombo* (Geister) auf Erden zu weilen und die Lebenden zu belästigen. Das will ja keiner.

Bolu-Markt in Rantepao. Ich habe Pech, heute ist er nicht hier, der rare, 40.000 Euro teure *Tedong salego,* ein fast weißer Büffel mit leicht gepunktetem Körper und hellblauen Augen. Dafür ist Viehhändler Marcus an einem Handel interessiert. Ich mime den potenziellen Käufer – eine Beerdigung stehe an, und ich wolle mich nicht lumpen lassen. Sein Büffel sei genau, was ich suche: stramme Stummelbeine, längliches Gehörn, eine exklusive Fleckenpartie unterhalb des rechten Auges. Marcus greift nach seinem Taschenrechner: 150.000.000 Indo-Rupien (knapp 11.000 Euro). »Die Flecken machen den Preis«, prahlt der Besitzer.

Jahrestag der Unabhängigkeit von den Niederlanden. Ein regnerischer Morgen in Rantepao – so wie alle Morgen in Rantepao regnerisch sind. Henry begleitet mich zur Familie des verstorbenen Pong Masak. Doch vorher gehen wir Zigaretten und Betelnüsse kaufen, als Mitbringsel für das Familienoberhaupt. Das weiße Fähnlein am Eingang des *Tongkonans* kündigt an, dass ein *Toma kula'* anwesend ist. Selbstverständlich dürften wir eintreten, begrüßt uns Pairuan herzlich, er serviere seinem Vater gerade das Essen. »Wach auf zum Frühstück, Papa«, meldet Pairuan, als er den Sarg öffnet. Ich beäuge die Reisschale, blicke hinüber auf den knochigen Pong Masak, der vor elf Jahren abdankte, wieder auf die Reisschale, zu Pairuan, zu Henry, der irgendwie erwartet, dass ich etwas zur Szene beitrage. »Ähm, ja, wir haben etwas mitgebracht«, erkläre ich feierlich. Henry schält nun die Betelnüsse und richtet dabei seine Worte an Pong Masak. Macht ihm klar, dass Besuch da sei. »Wir glauben, die Seele ist in diesem Raum, auch sie muss essen und will ab und zu Betelnüsse kauen oder rauchen«, resümiert Henry und zündet sechs Zigaretten an: eine für sich, eine für mich, eine für Pairuan plus drei weitere für Pong Masaks Seele sowie deren Kollegen aus dem Jenseits. Wir alle sollen zusammen rauchen: die vom Teer Dahingerafften und die mit dem bösen Husten. Rauchen verbindet, das stimmt immer wieder.

Pairuan gedenkt seinem lange verstorbenen Vater Pong Masak und bringt ihm Frühstück, Betelnüsse und Zigaretten.

Frische Luft. Wir machen es uns unter dem Dach des Reisspeichers, dem *Alang,* gemütlich, dort, wo die Toraja üblicherweise ihre Gäste empfangen. Ich bin vor allem darauf gespannt, was die Familie Herrn Pong Masak mit auf die Reise geben wird, sofern sie sich irgendwann auf den Termin für die Beerdigung einigen kann. Doch Pairuan will es nicht preisgeben, aus Angst, jemand könnte das Grab plündern. Grabraub ist in Toraja keine Seltenheit. Was jedoch noch tragischer ist, sind die hin und wieder verschwindenden Mumien. Antiquitätensammler haben keine Skrupel, hiesige Schlepper anzuheuern, um sich ein gut erhaltenes Gerippe für ihre private Ausstellung zu besorgen. Man verdächtigt in Bali wohnhafte Ausländer; die gestohlenen Babymumien wiederum sollen auf das Konto von Fans okkulter Medizin gehen. So das Hörensagen. Zum Abschied schenkt mir Henry die folgende Geschichte eines Liebespaares: Mann und Frau verlieben sich. Doch aufgrund des Kastensystems können sie nicht zusammen sein. So entschließen sich die Eltern, einzugreifen, um würdige Partner für ihre Erben zu finden. Das klappt so weit, beide heiraten. Doch die zweite Liebe entflammt sie nicht wie die erste. 50 Jahre später stirbt der Mann. Und die Frau, deren Liebe zu ihm nicht geduldet wurde, geht schnurstracks zu seiner Familie und bittet darum, ein kleines Geisterhaus in der Nähe des Sarges aufstellen zu dürfen. Damit sie später, im Falle ihres Todes, zu ihrem Geliebten findet. Quasi ein Treffpunkt für Seelen im Jenseits. Wie unendlich schön.

Pong Rumasek streift durch die Berge. Er ist auf der Jagd. Unter einem Baum entdeckt er ein verkommenes Skelett. Er hüllt die Knochen in Stoffe und bestattet es sorgfältig. Daraufhin entwickelt sich sein Leben prächtig, er wird von Glück und Reichtum verfolgt. Seither glauben die Toraja, dass die Geister sie belohnen, wenn sie ihre Toten gut behandeln. Ein Märchen? Auf jeden Fall. Doch Märchen werden wahr, wenn man daran glaubt. Sie werden zu Geschichten. In Toraja bestimmen Geister und Übersinnliches den Alltag. Was wurde ich bereits mit unglaublichen Geschichten konfrontiert: von toten Babys, die weiterwuchsen, sodass die Familie jährlich einen neuen Sarg bestellen musste. Von just Getauften, die sich ekstatisch schüttelten, sobald das Weihwasser auf die Stirn tröpfelte. Von herumspazierenden Toten, ja ganzen durch Dörfer marschierenden Zombieparaden. Vom Wettermann und seiner Kontrolle über den Regen. Von verstörten Seelen, die den Lebenden nachstellen, ja von Werwolfgeistern und gezielten Mordanschlägen mittels schwarzer Magie.

Doch die Geschichten verschwinden zunehmend und verkommen zur fantastischen Mär. Zudem tritt eine neue an ihre Stelle: die Bibel. Genauso grotesk, nur besser formuliert und in gedruckter Form erhältlich. Die Kirche bemüht sich redlich, den Narren ihren Humbug auszutreiben. Doch ist der Ahnenkult zu tief verankert in der Kultur der Toraja, den Vorfahren muss auf ewig gehuldigt werden.

Ich sehe es als Ehre, vor Ort dabei sein zu dürfen, wenn die Toten aus ihren Särgen geholt, entstaubt und neu eingekleidet werden. Das *Ma'nene*-Ritual, die Pflege der Ahnen, ist zweifelsohne eines der heutzutage bizarrsten Rituale: Nur während einer recht kurzen Zeitspanne von ein bis zwei Wochen – nach der Reisernte und vor der nächsten Saat – ist es erlaubt, die Ahnen zu »pflegen«. Rein aus Glaubensgrundsätzen, versteht sich. Dabei bleibt es der jeweiligen Familie vorbehalten, wann, ob und wie sie *Ma'nene* praktizieren. Außerdem wird in Pangala anders vorgegangen als in den Nebendörfern Baruppu oder Sesean: Gleich um die Ecke wird heute Morgen eines der Familienmausoleen geöffnet. Als ich eintreffe, hängt die Opfersau bereits steif über dem Feuer. Die traditionellen Särge werden herausgeschleppt. Unverzüglich kniet

Tato Dena wird zum Ritual beordert. Ein Reisfeld soll gute Ernte abwerfen. Tato Dena ist einer der letzten spirituellen Führer des Aluk To Dolo (der Weg der Ahnen).

Tochter Merlin nieder und trauert neben Martha, die zwei Jahre zuvor verstorben ist. Mundschutze werden aufgesetzt, Ehemann Yohannes öffnet den Deckel. Die Sonne strahlt auf die leblose Martha Rantelimbong herab. Den Gegebenheiten entsprechend könnte man behaupten, sie befinde sich in gutem Zustand. Kaum ausgepackt, beginnt Yohannes, seine Geliebte zu polieren. »Ich freue mich, sie wiederzusehen«, kommentiert er und lässt dabei den Pinsel sorgfältig über Marthas Gesicht gleiten. Wenig später wird Martha aufgerichtet, um gereinigt und poliert zu werden.

stücken und Reis gefüllten Bambusstangen, *Pa'piong*, sind gar.

Neuer Tag, neuer Friedhof. Herzlich werde ich begrüßt – ich bin längst nicht der einzige Ausländer vor Ort. Ab und zu erreicht ein Tipp Rantepao, und die Guides führen Touristen hoch. Das spielt für die Familien keine Rolle – im Gegenteil, es sei eine Ehre, einige *Bules* dabei zu haben. Es geht los: Angga exhumiert Großvater Tandi und legt ihn zum Trocknen auf einen Haufen maroder Decken. Sehe nur ich das so oder ist es irgendwie auch lustig, wenn ein Enkel dem Skelett seines Opas die Unterhosen auszieht? Glücklicherweise lässt sich

Die Ma'Nene-Zeremonie in Pangalla ist eine der bizarrsten Traditionen, die in die Neuzeit gerettet wurde. Selbst mit dem toten Großvater eine Zigarette rauchen, Toraja macht es möglich.

Merlin hat sich wieder gefangen und posiert nun neben ihrer Mutter für einige Selfies. Andere verwandte Leichen werden für Familienfotos dazugestellt. Anschließend gilt die Aufmerksamkeit der neu eingekleideten Ne Christina Bane', die von ihrem Sohn herumgeführt und präsentiert wird. Währenddessen wird Ne Pua ausgepackt. Es ist das erste Mal, dass Enkel Sang Rappu seinen Großvater sieht. Er zündet ihm eine Zigarette an. Sobald alle wieder fein säuberlich gebettet in ihre Grabstätte verfrachtet wurden, gehen wir gemeinsam zum Mittagessen – die mit Schweinefleisch-

Fremdscham ebenso durch ein Lächeln ausdrücken wie auch Anteilname und Sarkasmus. Unkundige werden den feinen Unterschied kaum erkennen.

Dann geschieht etwas, das mich noch lange verfolgen wird. Juli drückt mir unerwartet den brüchigen Leib ihrer Schwester in die Arme. Ein totes Baby. Und schießt einige Fotos. Möge man mich gehemmt nennen, doch Babymumien zu wiegen, geht eine Spur zu weit. Ich rette mich wieder zu Angga, der in der Zwischenzeit die gesamte Männerrunde Tandi, Songa und Todeng wiedervereint hat. Doch selbst hier soll das namenlose Baby (Namen be-

Der knochige Angga Angga wird von seinen Neffen neu eingekleidet.

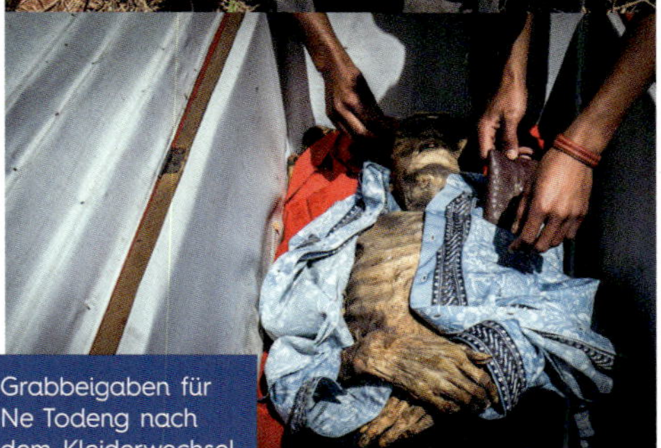

Grabbeigaben für Ne Todeng nach dem Kleiderwechsel

kommen die Geborenen erst mit den ersten Zähen) präsentiert werden. Im Hintergrund triumphiert das lateinische Kreuz – Symbol der Kirche, Symbol der Sünde. Gäbe es einen Allmächtigen, würde er jetzt sicherlich eingreifen. Eifrig werden die Grabbeigaben durchleuchtet: Mobiltelefone aus den 90er-Jahren, Identitätskarten, Geldstücke, Handtaschen, Strickzeug und natürlich ein Packen der Lieblingszigarettenmarke. Die Realsatire erreicht ihren nächsten Höhepunkt kurz vor Mittag: Die Gerippe werden mit frischen Hemden, Hosen oder Ausgehrobe gestylt, Sonnenbrillen werden getauscht, Zigaretten in steife Münder gesteckt. Haben alle genügend Gruppenfotos von der toten Großmutter, von ihr mit der toten Cousine zweiten Grades und dem toten Typen, den sie nie wirklich mochte, werden wieder alle ordentlich verstaut.

Ich brauche eine *Ma'nene*-Pause und fahre zwei Tage lang nach Rantepao. Als ich wiederkomme, ist der Hund verschwunden, der mich verlässlich jeden Morgen aus dem Bett gekläfft hat. Gastgeber Vegas will es mir nicht beichten, ich erfahre erst später, dass Großvater ihn gegessen hat. Hätte er sich doch zähmen lassen! Die Frage bleibt, wie der an einen Rollator gebundene 85-Jährige den quirligen Hund erwischen konnte. Zum Kaffee unterhalte ich mich in lupenreinem Englisch mit Esram Jaya. Er gönnt sich eine Pause von den laotischen Goldminen, um seine Familie bei Ma'nene zu unterstützen. Wie es denn so war, hätte ich gern gewusst. »*Well, it's basically like cleaning the room.*« Wie ein Zimmer saubermachen?! Was ihn so richtig traurig stimme, sei die Tatsache, dass sein Gockel gestern den Kampf in Baruppu verloren habe – 2.000 Euro dahin. Ich muss es zusammenfassen: »Du hast mit deinem Ersparten aus einem Jahr Minenarbeit in Laos einen Kampfhahn gekauft und diesen gestern in die Schlacht auf Leben und Tod gegen einen Lokalmatador aus dem 1.000 Meter höher gelegenen Baruppu geschickt?« Esram: »*Yes, better than spending it at the next funeral.*« Mitleid zeigen, Augenbraue hochziehen oder mitwitzeln? Ich bin mir unschlüssig. Doch würde mir sein Galgenhumor alles erlauben. Esrams Beitrag hat keinerlei Tiefe, er trägt indes einen Allerweltswahnsinn mit sich. Ich glaube nicht an eine spezifisch indonesische Dummheit, sondern bin mir ganz bewusst, dass die Geistesarmut global ihr Unwesen treibt. Der Unterschied ist lediglich, dass sie hier darüber lachen.

Montag, 28. August. Vor zwei Wochen wurde ein Tomina zum Friedhof Balle' geladen. Er hat per Massabu-Ritual die Geister um Erlaubnis gebeten, das Mas-

Die pittoreske Szenerie von Baruppo im Norden von Toraja

sengrab öffnen zu dürfen. Dazu wurden an dessen Pforte ein Huhn, ein Schwein und ein Hund exekutiert. Die Geister sagten zu. Heute ist es so weit: man holt die rund 50 Särge heraus, um sie ins neue Mausoleum zu tragen. Eine gute Gelegenheit für die Familien, gleich auch ihre Ahnen zu putzen. Es beginnt etwas makaber: überall liegen undefinierbare Leichenteile, die zuerst sortiert werden müssen. Hundertjährige Skelette, von denen niemand mehr genau weiß, welche Rippe zu welchem Schädel gehört, werden auf Tüchern gesammelt. In den umliegenden Mausoleen beginnt gleichzeitig die Routinearbeit: Deckel auf, Gebeine abpinseln, klebrige Kleider wegschneiden, Körper zum Trocknen aufstellen und

Clara und Schwesterchen Arel sehen sich zum ersten Mal.

Ne Duma Tata verabschiedet sich von seiner Frau und deren Schwester. Sie werden sich bald wiedersehen.

Selfies mit den verstorbenen Großeltern sind in Mode. Vor allem für die Jugend, die aus den Städten zu Besuch kommt.

anschließend frisch einkleiden. Dieser Tag überfordert selbst routinierte Ma'nene-Enthusiasten. Wo mit dabei sein? Beim Veteranen Djim Sambara, der ehrenvoll in seiner Uniform bestattet wurde? Bei dem Typen, der Leopardenunterwäsche trägt? Bei der kleinen Clara, welche ihre Schwester hütet, die sie nie lebend gesehen hat? Zeit, etwas zu schaudern. Plötzlich belagern unzählige Krähen – Vorboten des Todes und Überbringer der Seelen – die Baumkronen. Man munkelt, dass die Rabenvögel Symbol für eine besondere Botschaft der Verstorbenen und eine Bestätigung für die Wiedergeburt, das Vergießen des Alten und das Erwachen in das Neue hinein seien.

Ma'nene ist vorbei. Zumindest für die Kommune Pangalas. Bevor die neue Saat beginnt, wird aber nochmals für die Ernte gedankt. Christliche Lobliedchen erklingen, Büffel und Schweine werden geschlachtet, Dorfchefs schwingen ihre Jahresreden, Schweinsköpfe werden versteigert. Männer saufen Palmschnaps *(Arrak)*, rauchen und furzen zufrieden. Die Ladys reichen Reis und Pa'piong. Allen gemein: Sie lachen, witzeln, haben gute Laune – der Tod ist in Toraja längst alltagskompatibel. Ich habe bereits zu viel gesehen und zähle mich daher zu den Hornhautmenschen. Selbst der Sensenmann kann mir nicht mehr sonderlich imponieren. Trotzdem wäre es illusorisch, zu behaupten, ich könne das Erlebte der vergangenen Tage bereits richtig einordnen. Mögen diese Gedenkstage für *mich* noch so befremdend gewesen sein – aus dem Blickwinkel der hier anwesenden Familien waren es Tage der innigen Freude, eine Gelegenheit, sich selbst zu feiern und ihren Liebsten die Ehre zu erweisen. Vielleicht sollte ich die Frage in die Runde werfen, was man hier von bezahlter Grabpflege inklusive Gießdienst halten würde. Der Schock wäre ausgeglichener.

Bei sechs Monaten Regenzeit pro Jahr und Kosten für Beerdigungszeremonien im Bereich von 100.000 bis 500.000 Euro ist es fast undenkbar, sich nicht mit ihm vorgängig abzusprechen: Der Wettermann gehört genau so zu den lebenden Mythen der Toraja wie vom Büffelherdentod nach Puya katapultierte Seelen oder die Skelette vergrabener Jäger. Henry begleitet mich frühmorgens zur *Rambu solo'* in Sereale. Außer der Familie ist noch niemand anwesend. Genau so hatte ich es geplant, denn so viel ich weiß, ist der Wettermann »undercover« unterwegs. Niemand darf von seiner Anwesenheit erfahren, man fürchtet Sabotage von anderen Wettermännern, die nicht engagiert wurden, oder gar von Feinden der Familie. Henry ist ein geübter Schnüffler und geht proaktiv nachforschen, während ich die allgemeine Stimmung aufheitere. Unsere Bemühungen bleiben jedoch erfolglos. Einen Wettermann habe er zwar vorgesehen, klagt der Sohn des Verstorbenen, doch habe seine Familie interveniert. Zu modern seien sie für solche Absurditäten. Sie beteten lieber zu Gott um gutes Wetter.

Weiter zu Toppo' Sarungallo, einem Verwandten von Detektiv Henry und selbst ernannten Wettermann. Toppo' kann es einrichten und unterbricht die Arbeit an seinem neuem Haus. Ich schaue auf den Grundriss und stelle fest, dass seine Geschäfte gut laufen müssen. Ich versuche, das Eis zu brechen: *»No rain today.«* Toppo' grinst: *»Yes, I make ritual yesterday.«* Henry greift ein und lässt ihn wissen, dass ich gern mehr über das Ritual erfahren würde. *»A lot of rain in Switzerland«*, ergänze ich. Toppo' ist bereit, mir sein Geheimnis anzuvertrauen. An Ort und Stelle. Ich bin perplex, hätte ich doch mehrere Schulungen erwartet. Toppo': »Um drei Uhr morgens solltest du beginnen. Geh zum Fluss und suche dort nach einem Wirbel, schöpfe von dort Wasser in ein Bambusrohr. Zupfe einige Blütenblätter der *Pa'passakke*-Blume, drücke diese ebenfalls in das Bambusrohr und laufe im Umkreis von ein bis zwei Kilometern rund um den Ort, an dem es nicht regnen soll. Platziere danach das gefüllte Bambusrohr in der Küche des Tongkonan (dem Mittelpunkts des Lebens).« Mit größter Sorgfalt schreibe ich mit. Was werde ich ein Schweinegeld verdienen als Wettermann in der Schweiz (sofern ich die Pa'passakke-Blume finde)! Wie gut er denn für seinen Dienst bezahlt werde? *»Not bad.«* Henry hakt nach. Eine Trauerfamilie bezahlt um die 3,5 Millionen Rupien (250 Euro) pro Rambu Solo'. Oder eine Kuh. Und wenn es scheitert? *»Money back guarantee!«* Und der Wettermann hat gut verhandelt, denn seine Erfolgsquote liegt bei 100 Prozent. Es gehe um Stunden, ja Quadratmeter, manchmal müsse er den Regen von drei bis vier Uhr nachmittags stoppen, damit die Sargparade trocken das Grab erreichen könne. Angenommen, es gäbe mehrere Beerdigungsfeiern an einem Tag (das geschieht ja bekanntlich öfters) und somit auch mehrere *To ma' pamanta'*, wie könne er optimalen Service garantieren? *»Easy, we fight with magic.«* Und die Regenwolken gingen dann automatisch dorthin, wo kein *magic* ist? *»Yes!«* Ich bin begeistert, aber Frühschicht ist nicht so mein Ding. Das muss auch einfacher gehen. Wir setzen unsere Nachforschungen im Nachbardorf fort und werden bald bei Bara fündig, hauptberuflicher Schreiner und nebenberuflicher Wettermann. Auch hier regnet es seit Tagen nicht. Selbstverständlich setzt er seine Fähigkeiten ein, um den Bau seines neuen Tongkonan voranzutreiben. Bara willigt ein, mir sein Ritual zu zeigen, doch nur, wenn ich einige Bier besorge, damit die Männer ihren nachmittäglichen Alkoholpegel halten können. Nichts leichter als das. Nachdem alle Biere verteilt sind, führt mich Bara zur Feuerstelle. Ganz großes Kino, ich kann es kaum erwarten, das Highlight meiner Toraja-Erkundung, der Moment, um den mich alle beneiden, denn ich werde höchstpersönlich das Wetter kontrollieren. Bara öffnet den Topfdeckel und blickt mit neutraler Mine auf den darin köchelnden Stein. *»Batu asan«*, erklärt er besonnen. *»Batu asan?«* Genau: *»Batu asan!«* Tatsächlich – einen lumpigen Stein kochen, und gut ist? Jawohl, nickt Bara und klettert wieder zurück auf sein Bambusdach.

Am Folgemorgen bin ich startklar. Ein phänomenaler Tag für eine Tour de Sulawesi – es scheint, als ob Torajas Wettermänner beste Arbeit geleistet hätten. Stundenlang brause ich über unbelebte Bergstraßen hinunter ins Flachland. Doch dann ... höre ich das Unheil verkündende Blubbern, das sporadische Nachlassen der Energiezufuhr. Präventiv suche ich einen Mechaniker auf, der den Auftrag aber ablehnt. Ich winke einen Lastwagen herbei und wähle die CB-Notfall-Nummer von Moses.

Bara präsentiert mit Stolz seinen Anti-Regen-Stein.

Bali

Die Götterinsel Bali im September. Schlangen und Affen flitzen talwärts, Vögel fallen vom Himmel – ein denkbar schlechtes Omen. Seismologen bestätigen die Vermutungen: Agung rumort, seine Magmakammer ist voll. Umgehend werden 20.000 Kühe und rund 100.000 Menschen evakuiert. Im Gegenzug wandert ein Tross Hindupriester zum Kraterrand, um den Vulkan mittels Opfergaben zu besänftigen, darüber nachgrübelnd, wieso ihre Prophezeiung nicht eingetroffen ist. Eigentlich sollte der Agung nach der Reinigungszeremonie in Balis Muttertempel Pura Bekashi erst viel später wieder wüten, so gegen 2069. Eine göttliche Warnung? Erkundigt man sich bei den Spirituellen, ist Bali komplett aus dem Gleichgewicht geraten und wird nun die Konsequenzen tragen müssen. Fragt man Koryphäen der Wissenschaft, liegt die Ursache eher in der Kettenreaktion seismografischer Aktivitäten, angetrieben vom Pazifischen Feuerring. So oder so: die Gebete und Rituale scheinen zu fruchten – knapp anderthalb Monate und etwas Ascheregen später beruhigt sich die Lage. Das evakuierte Landvolk kehrt heim, und Präsident Jokowi versucht derweil, die schwindenden Tourismusmoneten zu retten. Es geht um mehr als eine Milliarde Euro, die Indonesiens wichtigstem Ferienziel dieses Jahr durch die Lappen gehen werden.

Inzwischen ist nicht der weltgrößte Inselstaat Indonesien mit seinen ungefähr 17.500 Inseln und 360 verschiedenen Volksgruppen, sondern Bali zur Ferienmarke geworden – über vier Jahrzehnte gereift zum Synonym für internationale Kulinarik, balzende Australier mit Bierfetisch, *Surfer Dudes* und *Yoga Retreats*. Ein Mischwarengeschäft, in dem alle finden, was sie suchen. Oder wie es ein Balinese mir gegenüber einmal treffend formuliert hatte: »*Foreigners come to Bali because they can walk around naked.*«

Ich habe mich inzwischen von Seminyak nach Ubud hochgefressen, virtu-

Agung legt für Wochen den Flugverkehr lahm.

os Kräfte gespart, etwas meditiert, dabei nicht schlecht gestaunt, dass laut einer wohlgesinnten Informantin vom Wohlfühlsekretariat acht von zehn Yogis ihren Alltag zu Hause nur mit Antidepressiva überstehen, und schließlich in Changgu mein »Balifornien« gefunden. Selbstredend haben die letzten Wochen – ach was, zwei Monate – auf der Götterinsel kaum geschadet. Im Gegenteil: Bali rockt! Rockt meinen gemarterten Motorradhintern, der die knapp 3.500 Kilometer vom Aceh im Norden Sumatras via Sumatra und Java hierhergetrödelt ist, genauso wie die Hintern der anderen fünf Millionen jährlich direkt Eingeflogenen mit Fernwehgrippe, die hier nach etwas Muße Ausschau halten und dabei allzu selten begreifen, dass sie sich in Indonesien befinden.

Hat man die 13.716 Hotelbunker durchkämmt und Stellung in einer der ebenso zahlreichen Bars bezogen, beschleicht einen jedoch das Gefühl, dass die rosafarbenen Häute hinter ihren Happy-Hour-Biertürmen und die modernen Kolonialisten dem Inselchen einen Hauch Landesentfremdung zugefügt haben. Im Südosten Balis wird dies rasch offensichtlich, wenn man nach einem *Warung* (Restaurant) sucht, in dem die Einheimischen auch essen und nicht nur arbeiten. Doch bleiben die balinesische Urfreundlichkeit und ihre Kultur omnipräsent – gleich etwas außerhalb des Konsumdreiecks. Dort, wo einen die Wäschereibesitzerin spontan zur Hochzeit des Sohnemanns einlädt, mutige Jockeys auf einem Büffelgespann durch die Rennstrecke zirkeln und Hindupriester acht Stunden Fußmarsch zum Krater eines ausbrechenden Vulkans auf sich nehmen, um ihr Volk vor einer Katastrophe zu schützen.

Flores

Hari« hat einen neuen Besitzer gefunden, der die technischen Komplikationen und das problematische Nummernschild aus Sumatra (es ist abgelaufen und kann nur persönlich auf dem Amt in Medan verlängert werden) außer Acht lässt. Leicht melancholisch schaue ich zu, wie die beiden hinter den Reisfeldern Balis verschwinden. Als Erinnerung bleiben uns Tausende »Selfies« von Paparazzi aus Bukittinggi bis Mataram, der epische Drift über das Meer aus Vulkanasche des Bromo, die gemeinsamen Abende beim Mechaniker – seufz! Nach Labuan Bajo auf der Insel Flores. Endlich wieder irgendwohin. Balsam fürs Reiseherz. Jakarta hat kürzlich entschieden, dass das Hafendorf entwickelt werden solle, um Labuan Bajo schnellstmöglich in eine touristenfreundliche Sphäre zu katapultieren – in den Olymp der zehn Neu-Balis. Noch ist es gemütlich, die Straßen sind verstaubt, Gehwege kaum vorhanden, und wenn, dann übersät mit mannsgroßen Löchern – Dritte-Welt-Romantik und genau meine Kragenweite. Außerdem hält sich die Auswahl an Angeboten in Grenzen, so bleibt man selten zurück mit der kognitiven Dissonanz »hätte ich doch...«, »wäre ich nur ...«. Nachts dösen sie hier vor mit Kerzen illuminierten Holzregalen, offerieren Benzin, abgefüllt in Vodka-Absolut-Flaschen, um die Armada an maroden Motorrädern auf Trab zu halten. Hin und wieder rollt der Bakso-Express vorbei, der so lange hält, bis der Kunde, allen voran Labuan Bajos Service- und Ladenpersonal, die Suppe mit undefinierbaren Fleischbällchen leergelöffelt hat. Gegenüber verscherbelt eine Muslimin mit Nikolausmütze über dem Hidschab Weihnachtsdeko aus China. Weder Hersteller noch Verkäuferin ahnen, um was es bei diesem fremdartigen Zirkus genau geht, doch beugt man sich der Nachfrage. Portugals Händler verliehen der Insel einst ihren blumigen Namen, ihre Missionare ließen den Ungläubigen die Bibel da. Somit sind, verglichen mit Hindu-Bali und Muslim-Lombok, in Flores Kirchenbesuche normal, und die Schafe der Herde Gottes taufen ihre Sprösslinge Anita, Marianna und Victor. Oder eben Marta, die mich einige Nächte ihre Couch benutzen lässt. Der Zufall wollte es, dass ich vorgängig auf die Umweltaktivistin und Nachhaltigkeitsökonomin aufmerksam wurde. Sie kämpft an verschiedenen Fronten: Dumpinglöhne bei den hiesigen Angestellten, zu haben für 50 Euro pro Monat – quasi die Durchschnittsausgaben eines Labuan-Bajo-Besuchers pro Tag, sowie deren saubere Integration im aufstrebenden Tourismus; nebenbei geben ihr die schwimmenden Plastikorgien im Komodo-Nationalpark zu denken. Natürlich wäre es illusorisch, nach Flores zu kommen, um solche Probleme zu lindern, dafür fehlt es mir schlicht an Lebensjahren und einer Zillion Rupien. Aber etwas über die Herausforderungen eines aufstrebenden Schwellenlandes dazuzulernen, ergibt durchaus Sinn.

Vor allem bin ich jedoch neugierig, will wissen, wie es sich so (über)lebt Seite an Seite mit dem *Varanus domodoensis*, dem Komodowaran. Martas Freund Hadi holt mich ab, ich begleite ihn und 29 andere vom Fürsorgeklub *1.000 Gurus (teach & travel)* nach Kampung Rinca. »Es gibt gute Gründe, wieso wir uns von unzähligen indonesischen Dörfern dieses Jahr Rinca im Komodo-Nationalpark ausgesucht haben. Rinca hat alles, aber eben auch nichts«, erklärt Hadi, als wir frühmorgens in See stechen. Mit uns an Board: gestapelte Reissäcke und Lehrmaterial für die Dorfschule. Am brüchigen Steg wartet bereits ein herzlicher Empfang. Ich darf mich minimal beteiligen und filme den spielerisch gestalteten Geografieunterricht für die Truppe, damit sie ihren sozialen Akt über die digitalen Kanäle herausposaunen können. Nachdem über Stunden hinweg Schmunzler und Freudeschreie der Primarschüler geerntet wurden, ziehen die Gutmenschen wieder ab. Ich hingegen werde an den 32-jährigen Aris weitergereicht, einen der Parkaufseher. Sein Homestay, so der Ranger, sei zwar noch nicht ganz fertig, eher in Planung – ähm... er habe eigentlich nur eine Matratze und ein Kissen, aber falls ich damit zufrieden sei, dürfe ich gern einziehen.

Mir wird erklärt, über welche Pfade ich die öffentliche Toilette der Dorfgemeinde (Aris hat keine eigene) und den Brunnen für das Spülwasser finde – somit bin ich quasi eingerichtet. Meine Grenze des Erduldbaren hat sich schon länger hin zum Null-Komfort-Zustand verschoben. Ich würde sogar so weit gehen und behaupten, dass mich solche Gegebenheiten nachhaltig bereichern. Mindestens aber lassen sie die Nächte in Bettlagern mit einem halben Dutzend Schnarchnasen wie eine Erholung aussehen.

Pünktlich bestellt die Moschee ihre Fans zum Asr-Gebet, nur noch der Wind und die Ziegen treiben sich auf den Gassen herum. Perfektes Timing für die kleineren Drachen, sich im Dorf etwas umzusehen. Wie Flammen lodern ihre gegabelten Zungen aus dem Rachen, unentwegt darauf bedacht, die luftgetragenen Moleküle zu untersuchen. Mit dieser feinen Riechtechnik können sie den hier ausgefächerten Dörrfisch vom anderen Ende der Insel aus wittern. Die Ziegen sind sich der züngelnden Gefahr bewusst und bummeln von dannen – reine Routine. Außer etwas Dörrfisch verschwindet heute nichts im Busch nebenan. Man hat aus den Fehlern gelernt: sieben Jahre nach mehreren exhumierten Ahnen und Horden verlorener Ziegen – plus das im Vorjahr verschleppte Kleinkind – hat die Dorfgemeinde den Bau eines Zauns beantragt. Seither schlängelt sich nur noch das Jungtier durch selbigen. Doch gibt es nach wie vor einige Verluste zu verzeichnen: »Vorgestern haben sie meine Katze gefressen«, sagt die örtliche Hebamme Ratimang, als ich mich nach dem Stand der Dinge erkundige.

Ein greiser Komododrache wartet auf seine Chance.

Am 18. Juli 1974 verschwand der erste Ausländer im Drachenland. Baron Rudolf von Reding-Biberegg löste sich von der Gruppe, um die Komodo auf eigene Faust zu fotografieren – sein letztes Closeup. Der Suchtrupp fand lediglich die Kamera und die blutverklebte Brille des Schweizers. »Man darf den Tieren nicht böse sein, sie sind eben Allesfresser«, beschönigt Aris die animalischen Instinkte während des Abendessens. Der ausgefeilte Überlebenstrieb fange gleich nach der Geburt an, wenn sich die Minidrachen, kaum haben sie sich aus dem Ei gepellt, schnurstracks auf den nächstbesten Baum retteten, um nicht von ihrer Mutter gefressen zu werden. Er wisse nicht, was schwieriger sei: das Leben als Drache oder das Leben als Fischer. Tränen rinnen über seine Wangen, während er über die schwierige Zeit vor dem Parkaufseherjob sinniert. Ein ganzes Jahrzehnt lang verbrachte er mit seinen Branchenkollegen auf See, fuhr täglich mit den ersten Sonnenstrahlen hinaus, um seine vierköpfige Familie zu ernähren. An schlechten Tagen seien sie mit leeren Händen zurückgekommen, und seine Frau habe Reiswassersuppe kochen müssen. Mit der Arbeit als Ranger sei es finanziell aufwärtsgegangen. Englisch habe er sich, wie so viele, selbst beigebracht. Kein Wunder, dass Aris und seine Dorfkollegen Feuer und Flamme für Jakartas Maßnahmenplan sind, denn ihr Kampung Rinca wird bald zum »*Wisma Village*« – zum Touristendorf. »Unsere Dörrfischpastenbrötchen sollen endlich berühmt werden«, ergänzt Aris fordernd.

Der 67-jährige Sidim setzt sich zu uns. Früher hätte er die Drachen als seine Familie bezeichnet. Doch nun seien sie Feinde. Das habe vor allem damit zu tun, dass die Umweltschützer die Symbiose aus Mensch und Drachen gestört hätten. Die ersten Menschen, die sich hier niedergelassen hätten, hätten die Komodowarane regelmäßig gefüttert, vor allem mit den Resten gejagter Wildschweine und Hirsche. Seit der Gründung des Nationalparks jedoch seien die Tiere geschützt und dürften nicht mehr künstlich verpflegt werden. Folglich versuchten sie sich ab und zu an unachtsamen Homo sapiens. Weder Aris noch Sidim erwähnen den Fakt, dass die Drachen eben zuerst hier gewesen seien und von Anfang an die Nahrungskette angeführt hätten. Die Bajo, Bugis und Bimas segelten vor Generationen her, einige aus freiem Willen, andere abgeschoben vom Sultanat in Bima (Sumbawa); seither waren sie maßgeblich dafür verantwortlich, dass die Jagdbestände schwanden und somit auch die natürliche Nahrungsquelle des *Varanus komodoensis*. Indonesien hat 1962 die Insel Komodo zum Reservat deklariert, 18 Jahre später kam Rinca hinzu. Kurz darauf beschloss die Regierung den Exodus aller 1.000 in Rinca wohnhaften Seelen aufs Festland von Flores. Die Menschen sagten nein, machten klar, dass sie nur als Leichen verschwinden würden. Und durften bleiben. Um die Population der vom Aussterben bedrohten Drachen zu steigern, wurden Wasserbüffel vom Festland auf die Insel gebracht. Und siehe da, die Drachenarmee hat seither um ein Drittel zugenommen, nun gibt es mehr Drachen als Menschen in der Region.

Ausgestattet mit einem fiesen Bakteriencocktail im Rachen, strecken die Drachen selbst die viel größeren Hirsche oder Büffel nieder – ein Biss in die Wade reicht locker aus, um anschließend rund eine Woche gemütlich abzuwarten, bis das Tier schlussendlich dahinsiecht und umklappt. Die Dorfbewohner haben über die Jahrzehnte ein natürliches Desinfektionsmittel aus der Rinde des Kadondo-Baums und der Kima-Muschel entwickelt, doch für Bisse der Komodo-Greise reicht selbst das nicht.

Ein Hammer-Shot! Zwei Komodowarane beim spontanen Balzkampf. Das Bild ging um die Welt. Und beinahe wurde der russische Fotograf Andrey Gudkov damit zum *Wildlife Photographer of the Year* gekürt. »*When we mounted a hill, we saw a large male dragon laying under the tree, and another male was approaching. I didn't think the chances of a fight were high because it's not mating season*«, so Gudkov im *Mirror*. Was man jedoch nicht sieht, sind die Fetzen einer aufgehängten Ziege, die vom »*Lonely Tree*« hängen, so die örtliche Bezeichnung für den einsamen Baum auf diesem Hügel. Die beiden rivalisierenden Drachen stellten sich nicht kampflustig auf die Hinterbeine, um um ein Weibchen zu buhlen, sondern waren lediglich geil auf Ziegenfilet. In das »spontane Bild« wurden 500 Euro investiert, um Ziegen zu kaufen und um die Gruppe Ranger zu bestechen, die sich in diesem Foto nicht weit entfernt vom gewählten Ausschnitt des Fotografen tummeln. Unter ihnen der mit Ziegenhappen bewaffnete Aris, der dafür verantwortlich war, die Warane auf den Hügel hochzulotsen, dorthin, wo Licht und Hintergrundfarben besser sind. Trügerische Tierweltfotografie!

Aus prächtigen Büchern stammende Geschichten, online verfügbare Bilderwelten, gepudert mit vielerlei Hörensagen – so habe ich mir die Welt einst zusammenfantasiert. Mittlerweile darf, ja muss ich gestehen: Dieser Planet ist weitaus exotischer, brutaler, romantischer, bunter als mein naiver Schlamassel aus Vorstellungen. Das unscheinbare Indonesien fährt dabei die schwersten aller Geschütze auf.

Ein Blick von oben auf den Komodo-Nationalpark

Ein uraltes Uma Lulik
in Los Pablos

Osttimor

April bis Juni 2018

»Kollega, ba nebe?« (»Wohin willst du, Kollege?)«, fragen sie in Osttimor, einem der jüngsten Länder der Welt. Meist ist die Antwort simpel, denn ich will die Insel durchqueren, getarnt als Wandersmann oder Jesus auf einem Pony. Selbstredend ist das nur die halbe Wahrheit – vielmehr will ich herausfinden, wohin es mit den Osttimoresen geht.

Dili

Das Schicksal meint es heute zu gut: auf dem Flug von Denpasar nach Dili wird mir ein Sitzplatz zwischen Aka und Francisco zugewiesen. Beide gut studierte, redselige Osttimoresen. Die schwarz gefärbten Kuppen ihrer kleinen Finger verraten sogleich: kürzlich fanden Wahlen statt. Seit der am 20. Mai 2002 erlangten Unabhängigkeit Indonesiens dreht sich alles um die zentrale Frage: Wie geht es weiter? Daher sind Politik und Ökonomie jedermanns Lieblings- und Alptraumthemen zugleich. Dieser Tage flammen die Debatten erneut auf: Welche der 33 Parteien hat die zündende Idee? Welcher Politiker kämpft wirklich für eine florierende Nation und nicht für das geheime Bankkonto? Was tun, wenn in knapp zehn Jahren (so zumindest die Prognose des *Guardian*) die Öl- und Gasreserven schwinden und somit faktisch neun Zehntel der Landeseinkünfte? Wie eine Staatssteuer einführen, wenn 90 Prozent des Landes Selbstversorger sind? Wie einen Arbeitsmarkt für die knapp 1,3 Millionen hungrigen Mäuler etablieren? Wie eine rentable Agrarwirtschaft? Wie einen florierenden Tourismus? Wie die Gebildeten im Land halten, wenn nach Abschluss der teuren Studiengänge doch keine Jobs auf sie warten? Und nicht unwichtiger: Woher kommen dafür die Investitionen? Welche führen in die langfristige Abhängigkeit, welche sind nachhaltig rentabel? Betriebsökonom Aka schwafelt derweilen von Gerechtigkeit für seine Landsleute, simultan testet er die Funktionalität eines goldfarbenen Duty-free-Rasierers. Francisco, der junge Professor für Sozialwissenschaften, kauft hingegen ein Parfüm für seine Frau Mathilda und gibt sich leicht geheimnisvoll. Anhand dieser aussagekräftigen Szene fällt es mir kaum schwer, meinen Kontaktmann bereits vor der Landung auszumachen: Ich notiere mir Franciscos Telefonnummer.

Die Küstenstadt Dili. Zum Museum des timoresischen Widerstands flanieren. Vereinzelte Geländelimousinen preschen an den bis auf die Trittbretter gefüllten Mikrolets vorbei. Ziegelbaracken und seelenlose Hausklötze wuchern entlang der Hauptstraße. Fairplay! Unverhofft tröstet ab und zu ein Prunkbau aus der portugiesischen Kolonialzeit über das architektonische Malheur hinweg. Einige wurden renoviert, andere der Vegetation und Gaffitisprayern überlassen. Ein Aroma von Straßenstaub und frittierten Hühnchen schwappt durch die salzige Meeresluft. Dann beim chinesischen Allerleihändler in eine Nebengasse flüchten, wo ein Kirchenchor nebst dem Adhān des örtlichen Muezzins um die Sympathie der Hörigen buhlt. Zu plärrendem Reggae kündigen ambulante Händler ihre mit Gemüse beladenen Handkarren an. Osttimors Hauptstadt lechzt nach Charme, doch brilliert sie mit einer Wirrnis alteingesessener, indoktrinierter wie immigrierter Kultur. Unlängst ist in Dili Stabilität und Aufbruchsstimmung eingekehrt, abendliche Ausgangssperren sind passé, ja selbst die rivalisierenden Banden widmen sich zunehmend verheißungsvolleren Karrieren. Was bleibt, ist ein fließender Kontrast zwischen vorgestern und morgen, ein Brennpunkt des gesellschaftlichen Wandels.

Gebildete und geistig Arme, Habenichtse und Neureiche, Weise und Narren: Ungefähr ein Viertel aller Osttimoresen versucht es in der Minimetropole, denn hier sind die Universitäten zu Hause, die wenigen Jobs, die Hoffnung auf Prosperität. Aber selbst wenn Dili das Gehirn Osttimors ist, so bleiben die Dörfer sein Herz und seine Seele.

»*To resist is to win! To resist is to know to accomodate past divergences, and to adress the challenges of the present and the future*« – so Xanana Gusmão, der Anführer des Widerstands und quasi der Nelson Mandela Osttimors. Die Parole am Museumseingang macht sofort deutlich, dass Unabhängigkeit niemandem auf dem Silbertablett serviert wird. Er ist ein Patron mit Charisma und Chuzpe, der sich von klein auf dem Wohl Osttimors verschrieben hat. Der Journalist, Poet, Militant, Philosoph, Anführer des Widerstands gegen die indonesischen Besatzer, Familienvater, Ex-Premierminister, Ex-Präsident steht seit Kurzem erneut im Mittelpunkt, viele wollen ihn wieder als Staatsführer, aber zumindest als Strippenzieher im Hintergrund. Kein Wunder: man schätzt ihn als unkorrumpierbar ein, und dazu ist er einer von wenigen, die mit den Interessen der Bürger vertraut sind, einer, der in jungen Jahren von Bergnest zu Bergnest wanderte, um sich die Probleme der Dörfler persönlich anzuhören und ihnen plausibel zu erklären, wieso sich der Tod für die Freiheit lohne. Bis heute hängen Plakate mit Xanana in Militäruniform und himmelwärts gerecktem Arm in den Holzhütten der Habenichtse. Und selbst die Kleinsten zitieren seine Aussprüche. Es lässt sie von einer glorreichen Zukunft voller Aufschwung und Entfaltungsmöglichkeiten träumen, eine allzu kostbare Weihe, die ihren Eltern durchweg verwehrt blieb.

»Hey, Kollega, wo bist du?«, nuschelt es durchs Telefon. Eine halbe Stunde später werde ich abgeholt. Wir halten noch kurz beim nächstbesten Fischer, der seinen Fang per Taschenlampe an der Straße präsentiert. Wie avisiert, hänge ich das gespießte Fischbündel sorgfältig an den Seitenspiegel von Francisco Martins Kleinwagen. Im dritten Gang ruckeln wir los. Der zweite und vierte funktionierten nicht mehr, erklärt mein neuer Freund und gibt sich dabei möglichst cool. Seine Wohnung liege abseits der City, das habe gleich einige Vorteile: der Quadratmeter koste weniger, und seine drei Buben Che Guevara, Fidel Castro und Hugo Chavez würden so in unmittelbarer Nähe zur Natur aufwachsen. »Zugegeben«, fährt Francisco fort, »der Pfarrer war nicht besonders begeistert, die Jungs auf die Namen von berüchtigten Freiheitskämpfern zu taufen. Ein No-go in der Christenkommune. Aber ich wollte meinen Söhnen Stärke mit auf den Weg geben.« Fraglich, wie die Personalchefs von Starbucks Osttimor oder der Loos24 Bank in 15 Jahren reagieren werden, falls Klein-Fidel sich entschließt, sein Bewerbungsschreiben dort einzureichen. Mathilda frittiert derweil die Fische, wir Männer plaudern beim Kaffee über Bildung, Kultur, und »Quo vadis, Osttimor«. Nach drei Stunden dröhnt mir der Schädel vor lauter Informationen. Mein Kollega ist ein waschechter Aktivist und hat durch seine Arbeit als Übersetzer für die Befriedungstruppe INTERFET ein nach wie vor intaktes Kollega-Netzwerk aufgebaut. Somit zum eigentlichen Thema des heutigen Abends: Ich hatte Francisco meine stumpfsinnige Idee bereits auf dem Hinflug von Bali kundgetan – ich will mir ein Pferd kaufen, um das junge Land mit Stil zu durchqueren. Es soll ein möglichst kleines, aber robustes Kaltblut sein – ganz Marke Osttimor. Francisco grabscht nach seinem tarnfarbenen Mobiltelefon: »Ah, Kamarada Nelson, du musst einem Freund helfen!«

Morgen soll es losgehen, somit bleibt noch ein Tag für die Informationsbeschaffung und das Kontakteknüpfen. Im Kaffeehaus ums Eck treffe ich auf die Kasachin Dilyara. Perfektes Timing! Bekanntlich quillt ihr Land nur so über von Pferden, somit komme ich gleich zur Sache. Daraufhin erzählt die Schöne voller Enthusiasmus von ihrem zwölften Geburtstag, an dem sie vom Großvater eine weiße Stute geschenkt bekam (endlich mal ein Mädchen, das auch ein Pferd bekommt, wenn es danach bettelt!). Auf Wunsch weiht mich Dilyara in das Pflerdeflüstern ein. Ich notiere die Kurzversion: »Das Pferd fühlt, was du fühlst. Zeigst du dem Pferd gegenüber Angst, hat das Pferd Angst vor dir. Du musst den Ton angeben, das Pferd wird folgen. Pferde reiten ist wie Meditation, spüre den Energiefluss zwischen dir und dem Pferd.« Die drei Expats Tracey, Morgan und Kate vom Tisch nebenan bekommen Wind von der Story. Mit der Grazie eines ausgehungerten Geiertrios stürzen sie sich auf mich, als ob ich dem Tod bereits nahe wäre. »Endlich tut sich mal was in dieser öden Gegend«, lässt Tracey gierig verlauten. Meine Pferdekenntnisse auflisten solle ich, die Route erklären und selbstredend meine täglichen Erlebnisse in der geheimen Dili-Expat-Gruppe posten.

Sind Cowboys noch en vogue? Argentiniens Gauchos? Der Marlboro-Mann? Vermutlich nicht, ihre Epoche ist vorbei, archiviert in der Remise der Nostalgie. Ich erinnere mich gern an all die Spaghettiwestern, die in meiner Kindheit die Flimmerkisten dominierten. Was hatte ich die rauen Helden und Antihelden beneidet um ihre toxische Maskulinität, das heroische Getue, das Reiten durch wuchernde Steppen. Höchste Zeit, einen weiteren Jugendtraum in Angriff zu nehmen und dabei womöglich die triviale Realität hautnah zu erleben. Kleine Mädchen wollen ein Pony, große Buben ein Rennpferd! So zumindest das Klischee, aber Osttimor ist kein Rennpferd-Mekka, eher ein Ponyhof. Per se eine ideale Ausgangslage, denn ich weiß wenig über Pferde, eigentlich nur, wo vorn und hinten ist. Es bietet sich an, klein anzufangen. Das Osttimor-Pony hat bis zu 120 Zentimeter Stockmaß, ist zierlich gebaut, unverwüstlich, ausdauernd und trittsicher. Die Infos der Kasachin optimieren mein Know-how aus der letzten Ausgabe von *Wendy*, dem Film *Der Pferdeflüsterer* sowie ein paar Erinnerungsfetzen an *Zorro, Bonanza, Lucky Luke* und *The Lone Ranger.*

Von Balibo Vila nach Suai

Während der Busfahrer mit Karacho nach Balibo schießt, gehe ich nochmals meinen Fünfpunkteplan durch: 1. ein geeignetes Pferd finden, 2. die Mechanik begreifen, 3. pferdeflüstern, 4. an der Coolness feilen und 5. heroisch ins Dorf auf der anderen Inselseite reiten. Balibo Vila. Das Dorf im Westen Osttimors sieht heute kaum anders aus als während den Dreharbeiten zu dem preisgekrönten Film *Balibo Five* von

2009. Nelson Baros erwartet mich bereits. Er habe Franciscos Briefing erhalten und sei Feuer und Flamme für meine Mission. Die Timor-Ponys seien einst von den Indern auf der Insel eingeführt worden. Die portugiesischen Sandelholzhändler wiederum hätten sie zum Transportmittel und zu Reittieren dressiert. Auf Timor spielten Pferde seither eine wichtige Rolle, und dank weitläufiger Savannen vermehrten sich die Tiere prächtig. Es gab Zeiten, da kam auf sechs Einwohner ein Pferd. Nelsons Großvater war der Liurai von Haoba, eines der feudalen Königreiche der Insel, er habe die Portugiesen damals auf einem Pony reitend empfangen. Seither sei die Euphorie um die Pferde jedoch verflogen: »Schlussendlich leben wir in der Motorradära«, verkündigt Nelson. Wir organisieren ein Motorrad.

Foto eines Liurai mit seinem Timor-Pony

Schnappschuss eines besonders zähen Timor-Ponys in Lombok

Unterwegs wird mir von dem stattlichen *»Kuda completo«* vorgeschwärmt, auf das wir bald treffen würden. *Kuda completo* entspricht in Tetum (Osttimors Hauptsprache) einem Pferd mit allem drum und dran. Irgendwo im Tal von Maniala halten wir an. Pferdebesitzer Cornelis begrüßt uns mit Herzenswärme und führt uns sogleich in seinen Hinterhof. Ein flüchtiger Blickkontakt – das Pferd bäumt sich auf und flüchtet sechs Runden um die Palme, an die es festgebunden ist, bis der Abstand zum Stamm keine weitere Runde mehr zulässt. Cornelis versucht, es im Zaum zu halten, und Nelson wirft mir einen vorfreudigen Blick zu: »*Good nee?!*« Ich zweifle, denn ein ungebändigter Mustang im Ponyfell entspricht nicht unbedingt meinen Kaufkriterien. »*No problem*«, so Besitzer Cornelis. Ich winke ab und mache klar, dass ich weder Zeit noch Lust habe, ein Pony zu zähmen, ich wolle es lediglich reiten. Ein anderes Pferd wird mir präsentiert, ruhig und zugänglich. Nelson schenkt mir einen vorfreudigen Blick: »*Good nee?!*« Zur Sicherheit hake ich genauer nach, wie sich das Tier auf der Straße verhält. »*Oh, don't like car, don't like motorbike, run away!*« Na ja, immerhin ist er ehrlich, wenn er gefragt wird. Ich wende mich zu Nelson und wippe mit dem Kopf: »*No good nee?!*«

Nelson schüttelt sein nächstes Ass aus dem Ärmel. Kollega Carlos soll es richten, aber er sei derzeit sehr beschäftigt. Das ist er tatsächlich. Carlos, der Kurzgeratene mit Schnauzer und einem Gesichtsausdruck, der wenig Gutes verspricht, streichelt seinen zitternden Gockel. Die dritte Runde beim lokalen Hahnenkampf in Maniala steht an, Männerhorden brüllen nach ihren Favoriten, rauchen, wetten – ein typischer Sonntag in der Provinz. Dann der fatale Knock-out! Carlos sackt seinen Gewinn ein, gesellt sich zu mir und Nelson, auf den ersten Blick hinterlistig grinsend, auf den zweiten zuversichtlich lächelnd: »*Kuda completo? No problem!*« Zusammen mit Carlos und Nelson fahre ich in die Berge. Hier im verschlafenen Nest Saburai weidet es friedvoll, das Pony aus dem Wunschkatalog: edles Design, wohlgenährt und wohlerzogen. Der hiesige Adat, Kulturchef, Kandidu Tilman alias »Apa (Großvater) Diru« will es verkaufen. Aber kein Notverkauf, oder? Nein, verspricht der 65-Jährige, er fröhne bereits dem Ruhestand, und jeden Monat fließe genügend Geld vom Staat auf das Bankkonto des Veteranen. Ein monetäres Dankeschön dafür, dass Apa Diru früher reihenweise invasive Indonesier abgeknallt hat. Die Städte waren längst gefallen, als er mit seinem Gefolge von rund 100 Guerillakameraden für weitere drei Jahre standhaft durch die Bergwelt Manialas streifte und Widerstand leistete. Viele seiner Leute sind jedoch vor Erschöpfung tot umgefallen. Allein der animistische Glaube (»*Lulik*« – sakral bzw. tabu) an die Macht der Ahnen und die von Geistern bewohnte Parallelwelt habe sie schlussendlich zur Unabhängigkeit Osttimors geführt.

Bis heute ist der Apa eine illustre Persönlichkeit in der Gegend, denn über die Jahrzehnte hat er nicht weniger als 30 (!) Kinder mit zehn (!) verschiedenen Frauen gezeugt. Ich gebe mich verdutzt, da die Adats normalerweise als respektvolle Personen gelten. Nelson klärt auf. »Königliches Blut aus der Epoche der Liurai fließt durch Herrn Tilman, somit verschafft es diverse Vorteile, von ihm begattet zu werden.« Kandidus Nachkommenschaft ist mittlerweile über die ganze Insel verteilt, und wenn es irgendwo brennt, hält der Clan bekanntlich zusammen. Der ostimorresische Schürzenjäger hält den Schweif des Ponys hoch, um mir entweder das Geschlecht oder das straffe Fundament zu präsentieren. Nelson schenkt mir einen vorfreudigen Blick: »*Good nee?*« Ja, so weit, so *good*. Ich gebe mich kundig und frage nach den Zähnen, Großväterchen lächelt verschmitzt und spannt das Maul des Pferdes auf. Scheinbar alles einwandfrei. Bleibt noch eine Frage offen: Wo ist der Sattel, wo das »*completo*«? Carlos hält mir ein geflochtenes Kissen hin, das per Seil um den Bauch und den Schwanz des Pferdes gebunden wird: »*Kadeira*«, murmelt Carlos. Ich gebe mich geschlagen.

Benjamin schaut vorbei, er sei quasi der Chef der Region. Aber hauptberuflich fungiert der studierte Finanzprofi als Lastwagenchauffeur und Kuhzüchter. Das mit dem Sattel sei so eine Sache, die indonesischen Besatzer hätten damals den Großteil aller nützlichen Pferde entweder erschossen oder über die Grenze gebracht. Die guten Sattel seien allesamt dem Scheiterhaufen zum Opfer gefallen. Was den Osttimoresen blieb, waren die traditionellen *Kadeira* und ein paar wilde Ponys.

Am nächsten Morgen versammelt sich die Dorfgemeinde anlässlich meines Abschieds. Doch zuerst werden die Geister der Ahnen konsultiert. Falls einer meiner Vorfahren die Reise nicht gutheißen würde, könnte Apa Diru dies im Blut eines geopferten Hühnchens lesen. Salopp wird eines geköpft, im Anschluss sein Magen zerlegt und kritisch analysiert. Der Adat gibt feierlich bekannt, dass meiner Expedition nichts im Wege stehe. Nelson, Carlos, Benjamin und ein Haufen Schaulustiger stöhnen erleichtert auf. Ich erhalte ein fünfminütiges Trockentraining. Bremsen: den Strick streng zu mir ziehen. Gangschaltung (Galopp): in den Magen treten. Vorwärts: den Strick locker lassen, Kommando »*hoouu*«. Rückwärts: Pferdestudium nötig. Steil bergauf/bergab: absteigen und das Pferd ziehen. Links: an der linken Strickseite zupfen. Rechts: an der rechten Strickseite zupfen. Croupade, Dressur, fliegenden Galoppwechsel und Quadrille werde ich morgen angehen. Auf zum Rodeo.

Runde 1: Ich schwinge mich auf den Rücken, doch im Nu katapultiert mich das Pony mittels bockender Hinterbeine auf den Boden. Runde 2: dito! Runde 3: Ich halte mich trotz des auf und ab wippenden Hinterteils für eine halbe Minute im *Kadeira,* verliere schlussendlich erneut das Gleichgewicht. Gefrustet wische ich den Dreck ab und stapfe zurück zur Meute. Jetzt aber Klartext, denn jeder hier weiß von meinem Vorhaben, und ein Pony, das bis anhin noch keine Personen, sondern lediglich Feuerholz befördert hat, entspricht kaum den Kaufkriterien. Apa Diru zieht enttäuscht ab, und Nelson muss ganz unerwartet zurück nach Dili.

Später die *good news* per SMS: ein anderes Pferd sei ausgemacht. *»Completo«,* ergänzt Benjamin mit einer Prise Sarkasmus. Kaum zurück im *Suku* (Dorf), galoppiert Carlos stolz auf einem Pony daher. Heureka, es trägt tatsächlich einen Menschen! Ein »Brauner« gemäß Pferdefachjargon, mit entsprechend schlichtem Exterieur: braunes Fell, schwarzer Schweif, schwarze Beine und Mähne. Ich schlage zu, übergebe dem Kontaktmann die abgemachten 400 Euro, verabschiede mich von Benjamin und verbringe den angebrochenen Abend damit, mein Pony beim Weiden zu beobachten. *Ein geeignetes Pferd finden → check.* Tags darauf alles beim Alten in Saburai. Kinder flitzen nackig durch die Gegend, Mann dreht seine erste Zigarette, und die Gattinnen ziehen in die Büsche. Carlos hat ein eklatant schlechtes Gewissen und hilft mir beim Improvisieren der Trensenzäume (ein Strick), des Sattels (ein geflochtenes Kissen alias *Kadeira*), der Gurte (ein Strick), der Steigbügel (ein Strick) sowie der Satteltaschen (zwei Reissäcke und ein Strick). Alles wackelt.

Aber abgesehen vom Zubehör »Marke Osttimor« sitze ich bereits seit fünf Minuten auf dem Ponyrücken, ohne abgeworfen worden zu sein. Ich spüre, dass meine Helfer mich zunehmend wegwünschen, und reite in die Ungewissheit. *»Ain't nuthin' like ridin' a fine horse in new country«,* so Agustus McCrae.

Der Autor beim ersten Ritt

Einige Kilometer später beginnt mein Pferdchen bereits zu hadern und zieht es vor, Kuhdung und Grashalme zu inspizieren. Es geht offensichtlich um die Vormachtstellung im Team. Mit verbaler Kommunikationspsychologie kenne ich mich prächtig aus, aber mit Tieren funktioniert dies kaum. Mir ist bewusst, dass mich weder Satzstellung noch blumige Codierung ans Ziel bringen. Demnach muss ich zwangsläufig Einfühlungsvermögen, Mimik und Gestik feinjustieren. Laut der letzten Ausgabe der *Wenay* verzichtet ein Pferdeflüsterer auf Gewaltmethoden wie Peitschenhiebe oder gar

Anbrüllen. Also knuddle ich meinen ein PS starken Gefährten und taufe ihn andächtig »Xanana – der Widerspenstige«. Nomen est omen.

Endgültige Sendepause im nächsten Bergdorf Mabilua, wo sie in Scharen zur Begrüßung daherschwärmen: »*Malae! Malae! Malaaaeee!* (Ausländer!)« Und nicht weniger selten: »*Jesuuuuus ho kuda* (Jesus auf einem Pony)!« Alfonso Lopes stellt sich vor, als Respekterweisung bekomme ich einen Handkuss. Ich sei offiziell der erste *Malae* in ihrem Kaff – welch heldenhafte Mission! Keiner habe sich bisher *cross-country* auf den Weg entlang der Indo-Osttimor-Grenze gewagt, erst recht nicht auf einem Pony. Ich bedanke mich für die Lorbeeren und frage nach einem Schlafplatz. Nichts leichter als das – schnurstracks wischt Alfonso den Boden in seiner Hütte, sodass ich später meine aufblasbare Matratze ausrollen kann. In der Zwischenzeit setze ich mich auf die Veranda, damit mich die 37 Kinder (ich habe nachgezählt) besser begutachten können. Die wenigen, die nicht zum Ort des Geschehens schlendern, schauen zumindest rüber, mit 20 Kilo Feuerholz oder Wasserkanistern auf dem Kopf. Dann streune ich ein wenig durch Mabilua, um zu sehen, was das Entertainment hier zu bieten hat.

Das Bergnest gleicht auf den ersten Blick allen anderen Bergnestern Südostasiens, wären da nicht die einzigartigen »*Uma Lulik*«, heilige Reliquienhäuser. Je nach Region werden sie unterschiedlich gefertigt, doch die Bedeutung ist dieselbe. Das Uma Lulik repräsentiert den Clan, es ist das Symbol der Gemeinschaft und ihrer Identität. Nach dem ursprünglichen Naturglauben der Osttimoresen können auch Bäume, Steine, Flüsse oder Gegenstände eine besondere Energie enthalten, die handlicheren Reliquien »Sasan Lulik« werden im Uma Lulik aufbewahrt. Abergläubischer Nonsens laut portugiesischer Missionare, die auf ihren Christianisierungsfeldzügen etliche Uma Lulik niederbrannten. Andere verschwanden in den Feuern plündernder proindonesischer Milizen während der letzten Gewaltwelle 1999.

Selbst wenn die kleine Solarzelle auf dem Strohdach einkehrenden Fortschritt vermuten lässt, in den Uma Lulik sind noch keine Fernseher oder Kühlschränke präsent. Sie kommen selbst ohne modernen Schnickschnack wie Belüftung oder Fenster aus. Durch ein Hobbit-Türchen gelangt man im 90-Grad-Winkel gebeugt laufend direkt in die Küche alias Schlafzimmer alias Wohnung alias Feuerstelle alias Garage von Alfonsos Großeltern. Selbstverständlich fühle ich mich geehrt, reinschauen zu dürfen, denn hierher werden normalerweise nur die Familienmitglieder des engsten Kreises anlässlich wichtiger Themen bestellt. Lange halte ich es aber nicht aus, denn weder interessante Diskussionen noch

Rast im Dorf Mabilua. Alle Augen zoomen auf den Autor.

Ein Uma Lulik bei Sonnenuntergang

frische Luft zirkulieren in der Hütte. Ich krieche wieder hinaus, blicke dabei mitleidig auf das festgebundene Hühnchen neben dem kleinen Eingang – bald steht eine Innereienlesung durch den Adat an.

Zurück bei meinem heutigen Gastgeber. Alfonsos Mutter schneidet fidel die Zehennägel ihres Neugeborenen mit der Machete. Die Männer lümmeln sich und scannen die Lage: »Er sieht tatsächlich aus wie Jesus!« – »Meinst du wirklich?« – »Auf jeden Fall, ich hab doch ein Poster zu Hause hängen.« – »Ay, was für ein Narr, kauft er sich doch den ausgemusterten Gaul vom Alfredo!« – »Ha, da wird sich der Alfredo sicher was Schönes leisten können.« – »Hm, was heckt der Malae wohl als nächstes aus?« – »Oh, die Tabakmarke kenne ich nicht, lass mal testen, Kollega!« So zumindest deute ich ihr Geschwätz. Mein Tetum besteht aus ein paar Phrasen, die ich mir vorgängig notiert habe, das reicht immerhin aus, um meine Mission zu erläutern und gewisse Banalitäten zu klären. Aber eigentlich spielt es keine große Rolle – hier sind sie zufrieden, solange sie mich betrachten, meine Beine streicheln oder an meinen Haaren zupfen dürfen. Die Malae-Euphorie verfliegt selbst dann nicht, als ich ankündige, schlafen zu gehen – im Gegenteil: salopp wird ein Kreis um meine Matratze geformt. Unter strenger Beaufsichtigung von zwei Dutzend Augenpaaren döse ich weg.

Auf nach Lebos. Was für ein furioser Auftakt gleich nach den Gruppenfotos: weder aufschirren noch aufzäumen nötig, einfach aufspringen und losreiten, so hatte ich mir das vorgestellt. Aber bereits nach einer halben Stunde entscheidet sich Xanana für ein ausgedehntes Päuschen. Wo bleibt das ausdauernde und willenlose Osttimor-Pony, das mir so oft beschrieben wurde? »Hoouu«, links am Strick zupfen, »hoouu«, rechts am Strick zupfen, sanft in den Magen treten. Wir drehen einige Pirouetten, um daraufhin – ich kann es kaum fassen – rückwärts zu gehen. Zorro, Lucky Luke und der Lone Ranger würden sich biegen vor Lachen. *Die Mechanik begreifen → failed.* Zu lange hatte ich es mit Liebe, Lob und Hätschelei versucht, doch heute bin ich mit meiner Geduld am Ende. Xanana dominiert inzwischen mit seinen Allüren den Tagesablauf. Das muss aufhören! Ich steige ab und schaue resigniert nach Indonesien, auf die Steppe von Maniala, dann wieder auf Xanana, der sich vergnügt im Gras rollt.

Der widerspenstige Xanana genießt seine Freiheit.

Blicken wir der Wahrheit ins düstere Auge: Sie haben mir einen flegelhaften Feinschmecker verkauft, der mein ambitiöses Projekt täglich zu einer Spritztour deklassiert und sich quickfidel durch die Vegetation Osttimors frisst. Marta und ihre beiden Kolleginnen rücken auf. Auch sie sind auf dem Weg nach Lebos. Mein hilfloser Blick scheint mich zu verraten. Penetrant mit einem Ästchen fuchtelnd scheucht das Trio meinen Gefährten die Hügellandschaft hinauf und hinunter. Nun taut das Pony auf und trabt willenlos voran, da merkt man einfach die erfahrene Hand. *Pferdeflüstern → failed.* Als wir den Fluss bei Gildapil erreichen, überlassen mich Marta & Co. meinem Schicksal. Dafür kommt Marco hinzu. Er habe Meldung erhalten, dass ein vermeintlicher Terrorist die Gegend unsicher mache. Per Pony. Als zuständiger Polizist der Region müsse er seiner Pflicht nachkommen und ermitteln. Während mein Gepäck auf Splittergranaten und Kampfmesser gescannt wird, meldet sich Francisco aus Dili: »*How are you, kollega?*« – Ich fasse mich kurz: »*Well, I'm considered a terrorist, and my pony walks backwards!*«

Beim Kaffee erklärt Polizist Marco die Hintergründe der hiesigen Fremdenangst: »In Indonesiens Metropole Surabaya wurde kürzlich ein Terroranschlag auf eine Kirche verübt, fünfzehn Christen starben. Und Osttimor ist bekanntlich Christenterritorium. Darum müssen wir vorsichtig sein.« Nach Myanmars frommen Buddhisten halten mich nun auch Osttimors Katholiken für einen bombenden Todesengel des ISIS. Ich frage mich, woran das liegen mag. Vielleicht am ungetrimmten Ziegenbart? Oder hat der örtliche Pfarrer kürzlich aus dem sechsten Kapitel der Johannesoffenbarung über den Boten des Jüngsten Gerichts vorgelesen? Es ist immer wieder verblüffend, was über Social Media verbreitete Schlagzeilen in den Köpfen der Bevölkerung anrichten. Surabaya, die zweitgrößte Stadt Indonesiens, liegt knapp 1.500 Kilometer entfernt. Der Anschlag hatte zweifellos einen politischen Hintergrund, sollte Chaos anrichten, sollte die amtierende Regierung kurz vor den anstehenden Wahlen schwächen. Nachfolgend läuft ein lustig winkender Schweizer mit einem Pony durch das 100-Seelen-Kaff Gildapil, und man befürchtet unmittelbare Lebensgefahr? *C'mon!!* Denken ist kein Massensport – leider nirgends. Xanana gähnt im Minutentakt, daher ziehe ich ihn die verbleibenden paar Kilometer bis nach Lebos. Chris nickt anerkennend rüber und ist so freundlich, mich heute Abend einzuquartieren. Leider seien Ponyparkplätze rar im Dorf, daher bindet er Xanana direkt neben dem Wohnhaus an einer Palme fest. Was für ein Lapsus, denn am nächsten Morgen fehlt rund die Hälfte seines Gemüsegartens.

Xananas Spielchen folgen einem gewissen Schema. Morgens gibt er sich zäh, mittags bockig und nachmittags selten gefügig. Es ist, als ob ich jeden Tag eine neue Beziehung mit ihm aufbauen müsse. Nach einer Stunde erreiche ich mit meinem vollgefressenen Pony im Schlepptau einen Militärposten. »*Diak ka lae, Jesuuus* (Wie läuft es so, Jesus)?« Die fünf Grenzwächter haben allem Anschein nach selten Besuch und sehnen sich nach Unterhaltung. Bei Kaffee und Kuchen verfalle ich endgültig der atemberaubenden Szenerie. Flockiges Gewölk wirft sporadisch seinen Schatten auf die knittrige Hügellandschaft, ein Rudel Wildpferde streift durch pastellfarbene Weideflächen, schlemmt sich satt und wiehert vergnügt. So muss sich Karl May die Kulisse für seine Romane zusammenhalluziniert haben, als er an seinem Sekretär im sächsischen Kötzschenbroda die Schreibfeder ins Tintenfässchen tunkte.

oben ist es selbst den Fliegen zu kalt. Das Gefühl kommt auf, dass ich zur Vorbereitung ebenso gut *Das pupsende Pony und andere Abenteuer* hätte lesen können. Offizier João eilt nobel zur Hilfe und klärt auf: »Dort weiden seine Kumpel, das Pferd fühlt sich zu Hause.« Da gibt es eigentlich nur eine Lösung: João muss sich uns anschließen und Xanana von hinten anschieben. So klappt es, nun rollt der Ponyexpress. Einige Hügel später kehrt der Offizier zu angemessenen Aufgaben zurück, und ich steige auf.

Ich steige wieder ab, da Xanana unverhofft zum Rodeo bittet. Kaum hat er mich erfolgreich abgeschüttelt, geht der

Wilde Timor-Ponys tummeln sich in der Berglandschaft nahe der indonesischen Grenze.

Ab jetzt hilft kein Ziehen mehr, keine richtige Mimik und sogar Anbrüllen bewegt Xanana kein My vom Fleck. Ich komme nicht drauf – die Hälfte des Gartens sollte doch eigentlich bis Mittag vorhalten. Xanana schaut apathisch und peitscht dazu unruhig mit seinem Schweif. Ich erinnere mich daran, dass gemäß der *Wendy* ein peitschender Schweif entweder auf Fliegen am Hintern oder mentale Unruhe hinweisen soll. Hm, hier

Gourmet an wohlfeinen Gräslein knabbern. Ich wechsle die Strategie: Drohgebärden! Während ich mich noch über die gelungenen Resultate freue, passiert es: Xanana erspäht eine Stute und braust davon. Er reißt sich los, und ich habe ihn noch nie so schnell galoppieren sehen. Die hübsche Stute wiederum will ganz offensichtlich nicht begattet werden – um dies mittels Körpersprache zu unterstreichen, kickt sie mit den Hinterbeinen, mal mit dem rechten, mal mit dem linken und nicht selten mit beiden. Xanana lässt nicht locker und folgt ihr in den Dschungel. Ich sehe noch, wie *Kadeira* samt Gepäck seitlich nach unten rutscht und Xanana die letzte Chance auf eine erfolgreiche Paarung vermasselt. Tölpelhaft verwickelt er sich mit allen Vieren in den Stricken und den beiden Reissäcken, wippt voller Empörung auf und ab, aber spurtet trotz allem der Stute hinterher. Gefühlte drei Stunden später finde ich ihn regungslos im Dickicht herumlungern, ausgelaugt, kaum erfolgreich. Mein Hab und Gut liegt sonstwo verstreut im Matsch. Ich schleife Xanana bergauf und gehe nochmals die Route durch. Wir haben heute lausige sieben Kilometer geschafft. *An der Coolness feilen → failed.*

Schotterstraße, marode Holzhütten, Blechverhaue, Bauten aus Betonziegel ohne Anstrich, Gemeinschaftstoilette, grüßende Selbstversorger – der übliche Plot. Denkt man sich die bunten T-Shirts weg, gleicht die Szene einem 100 Jahre alten Tableau. *»Kollega, ba nebe?«* Wohin ich wolle, wieso das Pferd, und überhaupt, erkundigt sich die Polizei von *Suku* Bele Kasak. »Ach, ich ziehe nur etwas durch die Provinz, um gelegentlich eine hölzerne Dorfkapelle wegzubomben, sonst steht heute nicht viel an.« Wie erwartet folgt aufgrund mangelnder Englischkenntnisse allgemeines Schulterzucken. Mein Gepäck wird durchkämmt, die versifften Unterhosen werden analysiert, Kaffee wird serviert. Santos Gusmão stellt sich vor – ich hatte ihn und seine Einladung zum Plaudern eine Gemeinde zuvor ignoriert. Jetzt gibt er sich erneut die Ehre, auf Wunsch von Maukatars Bezirkschef Jorge Gusmão, der zwecks genauerer Abklärungen dazukommt und Santos als Übersetzer benötigt. Mir wird erklärt, dass keine westliche Zehe mehr die Gegend betreten habe, seit die UN abgezogen sei, daher sei Vorsicht geboten. Da sind sie wieder, die beiden Boten des Jüngsten Gerichts: der apokalyptische Todesreiter und sein Kampfpony. Was denn meine Motivation sei? Okay, mein Projekt ist schnell erklärt: »Mir ist bewusst, dass hier selten Fremde aufkreuzen. Diese Tatsache spornt mich an. Ich toure zu Pferd durch die *Sukus* von Osttimor, weil ich unverfälschte Gastfreundlichkeit erleben will, nur so kann ich die eigentliche Seele des jungen Landes entdecken.« Santos übersetzt, die Runde nickt unisono. Da nun bestätigt ist, dass ich weder ihren Töchtern nachstelle noch den Kirchlein etwas anhaben will, ziehen Santos und Jorge wieder Leine. Und *Suku*-Chef Christiano spendiert Reis mit Gemüse und einen Schlafplatz in seinem Haus.

Die unerreichte osttimoresische Gastfreundschaft

Ein fieser Wind schwirrt durch die zahlreichen Ritzen, die zehnköpfige Familie pfercht sich auf eine Strohmatte über dem Betonboden. Endlich darf ich meine schmerzkrummen Extremitäten entspannen, schreiben, für mich sein – als ich mein Tagebuch zücke, schnellen alle Kleinkinder blitzartig zu mir und kommen mir so nahe, dass ich ihren Atem an meinem rechten Ohr spüre. Jeder neu entstehende Buchstabe wird begeistert mitverfolgt, als ob ein vollendeter Satz womöglich die Pforte zu einer anderen Welt aufstößt.

Klatschregen. Nieselregen. Wieder Klatschregen. Angewidert reite ich los. Nach einer Viertelstunde bricht mein *Kadeira* auseinander, und damit auch mein Wunschtraum, heute reitend voranzukommen. Ich packe um, trage von nun an mein gesamtes Gepäck und ziehe dazu Xanana. Dass mein Pony nun vollkommen kilolos durch die Prärie tapst, trägt absolut nichts zu seinem Wohlbefinden bei. »*Sae kollega, sae!!*«, ruft einer. Reiten?? Wenn du wüsstest, Kollega! Ich peitsche mit der einen und ziehe mit der anderen, bis wir am frühen Nachmittag völlig erschöpft in Suai auf der südlichen Inselseite eintrudeln. Somit habe ich immerhin quasi die Breite des Landes per Pony gemeistert. Ich kaufe mir ein Bier und setze mich an die Straße – selbst die grausigste Plörre der Welt schmeckt grandios nach solch einer Woche. Meine Ankunft interessiert nicht nur die Bewohner der Agglomeration, sondern auch Frans. »Ein schönes Pferd hast du da, Kollega!«, scherzt der Cop, rückt seine Pilotenbrille zurecht und steigt aus dem Polizeiwagen. Er und seine drei Kollegen seien rein zufällig in der Gegend gewesen, als der Funkspruch reingekommen war. Ob ich denn so gut sei, mitzukommen? So reite ich nicht, wie bereits Monate zuvor erhofft, »heroisch« in das Dorf auf der anderen Inselseite, umgarnt von einer Garnison jubelnder Dorfschönheiten, sondern ziehe mein Pony, verfolgt von einer Polizeidelegation, zum örtlichen Revier. *Heroisch ins Dorf auf der anderen Inselseite reiten → failed.*

Nathalia setzt sich mir gegenüber – »die Chefin der Fahndungsabteilung, 48 Jahre alt und Single«, flüstert mir Frans zu. Auftakt zum vierten Verhör in sieben Tagen. Erneut dieselbe Bagatelle: »Malae mit einem PS auf Abwegen.« Zwei Stunden später sind alle Details geklärt, jeder Gegenstand meines Gepäcks ist abfotografiert und der Fall ad acta gelegt. Ich bitte Frans, mich zu Rui Lopes zu begleiten. Mir sei zu Ohren gekommen, dass der Ex-Bezirkschef von Suai ein Pferdeliebhaber sei. Frans willigt ein, sonst stehe nicht besonders viel an. Rui bürstet gerade einen stolzen Mustang, als wir eintreffen. 60 Rennpferde hat er im Stall, daher bin ich zuversichtlich. Frans versucht, ihn zu überzeugen, dass Xanana ein formidables Pferdchen sei, ausdauernd und trittsicher, wie gemacht für den Rennstall. Ich lege nach, verweise auf die edlen Charakterzüge und zeige ihm dazu einige Fotos von Xanana beim Weiden. »*Kuda completo, good ne?*« Rui scheint die Probleme zu riechen und lehnt entschieden ab, er habe leider keinen Platz mehr auf dem Hof. Ich blicke auf eine eingezäunte Savanne – so groß wie fünf Fußballfelder – und Dutzende unbekümmerte Pferde, danach wieder zu Rui, der sanft den Kopf schüttelt. Dieses Paradies bleibt Xanana verwehrt. Aber so ein gut vernetzter Pferdeliebhaber kennt doch bestimmt interessierte Käufer? »Na, die Normalos hier in Suai stehen eher auf 100 bis 150 PS, weniger auf ein PS«, pointiert Rui. Ein gebrauchtes Motorrad sei deutlich einfacher zu verkaufen. Mit meinem einstudierten Mona-Lisa-Lächeln und abgelaufener Schokolade bewege ich Nathalia dazu, Xanana die Nacht in der Obhut der Polizei parken zu dürfen. Daraufhin kontaktiere ich Francisco: »*Hey kollega, Che Guevara always wanted to have a horse, right?!*«

Xanana ist per Lkw unterwegs nach Dili. Wahrscheinlich knabbert er momentan nonchalant an der Lastwagenplane. Kein großes Geheimnis: ich habe mir meinen Ponyexkurs einfacher vorgestellt. Doch war die Ungewissheit zu verlockend, und ich durfte zumindest erneut etwas über mich selbst lernen: »Dein Pferd ist der Spiegel deiner Seele. Manchmal gefällt dir nicht, was du siehst. Aber manchmal schon«, so der Pferdeflüsterer Buck Brannaman.

Von Maubisse nach Los Palos

Auf die Hupe des Buschauffeurs warten und hoffen, dass sie laut genug ist, um mich aus dem Tiefschlaf zu holen. Wann er genau vorbeifährt und mich einsammelt, bleibt offen – irgendwann zwischen zwei und sechs Uhr morgens, wurde mir prophezeit. Wer wann drankommt, entspringt der Chaostheorie. Immerhin muss niemand zum Busbahnhof laufen, den gibts nämlich nicht. Beim Auflodern einer blutroten Sonne lässt sich der Bus nach Maubisse blicken. Wir rollen los. Wer jetzt noch zusteigt, muss entweder aufs Dach oder sich aus der offenen Türe lehnen. Ich bin mir sicher, irgendwann in ferner Zukunft wird diesem Mosaik aus Schotter und Furchen Gerechtigkeit widerfahren, doch bis dahin werden noch Hunderttausende durch die siebenstündige Tortur hindurchmüssen. Man nimmt es gelassen; viele der älteren Garde sind bereits für das »Rollen« dankbar, denn sie haben noch eine Zeit ohne Schotter und Busse erlebt.

Maubisse ist eigentlich nicht wirklich eine Stadt, wie gern hie und da erwähnt wird, eher eine staubige Kreuzung mit einem Umschlagplatz für Güter aus den umliegenden Nestern. Hier hält vor allem, wer auf dem Weg woandershin ist, nach Dili, nach Ainaro, vielleicht nach Same, oder aber zum Tatamailau, Osttimors höchstem und heiligstem Berg. Das 30 Kilometer entfernte Dorf Hatu-Builico am Fuß des Massivs ist auch mein heutiges Ziel. Nach zwei Stunden aussichtsloser Diskussionen wegen des Minibusses laufe ich los. Es folgt ein Fußmarsch durch eine dramatische Hügellandschaft, gespickt mit schlichten Hütten. *»Kollega, ba nebe?* (Wohin bist du unterwegs, mein Freund?)« Ich bin mir durchaus bewusst, dass es in Osttimor und gewissen Teilen Indonesiens Sitte ist, jedem stets anzukündigen, wo man hinwolle und wieso. Ich habe mir mittlerweile mehr Kreativität bei der Antwort angewöhnt als noch zu Beginn der Reise. Es juckt sowieso keine

Links und Mitte: Junges Land, alte Seele.
Rechts: Auf dem Gipfel vom »Großvater aller«.

Menschenseele, falls ich wahlweise mit: »Ich laufe nach Australien / zurück in die Schweiz / nach Los Palos am anderen Inselende« antworte. Man gibt sich darauf gleichermaßen kundig: »Aaah, okay.«

Der 2.963 Meter hohe Tatamailau ist der »Großvater aller«, die Heimat der Seelen der Verstorbenen aus der Region und seit Kurzem der wichtigste Wallfahrtsort des Landes. Hier wird um eine ertragsreiche Ernte gebetet, die Abenteuerlust gestillt und ebenso die Pflicht als Lamm Gottes erfüllt. Man solle den sakralen Berg am Wochenende möglichst meiden, denn samstags und sonntags seien Pilgertage, dann würden sie lastwagenweise aus allen Landeszipfeln nach Hatu-Builico gekarrt. Heute ist Donnerstag, und somit habe ich den Großvater und die Nebelwand, die sich bis zum frühen Nachmittag wie ein gespenstisches Bettlaken über die Aussicht legt, für mich allein. Zumindest während des dreistündigen Aufstiegs. Neben der Statue der Mutter Maria, der neuen Schutzpatronin des Großvaters seit 1997, lege ich mich ins Gras. »Kollega, ba nebe?«, klingt es im Gesprächston hinter mir. Die »Frage aller« funktioniert sogar zehn Meter neben dem Berggipfel. Einige mit Osttimor-Flagge bewaffnete Pilger sind eingetroffen. Sie huldigen der Heiligen Jungfrau,

schauen kurz um sich, holen ihre Mobiltelefone raus, drücken ein paarmal den Auslöser und lenken ihre Aufmerksamkeit auf die virtuelle Realität. Ja, die Zeiten wandeln sich, relevant scheint nicht mehr die Wirklichkeit, sondern wie viele Likes das digitale Abbild davon erreicht. Jetzt haben sie das Panorama archiviert, es ist ihr Eigentum. Der »Großvater aller«, eine Koryphäe des Christentums, Nationalpatriotismus und das Mobiltelefon – ein komplexes Wechselspiel von alten wie neuen Göttern.

Tags darauf kommen sie tatsächlich in Scharen: auf den Ladeflächen der Lastwagen zusammengepfercht, zu zweit auf Motorrädern mit anmontierten Bannern, im überladenen Kleinbus – auf dem Weg zurück nach Maubisse zähle ich ungefähr 500 mehr oder weniger motivierte Pilger, die in Richtung Tatamailau vorrücken. Ein neuer Plan muss her, ich will noch tiefer rein in Osttimors Provinzen, zu den abgelegensten *Sukus* fernab historischer Glorie oder eines Straßenanschlusses. Dorthin, wo die Missionare den Touristen zahlenmäßig überlegen sind. Laut verfügbarem Kartenmaterial gibt es keine Route zwischen Maubisse und dem 50 Kilometer entfernten Bergnest Laclubar – das hört sich vielversprechend an.

Es dämmert bereits, als ich in einem Vorort des Vororts Turiscai ankomme. »Kollega, ba nebe?« Rosita Mendoza zeigt Herz und lässt mich heute Nacht in ihrem traditionellen Schuppen aus Holz, Bambus und Stroh übernachten. Pünktlich zum Morgengrauen kommt der traditionelle Dorfwecker reingerannt und reißt mich aus dem Schlaf. Ich krieche aus dem Stapel alter Wolldecken und beabsichtige, meiner Gastgeberin zehn Euro in die Hand zu drücken. Die liebenswürdige Rosita lehnt beharrlich ab: »Kollega, wir helfen einander, Gott wird sich unser eines Tages erbarmen.«

Viel hat Rosita Mendozas Familie nicht, trotzdem ist jeder Gast herzlich willkommen.

Aus dickem Nebel taucht ein Polizeijeep auf. *»Deputy Commander Special Police Unit Augustinho Gomes, ba nebe, kollega?«* Die Visitenkarte bestätigt endgültig, dass Signor Gomes nicht übertrieben hat. Ich ahne bereits, was mir blüht, und bereite mich auf die Inspektion meiner dreckigen Unterwäsche vor, doch heute erweist sich die Polizei als Freund und Helfer und nimmt mich mit nach Turiscai. Nachfolgend zu Fuß weiter nach Beremana, wo Augustinhos Gefolge ein Spezialtraining absolviert. Elia prüft meine Absichten und lädt mich zum Kaffee ein. Dass ich auf dem Weg zu seinem Heimatort Fatumakerek bin, lässt den jungen Polizisten vor Freude strahlen. Ich solle mich bei meiner Ankunft als sein Kollega vorstellen, man werde sich folglich um alles Weitere kümmern.

Die verschwenderische Berglandschaft geht fließend über in einen Kaffeeurwald. Arabica-Bohnen aus Osttimor haben ein so intensives Aroma, weil man die einst von den Portugiesen eingeführten Sträucher seit Anbeginn der Kolonialzeit ihrem wuchernden Schicksal überließ. Eine recht erfolgreiche Guerillataktik, denn die Pflanzen werden bis zu fünf Meter hoch. Im Gegensatz zu den Monokulturen in anderen Ländern werden sie hier nicht kontinuierlich zwecks mehr Ertrag beschnitten. Es gibt auch keine eigentlichen Plantagen, sondern nur organischen Wildwuchs. Bei der Ernte ist die ganze Familie präsent, selbst die Kleinsten touren durch die Büsche und helfen ihren Eltern beim Pflücken. Im Anschluss werden die Rohkaffeebohnen geschultert oder via Lastponys zurück nach Hause gebracht.

Nach Liurai führt der Wanderpfad durch einen duftenden Märchenwald direkt in eine subtropische Vegetation und schlängelt sich dann wieder hoch auf ein Bergplateau mit Aussicht auf stolze Baumkronen. Nach einem sechsstündigen Marsch rückt eine Ansammlung von Hütten ins Blickfeld. Fatumakerek? Vielleicht, denn dieser Ort ist nirgendwo vermerkt. Ich frage den erstbesten Dorfkollegen nach Elias Eltern. *»Ah, Elia Polis?«* Umgehend wird das Buschtelefon aktiviert. Versammlung im Vorgarten des Clans. Ein einsamer Plastikstuhl wird bereitgestellt, ich muss davon ausgehen, dass man mich so isoliert besser begutachten kann. Kinder jeglichen Alters traben an, um ihren Respekt per Handkuss auszudrücken. »Tja, die meisten hier haben noch keinen Malae gesehen«, verdeutlicht Alois in perfektem Englisch. Er und seine beiden Cousins sind gestern aus Maubisse angereist, denn für heute Abend sei ein Clantreffen vorgesehen – dort würden Lappalien zuerst diskutiert, da das Justizsystem Osttimors mit all den minderschweren Verbrechen und Nachbarstreitigkeiten überlastet sei. Ein Adat moderiert die Anhörung im Uma Lulik und entscheidet über eine faire Lösung.

Gesittet wurden die beiden Geschlechter voneinander getrennt. In der einen Hälfte des Uma Lulik kochen und tratschen die Weiber, und ihnen gegenüber rauchen und debattieren die Männer. Alois versichert, hier in Fatumakerek glauben sie nicht an Großvater Krokodil – wie ihre Landsleute im südlich gelegenen Suai Loro –, sondern an Großvater Schlange. Die Reptilien gelten als heilig und dürfen nicht verletzt oder verhöhnt werden. Mir wird außerdem berichtet, dass die Haupteinnahmequelle vieler hier im Dorf der *Arrak*-Handel sei. Alle paar Tage holpern sie mit ihren Motorrädern über Wurzeln und Schotter zur Destillerie im 25 Kilometer entfernten Laclubar. Dort kaufen sie literweise gebrannten Palmschnaps, türmen die Ware auf ihr Gefährt, knattern via Wanderpfad rund 40 Bergkilometer in die entgegengesetzte Richtung nach Turiscai oder Maubisse, verkaufen dort den »*Timor Brandy*« für 50 Centavos (50 Cent) Rendite pro Liter und sind pünktlich zum abendlichen Gemüsereis zurück in Fatumakerek. Als Dank für die Gastfreundschaft kaufe ich ein paar der hart erarbeiteten Liter zum Bruttoverkaufspreis, spendiere Tabak und beobachte, wie die Männerrunde allmählich in die Kunst leidenschaftlicher Redelust verfällt. Bis zu 100 in allen Provinzen verstreute Blutsverwandte umfasst ihr Clan. Und heute kommt der Großteil im Uma Lulik zusammen: von Wolldecken vermummte Enkel, der schnapsnasige Schwiegervater, der Cousin mit der komischen Zahnstellung, die konstant Betelnusssaft speiende Großtante und viele andere. Elias Vater ist der hiesige Adat, mit Stolz präsentiert er mir seine heilige Brustplatte, den *Belak*, im Familienbesitz seit unzähligen Generationen. Auch sein traditioneller Federhut ist ganz hübsch, jedoch nur in Action während ritueller oder formeller Anlässe. Alois ergreift das Wort. Als Gesandter des Dorfentwicklungsprogramms will er diverse Ideen für die Etablierung einer nachhaltigen Agrarwirtschaft verkünden. Vor allem aber, so macht Alois deutlich, sei es wichtig, die Hoffnung nicht ausschließlich an den Allmächtigen zu richten. Denn der helfe selten mit harter Währung. »Somit, liebe Kollega«, adressiert er die Runde, »wird belohnt, wer hart an seiner Zukunft arbeitet!« Szenenwechsel: Wer nicht auf dem Boden des Traditionshauses kauert, singt fröhlich Kirchenlieder in der eigentlichen Unterkunft der Familie – einem Wellblechdach, gestützt von vier Ziegelwänden. »*Curaçao sagradu de Jesus*«, eine uralte Tradition, die seit 1996 aufgrund der Querelen mit Indonesien von der Bildfläche verschwand. Erst dieses Jahr, diese Woche, ja heute, flammt der Kult um den von Bergnest zu Bergnest wandernden Minijesus wieder auf. Jede Familie darf ihn einen Abend bei sich haben und anbeten. Sein Schrein nimmt ein Drittel des Raums ein und überlässt ein weiteres Drittel den auf einer Plastikplane versammelten Lämmlein Gottes; das letzte Drittel ist für zwei Bettrahmen mit eingelegten Spannholzplatten bestimmt. Einer dieser Schlafplätze wurde noblerweise für mich reserviert. Doch hätte ich die Nacht vermutlich lieber im verrauchten Uma Lulik verbringen sollen, denn der Singsang hält an bis neun Uhr am nächsten Morgen, mit einer kurzen Erholungspause zwischen vier und fünf Uhr. Ich schlafe eine Stunde, wenn überhaupt.

»It is not down on any map;
true places never are«
Herman Melville, Moby Dick)

Schauen, was Fatumakerek zu bieten hat, die Kinder des Dorfs stets im Schlepptau.

Nach gekochten Kartoffeln zum Frühstück breche ich auf. Eine sechsstündige Wanderung steht an, vorbei an streunenden Wildpferden, einer abwechslungsreichen Flora und grüßendem Volk vom Lande: »Kollega, ba nebe?« – »Los Palos am anderen Inselende!« – »Ah, okay.« Laclubar, ein weiteres Kaff wie aus dem Bilderbuch. Die Kirche ist bereits aus drei Kilometern Entfernung zu erkennen, drumherum sind ein paar Häuser verstreut, ein Fußballfeld und ein Markt. Ich hinke zum »Centro de Salud«, um allfälligen Infektionen aufgrund meiner gut 20 Blasen an beiden Füßen vorzubeugen. Etwas Gratisantibiotikum kann kaum schaden! Behandlungen und Medikamente sind dank des mehrheitlich staatlichen Gesundheitssystems Osttimors kostenlos für Einheimische und draußen in den *Sukus* selbst für wandernde Malae gratis. Doktor Waldemar schaut nach mir, wir unterhalten uns auf Spanisch. Er hat eines der 2.000 Stipendien in Kuba ergattert, die der damals amtierende Präsident Xanana Gusmão vor knapp 15 Jahren mit Fidel Castro ausgehandelt hatte. Bereits vorher hatte Fidel seine Guerillakameraden unterstützt. »Was in Timor passiert, ist repräsentativ für ganz Asien!«, ließ er verkünden und entsandte 400 kubanische Mediziner nach Osttimor, um das Land beim Widerstand zu unterstützen. Noch heute hat praktisch jedes *Suku* seinen »Doctor Cubano«.

Erneutes Warten auf die frühmorgendliche Hupe des Kollektivbusses. Auf dessen Dach wurde eine Ziege festgebunden, stehend, sie wirft mir einen vorwurfsvollen Blick zu. Da es keinen Platz mehr gibt, klammern sich nebst der Ziege insgesamt acht Fahrgäste außen am Bus fest – bei voller Fahrtgeschwindigkeit von durchschnittlich zehn Kilometern pro Stunde. Umsteigen in Manatuto und gleich weiter nach Bacau. Eine 100 Kilometer lange Schotterstraße verbindet die beiden größten Städte des Landes: Dili mit zirka 250.000 und Bacau mit rund 18.000 Einwohnern. Der Zubringer wird größtenteils mit chinesischen Investitionen finanziert. Es verwundert daher, dass auf der gesamten Strecke lediglich 50 Personen hämmern, schweißen und – noch viel seltener – etwas teeren. Ich erinnere mich an eine zehn Quadratmeter große Baustelle in Schanghai, an der dieselbe Anzahl Arbeiter tätig war. Man munkelt, es fehle an Fachpersonal wie Aufsehern; niemand wisse, was zu tun sei. Wer Agrarwirtschaft und Tourismus ankurbeln will, muss Städte wie Käffer ordentlich miteinander verbinden, das ist keine Raketenwissenschaft und der Regierung selbstverständlich bewusst. Doch bei so vielen »Baustellen« gleichzeitig ist es schwierig, den Fokus zu setzen. »Ida, ida« (»Schritt für Schritt«), sagt man hier.

Eine Prise mediterraner Charme weht durch das Küstendorf Bacau, dennoch ist man hier noch weit entfernt von jeglichem Entertainment, und zu sehen gibt es eigentlich auch nichts. Hinzu kommt, dass im ganzen Städtchen seit gestern die Elektrizität ausgefallen ist, aber es stört niemanden, denn man ist vorbereitet. Als leidgeprüfter Reisender weiß ich bestens, wann Pausen für Kopf und Körper angebracht sind – und genau jetzt ist ein solcher Moment gekommen. Achim sieht das auch so: »So 'ne schlechte Straße habe ich selten erlebt.« Er quält sich in Cowboymanier von seiner Maschine, als ob er damit von China nach Osttimor geritten wäre. Und siehe da: Der Hesse *ist* damit von China nach Osttimor geritten. Trotz seiner 60 Jahre und zweier Schlaganfälle ist der Langhaarige wahrlich gut gealtert. Ich wage ein paar Komplimente für seinen Mut und seine unendliche Wanderlust! Wir plaudern. Menschen wie Achim will ich wochenlang zuhören. Sie sprudeln nur so vor Weltwachheit. Eben erfahrene Weltenbürger, die mich dazu animieren, den Irrsinn der Zeitläufe aus anderen Perspektiven zu betrachten. Wahlweise darf man Wissenslücken schließen, lachen oder einfach nur staunen. Achim hat weder eine Kamera noch führt er einen Reiseblog, selbst ein Social-Media-Account ist ihm zu viel Firlefanz. Nur wer ihn unterwegs persönlich antrifft, dem gönnt er ein Stück seines Weltbewusstseins. Als ich

Wer beim nächsten Mal den öffentlichen Transport der Ersten Welt kritisiert, soll sich an diese Bilder erinnern.

zwei Tage später auf das Dach eines Kleinbusses nach Los Palos steige, schraubt der Hesse gerade fleißig an seinem Motorrad. Mit der Euphorie eines Kleinkinds springt er auf und winkt mir zu. Wie so oft: Die Wege zweier gleichgesinnter Nomaden kreuzen sich auf dem Weg nach irgendwo; niemals werden sie sich wiedersehen, aber das ist auch völlig okay.

Auf dem Busrücken in eine malerische Landschaft brausen. Links die türkisblaue Bandasee, rechts ragen die Berge Feto und Mane hinter neongelben Reisfeldern empor. *»Get into the ark now, soon it will be to late – Jesus«*, diese Worte wurden in stattlicher Größe auf den Bus gesprüht, visualisiert durch das Bild einer wackelnden Arche auf stürmischer See. Das kommt hin – wir wackeln fortan durch badewannentiefe Löcher und sind zudem gut bestückt mit verschiedenen Spezies sowie Cargo. Bei jeder bedrohlich tief hängenden Stromleitung oder einem Palmendach rettet sich die gesamte *»Rooftop Party«* unisono in die Säuglingsstellung, was von meinem Nebenmann Amino mit einem *»OOH MY GOD!«* kommentiert wird. Dann wieder Gelächter – zumindest, bis wir die Bezirksgrenze passieren, wo unvermutet die Polizei winkt. Einer mit Stiernacken und aufgrund Platzmangel leicht nach vorn gewölbten Oberarmen schnauft auf uns zu und verharrt stoisch in der Bodybuilderpose. Salopp werden alle Dachpassagiere von der einen in die nächste Gefahrenzone beordert. Alle, die auch nur die Andeutung eines schelmischen Grinsens wagen, erhalten einen Schlag in den Magen. Frech daherkommen? Magenschlag! Amino entweicht ein *»OOH MY GOD«*, und jep, er kassiert dafür einen Magenschlag! Ich werde vom Magenboxen verschont, schlechte Publicity hilft Osttimor dieser Tage kaum weiter. Unser Fahrer wird getadelt: Auf dem Dach mitzufahren, sei strikt verboten, zu viele fatale Unfälle seien letztes Jahr registriert worden. Eine Geldbuße für den Rest der Angeklagten scheitert aufgrund von Geldmangel. Daher werden die Sünder in Reih und Glied beordert – der Kommandant befiehlt 50 Liegestütze. Ich wate hinüber und mache mit, schlussendlich bin ich mitschuldig. Die Lage entspannt sich, uns werden zwei Lösungswege angeboten: Die Hälfte der Leute wartet auf den nächsten Bus, der komme vielleicht morgen. Oder es quetschen sich eben alle irgendwie hinein. Nachdem sich 37 Fahrgäste auf die 20 Sitzplätze verteilt haben, geht es weiter. Zur allgemeinen Erheiterung dreht der Fahrer nun Latinobässe auf Konzertlautstärke. Amino, mein treuer Nachbar, mit dem ich mir einen Sack Reis als Sitz teile, schreit mir ins Ohr, und ich schreie zurück. Fünf Minuten lang entsteht so etwas wie eine Konversation, bis wir letzten Endes stumm dahinsiechen in einem Meer aus Dezibel.

Los Palos. Ich toure entlang abgerissener Häuserskelette, zurückerobert von einer florierenden Vegetation, weiter zum vermeintlichen Markenzeichen der Region: einem alten Uma Lulik, das allem Anschein nach bald auseinanderfallen wird. Ich raste etwas ratlos vor einer Statue regionaler Wichtigkeit. Was tun im östlichsten Bezirk des Landes? Im einzigen Restaurant des Dorfs erkundige ich mich nach den Sehenswürdigkeiten. Fijay hat Zeit und ein Motorrad, wir verabreden uns für morgen, um gemeinsam durch die Vororte zu ziehen. Der Tag verspricht kaum unverhoffte Highlights. Auch meine Hoffnung, Osttimors Nationalsymbol in natura zu sehen, schwindet zunehmend: Faktisch alle Reliquienhäuser von Los Pablos wurden von den indonesischen Invasoren verbrannt und aufgrund fehlender Einkommen der Kommunen nicht wiedererrichtet. Zum Trost besuchen wir die im Dschungel versteckte Schnapsbrennerei. Osttimor müsse die alten Werte neu definieren, findet Fijay. Auf die Regierung sei kein Verlass,

»Kollega, ba nebe?«

sie müssten sich gegenseitig helfen. Ergo auf Gemeinschaft basierende Agrarkultur und Tourismus, und als Nische: auf Gemeinschaft basierendes Destillieren. Fijay ist ein Weiterer im Bunde der Gebildeten, der nach dem Studium arbeitslos ins Heimatdorf zurückgekehrt ist, um beim Reisanbau mitzuhelfen. Die Kosten für die Universität sind eine riskante Investition in die Zukunft der gesamten Familie. Wir dümpeln noch etwas durch die idyllische Umgebung, bis sich mein mulmiges Gefühl bestätigt: Ich habe Osttimor durchschaut. Zurück zu meiner Lieblingsbeschäftigung: Beim Kaffee gesellt sich Aghe zu mir an den Tisch. Er schwärmt von Europa, von Berlin, von London. Da war er noch nie. Dort gelte doch »*Time is money*«? Das höre sich genial an. In Osttimor hätten sie jede Menge Zeit – aber kein Geld.

Temporäre Basis in Indo-Bali. Lediglich zwei Flugstunden vom ökonomischen Chaos entfernt liegt das universelle Synonym für »Komfortzone«. Ein osttimoresischer Taxifahrer bringt mich nach Sanur. Ich schlürfe ein Bierchen und wälze mich durch die vielversprechende Speisekarte. Livemusik unterstreicht das Ambiente aus Kerzen, aufgeweckten Kellnern und zeitgemäßer Architektur. Dann kommt es über mich, und ich muss weinen. Der Kontrast ist zu grausam. Meine Gedanken kreisen nach wie vor um die Erfahrungen in einem der jüngsten Länder der Welt, wo jeglicher Aufschwung im Sinne des Betrachters liegt. Es gibt Orte, denen wir erst spät Gerechtigkeit widerfahren lassen, vielleicht sogar erst, wenn wir sie verlassen. Die Identität Osttimors pulsiert sowohl in der Überlebenskunst als auch im Wandel seiner Gesellschaft. Eine Nation, die den Besuchern mit nachhallendem Stolz und einer grenzenlosen Gastfreundlichkeit imponiert.

Philippinen

Oktober 2018 bis heute

»Das Paradies« – Parabel für die erlösende Wende, das gesellschaftliche Upgrade oder Hookers und Schirmchendrinks am Wonnestrand. Diese Episode aus Fernost demaskiert die Schuldigen und erzählt von den Paradiesen, die wir zwar jagen, aber allzu selten finden. Dabei soll niemand auf die abwegige Idee kommen, hier einen Reiseführer ins Glück zu erwarten. Den Schlüssel mit der Aufschrift »Paradies« schmiedet sich ein jeder selbst.

Das lustige Masskara-Fest in Bacolod.

Manila
(Teil 1)

Gebeutelt von Malaria und Buschabenteuern im märchenfremden Papua-Neuguinea flennt mein Reisegemüt. Es sehnt sich nach der Hülle und Fülle originell zubereiteter Speisen, nach den Chauffeuren frisch duftender Automobile, die an jeder Ecke auf einen eintrudelnden GPS-Standort warten, vielleicht ein weiches Kissen mit üppiger Privatsphäre rundherum – schlichten Komfort eben, einer Pause von Lastwagen mit querverlegten Brettern zum Sitzen, seuchenfeisten Mücken und Kübelduschen zwischen Hühner- und Schweinestall. Dabei war mir keineswegs bewusst, dass mich die vermeintlich rettende Boeing direkt vor den »Pforten zur Hölle« absetzen würde. Thriller-Autor Dan Brown mag mit seinem Manila-Resümee in *Inferno* etwas provozieren, doch ist seine Fiktion von der schnöden Realität nicht weit entfernt.

Ein feines Städtchen à la San Francisco mit üppigen Parkanlagen und idyllischer Uferpromenade hatte sich Daniel Hudson Burnham vor knapp 100 Jahren ausgemalt, als ihn die *U.S. Philippine Commission* mit der Planung Manilas beauftragte – aber dann ging alles schief. Wer ist schuld am Dilemma? Die missionierenden Kolonialherren aus Spanien? Die geopolitische Unterjochung durch die Amis? Die bombenden Japaner? Die fleißig investierenden Chinesen? Moralisch verdorbene Politiker? Schlussendlich haben sie alle etwas zum Schlamassel beigetragen. Auf jedem Quadratkilometer stei-

Die Pforten zur Hölle?

ler Bauwut und behelfsmäßiger Ghettos wuseln an die 50.000 Filipinos plus unzählige Ratten, so groß wie Katzen. Und jeden Tag kommen weitere Glücksjäger aus den Provinzen und schnorren nach Raum. Eine urbane Katastrophe, bei der jeder Ingenieur mit etwas Taktgefühl und Sinn für Ästhetik eine gigantische Abrissbirne herbeisehnt und neu anfängt. Metro Manila pendelt zwischen Armut und Reichtum, Mangel und Überfluss, vorbeigleitenden Porsches und Eltern, die ihre minderjährigen Kinder zwecks Prostitution vermieten. Im Herzen steht die noble Kirche, die alle irgendwann von ihren Sünden erlösen wird, während der schwermütige Moloch mit dem Engagement eines Taifuns fröhlich weiter seine Opfer verschlingt. Aber selbst auf den Brettern solcher Bühnen führt der Himmel hin und wieder seine Wunder auf. Überall schießen Fachschulen, Vermittler und Personalbüros aus dem Boden, um kontinuierlich bestens ausgebildete Krankenschwestern, Hausangestellte, Nannys, Seeleute und Küchenjungen ins Ausland zu schieben. Die prekäre Situation auf dem inländischen Arbeitsmarkt fördert zwar auch die Kreativität der Entrepreneurs ländlicherer Gebiete, wo sich niemand zu schade ist, nach der Nadel im Heuhaufen zu suchen. Wer jedoch auf dem Land verarmt, fordert die Bestie heraus. Zehn Millionen Pinoys (zehn Prozent der Bevölkerung) sind derzeit auf der Hatz nach einer verheißungsvolleren Währung, um sie nach Hause zu überweisen. Sie sind die *bagong bayani* – die »neuen Helden« der Nation, verstreut von der Antarktis bis nach Saudi-Arabien.

Das erfolgreichste Exportgut der Philippinen sind ihre Menschen, die aufopfernd ihre Familien und ganze Dörfer am Leben erhalten. »Für viele führt der Weg aus der Armut nur über das Ausland, als Crew-Mitglied auf einem Kreuzfahrt- oder Frachtschiff«, erzählt der junge Alejandro, der zusammen mit 6.000 anderen zwischen Grabsteinen und Mausoleen auf dem Friedhof El Norte lebt. Bald wird er die Matrosenausbildung abschließen und in See stechen. Der 37-jährige Neil berichtet von seinen drei Auslandsjahren in Saudi-Arabien, wo er als Lehrer umgerechnet 70.000 PHP (rund 1.240 Euro) pro Monat verdient hat – der hohe Lohn rechtfertige selbst die Gefahr, (sexuell) genötigt und lebendig in der Wüste begraben zu werden.

Die Mittelschicht hier wächst rasant, und anlässlich der erschwinglichen Anzahlungen bei Leasingverträgen schwellen auch die Neuzulassungen an. Wer könnte den Filipinos das Komfort-Upgrade verübeln – sie haben ihr halbes Lebens wie Ölsardinen in Jeepneys, Sammelmetros, Sammelmotorrädern, Sammelrikschas, Sammelkombis oder Sammel-Was-auch-immers eingequetscht verbracht. Bestimmt gehen in der Millionenstadt alltäglich kleine Träume in Erfüllung, wie der Erwerb einer Klimaanlage auf Raten, ein satter Gewinn beim Taubenrennen oder der Arbeitsantritt als Telefonberater in einem der wuchernden Callcenter, die just Indiens Bangalore zahlenmäßig abgehängt haben. Es gibt dermaßen viele, dass die Armada aus philippinischen *call agents* lediglich 24 Stunden benötigen würde, um die gesamte Weltbevölkerung telefonisch über das Credo *»It's More Fun in the Philippines«* zu informieren.

Das Rennen auf einen Platz im Bauch der Jeepneys

Die üppigen Spaziergänge durch die Schlünde der Barangays, der Viertel, bestätigen meine Vermutung: Die Heimat dieses touristischen Schlachtrufs liegt fernab von lebensfeindlichen Abgasen, kahlem Gestrüpp im CO2-Schlussverkauf, Shopping Malls und abgemarterten Seitengassen, versteckt im toten Winkel der Habgier von Jollybee, Greenwich und Chowking, welche Abermillionen von Sparsamen mit industrialisiertem Food penetrieren. Wahrscheinlich irgendwo nahe der 36.000 Küstenkilometer. Vielleicht in Palawan?

Visayas Inselgruppe

Friedvoll gondeln die verwitterten Banca-Boote die Ufer entlang, als hätten sie nie etwas anderes vorgehabt, als friedvoll die Ufer entlangzugondeln. Die Luft schmeckt nach verdunstetem Ozean. Auch mich tauen sie auf, El Nido und Coron entschlacken meine Rastlosigkeit und entführen mich in den erlauchten Kreis der Genießer. Der Tourismus wütet erst seit circa zehn Jahren in der Gegend, vergleichsweise wenige Einheimische wurden bis dato von den aufkommenden Hotelanlagen aus ihren kleinen Strandparadiesen verdrängt. Die westlichen Etablissements halten sich (noch) in Grenzen. Bisweilen fehlt mir die Kraft zur harten, stringenten Konzentration auf die eigenen Gedanken, so renne ich eben spaßigen Aktivitäten hinterher. Die Folgewochen vergehen mit Wracktauchen, mit dem Cruisen auf dem Motorrad durchs ursprüngliche Hinterland und mit Zelten auf kaum besiedelten Vorinseln, umgeben von kristallklarem Wasser.

Auch hier saugen einen die Mücken leer, aber die wenigsten übertragen dabei fatale Parasiten. Dann wieder fläze ich mich in der wohltuenden Nähe hexender Baristas, IPAs und immigrierter Köche mit ihren vertrauten Rezepten. Shawarma und Pizza napoletana! Und urplötzlich: das belebende Smile eines Fremden. Wie angeworfen, fühle ich wieder. Erinnerungen aus den jüngsten Monaten überkommen mich wie im Rausch. Groteske Düfte verschmelzen mit flüchtigen Kameradschaften und dem Herzklopfen während masochistischer Abenteuer. Kritiklos lasse ich alles und jeden Revue passieren, lehne mich zurück ins Jetzt und spüre diese inszenierte Gewissheit, diesen ultimativen Trumpf des Nomadentums. Darf ich Privilegierter doch kurzfristig über eine Flucht aus jeglicher Misere entscheiden. Ich kann, sofern ich mag, den Unterschlupf vergleichbar oft wechseln wie meine Unterwäsche (soweit total in Balance), wandeln zwischen der abgeschiedenen Heimat von Jägern und Sammlern, geheimnisvollen Inselreichen oder den Citys eines florierenden Orients. Und es wird mir einmal mehr bewusst, dass mich weder das Stadt- noch das Inselleben per se besänftigt, sondern deren Wechselwirkung. Hänge ich zu lange auf Inseln ab, muss ich über kurz oder lang in eine Stadt ziehen, um wieder von diesen Pseudoparadiesen träumen zu können. Gerade dieses Land eröffnet da ungeahnte Möglichkeiten. Einfach den Lohnüber-

Die Ikone der philippinischen Seefahrernation: die »Banca«

schuss einiger Jahre, bestenfalls erspart in Dollar, Franken, Euro, Rubel oder Pfund auf die Seite legen und im Alter von 35+ Jahren ein Pensionsvisum oder ein Investorenvisum in den Philippinen beantragen. Bei einer moderaten Liegenschaftsrendite aus Kummerhausen plus ebenso moderatem Reservebatzen auf dem Konto heißt der Staat einen langfristig willkommen: »*Here's your recidency card. Thanks for staying with us, sir!*« Finanzstarke Immigranten schwirren längst in die Entwicklungsländer und nennen sich fortan »*expats*«, weil sie sich damit absetzen können von »*immigrants*«. Zusammen mit den Abtrünnigen, Pensionären sowie der neuen Spezies des Nomado sapiens transferieren sie das Ersparte vom Morgen- ins Abendland. Romantisiert betrachtet, kommt dabei kaum jemand zu kurz. Nennen wir die Randgruppe daher »moderne Kolonialisten mit Sinn für Fairtrade« – schlussendlich sind auch meine knappen Honorare aus Fotoreportagen in Canadian, US oder Singapore Dollars, Schweizer Franken, Euro, ja selbst im wankenden Pfund Sterling hier bestens aufgehoben – in den Händen eines prosperierenden Volkes. Mal abgesehen von ein paar »Ausbeutern«, die sich hier ein Königsleben mit Vollzeithaushälterin(nen) und Hundeausführern leisten, da sie es nicht in New York, Zürich oder Schanghai hinkriegen, geht es den wenigsten ums Prestige, vielmehr um einen routinelosen Alltag, die Selbstbestimmung über die eigene Zeit und einem Gefühl von »pudelwohl«. Weniger Arbeit, dafür alles vom Leben. Oder: Nicht unser Besitz, sondern unsere Erlebnisse machen uns reich, meinen die Traumtänzer.

»*Jingle all the way, Oh what fun it is to ride*«, trällert es aus dem Küchenradio, und das Personal des kleinen Cafés geht dazu dermaßen steil, als wäre der Nikolaus höchstpersönlich mit der Rute im Anschlag unter den Gästen. Asiaten, die bereits Anfang Oktober Weihnachten zelebrieren und zu 30 Grad im Schatten von Holzschlitten, Glocken und Schnee singen, waren mir schon immer suspekt. Obschon der Löwenanteil der Filipinos

Kitschiger Sonnenuntergang in der Visayas-Region

die Weihnachtszeit mit dem geselligen Familientürk gleichsetzt, lassen sich beängstigend viele von den Irrlichtern des Konsums blenden.

Gammeln und den internationalen Status quo recherchieren: Wie gehts meinen Leuten da draußen? Was ist mit der Mauer zwischen Amiland und den Mexikanern? Wie reagieren die gewaltfreundlichen Melanesier in Papua-Neuguinea auf den Einkauf von 40 Maseratis für den Besuch der APEC-Delegierten? (Korrekt, es endete mit Plünderei und Brandstiftungen.) Und wie läufts bei uns zu Hause mit der Hornkuh-Initiative? (Schweizer Bauern fordern vom Staat circa 15 Millionen Franken für die »Hörner-Hilfe«, damit wieder mehr Kühe Hörner tragen dürfen. Die Initiative ist knapp gescheitert.) Beim Scrollen durch inländische Neuigkeiten muss ich grinsen: Ein Social-Media-Clip zeigt den Herrn Rodrigo Duterte, wie er nach einer Rede durch die Hauptstadt geschoben wird, majestätisch winkend, hin und wieder dem Volke ein gebrauchtes Schweißtuch zuwerfend (mehr Schweißtücher zum Werfen liegen griffbereit auf einem Haufen nebenan). Dazu die Hymne »Für echte Veränderung« des Kollegen Freddie Aguilar, eines gepriesener Schlagersängers, der im Alter von 60 Jahren zum Islam konvertierte, damit er seine 16-jährige Freundin heiraten durfte. Es bleibt heiter in Absurdistan. Erkundige ich mich bei der intellektuellen Schicht, ist Rodrigo halb vulgärer Clown, halb Macho-Haudegen, einer, der zum Wohle des Volkes wortwörtlich über Leichenberge geht. Frage ich die Erwerbsarmen, ist er der langersehnte Messias, der das Land mit hartem Kurs aus Anarchie, Drogensumpf und Korruption rettet. Die Nation hat ihm freilich einiges zu verdanken: unter anderem an die 30.000 tote Drogendealer, tote Verdächtige, tote Unschuldige, »gesäuberte« Metropolen und die provisorische Schließung von Boracay, der ersten Insel, die offiziell dem Fremdenverkehr des 21. Jahrhunderts erlag. Es wird gemunkelt, dass Boracays Strand flauschiger und das Wasser durchsichtiger sei als anderswo, daher wird der Sandhaufen seit den 80er-

Jahren in den Katalogen dieser Welt als Inbegriff von Ferien propagiert. Doch dann die Guillotine: die Kür zur Insel des Jahres durch irgendein Reisemagazin. Zack, wollen zwei Millionen Touristen jährlich die 3,98 Quadratkilometer sehen. Glücklicherweise gibt es noch 7.639 andere »Nicht-Mainstream-Inseln«: Einen Monat lang durchschweife ich mit der Leichtigkeit eines Filipino die Visayas-Inseln, toure durch Negros Oriental, Cebu, Siquijor und Bohol – von der ruhigen Westenküste zur wilden Ostenküste des Archipels.

Siargao
(Teil 1)

Kurz nach der Ausstrahlung der gleichnamigen Surfromanze wurde Siargao von einem anderen Reisemagazin zur geilsten Insel Asiens gekürt. Wie solch eine Ehre zustande kommt? Da müsste ja jemand geschätzte 30.000 Inseln im Morgenland (davon allein 7.640 auf den Philippinen) akribisch bewerten. Wahrscheinlich eine Art Win-win-Situation zwischen Politikern und Publishern. Zum Höhenflug verhalf der Insel a priori die Welle »Cloud 9« – dem entspricht die deutsche Redewendung »auf Wolke sieben schweben« –; sie mauserte sich in weniger als einem Jahrzehnt nach ihrer Entdeckung zum *»Must-surf«*. Für jetzt gilt: es ist ein Paradies im Wandel, aber die Bredouille im ausgelaugten Bali, auf Mallorca oder bei den Nachbarn in Boracay deutet stark auf: »Bitte lesen Sie endlich die verdammte Verpackungsbeilage.« Im vergangenen Jahr wurden weit über 200 neue Geschäftslizenzen beantragt, lange schon geben die Einheimischen ihre Ländereien an den Höchstbietenden ab und schauen zu, wie sie sukzessive alle herbeischwirren: die professionellen Surfer, Hippies, Yogis, Rucksacktouristen, Coke, Koks, Transvestiten und Dragqueens, *Digital Nomads,* die *Ten-best-things-to-do-in-...*-Reiseblogger und narzisstischen *Vlogger,* Drohnen, die schlechten Surfer (gefilmt von Drohnen), die Israelis, Investoren, die kreischenden Kreissägen, Island Hopping Tours, die mit den Thai-Elefantenhosen, Scooterverleiher, Full-Moon-Partys, die alkoholblöden Scooter-Fahrer, Influencer mit Selfie-Sticks, die Hashtags #paradise #wanderlust #selfieoftheday, die wacker Beeinflussten mit Selfie-Sticks, *Flashpacker* und *Glampers, Jollybee, Hookers,* Bierbauch-Daddys, die Drogenpolizei, Architekten aus Manila, Bananenboote, die Multi-Passagier-Bar-Velos, die südkoreanischen und chinesischen Reisebusse – Schnitt, so weit zum heutigen Stand –; hernach doppelstöckige Casinos, ambulante Masseurinnen, der internationale Flughafen mit zwei Direktverbindungen Peking–Siargao täglich, eine Shopping Mall, ein Kreuzfahrtschiffterminal, mehr südkoreanische und chinesische Reisebusse, verbitterte Stadtplaner und zu guter Letzt Dan Brown.

Bekanntlich macht die Dosis das Gift. In der Retroperspektive betrachtet, trennt ein auserkorenes Paradies erfahrungsgemäß eine knappe Dekade von seinem Inferno. Allmächtiger, erbarme dich Klein-Siargaos! Milchstraße und

Sternschnuppen am Himmelszelt wiederum stimulieren das Gemüt, keine Lichtverschmutzung hindert sie bis dato daran. Falls, wie heute, Neumond ist, darf man sich zudem das Getrommel der Ahnen vorstellen, die mit Töpfen, Pfannen und antiken Schlaginstrumenten apathisch nach dem »*Moon Eater*« Bakunawa rufen, dem schlängelnden Monsterdrachen, der über die Gezeiten bestimmt. Soll er endlich diesen vermaledeiten Mond ausspucken! Als eine spanische Karacke vor einem halben Millennium vor Siargao vor Anker geht und eine Horde Priester ausspuckt, tauft man die Insel nach langatmigen Diskussionen doch lieber »Isla de las Palmas«. Und Bakunawa wird umgehend zum Satan degradiert. Bei der Abreise, so wage ich zu vermuten, illustriert der angetrunkene Kartograf die raue See und zeichnet einen sich windenden Drachen, eine Schatztruhe und ein paar quälend schöne Sirenen neben die Palmeninsel. Faktisch wird man lange nichts von den Spaniern hören in der Region, und außer *lechón* (Spanferkel) und die ins Tagalog übersetzte Bibel scheint wenig zu gedeihen. Ein paar spanische Worte haben es auch in die Gegenwart geschafft, solche, die den Einheimischen damals fehlten. Dabei ist zu beachten, dass es im lokalen Dialekt Surigaonun weder eine Zukunftsform noch Wörter für unnütze oder inexistente Sachen gab wie *trabajo, lunes, martes etc., cuchara, pantalones, basura.* Erneut kommt der Abendländer und erzählt dem Morgenländer, was richtig und was falsch ist. Bei der Ankunft des Kapitäns Bernardo de la Torre war für die philippinischen Lebemenschen »Arbeit« neu, und Wochentage brauchten sie nun eigentlich nur, um diese neue »Errungenschaft« einzuteilen – es konnte ja nicht jeder Tag ein Sonntag sein. Zur Arbeit trägt man neuerdings Hosen, und zum Essen benutzt man bitteschön den Löffel. Soweit alles okay, aber auch *basura* (Müll) ist ein nicht angefordertes Importgut aus Übersee. Man vergisst das gern, wenn man Asien (oder eben auch Afrika) während der ausgiebigen Siesta vorwirft, desaströs zugemüllt zu sein. Höchste Zeit, aufzuwachen! Coca Cola, Nestlé, Mondelez, Colgate, Unilever, Procter & Gamble *(you buy it, you name it)* schielen auf die Marge und wollen genauso gern Schildkröten und Ozeane retten, wie ich einen Tag ohne Kaffee verbringen will. *#Wearefucked.* Falls der Dude nebenan wieder mal sein Plastikhäufchen über Nacht verbrennt, heißt das höchstwahrscheinlich, dass seine Regierung aufgrund der Staatsdefizite und anderer Brennherde wie Überbevölkerung, Kriminalität, Jobs und Bildung noch nicht dazu gekommen ist, die Kehrichtabfuhr vorbeizuschicken. (Und als Fußnote: Solange es sich eine Organisation wie *National Geographic* erlaubt, die wachrüttelnde *Planet or Plastic*-Ausgabe eingeschweißt im Plastikbeutel an ihre Millionenkundschaft zu schicken, steht es sowieso beschissen um das Nachhaltigkeitsdenken des Westens.)

Später schwappt gut ein Jahrhundert lang die Amerikanisierung über die Philippinen hinweg, und aus »ich gehe kurz etwas tauschen« wird endgültig »*Magsya-shopping ako sa mall mámayâ*« (*Tanglish,* der prominente Mix aus Tagalog und Englisch) – quasi: »ich verschwinde stundenlang im Einkaufszentrum, bis ich mir vor lauter Shopping die Gelenke ausgerenkt habe«. Der kühnste Schachzug von Asiens Shopping Malls waren ursprünglich nicht der Produktemix, sondern die Klimaanlagen. Für die Einwohner Manilas ist die Mall ein Paradies inmitten des stickigen Chaos und wie geschaffen für einen ausgedehnten Spaziergang bei angenehmen 15 Grad. *Tant pis* – im Westen wollen sie rein, wenns draußen kalt ist, und im Osten, wenns draußen heiß ist.

Die natürliche Schönheit von Siargao bewegt so manchen Besucher, auf der Insel zu bleiben.

Siargao, eigentlich das Refugium von Kobras, Fischern und Gärtnern, macht mehr und mehr Platz für die Spielplätze der Spaßgesellschaft. Doch auf den wachsenden Allerweltskomfort antwortet die Authentizität der heimischen Surfergilde, der Kampfgockelzüchter, der unter Palmdächer Hockenden mit Stand-by, also Abwarten – sie sind allesamt genügsame Lebemenschen, die es nicht eilig haben mit dem Fortschritt. Volle Kanne Kontrast, der zum Verweilen einlädt – wäre da nicht der wichtigste Nationalsport: »Budots«, zu übersetzen mit »tanzen mit unvorhersehbaren Bewegungen zum Krieg zwischen Bass und den höchstmöglichen Audiofrequenzen«. Auch die von morgens bis abends laufenden Karaokemaschinen nerven. Vor ein paar Tagen hat es wieder einen erwischt. Augenzeugen aus dem Barangay Catangnan berichten: es vergriff sich jemand am Lieblingslied des anderen, bis ihn diverse Stiche mit einer zertrümmerten Flasche zur Vernunft brachten. Ob der offiziell tödlichste Song der Philippinen verantwortlich war, Frank Sinatras »My Way« (dafür einfach mal »My Way Killings« googeln), bleibt ungeklärt, ist aber denkbar. Seufz! Waren die Filipinos doch über Generationen hinweg gewillt, für die auf dem Balkon schmachtende Geliebte eine Serenade zu singen – *»Harana«*, die Tradition der Ständchen, des charmeurhaften Bezirzens frei nach *Romeo und Julia*, hat, wie viele andere antiquierte Bräuche, den Kampf gegen Karaoke und Youtube verloren.

Zwei unvergessliche Monate lang verweile ich in Siargao, reite morgens auf Babywellen unberührte Palmwälder und jungfräuliche Strände entlang. Purzle darauf wieder durch die großen Wellen und frage mich, wieso ich mir das eigentlich antue. Tagsüber vergrabe ich mich in *Bean Bags*, schaukle in Hängematten und rocke danach das Nachtleben, als wäre ich eben erst volljährig geworden – nur ohne die Kotzerei. *#Besttimeever.*

Siargao lehrt mich, die Kür vor die Pflicht zu stellen. Zumindest vergaß ich kurzfristig das Reisen, Fotografieren und Schreiben und konnte mir irgendwann nicht mehr vorstellen, diese magische Siedlung der Geselligkeit und Nächstenliebe wieder zu verlassen, um mit anderen Orten fremdzugehen. Mit Schwung zerschnitten innige Freundschaften den roten Faden, an dem ich mich die letzten Jahre orientiert hatte. Ja, es war knapp. Selbst die Erinnerung an die vagen Zukunftspläne verblasste langsam. Die Quintessenz im Stile eines Paukenschlags: Wer nach dem Paradies fahndet, begnügt sich schlussendlich auch mit einer Fata Morgana; die wirkliche Oase ist die unmittelbare Nähe zu Menschen, die einem wichtig sind. Und noch ein Tipp von mir: Wurde ein Ort offiziell zum *Secret Spot* oder *Hidden Gem/ Beach* geadelt, dann stirbt er wenig später.

Leyte

Unweit von Siargao, im Herzen des Visayas-Archipels, wohnt der Onkel einer Freundin. Der 67-jährige Ernie Gaylo ist Vater eines halben Dutzends Kinder und hat sein ganzes

Leben dem Goldabbau gewidmet. Während des hiesigen Goldrauschs in den 70er-Jahren stieg er sich von der Position eines einfachen Arbeiters zum Kartografen für ausländische Bergbauunternehmen auf. Die philippinische Rente reicht kaum aus, um eine größere Familie zu ernähren, somit sieht sich Ernie gezwungen, sein Metier trotz Ruhestand wiederzubeleben – heute in der Funktion eines Landbesitzers, Finanziers und Supervisors. Für eine gute Woche gewährt mir der fürsorgliche Vater Unterschlupf, sodass vielleicht auch ich etwas Unterwassergold schürfen kann.

Bewacht vom erloschenen Cabalían-Vulkan entfaltet sich ein ursprüngliches Süd-Leyte, dessen fruchtbare Küstenlandschaft jeder nutzen kann. Heimische Fischer holen Netze voller Beute ein, Touristen stellen einer gesunden Population an Walhaien nach, und zwischen Seetang und Geröll tauchen die Goldschürfer von Pinut-an mittels Retro-Tauchausrüstung nach ein paar Milligramm Unterwassergold. Der verträumte Weiler Pinut-an entwickelte sich über Jahrhunderte hinweg zaghaft zu einem Hotspot der Goldförderung – nein, nicht mittels einer kolossalen Walze, die fauchend Erzbrocken abtransportiert, die Realsatire sieht ganz anders aus: Kokosnussschalen zum Schaufeln, indigene Taucherbrillen, taubstumme Goldtaucher und mit Pressluft schießende Schläuche.

Viele der immigrierten Schürfer haben indes ihre behelfsmäßigen Behausungen direkt an der Brandung erbaut, von wo aus sie tagein, tagaus einer der sechs Goldadern bis auf den Meeresboden folgen. Die illegale Goldgräberei ist ein ziemlich offenes Geheimnis in der Gegend und hat bereits Generationen von kleingewerblichen Schürfern überdauert. Aber

Das verbleibende Gold-Potenzial ist ungewiss, vielleicht reicht es noch einige Jahre, vielleicht nicht. Die Goldschürfer von Pinut-an sind sich der unsicheren Zukunft bewusst, viele schielen bereits nach einer neuen Berufungen in der Fischerei oder der Landwirtschaft.

Pinut-ans Schürfer sind sich der weniger goldigen Zukunft durchaus bewusst, das hochgradige Erz neigt sich dem Ende zu.

Morgenstund hat Gold im Mund: Sobald sich die See und ihre Strö-

Der 29-jährige Petro (links) und sein Kollege entwirren das Chaos aus Schläuchen nach einem Tauchgang. Kompressoren nutzen die Goldtaucher erst seit wenigen Jahren, zuvor sind sie direkt von kleinen Holzbooten ins Meer getaucht.

Der in Pinut-an geborene Petro entwirrt das Durcheinander von Schläuchen, bevor er seinen eigenen fängt und sich den Gewichtsgurt umschnallt.

Der taubstumme Manang rüstet die Säcke, die er später mit Sand vom Meeresgrund füllen wird. Seine Ausrüstung besteht aus einer Kokosnuss-Schale zum Schaufeln, ein Gewichtsgürtel (in Lumpen gewickelte Steine) und einer traditionellen »Antepara«, eine Taucherbrille aus Teakholz.

Der 52-jährige Junel (gelbes T-Shirt) und sein Kollege Tante arbeiten zusammen in Pinut-an, seit sie Teenager sind. Zusammen führen sie den frisch ertauchten Goldsand über die Goldwaschrinne.

mungen beruhigt haben, herrscht reger Betrieb an den Ufern von Pinut-an. Wenn die ersten Sonnenstrahlen den kieseligen Strand erhellen, schwärmen die Frühaufsteher aus ihren Bretterverschlägen, um Waschrinnen aufzubauen und ihr Equipment zu kontrollieren: Helm, improvisierter Gewichtsgürtel, Kokosnussschale zum Schürfen und gebastelte *Antipara* (Taucherbrillen aus Holz). Ein paar Exoten tragen behelfsmäßig zusammengeflickte Flossen, um der Nachmittagsflut standzuhalten.

Aus gesundheitlichen Gründen sollte eine Schicht unter Wasser nicht länger als zwei Stunden dauern, aber die meisten Kumpel arbeiten bis zur Erschöpfung oder bis die Strömung sie fast wegdriftet. Angefeuert von einem stöhnenden Kompressor prüft der 58-jährige Goldschürfer Saber den Druck seines Schlauchs. Jede seiner intuitiven Bewegungen erzählt von seinen neun Jahren als Goldtaucher. Die Furchen in seinem Gesicht – Zeichen des Alters oder Spuren der Kämpfe mit Brechstangen und Gesteinsbrocken – verraten indes viel über diesen Typen, der in seiner Unterwasserkarriere schon jedes Gefühl erlebt haben muss. Er hat ein Jesustattoo auf seiner Stirn, das ihn unter Wasser vor Unheil bewahren soll, betet das Vaterunser und macht das christliche Kreuzzeichen auf seiner Brust – er ist bereit für seine Schicht. Während Saber taucht, beißt er mit einer Mundseite auf das Ende des Schlauches und verschiebt den Unterkiefer mit asketischer Grazie, wann immer er ein paar Milliliter Sauerstoff einatmen will, und blubbert letztlich den unnötigen Stickstoff durch die andere Mundseite wieder aus. Ungeschickt tue ich es ihm gleich, dabei

Der Autor bereitet sich auf den Tauchgang mit Saber vor.

Saber zieht sich elegant am Seil entlang, es führt ihn in 15 Meter Tiefe, wo er die letzte Tage mit Kokosnussschalen Goldsand geschürft hat.

Um den Goldsand an den Strand zu befördern, wuchtet Saber die vollen Säcke zuerst in eine monströse Schüssel. Geübt schätzt er das Gewicht seiner Ladung und pumpt dann eine äquivalente Menge Sauerstoff in die mitgebrachten Trommeln, welche mitsamt der Ladung langsam zu schweben beginnt.

füllen sich abwechselnd meine Lungen oder die Holztaucherbrille mit Salzwasser. Versierte Goldtaucher wie Saber haben sich über die Jahre angewöhnt, unter Wasser zu essen, um länger am Stück arbeiten zu können. Auf der Speisekarte stehen Meeresfrüchte wie Seeigel, frische Venusmuscheln oder jegliches *kinilaw* (Tagalog für »roh gegessen«). An der Oberfläche lässt sich goldhaltiger Quarz leicht aufspüren, weil die glitzernd-gelbliche Farbe ihn verrät, aber die Sichtbarkeit unter Wasser ist mitunter sehr schlecht, daher behelfen sich die Goldtaucher mit einem genialen Trick: Sie hämmern oder stechen zuerst eine Probe aus dem Gestein, in dem sie Gold vermuten, und reiben dann die Kiesel nahe ihrer Ohren aneinander. Der spezifische Klang des Materials verrät ihnen, wie nah sie am Erz dran sind. Heute birgt Saber sackweise Sand mit relativ hohem Goldgehalt, den er in den vergangenen Tagen mithilfe seiner Kokosnussschälchen geschöpft hat. Sein Fund liegt in der Nähe des Grundgesteins und resultiert aus Erosion sowie kontinuierlich rollenden Wellen von Ebbe und Flut. »Der Ozean«, so romantisiert es Ernie Gaylo, »ist ein natürliches Mahlwerk.«

Saber zieht sich elegant am Seil entlang, es führt ihn in 15 Meter in die Tiefe, vorbei am taubstummen Kumpel Manang und ein paar sichtlich irritierten Fischen. Unweit von Sabers gehortetem Sand liegt auch der Eingang zu seinem Tunnel, in dessen senfgelbem Wasser er jahrelang auf Steine einhackte, bis er eines Tages keine Hochkaräter mehr fand. »Die Philippinen sind wahrscheinlich das einzige Land, in dem sogar Blinde und Gehörlose Gold schürfen können«, wird Ernie später scherzen. Mir wird plötzlich bewusst, wie

Im Vergleich zu vor 10 Jahren schwinden die Goldvorkommen von Pinut-an zunehmend. »Wir finden nach wie vor hochkarätiges Gold, aber die Kosten für die Bergung sind unverhältnismäßig hoch, weil wir immer tiefer graben müssen«, erzählt Ernie Gaylo.

tief wir tauchen – und ausgerechnet jetzt schießt der Druckluftschlauch aus meinem Mund. Ich verliere die Nerven, dann meinen Gürtel aus Steinen und tauche notgedrungen an die Wasseroberfläche. Aus der Nase blutend gebe ich zumindest für heute auf. Um den Goldsand an den Strand zu befördern, wuchtet Saber am Folgemorgen die vollen Säcke zuerst in eine monströse Schüssel. Geübt schätzt er auf dem Meeresgrund das Gewicht seiner Ladung und pumpt eine äquivalente Menge Sauerstoff in die mitgebrachten Trommeln, welche mitsamt der Ladung langsam zu schweben beginnen. Am nächsten Tag wird der Veteran seinen erbeuteten Sand über die Waschrinne laufen lassen, dann raffinieren und verkaufen. Aber es ist nicht alles Gold, was glänzt. Saber schätzt den Ertrag seiner zweiwöchigen Arbeit auf 9.000 Philippinische Pesos, circa 150 Euro – gerade genug, um ein paar Flaschen Tanduay beim Provinzkiosk zu kaufen, seine vierköpfige Familie zu ernähren und die Kinder zur Schule zu schicken. Saber, Ernie und der Rest der Kumpel brauchen physisches Gold zum Überleben – ein Phänomen der Moderne.

Cordilleras

Touchdown nahe Angeles City in Luzon, wo mich Gray und Miquel abholen. Rückblickend habe ich dem Paar, das ich in Siargao kennenlernte, einiges zu verdanken – unsere Ansichten sind weitgehend konform und frische Themen oft nachhaltig bereichernd. Erneut bin ich des klassischen Tourismus müde, aber ich komme nur schleppend in die Gänge bezüglich der Planung meiner vorerst letzten Reiseetappe in Südostasien. Dass man zum arroganten Reisesnob verkommen ist, ist eine schockierende Erkenntnis, genauso ätzend, wie sich nirgendwo mehr zu Hause zu fühlen. Ich bin radikal entwurzelt und mir gleichzeitig

Die Farben der Stobosa. Ein Künstlerprojekt mit etwa 150 bemalten Häusern in Baguio.

der sonderlichen Tatsache bewusst, dass ich die verschwenderischen Reisfelder, die pittoresken Wasserfälle und die halbwegs intakte Kultur mit bereits Erlebtem vergleichen werde. Gray und Miquel unterstützen mich in meiner kleinen Krise und gewähren mir für einen Monat Unterkunft im kühlen Baguio. Es regnet wochenlang – ein idealer Umstand, um an der ungewissen Zukunft zu feilen. Mal ehrlich, wie fühlt sich jemand, der nach fünf Jahren an der Uni für Weltbewusstsein graduiert und kurz davor ist, das Vagabundenleben aufzugeben? Überwältigt von der schieren Auswahl neuer Möglichkeiten und gleichermaßen der Hürden gewahr, schlittere ich unaufhaltsam in mein erstes Nomaden-Burn-out. »Jänu« sagen wir dazu in der Schweiz.

Baguio wächst unaufhaltsam in alle Himmelsrichtungen. Auch das war kaum absehbar, als die Amerikaner hier ihren Militärposten und später ein paar Sommerferienhäuser etablierten. Damals hieß der Provinzort Kafagway, was sich mit »ein großer offener Raum« übersetzen lässt. Aber die Zeit spielt ein übles Spiel mit dem einst verträumten Kaff, sein Schicksal erinnert an dasjenige von Vietnams Đà Lạt oder Indiens Darjeeling. Heute heizen die Leute hier Stoßstange an Stoßstange durch engste Bergstraßen, die den konfusen Richtungswechseln einer Achterbahn in nichts nachsteht. Regelmäßig stecke ich irgendwo im Verkehr fest und sinne über Dan Browns *Pforten zur Hölle* nach. Apropos Manila – gestern wurde der braunschwarze »*Black Nazarene*« für die jährliche Parade aus der Quiapo-Kirche geholt. Das Titelbild der heutigen Zeitung präsentiert ein Knäuel aus Millionen Leibern, das träge durch die Hauptstadt rollt. Übernatürliche Kraft wird der mexikanischen Reliquie des gekreuzigten Jesus nachgesagt, immerhin habe sie zwei lodernde Feuer, zwei Erdbeben, diverse Überschwemmungen, zahlreiche Taifune plus die Bomben des Zweiten Weltkriegs überlebt. Ob die Farbe des hölzernen Messias deshalb vom Idealbild abweicht, weiß niemand mehr so genau, an der Gratwanderung zwischen Hingabe und Fanatismus zweifelt hingegen niemand. Und falls doch, genügt ein Blick auf den Pulk kletternder und ellbogelnder Filipinos, die sich im Rausch jederzeit über den Haufen schießen würden, nur um einmal den hölzernen Leib Christi zu streicheln. Auch für Herrn Duterte wurde zu diesem Anlass fleißig gebetet, als Team werden sie das richten: der ambitiöse Chef renoviert das irdische Paradies, und »Blacky«, der Gesalbte, wacht über das Himmlische. Anscheinend haben sie hier im Morgenland noch nicht mitgekriegt, dass alle Religionen inzwischen abgewirtschaftet haben. Hier propagieren sie nach wie vor eine heilige Erlösung, die Flucht nach oben.

Die Sträßlein führen in Schleifen steile Hänge hinab und hinauf, Panoramen der philippinischen Kordilleren rauschen vorbei, es duftet töricht und lebenswichtig nach Abenteuer. Eintrudeln im romantischen Sagada und fläzend während der Regentage ausharren. Dabei gewinne ich bald eine neue Erkenntnis: ich bin ein halbes Jahrhundert zu spät. Im Familienmuseum, eigentlich ein »traditionelles« Speiserestaurant, entführen Masferres Schwarz-Weiß-Fotografien der Igorot in eine Vergangenheit, die völlig jenseits der Vorstellungskraft liegt. Ich werde bei farblosen Porträts von Urvölkern immer wehmütig. Das Glück der westlichen Pioniere, die dabei sein durften! Gab es doch so viel Neues zu entdecken: Wildnis, verstörende Totenrituale, Kopfjagd. Die Zeiten haben sich geändert, und vieles ist bereits verschwunden in der Remise der Nostalgie.

Jedes Mal, wenn meine Mutter mir die Geschichte erzählt, wie sie während ihrer Jugendzeit allein per Pferdegespann durch das pfefferminzgrüne Irland flanierte, leuchten ihre Augen. Ich sehe Abenteuer, Freiheit, Selbstentfaltung, Rebellion – komme, was wolle. Sie hatte bis dahin unbekannte Emotionen durchlebt, die weder durch gestellte Fotos noch Selfies befeuert wurden. Die Erfahrungen eines Menschen in exotischer Umgebung, absolut und rein. Meine Mutter zehrt bis heute davon. Hingegen tendieren Orte, einst magische oder historische Schauplätze, dank der digitalen Revolution dazu, allmählich zu verblassen. In den *good ol' days* mussten Reisende höchstpersönlich berichten, was sie gesehen hatten, mussten Gerüche und Geräusche beschreiben, allenfalls wurde eine Diashow mit verwackelten oder unscharfen Bildern gezeigt, um ein wenig fremdländischen Zauber nachzubilden.

Als ich vor fünf Jahren mit einem rostigen Van die Vereinigten Staaten durchquerte, landete ich unverhofft in Wyoming. Unweit der verschlafenen Autobahn lag ein archaischer Holzverhau, gezimmert von dem Mormonen Thomas Alma Moulton und seinen Söhnen. Alle hundert Meter machten Reklameschilder auf die Sensation aufmerksam – »Amerikas meistfotografierte Scheune«. Während all die Hinweise an mir vorbeischwappten, konnte mein Verstand plötzlich nicht mehr zwischen Fiktion und objektiver Realität unterscheiden. Der einstige Hort für Schweine, Pferde und ein paar Strohballen mutierte vor meinen Augen unwillkürlich zum »Must-see«, zum Sinnbild amerikanischer Geschichte. Dabei hatte mich niemand vorgewarnt, kein Tourguide, kein Instagram, keine Location-getrackten Ads von Google. *»Big Data«* steckte noch in den Kinderschuhen – und somit auch die Sucht, das nachzuahmen, was bereits Unzählige zuvor erlebt haben. Wir durchleben die Ära des salonfähigen Narzissmus, lechzen nach Bewunderung mittels austauschbarer und gestellter Fotografie, jagen und sammeln Momente, als ob nicht die Wirklichkeit zählte, sondern ihr Abbild. Kaum ist der Tempel, das Naturschauspiel oder die Scheune archiviert, wird es zum persönlichen Eigentum. Virtuell erscheint uns der Moment wichtig, während er in der Realität keine Rolle mehr spielt. Facebook und Instagram sind der neue Diaabend, der niemals endet und konstant unsere Fetische auflädt. *#Amazing.* Aber Schluss mit mühselig gesammelten Grenzerfahrungen, die den Sarkasmus nähren, denn der Enkel der Zukunft ist eh zu beschäftigt mit dem Browsen von Hologrammen und hat schlicht keine Zeit für Großväterchens Geschichten oder die hunderttausend bis dato angesammelten Bilder (realistisch bei fünf Fotos pro Tag). Und vier Generationen später wissen sie nicht einmal mehr deinen Namen. – Zurück zur Scheune: Um ein Haar hätte ich kapituliert, die Kamera gezückt und wäre hingegangen, um abzulichten, was mir als wichtig vorgegaukelt wurde. Bußfertig aber fuhr ich vorbei ins Ungewisse.

Alle Welt hat eine meistfotografierte Scheune, im Fall von Sagada sind es die »hängenden Särge«, in denen die Igorot früher ihre Leichen versorgten. Dabei stelle ich mir die rhetorische Frage: Gehe ich hin, weil es mir alle schmackhaft machen, oder tippe ich einfach *»hanging coffins Sagada«* in meinen virtuellen Assistenten, um mir den Weg zu ersparen, und schnappe mir stattdessen lieber die nächstbeste Person, um etwas über das wahre Leben zu erfahren? Kaum überraschend resultiert die Suche in Hunderten identischer Szenen. Nee, ich bin raus und miete mir lieber ein Motorrad, fahre zum kleinen Natursee Danum in pinienfreundlicher Umgebung. Allein die fallenden Kiefernadeln und das Mampfen weidender Kühe durchbrechen die Wüstenstille. *»You* *like pine trees?« – »Sure, and rice fields though.« – »Oh, why not? Fancy a yogurt?«* Trotz aller Abgeschiedenheit hat sich noch eine Seele hierher verirrt: ein Inder mit mobilem Joghurtladen. Wir kommen ins Gespräch. Mang Raju flüchtete einst aus einer lädierten Heimat, um sein kleines Paradies in den Minen Mindanaos zu finden – bis eines Tages islamistische Fundamentalisten seinen Stollen plünderten und alle seine Kumpel köpften. Er entkam und schreibt nun in Luzons Norden an seinem neuen Lebenskapitel mit dem Verkauf von selbstgemachtem Joghurt. Aber niemand will ihn in Sagada, denn er gehört weder zur hiesigen Ethnie, noch trägt er etwas Sinnvolles zur Mikrogesellschaft bei. Dann der Gnadenstoß: Eine Igorot hat bereits Joghurt auf der Speisekarte und beschwert sich beim Dorfchef. Mang Raju wird inoffiziell verbannt und rollt seither mit seinem Joghurt-Business um den Weiher auf der Grenzlinie, die Sagada von Banaue trennt. Quasi eine »neutrale Zone«, erklärt der Inder. Aber selbst hier treten sie hin und wieder an sein motorisiertes Dreirad und drohen mit Abmahnung. Tapfer wie ein Zehnkämpfer stellt sich Mang Raju dem Leben. Zum Abschied erhalte ich noch einen Tipp: Zwei Wanderstunden entfernt von jeglicher Zivilisation gebe es eine mysteriöse Landschaft, versteckt in einer Senke zwischen Reisfeldern und Pinienwäldern, überschaubar klein – ein Ort der Besinnlichkeit. Für einen Moment ruht mein Blick auf dem himmelblauen Sediment, danach auf einem einsamen Einheimischen, der eine nicht weniger einsame Holzbank besetzt. Er zeigt dem Raumzeitgefüge die kalte Schulter, konfrontiert sich selbst und will dabei nichts mit der Welt teilen. Er hockt einfach nur da und staunt, wie besessen

Die blaue Erde ist wahrscheinlich eines der am besten gehüteten Geheimnisse von Sagada.

Auf einer Holzbank sitzen und die Stunden verstreichen lassen, wahrlich eine philippinische Tugend.

Die Reisterrassen der Ifuago in Banaue sind schon längst UNESCO-Weltkulturerbe.

von der Laune der Natur. Vielleicht sehnte er sich nach einer verflossenen Liebe oder einem Leben als Telefonberater in Cebu; könnte auch sein, dass er regelmäßig herkommt, um sich zu vergewissern, dass die Erde immer noch blau ist. Sein Geheimnis tröstet mich, ich will es nicht lüften, sondern den Gedanken mitnehmen, und immer dann hervorholen, wenn mich armseligen Wicht wieder der Durst nach neuen Erlebnissen quält.

Es scheint, als hätte sich ein Graufilter über Benaue gelegt, Regenstreifen fräsen sich durch eine epochale Landschaft, die weniger dem Pinsel der Natur, sondern den Meistern der Agrarkunst zu verdanken ist. Das Kulturerbe der indigenen Ifuago muss sich in der internationalen Rangliste der Reisterrassen nur mit Mù Cang Chải in Vietnam oder Chinas Yuanyang messen. Einst aus dem Flachland verdrängt, begannen die Ifuago (übersetzt: die Menschen der Erde), die Berge zu besiedeln, wo sie, isoliert von der Außenwelt, über zwei Jahrtausende hinweg ihre Reisterrassen anlegten und ihre reichen Traditionen bis in die Neuzeit retten konnten. Heute stellen sie sich der Crux einer aufstrebenden Geldökonomie, die mit dem Identitätsverlust einhergeht. Viele Bauern ziehen nun notgedrungen in die Städte oder kultivieren Reis im Tiefland, wo sie im Gegensatz zu den Hochebenen zweimal jährlich ernten können. Während die Flachländer ihren Reis größtenteils verkaufen, ernährt der organische Bergreis von bester Qualität ausschließlich die hier lebenden Familien sowie allenfalls einige Feldpächter, die gegen eine kleine Gebühr oder einen Teil der Ernte eine Parzelle kultivieren dürfen. Zerstört ein Taifun die Ernte, hilft man sich gegenseitig nach dem ungeschriebenen Gesetz des *Bayanihan,* des philippinischen Gemeinschaftsgeistes. Ich habe unverschämtes Glück, der neue Nassreis wurde vielerorts vor Kurzem gepflanzt. So spiegeln sich Herden unschuldig weidender Wattewölkchen in den ge-

Die Reisterrassen in und um Sagada sind besonders nach der Ernte beschaulich.

fluteten Ackerböden, die nur von Lehm und präkolonialen Steinmauern gestützt werden. Eine ausgeklügelte Wasserversorgung führt von den Bergwäldern über künstliche Kanäle durch die Feldertreppen bis hinunter ins Tal – ein Paradebeispiel antiker Ingenieurskunst und nebenbei surreal schön fürs Auge. Gelegentlich ertappe ich die hiesigen Bauern beim Stirnrunzeln, wenn wieder eine Horde Touristen unbeholfen durch die steilen Berghänge kraxelt und den endemischen Anbau ihres Grundnahrungsmittels mit paradiesischen Zuständen vergleicht. Das ist in der Schweiz ja nicht anders, wo täglich Tausende Asiaten einfallen und den fetten Milchkühen, haben sie nun Hörner oder nicht, beim Glöckeln und Weiden nachstellen. Mit diesem Gedanken drücke ich mich in den kleinen Sammelbus und verlasse Benaue mit Kurs Malingcon – ein Bergweiler, der mit wenig anderem als Reis im Wachstum aufwartet. Hier darf ich zudem noch gemütlich zwischen Hühnern und Ersatzreifen auf dem Rücken

Wer zu spät kommt, den bestraft das Leben.

eines rostigen Jeepney durch das Gelände kurven, ohne dass gleich die Obhut eingreift und mit Liegestützen oder drakonischer Geldbuße droht. Eine halbe Ewigkeit lang haben sie den öffentlichen Verkehr aufrechterhalten, und bis dato symbolisieren die aufgemotzten und bunt bemalten US-Militärfahrzeuge neben dem Carabao, dem philippinischen Wasserbüffel, den Stolz der Pinoys. Aber der Stichtag rückt unaufhaltsam näher, denn 2020 soll die Ikone aus den Städten verschwinden, um für zeitgemäße Gefährte Platz zu machen.

Bevor ich beim Knotenpunkt Bontoc den Bus mit der Aufschrift »Cubao« besteige, atme ich tief ein, koste von der sauberen Bergluft, als würde ich gleich für länger tauchen gehen. Während der Fahrt gönnt der Fahrer uns Passagieren fünf Filme ohne Ton. Trotzdem versteht jeder, um was es geht, solange Fäuste sowie Kugeln pausenlos menschliche Leiber verunstalten und die Kreativität der Morde im Verlauf des nüchternen Plots zunimmt. Nach 147 Toten zähle ich nicht mehr weiter. Ankunft in Cubao, die Türe schwingt auf, es riecht nach Urin und Erbrochenem, schmutzige Kinder liegen kreuz und quer auf den Fußgängerbrücken, darüber preisen freudige Gesichter auf XXL-Billboards allerhand lebensbereichernde Produkte an. Es ist vier Uhr morgens, aber Manila ist wach! Schiefe Töne dringen aus dem Chaos der vielen Karaokeschuppen, deren Weihnachtsdeko Januar und Februar überdauert hat – sie schließen erst mit dem allerletzten betrunkenen Besucher, oder auch gar nicht. Nach längerer Sucherei (natürlich ging es um den Preis) finde ich ein abgewracktes Stundenhotel. *»Check-out is 9:34, sir«*, so wird mir noch nachgerufen, aber ich bin zu ausgelaugt, um darauf zu reagieren, und verstecke mich flugs in einem Bett, dessen Laken ich lieber nicht bei Tageslicht sehen will.

Manila
(Teil 2)

In den Folgewochen pendle ich zwischen Quezon, Makati und Quiapo hin und her, meist eingequetscht in den Rumpf einer monströsen Rostlaube, fleißig die Münzen anderer Fahrgäste an den Fahrer weiterreichend. Bin ich besonders mutig, warte ich im Dunst aus Rußpartikeln auf ein Patok Jeepney (eine von Manilas rollenden Discos), des Öfteren angekündigt durch das digitale Gelächter des Jokers oder anderer Comic-Bösewichte oder »Despacito« im Bassgewitter und dazu synchron tanzenden LED unterm Fahrgestell. Es wird einmal mehr offensichtlich: *»It's More Fun in the Philippines«* bleibt ein utopisches Privileg abseits belebter Friedhöfe, tüchtiger Reisbauern und des Schürfgebiets von Pinut-ans Goldtauchern. Die Realisten dieser Nation jagen ein ganz anderes Luftschloss; sie sind sich der Tatsache bewusst, dass sie nicht so bald mit Boracays daunenweichem Sand auf Tuchfühlung gehen werden. Ihr »Fun« ist limitiert auf die Gesundheit der Familie und gelegentlich eine Flasche Tanduay. Trotz allem fühlen sie sich verwurzelt, und je perverser ein System ist, desto mehr rücken die Menschen zusammen. Die Genießer aus dem Abendland wiederum werden im trügerischen *#Paradies* von tropischem Klima, Schirmchendrinks und *Hookers* erwartet.

Eigentlich habe ich mir das alles ganz anders vorgestellt. Wollte ich doch über die wahren Reisehelden schreiben, die seetüchtigen Filipinos. »Filipinos« sagt ja schon alles: Entweder fantasiert man sich einen zusammen, der unter der Palme sitzt und raucht, oder einen salutierenden Matrosen. Jeder dritte Seefahrer soll vom Inselstaat kommen. Jawohl, von denen will ich lernen: Wie es sich wohl anfühlt, drei Jahre lang ohne Unterbrechung auf den Weltmeeren unterwegs zu sein? Von meinem temporären Büro in Quezon – genauer: vom Pult eines zehn Quadratmeter großen Hotelzimmers mit ewig überfluteter Toilette und fliegenden Kakerlaken – aus scanne ich online alle Reedereien von Taipeh bis Hamburg, recherchiere die Routen und Verantwortlichen. Darauf versende ich die brisante Neuigkeit: Schweizer Tramp mit viel Erfahrung im Kartoffelnschälen und -putzen, wünscht von Manila nach Đà Nẵng (Vietnam) mitzureisen. Glaubt man den Onlineforen, sind solche Gegengeschäfte seit den 70er-Jahren passé – ad acta gelegt in den Schubladen verstiegener Retroromantik. Unzählige E-Mail-Monologe, ignorierte SMS und Anrufe später gehe ich direkt bei den internationalen Logistikmanagern in den Betontürmen von Downtown Makati hausieren. Allesamt sind sie geschäftig hinter wichtigen Krawatten versteckt, darüber Augenbrauen, die Kamikaze fliegen. Tagelang hagelt es Entschuldigungen und Ausreden – »*Pardon, we can't help you, sir!*«, »*We're not a travel company!*«, »*Erm, rules and regulations …*« –, bis ich darüber nachsinne, ob meine Zeit nicht besser in Netflix-Serien und Kaffeekränzchen investiert wäre. Nach diversen Netflix-Serien und Kaffeekränzchen schicke ich frustriert eine E-Mail nach Florida, an die PR-Abteilung eines Luxus-Kreuzfahrt-Unternehmens mit dem Leitspruch »Wo selbst höchste Ansprüche an Luxus übertroffen werden«, dazu die geschickt formulierte Bitte, meinen Tauschhandel zu prüfen: Fotolizenzen gegen einen Trip nach Đà Nẵng.

48 Stunden später kommt bereits die Antwort. Meine Anfrage sei zwar sehr »*unusual*«, aber wieso nicht, auf dieser Strecke sei noch ein Platz frei: »*Claudio, so I am pleased to let you know that you are confirmed on a sailing boat between Manila and Đà Nẵng. Everything is included so you don't need to worry about dining or anything. Also we have a dress code onboard after 6 pm, no shorts or flip flops, just so you are prepared.*« Unverschämt fremd hört sich das an – eine Phrase, die sich außerhalb meines Weltreisejargons befindet. Umso mehr imponiert mir der Hintergedanke eines pauschalen »*everything*«. Ich will alles, so einfach ist das! Einmal keine Reue, wenn auch nur kurzfristig. Ultrawilde Partys mit Bikinischönheiten, die neben dem Pool Volleyball spielen, Gaumenfreuden à discretion, einmal Laisser-faire, wie sie in Frankreich sagen. Solange Geld keine Barriere darstellt, ist einiges möglich – im besten Fall sich ein Jahr dumm und dämlich saufen. In meinen Kreisen begnügt man sich eher mit »absolut gar nichts ist inklusive« – es geht ja darum, den ersparten Batzen mit Raffinesse einzusetzen. Nach all den Eskapaden in den Schlafsälen dieser Welt, in den Menschenställen mit acht übereinandergestapelten Betten, den Zelten, Hängematten, Kojen, Null-Stern-Motels mit ihrem säuerlichen Mief, Autos, Sandbänken, Fußböden (sehr vielen Fußböden) fühle ich mich geistig reif genug, um das zu durchleben, was 99 Prozent der Weltbevölkerung verwehrt bleibt. Allerdings muss ich mir davor noch ein Hemd und eine Hose besorgen.

Ein eiskalter Frühlingswind zog damals durch den Pier Rotterdams, wie er es immer tut um diese Jahreszeit. Mutter wollte mir die pompösen Kreuzfahrtschiffe zeigen, sie behauptet heute noch, ich hatte panische Angst, vielleicht sogar Kreuzfahrtphobie. Mit dem Alter durfte ich lernen, zu unterscheiden, wer tendenziell eher in das Innere dieser schaukelnden Hotelbunker passt und wer weniger. Aber die Rückreise zum asiatischen Festland per Flugzeug ist mir einfach zu unkompliziert. Nach viermal 365 Tagen in Asien und Ozeanien habe ich mir ein Erfahrungsmosaik gezimmert, das alles in den Schatten stellt, was ich mir je vor Reiseantritt hätte erträumen können – hier will ich am nächsten Lebenskapitel schreiben, was und wo auch immer das sein mag. Gleich nachdem ich noch etwas Wichtiges erledigt habe. Das betrifft in erster Linie mein Liebesabenteuer mit einer Vietnamesin sowie das mit der Stadt Đà Nẵng, aus der sie stammt. Beide haben mir den Kopf verdreht. So komme ich nicht umhin, reinen Tisch zu machen. Auf dem Weg zum Hafen flackert eine Erinnerung an Myanmar auf, als ich mit meinem australischen Piratenbruder bei der Flusskreuzung vom Chindwin und dem Irrawaddy wirre Pläne schmiedete. Piratenpläne. Mit gehisster Totenkopfflagge wollten wir die Yachten entern und die reichen Cruisers ausplündern – oder wenigstens erschrecken und ein paar Töchter rauben. Das war kurz bevor sich unser kleines Holzboot am Steuerbord einer Passagierfähre verfing. Ich informiere Will darüber, wie sich die Verhältnisse in nur wenigen Jahren dramatisch geändert haben. Die Antwort kommt flugs: *»Mate, if they find out that you're an unshaved travel in age-old undies they might change their mind.«*

Filipino Nem grinst verschmitzt, als er mein Hab und Gut durch die Röntgenmaschine schiebt. *»You're the first person with a backpack I've ever seen embarking this cruise ship. And I've been working here for ten years.«* Ich sehe das als kolossales Kompliment, auch wenn mir Nem keineswegs schmeicheln will. Für die kommenden Tage wurden die Fronten bereits vorab vertraglich geklärt. Obwohl ich mich mit jedem verbunden fühle, der ebenfalls indirekt vom Reisen lebt, bildet Team Nem fortan die höfische Gesellschaft, und ich bin der darüber thronende Adel. Falls je Zweifel aufkommen sollten, klärt ihn meine edle Schlüsselkarte mit der Aufschrift »Mr. Siebers«, und Mr. Siebers reist eben mit Rucksack durch das Südchinesische Meer. An der Reling stehen und schauen. Backbord ankert ein Ungetüm aus China – mehr als doppelt so groß, doppelt so viereckig, die Passagiere doppelt so jung. Ein kurzer Chat mit meinem digitalen Assistenten verrät mir, dass sie unsere Arche um knapp 3.500 weitere Gäste übertreffen. Offensichtlich hat man die Billigtour gebucht. Dafür würden sich die pensionierten Feudalherren auf der hiesigen Seite kaum mit ihren Rollatoren auf die Wasserrutsche trauen – weshalb wir wahrscheinlich auch keine haben. Ich sehe schwarz bezüglich der ultrawilden Partys. Dafür bittet mich eine ältere Kreuzfahrerin aus Australien um ein Foto. Von ihr. Sie gibt mir dabei feine Anweisungen, wie das Porträt mit dem philippinischen Moloch im Hintergrund arrangiert werden solle. Nö, Selfies mache sie nicht, das wäre ja erbärmlich. Etwas verdutzt über die Mysterien des Sprachgebrauchs klicke ich ein paarmal auf den Auslöser und übergebe ihr die Kamera; sie wartet, bis ich mich umdrehe, und macht selbst noch ein paar. Rein

Eine Notiz am Rande: Es ist dem Autor bewusst, dass Kreuzfahrten öde sind und die Umwelt belasten.

zur Sicherheit. Indes schleicht ein Kellner zu ihr, um sich zu erkundigen, wie ihr denn das historische Viertel Intramuros in Manila gefallen habe. Und die Miss kontert mit vorhersehbarem Stumpfsinn: »*Oh, we've just been to the mall.*«

Es klingt nach Abschied – unten poltert die Passagierbrücke, und eine 30-köpfige Marschkapelle, angefeuert von Stöckchen werfenden Cheerleadern, wandert auf und ab, bis sie denken, wir sähen sie nicht mehr. Der philippinische Barkeeper Sunny bringt mir einen Mojito – das beruhigt die Nerven und hilft beim Loslassen. Ich werde immer etwas sentimental, wenn ein Land vor meinen Augen schrumpft und ich es gedanklich verabschieden und durch ein neues ersetzen muss. Die Crew kennt dieses Gefühl – monate- oder gar jahrelang verlassen sie ihre Familien, Freunde, Freuden, unter dem Druck, dieses verrückte Leben zu meistern. Mit 20 Knoten pflügt der Kahn einem brennenden Horizont entgegen – höchste Zeit, mein Gemach zu inspizieren. Trotz aller Sparmaßnamen auf Reisen kam ich bereits in den Genuss hübscher Betten: meistens, weil eine Airline dem eigenen straffen Terminplan nicht nachkam und mir als Entschädigung eine moderate Unterkunft in Flughafennähe spendierte. Aber ich hatte noch nie einen begehbaren Wandschrank, so groß, dass ihn andere auf Airbnb als Zimmer anbieten würden, oder ein Sofa ohne Gesäßknochenabdruck, und schon gar nicht eine stilvoll inszenierte weiße Orchidee mit Ozean im Hintergrund. Ein Bett ist ein Bett, das hatte ich mir knapp 2.000 Nächte lang eingetrichtert, ausufernde Dekadenz habe ich bis dato als belanglos eingestuft. Endlich wird geerntet! Mir war die Revolution der Bettenindustrie gar nicht bewusst gewesen. Das ist ja der helle Wahnsinn, was die Matratzenmanufakturen dieser Tage so draufhaben. Atemlos schwebt unser maritimes Hotel durch die Nacht; im bequemsten Schlaf, seit ich denken kann, logiere ich von einem Meer ins nächste. Sporadisch klappt ein Auge auf und schielt auf die glatte See, die sich wie ein glitzerndes Seidentuch an den Kosmos schmiegt. Rückt ein Containerschiff ins Blickfeld, teleportiere ich mich umgehend auf das Deck der Nachbarn, direkt in die Kombüse zur morgendlichen Infusion Seemannsgarn: Geschichten – Lebensflüssigkeiten, die sie sich mit meinem Blut unterhalten dürfen, damit ich etwas Neues lerne. Aber schlussendlich übertüncht Gleichmut meine gescheiterten Frachterträume, wahrscheinlich wäre ich einen Monat zwischen vierstöckigen Pritschen und fiesen Karaokeversionen von Franks »My Way« eingeklemmt gewesen; es ging ja vor allem darum, die Mission zu haben, eine Mission zu haben. Der letzte Augenblick flüchtet auf das wogende Blau.

Siargao
(Teil 2)

Wie so oft kam alles anders. Đà Nẵng & Co. erhielten die letzte Ölung und verwirkten endgültig. Es war zu vermuten, vielleicht sogar zu erwünschen. Mein Körper war zweifelsohne präsent, die Seele dagegen hatte ich vorübergehend auf der Isla de las Palmas eingelagert, dem Dorf der Gleichgesinnten. Somit ging die Reise – zumindest spirituell betrachtet – nahtlos über in das zweite Kapitel von Siargao – und parallel dazu in den Epilog des Vagabundenlebens. Hier will ich weilen, bis mir die Insel zu klein und das konsequent einsickernde »Kapital Fatale« zu groß erscheint, oder bis sich meine gleichgesinnten Freunde anderswo umsehen und mir niemand mehr zum Reden bleibt. Letzteres ist zu bezweifeln, denn sie alle haben einen langen Weg hinter sich, wenn sie schlussendlich hier den Anker werfen. Die Entscheidung, das Nomadentum an den Nagel zu hängen, paart sich mit neuen Herausforderungen: ein Zimmer mit Kühlschrank und Meerblick für die nächsten Monate zu finden, die Langzeitstrategie für Visaangelegenheiten in den Philippinen zu überdenken, das Zimmer mit Kühlschrank und Meerblick aufzugeben und in ein eigenes Haus einzuziehen. Eigenes Haus? Korrekt – keineswegs einer meiner Jugendträume, sondern der Traum eines reifen Erwachsenen, der auch hin und wieder pragmatischen Entscheidungen verfällt, wie beispielsweise Mietkosten auf *zero* zu senken und die vier Wände während einer eventuellen Wiederaufnahme des Nomadentums zu vermieten.

Einige Tage später ziehe ich in ein Zimmer mit Meerblick, zusammen mit Jonny, Frank und ein paar anderen, die sich zum Verwechseln ähnlich sehen und daher vorerst keinen Namen hier verdienen. Sich mit einem Rudel faustdicken Ratten einen Dachstock zu teilen, war aufgrund des fehlenden Kühlschranks eine gewagte Entscheidung. Nach ein paar Monaten hat der Vermieter Erbarmen, oder es war ihm leid, andauernd die Löcher unterm Dach zu stopfen: Ich bekomme einen nigelnagelneuen Kühlschrank, dazu einen Ofen der Marke *»tough mama«*. Fortan fröne ich dem Aufschwung, koche nach Jahren der Abstinenz wieder selbst und verdaue meine Hausmannskost auf dem kleinen Balkon am Tor des Westpazifiks.

Auf den Philippinen sind sie nicht so streng, was die Verlängerung der Touristenvisa anbelangt. Jeder mag sie gern, die ausländischen Devisen, wer jedoch gesetzeswidrig anschafft im Archipel, taucht auf dem Radar der Ämter auf. Mittlerweile fahndet die Einwanderungsbehörde sogar proaktiv mit comicähnlichen Posts in relevanten Facebook-Gruppen nach Missetätern. So sollen sie alle anrufen und einen heißen Tipp durchgeben: die Ex-Freundin, der Ex der Freundin, der Ex-Angestellte oder die heimischen Neider, welche sich vom neuzeitlichen Kolonialisten betrogen fühlen. Im Gegensatz zum Investorenvisum oder Pensionsvisum ist das Touristenvisum günstig, es gilt zwar nur ein oder zwei Monate lang, darf aber innerhalb des Landes bis auf drei Jahre verlängert werden. Als ich diese Anomalie der asiatischen Visapolitik erkannte, rückte das Archipel umgehend nach ganz oben in den Charts der Wahlheimaten. Heiraten wäre auch ein opportuner Weg in die philippinische Gesellschaft und das Herz der Einwanderungsbeamten, die einen bei jeder Visaverlängerung zur Heirat mahnen. Das sollte sich der Auswärtige jedoch gut überlegen, denn eine Scheidung – ach, falsch, eine »nachträgliche Annullierung der Ehe« – kann hier in den ersten zehn Ehejahren locker um die 20.000 Euro kosten und nur durchgeboxt werden, wenn die Anwälte beider Parteien ihre Mandanten wegen Sexentzug oder Zankerei als »psychisch krank« deklarieren. Mittlerweile ist auch die Zuversicht bei mir angekommen, dass mich meine Tätigkeiten als ortsunabhängiger und freier Fotojournalist (und jüngst Regisseur und Autor) überleben lassen, zumindest solange meine Basis auf den Philippinen liegt und das Fiatgeld aus dem Ausland kommt. Dabei darf ich einem der faszinierendsten Berufe überhaupt nachgehen – eine Kunstform, die jeden verführen oder erschüttern kann, die universellste Art der Kommunikation. Finanziell gesehen, bleibt es eine ewige Gratwanderung. Doch dieser Challenge stelle ich mich gern.

Dann schließen sie die Grenzen endgültig, niemand kommt mehr rein. Und wer rausgeht, darf auf unbestimmte Zeit nicht zurück. Die Pandemie kommt selbst der »geilsten Insel Asiens« ungelegen. Durchreisende, die erst kürzlich auf der Isla de las Palmas gestrandet waren, gründen die Whatsapp-Gruppe »*We're not leaving Siargao*« – ein Aufschrei gegen die Repatriierung, bis sich nach ein paar Monaten all ihr Erspartes und damit auch sie selbst in Luft auflösen. Derweil üben sich die Betreiber der Etablissements in Geduld, offerieren ihre Gemächer zu Schundpreisen, doch mit der andauernden Misere machen auch sie sich irgendwann davon. In der Gastronomie, wo kaum einer Reserven hat, wirds ganz eng, wenn der Tourist aus Übersee, ja sogar aus der Metro Manila ausbleibt. Jegliches Personal flieht zwangsläufig zurück zur Familie in die Provinz, pflegt den Schrebergarten oder widmet sich wieder dem Fischfang.

Indes nutzt eine Handvoll Privilegierter, meine Wenigkeit eingeschlossen, die Gunst der Stunde und macht es sich so richtig gemütlich. Trotz Reisebeschränkungen und Versammlungsverbot dürfen wir nun alle zusammen das Siargao von 2015 besuchen, als das Angebot übersichtlicher war, die Straßen wie auch die Wellen frei von Stoßzeiten waren und die Community besonders eng beisammen war.

Lediglich ein paar Besonderheiten begleiteten uns in die Vergangenheit: Sporadisch wird die »ECQ – *enhanced community quarantine*« verhängt, sprich: zu Hause bleiben und mit verschiedenfarbigen Quarantänepässen und Schutzmaske gestaffelt einkaufen gehen. Sie ist auch bekannt als die »Ära der Inselrebellion«, als ungehorsame Surfer aufgrund des »Surfverbots« von Polizeibooten eingesammelt und in die Zelle geschickt oder zur Zwangsarbeit abkommandiert werden (oder beides). Doch alles, was die regionalen Behörden aushecken, wird auf lokaler Ebene erbärmlich umgesetzt. Zu unserem Vorteil, wohlgemerkt. In verschiedenen Barangays die jeweilige Farbe ergattern funktioniert ebenso gut wie Schleichwege nehmen und gesellige Partys im Untergrund abhalten (mit »Untergrund« meine ich die kleinen Inseln nebenan, den Dschungel oder das Wohnzimmer von Bekannten). Den Spaß wird man uns nicht nehmen!

Während der Pandemie gehen die Einheimischen vermehrt dem Fischfang nach.

Die Isla de las Palmas von ihrer gemütlichsten Seite.

Wer einem philippinischen Bauleiter das angehäufte Kapital aus der morgenländischen Pensionskasse zu überreichen wagt, der kann auch gleich den Fuchs damit beauftragen, auf die Hühner aufzupassen. Allerdings steigert das Interview mein Vertrauen in den Fremdling: Der denstrenggläubige Christ kommt aus armem Elternhaus, ist in fünf statt sechs Jahren durchs College gejagt, hat das Ingenieurstudium in Manila abgeschlossen, seine 50-jährige Mutter sogleich in den vorzeitigen Ruhestand geschickt und seiner Großfamilie ein dreistöckiges Haus gebaut. Nebenbei zahlt er die College-Gebühren seiner Cousins, und falls was übrig bleibt, mietet er die Kirche für gemeinnützige Abende. Wem sonst würde ich meine Ersparnisse aushändigen?! Somit treffe ich abermalig eine epochale Entscheidung. Jetzt, anno 2021, sieben Jahre nach dem Ausstieg, 11.168 Kilometer von der ursprünglichen Heimat entfernt, lasse ich mir ein neues Nest in den Tropen bauen, inmitten eines philippinischen Clans mit permanent kreischenden Hähnen und Karaokemaschinen. Die Gegensätze zur Schweiz – gesellschaftlich, klimatechnisch sowie topografisch – könnten kaum drastischer sein.

Tropischer Regen, gleichzeitig strahlt die Sonne – der Hinweis auf die Hochzeit eines *»Aswang«*, eines formwandelndes Urwesens, das mit einer langen und hohlen Zunge die Babys aus den Mutterleibern saugt. Der perfekte Tag, um zusammen mit meiner Geliebten in die neue Bleibe zu ziehen. Mit Scheuklappen betrachtet, komme ich nicht umhin, der Pandemie ein wenig dankbar zu sein, hat sie

Zwischenzeitig sammle ich übereifrig Infos zum Thema Hausbau, dabei darf ich von guten Freunden lernen, die es schon vor mir versucht haben. Unter anderem auch von Gray und Miquel, die in den Schmelztegel für findige Aussteiger zurückgekehrt sind, um hier Sauerteigbrote zu backen. Monatelang werden mir Bösenachtgeschichten um die Ohren gehauen, Horrorstorys von falsch herum ausgerichteten Häusern, eingestürzten oder gar fehlenden Trägerbalken, Duschböden mit Steigung statt Gefälle beim Abfluss, überlaufenden Klärgruben, leckenden Dächern – und *last, but not least:* Bauleitern, die mit dem im Voraus bezahlten Budget abgehauen sind oder es beim *Sagong*, dem Hühnerkampf, verspielt haben.

Wem vertrauen? Zwei Monsune früher sitzt der pummelige Richard mit seinen Freunden in einer Bar entlang dem Strip und nippt an einem »Red Horse«. Er sieht einen angetrunkenen Typen die Treppe hochstolpern. Anstatt sich wieder wegzudrehen, lädt er mich zu einem, dann noch einem Bier ein. Und noch einem. Keine Silbe verschwendet er an seine Berufung, nur sitzen will er, seine gute Laune teilen. Dieser sagenhafte erste Eindruck plus das Schicksal in Form meines verkuppelnden Vermieters alias Richards Kunde führt uns erneut zusammen. Nur geht es dieses Mal um knallhartes Business. Allgemein gilt:

mich doch davor bewahrt, mein kleines Paradies zu verlassen. Es hätte durchaus alles anders kommen können. So schließt sich für mich der Kreis auf der anderen Seite der Welt: mit neuer Liebe, neuem Heim, neuer Gemeinschaft, neuer Sprache, neuem Mut, neuem Beruf, neuem Esprit, neuem Zeitgefühl und neuem Weltbewusstsein. Doch an einem halte ich fest: ich bleibe ganz Traumtänzer, laut Duden »ein wirklichkeitsfremder, kaum erreichbaren Idealen nachhängender Träumer«, denn nur wer mit seinen Träumen tanzt, wird eines Tages mit unermesslichem Stolz und Genugtuung auf sein Leben zurückblicken.

»Where you come from is much less important than where you're going ... And home, we know, is not just the place where you happen to be born. It's the place where you become yourself.«

Siddharth Pico Raghavan Iyer (alias Pico Iyer), Essayist und Schriftsteller

Endlich komme ich bei mir selbst an, küre Siargao offiziell zu meinem Zuhause und pflege mit Bedacht die frischen Wurzeln. Lehne mich zurück, überfliege nochmals meinen Text und döse dazu ein, bis mich »Odette« aus dem Halbschlaf reißt. Während sich Europa Brötchen beim Bäcker besorgt, zerlegt der Supertaifun mit 300 Stundenkilometern meine Wahlheimat in ihre Einzelteile. Ganze Hausdächer flattern im Wind, als wären sie aus Seide gewoben, Telekom-Masten knicken um, die Palmas der Isla fliegen wie Zahnstocher durch die Luft – zurück bleibt ein Ödland, in dem auf den ersten Blick nichts zu gedeihen scheint außer dem *Bayahinan,* dem unerreichten Zusammenhalt der philippinischen Kommunen, die mit vereinten Kräften ihre einfachen Behausungen zusammenbasteln und dabei den Launen der Welt entgegengrinsen. »Lächeln ist ein Instrument zum Überleben«, so durfte ich bereits Jahre zuvor von den Nepalesen lernen. Weder Staat noch Versicherung rettet die Dritte Welt aus der Tristesse. Erneut wird klar: Wenn es hart auf hart kommt, macht das irdische Nirwana nichts vollkommener als der gütige Mitmensch – bei ihm finden wir Schutz, Liebe und Zuversicht.

Bayahinan ist die Zusammenarbeit innerhalb kleiner Gemeinschaften. Jeder hilft mit, das kaputte Paradies nach dem Supertaifun wieder zu restaurieren.

Entdecken Sie mit der bekanntesten Filmtouristin spannende Drehorte der Welt

Andrea David

Szene für Szene die Welt entdecken

Mit der bekanntesten Filmtouristin auf Reisen

- Mit über 150 Bildern
- ISBN 978-3-95889-435-8
- www.conbook-verlag.de/buecher/szene-fuer-szene

»Andrea David has touched movies like no person before her.«
(Regisseur Jason Reitman)

Deutschlands bekannteste Filmtouristin Andrea David reist seit 18 Jahren an legendäre Drehorte, erzählt bildstark von ihren Entdeckungen und Begegnungen und bietet ungewöhnliche Einblicke hinter die Kulissen. Der Clou: Sie hält Fotos von ikonischen Szenen in der Hand und fügt diese auf ihren Bildern ganz genau in die Umgebung berühmter Drehorte ein.

Ihr Reisebuch für Filmfans gibt zudem Inspiration und Tipps für alle, die selbst einmal die Schauplätze ihrer Lieblingsfilme und -serien entdecken möchten. Denn klar ist: Filme und Serien schaffen immer wieder neue Sehnsuchtsorte. Sei es das Küstenstädtchen, in dem Hitchcock »Die Vögel« schreien ließ, das Tal, durch das die Dinosaurier in »Jurassic Park« liefen, oder der Wald, der in »Game of Thrones« zu Winterfell wurde.

Unterhaltsame Reiseberichte mit zahlreichen Fotos und über 200 Filmtourismus-Tipps zum Nachreisen.

CON BOOK.
www.conbook-verlag.de
instagram.com/conbook_verlag